湖北省社科基金一般項目（後期資助項目）（項目編號：2020246）
長江大學楚文化研究院開放式基金項目

魯文恪公文集校注

（明）魯鐸 著　余勁東 校注

荊楚文化研究叢書　第四輯
主　編：徐文武
副主編：李徵宇　盧　川

長江出版傳媒
湖北人民出版社

圖書在版編目（CIP）數據

魯文恪公文集校注 / (明) 魯鐸著；余勁東校注. — 武漢：湖北人民出版社, 2023.2

ISBN 978-7-216-10552-1

Ⅰ. ①魯… Ⅱ. ①魯… ②余… Ⅲ. ①魯鐸（1461-1527）- 文集 Ⅳ. ①Z424.8

中國版本圖書館CIP數據核字（2022）第234305號

責任編輯：胡　濤
封面設計：董　昀
責任校對：范承勇
責任印製：肖迎軍

魯文恪公文集校注　LUWENKEGONG WENJI JIAOZHU

出版發行: 湖北人民出版社	**地址**: 武漢市雄楚大道268號
印刷: 武漢郵科印務有限公司	**郵編**: 430070
開本: 787毫米×1092毫米　1/16	**印張**: 20.5
字數: 321千字	**插頁**: 2
版次: 2023年2月第1版	**印次**: 2023年2月第1次印刷
書號: ISBN 978-7-216-10552-1	**定價**: 82.00元

本社網址：http://www.hbpp.com.cn
本社旗艦店：http://hbrmcbs.tmall.com
讀者服務部電話：027-87679656
投訴舉報電話：027-87679757
（圖書如出現印裝質量問題，由本社負責調換）

總　序

凡事貴在持之以恒，有恒則有成。凝視書櫥，《荆楚文化研究叢書》映入眼簾，赫然在目，一排深邃的黑色封脊整齊成列，井然有序；自成風格，與他書迥然有異。自 2002 年謀劃出版這套叢書至今，已有近 20 年。當年呱呱墜地的嬰兒，今時已是翩翩少年。20 年來，叢書共出版 3 輯計 21 部著作，研究範圍廣泛，選題不拘一格，涵蓋了哲學、文學、宗教、歷史、考古、科學等各個學科領域，從不同層面研究荆楚文化的歷史淵源和發展脉絡，深入挖掘荆楚文化的獨特内涵和價值理念，助推荆楚文化研究向深度和廣度不斷開掘。應該説，我們收穫的遠不止於此。伴隨着《荆楚文化研究叢書》的不斷成長，我們的收穫是多層面的，培養了一批學有所成的從事荆楚文化研究的專門性人才，更進一步凝練了學科研究的方向；以科研項目爲抓手，産出了一批有影響力的學術成果。

近幾年來，從國家層面到地方各級政府，對荆楚文化遺産的保護和利用日益重視。2018 年 4 月，習近平總書記在視察湖北時指出："荆楚文化是悠久的中華文明的重要組成部分，在中華文明發展史上地位舉足輕重。"習近平總書記充分肯定了荆楚文化在中華文明發展史中的重要地位和關鍵作用，對我們是莫大的鼓勵和鞭策。湖北省按照"政府主導、規劃引領、考古先行、社會參與"的工作機制，全面實施"荆楚大遺址保護傳承工程"，推動荆楚大遺址的保護與利用。荆州市更是圍繞建設荆楚文化傳承發展中心的宏偉目標，確定了創建國家級文化産業示範區、建立國家級非遺傳承體驗中心和國家級荆楚文化研究中心等系列舉措。荆楚文化的保護傳承與發展利用即將迎來一個嶄新的歷史時期，這對荆楚文化研究提出了更高的要求。荆楚文化研究必須順勢而上，不僅要在基礎研究方面更上一個新的臺階，還要結合文旅融合發展項目加强應用研究，爲建設荆楚文化傳承發展中心提供智力支撑。

從學術研究的角度而言，相比於 20 年前，荆楚文化研究也面臨着新的機遇與挑戰。大量從地下新出土的文物和文獻資料，爲我們的研究工作提供了更豐富的第一手材料；更多不同學科的專門性人才湧入荆楚文化研究領域，研究隊伍日益壯大；伴隨着網絡技術和人工智能的發展，研究手段和研究方法不斷創新，爲荆楚文化研究提供了源源不絶的動力。凡此種種，將極大地有利於推動荆楚優秀傳統文化的創造性轉化和創新性發展。

在《荆楚文化研究叢書》第 4 輯付梓之際，略有所感，權作此文，言不盡意，是以爲序。

徐文武

2022 年 1 月 1 日

自　　序

2017年初，我正式入職長江大學，其時已是而立之年。在碩士、博士階段，我一直以明代政治制度爲中心進行相關研究；當站在新的人生起點上時，不得不思考如何“頂天立地”書寫新的學術篇章。荆楚文化研究，是這所以母親河命名的學校裏的“學術品牌”；而學校分配指導我的新導師，又是在荆楚文化研究領域享有盛名的徐文武教授。在這樣的環境下，我自然而然地將研究目光轉向了荆楚大地，思考如何將長期學習的明史知識與荆楚文化研究密切結合起來，於是明代荆楚地方文獻便漸次進入我的視野。

荆州作爲荆楚文化的發祥地，其文化底藴之深厚自不待言。一代代的荆楚地方名人，留下的史籍浩如烟海。而前賢時彦也已經紛紛將目光投向荆楚地方文獻之中，整理出《荆楚文庫》《荆楚全書》兩套大部頭的荆楚文獻叢書。如何有效選擇文本展開整理和研究，是必須首先解決的難題。爲此，我不得不逐本閲讀《四庫全書總目提要》《中國古籍總目》等目録書，尋找可能的突破口，并最終將目光投向了《魯文恪公文集》。之所以選擇這本文集作爲我研究明代荆楚文獻的切口，除了學界對其作者魯鐸少有關注，且該古籍未經整理之外，還有以下考慮：一是該書的篇幅適中（原文約10萬字），其工作量不大不小；二是該書版本相對較多，易於獲取；三是魯鐸以會元入庶吉士修習，以四品官而獲謚“文恪”，仕宦經歷相對豐富，通過文集整理亦可切入相關研究。

儘管早早選定了相關研究主題，但因爲各種各樣的原因，直到2020年5月，魯鐸文集的整理工作才正式啓動。由於承擔的行政工作占據了本人絶大多數時間，所以這本書稿的完成相對緩慢；其過程雖然談不上艱辛，却也讓人印象深刻：它集中完成於很多個凌晨的5點到8點，以及每一次出差期間的火車上、酒店裏。

對我而言，文獻整理的意義已遠不止於完成科研任務。在文獻整理的過程中，我承擔了歷史文獻學、中國歷史文獻學專題的本科生、研究生課程，實現教學相長；所帶的每一位研究生都以一本具體文獻切入研究，能够讓適合長江大學層次的研究生在培養時少走彎路、切實提高人才培養質量；在古籍數字化的時代，結合具體古籍整理能够探索數字人文的可行路徑，助推個人的長遠發展；將個人和團隊的研究密切融入長江大學的學科發展戰略，又有助於形成規模化效應……總而言之，這本文集的校注，給我很多的幫助和啓發。

因此，我必須感謝在寫作過程中付出過心力的諸位師友：徐文武教授提供了出版資助，讓我可以無後顧之憂地推進工作；歷史系盧川主任全程協助與出版社的對接，周中梁博士幫忙釋讀了文本中的許多疑難問題，柳莊和我的諸位研究生承擔了大量基礎性工作……幫助我的人還有很多，憾不能一一周及，謹在此向每一位幫助本書面世的師友誠致謝意。

這本《魯文恪公文集校注》整理的結束，也是我們團隊系列明代荆楚文獻整理的開始。祝願在不遠的將來，長江大學楚文化研究院《荆楚文化研究叢書》中的文獻整理系列，在荆楚地方學術史上留下不可磨滅的印記。

校注凡例

本文集的整理，以標點、校勘和注釋爲重點。爲方便讀者閱讀，未單出校勘記，而是將校勘與注釋以頁下注的形式呈現於每頁下端，程序一般是先校後注。校注時的一般原則如下。

一、本書以國家圖書館藏明隆慶元年（1567）方梁刻本爲底本（正文中簡稱“國圖本”），以民國初年甘鵬雲《崇雅堂叢書》爲對校本（正文中簡稱“甘本”），參以《四庫全書存目叢書》所收的中央黨校藏明隆慶刻本（正文中簡稱“中央黨校本”）以及《湖北詩徵傳略》、他人文集中所收的魯鐸文書，以校文字正誤、補文章佚缺并隨文出校勘記。如甘鵬雲本爲確，則注明“據甘本改”；如國圖本爲確，則注明“甘本作某”；如無法確定國圖本或甘本爲確，則注明“兩可”或“以某本爲佳”。

二、在注釋過程中，根據生僻字、人物、年代等類別，加以差異化校注，便於閱讀及複查。

（一）人物，一般標注其生卒年、籍貫、中進士（舉人）年份、履歷、謚號、文集、正史收録情況；如其詳細履歷難考，至少標注籍貫、中進士（舉人）年份。

（二）年代，同時采用干支紀年、年號紀年、公元紀年三種方式，以明確具體時間。

（三）地名，以官修正史中的《地理志》爲依據，標明其古稱、現所在地名稱；如古今省、縣名皆相同的，不另行標注。

（四）職官，以官修正史中的《職官志》爲準，標明其職掌、品級。

（五）引文，盡可能標明其最早出處。

（六）典故，標明具體出處，如出自儒家傳世文獻的典故，盡可能使用鄭玄、王弼、孔穎達、朱熹等人的經典注疏；出自著名詩文家（如李白、杜甫、韓愈、歐陽修等）的詩詞，一般抄録對應的具體詩文。

三、爲盡可能維持文集原貌，所有正文内容無論其正確與否，一律按原文抄録，并隨文出注。注釋中的異體字如無歧義，則一律改爲通行字。新舊字形遵照有關出版規範進行修改。

四、《附録》部分爲甘鵬雲所輯，不屬於《魯文恪公文集》原文。但其中文章基本涵蓋了明、清時人對魯鐸及其文集的評述，有較高的參考價值，因此附録於後。

五、對前文已出現過的注釋，在後文重複出現時，一般不再標注；部分較爲重要的解釋重複出現時，僅加以簡介，并説明“前已有注”。

六、對於極少數殘缺或模糊難辨之字，以“□”表示。

魯鐸與《魯文恪公文集》

荆楚文化源遠流長，荆楚文獻亦蔚爲大觀。在汗牛充棟的明代荆楚地方文獻中，魯鐸（1461—1527）所撰的《魯文恪公文集》是頗可矚目的文集之一。

魯鐸，字振之，號蓮北，明代湖北竟陵（今湖北天門）人，弘治十五年（1502）進士，官至國子監祭酒，卒謚文恪。魯鐸中年考取進士，因此任官時間較短，在政壇上也不算活躍，但却能與宋訥、王鏊、余繼登等名士、名臣一起，得到明代僅有的19個“文恪”謚號之一。不惟如此，魯鐸又是當時政壇和文壇巨擘李東陽（1447—1516）的同鄉、門生，有庶吉士的修習經歷，主要供職於翰林院、國子監等文教部門，被時人稱爲明代僅次於石首楊溥（1372—1446）、華容黎淳（1423—1492）和長沙李東陽之後的“館閣大老”。其所著《蓮北稿》《使交集》《已有園集》等文獻經後人彙輯，以《魯文恪公文集》的形式流傳於世。文集内容不僅包括魯鐸與當時文人的交游、唱和，亦有與朝中要員關於時事的政論和明代湖北地區山川、形勝的記載，還有其出使安南時的紀行隨筆，可以借助這一文集了解明朝中期弘治、正德年間的文官政治、地方民生、中外交往等諸多内容，有較高的文獻價值。

自明代中期開始，便已陸續有學者爲魯鐸撰寫傳記。自鄭曉《吾學編》而後，陸續有耿定向《先進遺風》、錢謙益《列朝詩集小傳》、王鴻緒《明史稿》、熊賜履《學統》等著作輯録過魯鐸傳記，這爲了解明、清時人對魯鐸其人、其文、其學的評價提供了便利。然而魯鐸的生平與文集却很少進入當今研究者的視野，至今仍無一篇文章對其進行專論。魯鐸後人所編《湖北天門魯氏族譜》中對魯鐸世系有簡略介紹，但内容與本文集没有重合之處。因此本文集整理具有較大的學術價值。通過文集整理，既能保存傳世文獻，又有助於立足文獻整理基礎上的研究展開，最終實現古籍整理保護與研究傳承的相輔相成。

一、魯鐸生平考略

魯鐸的科舉經歷很難稱得上一帆風順。其於成化二十二年（1486）考中舉人，其時已 25 歲；此後，魯鐸久扼於南宫之試，直到弘治十五年一鳴驚人地拔得會試頭籌，而此時魯鐸已過不惑之年。鄉試解元是會試的有力競争者，而弘治十五年考中進士的鄉試解元平均年齡爲 32 歲，可見魯鐸考中進士確實不算太年輕（42 歲），即使其本人也絲毫不在文集中諱言其在當科進士中頗爲年長的事實。該科 297 名進士中的佼佼者 20 人得以入選庶吉士，而魯鐸作爲會元當仁不讓地名列其中，在梁儲（1451—1527）和王華（1446—1522）的教導下繼續庶吉士修業，并在弘治十七年十月結束修業後任職正七品的翰林院編修。

正德元年（1506），明廷簡任當時翰林院修撰倫文叙（1467—1513）出使安南，然而倫文叙行至江西贛州時忽聞父喪，不得不回鄉丁憂，因此正德帝改命魯鐸出使安南。在出使安南的途中，魯鐸寫下了《使交稿》，該部分内容系統收入《魯文恪公文集》當中。正德二年，魯鐸出使安南返回後，在當年十月升任了正六品的國子監司業。然而，在魯鐸任職司業不到一年的時間内便遭遇父喪，因此回鄉守制，直至正德五年九月才重新進入朝堂。本次復職後，魯鐸一直任官至正德九年九月，才重新回鄉祭掃，并在正德十年四月升任從四品的南京國子監祭酒，躋身中高級官員之列；次年九月又轉任北京國子監祭酒。正德十二年，年已 56 歲的魯鐸因身體抱病而請求休致并獲得批准，從此離開朝堂。魯鐸的乞休并非“無病呻吟”，因爲其文集中有多處服藥、用藥的相關記載。世宗自湖北進京入繼大統，在即位之初一度欲起用魯鐸爲南京國子監祭酒。而魯鐸此時已過花甲之年，因此累疏乞休；此後，雖屢經舉薦亦不再復出，直至嘉靖七年（1528）十一月病逝，卒年 67 歲。

結合魯鐸的生平，不難看出其任官時間較短，主要原因在於中進士較晚。已過不惑之年才入仕的魯鐸，除了短暫出使安南之外，一直在文教部門任職，因此也難以在明代政壇上有較多表現。然而，在“四品文臣例無祭葬贈謚”的明代，魯鐸却獲謚“文恪”，實爲異典，這也是世宗皇帝對魯鐸“清節著聞”

的特殊褒獎。

二、《魯文恪公文集》的内容與價值

魯鐸文集的内容極爲豐富。就書寫時間而言，既有其年輕時所寫的言志之作，又有其任官時書寫的交游應酬文字，還有其致仕後所寫的感懷之作；就體裁而言，古詩、絶句、律詩、序、記、銘、書等文體均有涉及；就内容而言，除了與好友的詩文唱和，還有出使安南時沿途所記的明代風土人情，以及有關明代具體事務的若干政論。現就其主要内容簡述如下。

卷一爲賦（二首）、五言古詩（四十首）、七言古詩（三十三首）。本卷主要内容是魯鐸在翰林院任職時的交游、應酬文字，其中以與友人的唱和爲主，從中可見當時翰苑交往之一斑。

卷二爲五言律詩（七十一首）、七言律詩（五十二首）。本卷主要是魯鐸任官時的交游文字，尤以與友人的送别、贈言詩爲多，其次爲游覽過程的紀行詩。從中可見當時京官生活的具體情形；利用相關詩文來“以詩證史”，有助於揭示若干相關的制度史（如官員往來禮節、基層社會治理等）問題。

卷三爲七言律詩（九十四首）、五言絶句（三十七首）。本卷以魯鐸辭官前後的作品爲主，内容主要包括辭官前的朝堂生活、辭官時對出處問題的考量，以及辭官後在返鄉途中的紀行文字。從中明顯可以觀察到魯鐸作爲官員個體面對“出處”問題時的心態及對於個人身份變化的感受。

卷四爲七言絶句（一百三十六首）、五言排律（三首）、六言絶句（六首）。本卷主要是魯鐸辭官鄉居期間對生活狀況的記録，大至山川河流、小至花草樹木，皆可關情，無不展現出明代湖北地方的地理風貌與人文化育的有關情況，是研究湖北地方史的重要資料。

卷五爲使交稿（詩九十二首）。本卷是目前明代官員文集中極爲少見的出使交趾（今越南）的完整記録，具有非常重要的史料價值。尤其是魯鐸在出使途中記録的沿路的山川地貌、民俗風情，爲了解明代外交使者的出行情況提供了詳盡的研究資料。

卷六爲記（十七首）。主要是魯鐸爲湖北地區的城池（如景陵城、沔陽城）、公廨（如沔陽廟學、湖廣巡按御史院、襄陽鎮南樓）等建築設施所作的記文，從中可見明代中期朝廷公署的建置、沿革情況；本卷另有部分記文是爲個人居所内的建築而作。

卷七爲序（十八首）。由詩序、贈序兩部分組成，儘管魯鐸的序文大多爲應酬而作，但足以顯示出其官場交游的具體情況，爲了解當時湖廣士人的交際網絡、鄉居士人對於地方社會的影響力提供了窗口。

卷八爲序（十四首）。亦由詩序、贈序組成，間有族譜序、壽序等。大抵爲友人所作，其中用典頗多，可以顯示出魯鐸在文學領域所達到的造詣，也可從中管窺明代湖廣地區的風土人情。

卷九爲志銘（十二首）。本卷主要是魯鐸爲學友、同僚與鄉賢所寫的墓志銘。從中可見魯鐸與湖廣官員、鄉賢的交游簡况。

卷十爲書（十一首）、雜著（十首）、詞（六首）。主要内容是魯鐸在乞休告歸之後與朝中主要官員的書信往還，其中透露着致仕官員對政治問題的具體思考與可能的干預手段。

總的來看，《魯文恪公文集》雖然以詩文爲主，但從詩文中却可見明代中期（弘治到嘉靖朝）政壇之一瞥，有利於加深對當時政治與文學的了解。無論是個人的抒情之作，還是爲他人所寫的應酬文章，都包含着魯鐸對於朝政、時事、地方治理的評論與反思，藉此可以概見魯鐸作爲一個并未身處政治漩渦中心的高級别文教官員對朝政的態度。

明人論及魯鐸文集時，頗多褒獎溢美之詞；然而清人在論及魯鐸文集時，却認爲“詩文則皆不擅長”，甚至給出了“蓋其平生志趣不在於斯”的評價。明人誇贊魯鐸，固然因鄉誼、交游等多重感情因素的影響而稍有諛詞，但清人認爲魯鐸不擅詩文很大程度上反映了某種程度的偏見。魯鐸在中舉之後，沉潜學問十餘年并最終一舉奪得會魁，至少説明其修治《書經》的造詣爲一時之冠。因此，對其文集的價值不可小覷。

三、《魯文恪公文集》的版本與流傳

魯鐸文集的編修過程較爲坎坷，其摯交李濂在文集的序文中説：“公歿後二十餘年，其子鄉進士彭、嘉輯其遺稿，將鋟梓以傳。乃走使二千里，謬以序屬。”然而，嘉靖中期魯彭、魯嘉雖然輯録了遺稿，并且請序成功，但文集却不知因何故而未能刊行；直至隆慶元年（1567）方梁擔任魯鐸故里景陵的知縣時，纔最終付梓，是爲隆慶本。這是目前所知的最早版本，國家圖書館、中央黨校圖書館、寧波市天一閣博物館、福建省圖書館有藏本。

至萬曆年間，李維楨又對《魯文恪公文集》進行了編校，因此又有萬曆校本的出現。值得一提的是，儘管萬曆校本每一卷的卷首都署名“京山李維楨本寧校”，然而結合其序言内容來看，其序言應作於天啓年間。由於資料所限，暫難確定造成這種年代誤差的原因，一個可能的解釋是：李維楨在其主要活躍階段（萬曆中後期）完成了文集編校，但文集直至天啓年間才最終刊行；由於李氏并未在序言中明言寫序時間，導致後代編寫書目者誤將天啓本認作萬曆本。萬曆本在國家圖書館、中國人民大學圖書館有藏本。

1922年，潜江甘鵬雲編校《崇雅堂叢書》亦載《魯文恪公文集》，并由甘鵬雲加上附録一卷。這一校本目前在國家圖書館、北京大學圖書館、上海師範大學圖書館、吉林大學圖書館、南京市圖書館、湖北省圖書館有藏。

此外，檢索《中國叢書總目》及“全國古籍普查登記基本資料庫”，魯鐸相關文集尚有三種，分别爲《魯文恪公存集》《已有園小稿》《已有園續稿》。其中《魯文恪公存集》五卷本、明嘉靖間刻本，社科院文學所藏；十卷本、明隆慶間刻本，日本尊經閣藏；十卷本、清刻本，新疆大學圖書館藏。《已有園小稿》一卷，明嘉靖二年（1523）李東刻本，中科院藏。《已有園續稿》二卷，明嘉靖五年（1526）周文伯、劉鵬刻本，中科院藏。但因一些原因筆者未能得見全書，不過就所見篇目而言，猜測有關内容應該不會與國圖現藏的版本有太多出入。

綜上可見，《魯文恪公文集》主要流傳的有三個版本，即國圖隆慶方梁刻本、國圖萬曆李維楨校本與民國甘鵬雲校本。本次校勘過程中，主要以國圖隆慶方梁刻本爲底本，民國甘鵬雲校本爲對校本，參以其他文本，進行充分校勘，以收“多聞闕疑”之效。

目　録

卷　首

李維楨序

本朝名臣謚文恪者十九人[①]，而楚唯邑魯蓮北先生。余生也晚，不及侍楚先生函丈席[②]，從長老耳公行事最詳，恪之爲義，取"温恭、朝夕節惠"可耳；文則

① "本朝名臣謚文恪者十九人"，指明朝開國至李維楨寫作此序的天啓年間，明代共有19位文臣得到"文恪"的謚號，按年代排列，分别爲宋訥（1311—1390），河南滑縣人；朱善（1314—1385），江西豐城人；吴訥（1372—1457），江蘇常熟人；耿裕（1430—1496），河南盧氏人；王鏊（1450—1524），江蘇吴縣人；楊廉（1452—1525），江西豐城人；魯鐸（1461—1527），湖廣景陵人；温仁和（1475—1543），四川華陽人；孫升（1501—1560），浙江餘姚人；丁士美（1521—1577），江蘇清河人；林燫（1524—1580），福建閩縣人；周子義（1529—1586），江蘇無錫人；曾朝節（1535—1604），湖南臨武人；楊道賓（1541—1609），福建晋江人；余繼登（1544—1600），河北交河人；唐文獻（1549—1605），南直華亭人；吴道南（1550—1623），江西崇仁人；朱國祚（1559—1624），浙江秀水人；傅新德（1569—1611），山西定襄人。

② 函丈席，《禮記·曲禮上》："若非飲食之客，則布席，席間函丈。"鄭玄注："謂講問之客也。函，猶容也。講問宜相對，容丈，足以指畫也。"

詞林沿爲故常，皆未足以盡先生。先生孫太守仕麗江[①]，重校遺集，屬余序。余無能狀先生德，又何敢論先生文？然竊謂："先生文，非世人文所可及也。"文至宋，骫骳[②]繁蕪。迄乎本朝，汩没訓詁、括帖中，調宫徵、理經緯之功缺，如才無以盡其變，格無以反其始。而長沙李文正公[③]振之一時，藝苑響臻景赴。

先生魁天下，讀中秘書。爲使臣，獨見器於文正。有所吟撰，擊節嘆賞。自後氈厦之啓沃[④]，竹素之編摩，絲綸[⑤]之宣布，雍館之誨迪，斧藻[⑥]帝猷，闡明儒術，匪直後進承學，仰如泰山北斗。嘗出使安南，片語隻字，十襲[⑦]藏之，爲傳國寶。先生當孝宗朝，政體無頗[⑧]，士習還醇，漸染聲教，率履[⑨]周行。嘗

---

①按，明代麗江知府爲世襲土官，因此魯鐸之孫不可能擔任麗江太守。查《（康熙）安陸府志》萬曆十九年舉人，有魯佶之名，下注："（魯）鐸孫，（魯）彭子，南樂諭，睢寧知縣，淮安管河同知，太平知府。"因此，魯鐸之孫魯佶應爲太平知府，而非麗江知府。查明代廣西太平府治下崇善縣有河流名"麗江"。因此，此處所言"麗江"并非明代雲南布政司所轄麗江府，實爲廣西布政司太平府。然查《（雍正）太平府志》，未有魯佶擔任太平知府的記載；查《湖北天門魯氏族譜》，魯佶於萬曆四十五年（1617）在淮安府同知任上接受其父母的誥命，可見遲至 1617 年魯佶仍在淮安任職。

此外，魯鐸的生卒年爲 1461—1527，而魯佶至 1620 年左右仍在世，按照年代推算，似乎魯鐸、魯佶祖孫的年齡過於懸殊。實際上，魯鐸在文集卷五《憶幼兒》詩中有"阿嘉方就傅"之句，其時已是正德年間，可見魯鐸遲至四十餘歲得子；查《國朝獻徵録》中魯鐸舊友童承叙所寫行狀，魯鐸有二子，長爲魯彭、幼爲魯嘉，有孫十二。如魯佶爲魯彭之幼子，則年代之隔便不會過於突兀。儘管李維楨《大泌山房集》未收録本序，但李維楨卒於天啓六年（1626），而其文中所記"謚文恪者"卒年最晚的朱國祚卒於 1624 年，因此可以大致確定此序文的寫作時間爲 1624—1626 年。

②骫骳，《漢書·枚皋傳》："其文骫骳，曲隨其事，皆得其意。"顔師古曰："骫骳，猶言屈曲也。"

③李文正公，即李東陽（1447—1516），字賓之，號西涯，明湖廣茶陵（今湖南茶陵）人，天順八年（1464）進士，歷官編修、侍講學士、禮部右侍郎等職。弘治七年（1494）入内閣，參預機務，後爲首輔。卒贈太師，謚文正，有《懷麓堂集》傳世，《明史》卷 181 有傳。

④氈厦，古代北方民族統治者所居大型氈帳，借稱王廷。啓沃，《尚書·説命上》："啓乃心，沃朕心。"孔穎達疏："當開汝心所有，以灌沃我心，欲令以彼所見，教己未知故也。"

⑤絲綸，《禮記·緇衣》："王言如絲，其出如綸。"孔穎達疏："王言初出，微細如絲，及其出行於外，言更漸大，如似綸也。"

⑥斧藻，揚雄《法言·學行》："吾未見好斧藻其德，若斧藻其粢者也。"劉良注："斧藻，修飾也。"

⑦十襲，重重包裹，謂鄭重珍藏。

⑧無頗，《尚書·洪範》："無偏無陂，遵王之義。"孔安國《傳》："偏，不平。陂，不正。"

⑨率履，《詩經·周頌·長發》："率履不越，遂視既發。"毛傳："使其民循禮，不得逾越。"

卒業其集而私評之，譬諸錫鑾佩玉、鳴球拊石①之音，聽之有餘韵，而知么弦急徽②者，乖戾矣；和羹醴齊③、惠蒸蘭藉④之奉，索之有餘味，而知棘喉膠唇者，廇鬱⑤矣；鷄夷蒲勺⑥、兩敦四璉⑦之制，按之有餘巧，而知雕蟲刻楮⑧者，浮淫矣；茨梁坻京⑨、魚鹽果布之湊，出之有餘蓄，而知短綆⑩狹幅者，窘迫矣；圭璧珠璣、輝山照乘之珍，斂之有餘色，而知翦彩梔貌⑪者，淺露矣；刮摩搏埴⑫、輪輿梓匠之工，操之有餘法，而知鑿空⑬角險者，奇衺矣。思深而不

---

①鳴球，《尚書·益稷》："戛擊鳴球，搏拊琴瑟。"孔安國《傳》："球，玉磬。"孔穎達疏："《釋器》云：球，玉也。鳴球，謂擊球使鳴。樂器惟磬用玉，故球爲玉磬。"拊石，《尚書·益稷》："予擊石拊石，百獸率舞。"孔安國《傳》："石，磬也；拊，亦擊也。"

②么弦，琵琶的第四弦，借指琵琶。急徽，《漢書·揚雄傳下》："今夫弦者，高張急徽，追趨逐耆，則坐者不期而附矣。"顏師古注："徽，琴徽也，所以表發撫抑之處。"

③和羹，《尚書·説命下》："若作和羹，爾惟鹽梅。"孔安國《傳》："鹽鹹梅醋，羹須鹹醋以和之。"醴齊，醴酒，甜酒。《周禮·天官·酒正》："辨五齊之名，一曰泛齊，二曰醴齊，三曰盎齊，四曰緹齊，五曰沈齊。"鄭玄注："醴，猶體也，成而汁滓相將，如今恬酒矣。"

④蘭，香草名；藉，古時祭禮朝聘時陳列禮品用的草墊，指墊在祭食下的蘭草。屈原《楚辭·九歌·東皇太一》："蕙肴蒸兮蘭藉，奠桂酒兮椒漿。"王逸《注》："蕙肴，以蕙草蒸肉也。"

⑤廇，鄭玄注："廇，朽木臭也。"鬱，楊倞注："鬱，腐臭也。"

⑥鷄夷，古禮器名。《禮記·明堂位》："灌尊，夏后氏以鷄夷，殷以斝，周以黄目。"賈公彦疏："鷄彝者，或刻木爲鷄形而畫鷄於彝。"蒲勺，古禮器名。《禮記·明堂位》："其勺，夏后氏以龍勺，殷以疏勺，周以蒲勺。"鄭玄注："蒲，合蒲，如鳧頭也。"孔穎達疏："周以蒲勺者，皇氏云：'蒲，謂合蒲，當刻勺爲鳧頭。其口微開，如蒲草本合而末微開也。'"

⑦兩敦四璉，《禮記·明堂位》："有虞氏之兩敦，夏后氏之四璉。"指古代宗廟盛黍稷的禮器。

⑧刻楮，《韓非子·喻老》："宋人有爲其君以象爲楮葉者，三年而成。豐殺莖柯，毫芒繁澤，亂之楮葉之中而不可别也。此人遂以功食禄於宋邦。列子聞之曰：'使天地三年而成一葉，則物之有葉者寡矣。'故不乘天地之資，而載一人之身；不隨道理之數，而學一人之智；此皆一葉之行也。……故曰：'恃萬物之自然而不敢爲也。'"

⑨茨梁坻京，《詩經·小雅·甫田》："曾孫之稼，如茨如梁。曾孫之庾，如坻如京。"喻糧食儲備之多。

⑩短綆，《莊子·至樂》："褚小者不可以懷大，綆短者不可以汲深。"郭象注："綆，汲索也。"短綆，常比喻才識淺陋。

⑪翦彩，形容花開繁茂。梔貌，女子飾額黄的容貌，借指臘梅花的顔色。

⑫搏埴，《周禮·冬官·考工記序》："搏埴之工二。"鄭玄注："搏之言拍也；埴，黏土也。"拍擊黏土，指陶工製坯。

⑬鑿空，開通道路。《史記·大宛列傳》："然張騫鑿空，其後使往者皆稱'博望侯'，以爲質於外國，外國由此信之。"蘇林注："鑿，開；空，通也。騫開通西域道。"

苦，骨勍而不厲，情婉而不蕩，事核而不僻，氣平而不餒。山林廊廟，各適其體；歡娛傷吊，各當其則。牝牡驪黄[①]，所不得象；藩蘺蹊徑，所不得拘。唐之昌黎、河東[②]，宋之廬陵、眉山[③]，其儔也。

先生澡身浴德[④]，夙夜匪懈；難進易退，翛然[⑤]物表。而以貴下賤，以己昭昭，使人昭昭[⑥]。罕譬博喻，家户通曉。即婦孺蠢愚，尊之以明神，親之以慈父，故其文與其人，温厚爾雅，清净朗澈，合符同軌，豈偶然哉？孔子曰："辭達而已矣。"《繫易》曰："文明以止[⑦]。"先生之文，達乎其所當遠，止乎其所當止。明體適用，非先進君子，孰能與於斯？

---

① 牝牡驪黄，《列子・説符》："穆公曰：'何馬也？'對曰：'牝而黄。'使人往取之，牡而驪。穆公不説，召伯樂而謂之曰：'敗矣，子所使求馬者！色物，牝牡尚弗能知，又何馬之能知也？'伯樂喟然太息曰：'一至於此乎？是乃其所以千萬臣而無數者也。若皋之所觀天機也，得其精而忘其粗，在其内而忘其外；見其所見，不見其所不見；視其所視，而遺其所不視。若皋之相者，乃有貴乎馬者也。'馬至，果天下之馬也。"後喻指難以反映事物本質的表象。

② 昌黎、河東，指唐代的韓愈、柳宗元。韓愈（768—824），字退之，唐河南河陽（今河南孟州）人，唐德宗貞元八年（792）進士，卒謚文，世稱"昌黎先生""韓昌黎""韓文公"，有《昌黎先生集》傳世，《舊唐書》卷160、《新唐書》卷176有傳。柳宗元（773—819），字子厚，唐河東（今山西永濟）人，唐德宗貞元九年（793）進士，世稱"河東先生"，有《柳河東集》傳世，《舊唐書》卷160、《新唐書》卷168有傳。

③ 廬陵、眉山，指宋代的歐陽修、蘇軾。歐陽修（1007—1072），字永叔，號醉翁，晚號六一居士，北宋吉州廬陵（今江西永豐）人，宋仁宗天聖八年（1030）進士，卒謚文忠，有《歐陽文忠集》傳世，《宋史》卷319有傳。蘇軾（1037—1101），字子瞻，號東坡居士，北宋眉州（今四川眉山）人，宋仁宗嘉祐二年（1057）進士，卒謚文忠，《宋史》卷338有傳。

④ 澡身浴德，《禮記・儒行》："儒有澡身而浴德。"孔穎達疏："澡身，謂能澡潔其身不染濁也；浴德，謂沐浴於德以德自清也。"

⑤ 翛然，《莊子・大宗師》："翛然而往，翛然而來而已矣。"成玄英疏："翛然，無係貌也。"

⑥ "以己昭昭，使人昭昭"，句出《孟子・盡心下》："賢者以其昭昭使人昭昭，今以其昏昏使人昭昭。"

⑦ 文明以止，典出《周易・賁》："剛柔交錯，天文也；文明以止，人文也。觀乎天文以察時變，觀乎人文以化成天下。"

先生子孫多賢。而太守文學政事，卓有祖風。是集也，繹思繩武[①]之資也。余因而有感焉。今去先生百年，屬文之士，屑越絳常[②]，竄襲貝典[③]，識者極爲人心世道憂。安得起先生九京[④]如文正時，爲世模楷。《詩》云："雖無老成人，尚有典刑[⑤]。"典刑其在兹乎？

里人後學李維楨撰。

李濂序

古稱楚多材[⑥]，自屈、宋[⑦]而下，代有聞人。近溯勝國[⑧]以前，繇瀏陽歐陽文公[⑨]而上，殆不可以一二數云。我朝文運誕啓，楚材爲尤盛。諸聲光未顯大者姑置勿述，粤若館閣大老，則有石首楊文定公、華容黎文僖公、長沙李文正

---

①繹思，《詩經·周頌·賚》："敷時繹思，我徂維求定。"朱熹《集傳》："繹思，尋繹而思念也……欲諸臣受封賞者，繹思文王之德而不忘也。"繩武，《詩經·大雅·下武》："昭兹來許，繩其祖武。"朱熹《集傳》："繩，繼；武，迹。言武王之道，昭明如此，來世能繼其迹。"後因稱繼承祖先業迹。

②屑越，《資治通鑒·唐高祖武德元年》："國以民爲本，民以食爲天。今民所以襁負如流而至者，以所天在此故也。而有司曾無愛吝，屑越如此。"胡三省注："屑越，猶言狼籍而棄之也。"絳常，猶絳帳，《後漢書·馬融傳》："融才高博洽，爲世通儒，教養諸生，常有千數……居宇器服，多存侈飾。常坐高堂，施絳紗帳，前授生徒，後列女樂，弟子以次相傳，鮮有入其室者。"後因以"絳帳"爲師門、講席之敬稱。

③貝典，因古代佛經最初抄寫在貝樹的樹葉上，因此將佛經稱爲貝典。

④九京，即九原，春秋時晉大夫的墓地。《國語·晉語八》："趙文子與叔向游於九京。"韋昭注："京，當爲'原'。"《禮記·檀弓下》："是全要領，以從先大夫於九京也。"鄭玄注："晉卿大夫之墓地在九原。京蓋'原'字之誤。"

⑤典刑，《尚書·舜典》："象以典刑。"孔《傳》："象，法也。法用常刑，用不越法。"

⑥句後應有"其風以文辭相高"句，據李濂《嵩渚文集》補。

⑦屈、宋，指先秦時期的楚辭名家屈原及宋玉。屈原（約前339—前278），名平，戰國時楚國丹陽人（今湖北秭歸）人，著有《離騷》《九章》《九歌》等，開楚辭之體，《史記》卷84有傳。宋玉（约前298—前222），字子淵，戰國時楚國鄢人，相傳爲屈原弟子，亦爲楚辭名家。

⑧勝國，《周禮·地官·媒氏》："凡男女之陰訟，聽之於勝國之社。"鄭玄注："勝國，亡國也。"

⑨瀏陽歐陽文公，指歐陽玄（1273—1357），字原功，號圭齋，元代湖廣瀏陽（今湖南瀏陽）人，官至翰林學士、資善大夫、知制誥，與修國史，卒謚"文公"，有《圭齋文集》傳世，《元史》卷182有傳。

公①，郁郁彬彬②，後先相望，皆江漢之英、淳氣之毓也。三先生之後，乃有景陵魯文恪公鷙立鳳覽，崛起於湖之南。其華國之文，鳴盛之行③，視三先生何異焉？

余生也晚，弗及見楊、黎二老。甲戌④登第，始得拜文正公於京邸。丙子⑤，試守沔陽，而景陵其屬邑也。時文恪公在告里居，余以公家事往來厥邑，聿訪公於夢野堂書院，猥辱款宴，文談彌日。竊嘗從公杖屨⑥，泛磬池，眺彘洲，酌己有之園，游大椿之洞，徘徊於紅雪、午陰之磯者，屢矣。公不鄙寡陋，間出其著作示余，則見其根抵六經，舂容⑦醇雅，理到而辭昌，氣充而意足，味雋而兊燁⑧，洋洋乎可以用之朝廷、奏之郊廟，誠⑨所謂典則之文，和平之音也。余讀未終卷，乃作而言曰："夫所貴乎文者，非以其詞之工而貴之也；當理之言，斯貴矣。是故君子之立言也，不雕琢而自工，不摹擬而自古。時抒所藴，以發之筆端，莫不完旨趣，具文質，中矩度。揆諸往軌而有合，俟諸後聖而不惑，斯可謂文也。已而近世之爲文者則異於是，衒華藻而本實之意微，肆譏評而夸誕之氣勝。艱澀以爲奇，險⑩怪以爲高，僻晦以爲深。求其中，

①石首楊文定公，即楊溥（1372—1446），字弘濟，號澹庵，明湖廣荆州（今湖北荆州）人，建文二年（1400）進士，歷任編修、太子洗馬，擢翰林學士、太常卿等職。宣宗即位，召入内閣，與楊士奇、楊榮共輔政，時稱“三楊”，卒謚文定，著有《楊文定公詩集》《楊文定公奏疏》等，《明史》卷148有傳。華容黎文僖公，即黎淳（1423—1492），字太樸，號樸庵，明湖廣華容（今湖南常德）人，天順元年（1457）狀元，歷任翰林院修撰、左春坊左庶子等職，官至南京禮部尚書，卒謚文僖，有《龍峰集》傳世，《明史》卷164有傳。長沙李文正公，即李東陽。

②郁郁，《論語·八佾》：“周監於二代，郁郁乎文哉！吾從周。”邢昺疏：“郁郁，文章貌。”彬彬，《論語·雍也》：“質勝文則野，文勝質則史，文質彬彬，然後君子。”何晏《集解》引包咸曰：“彬彬，文質相半之貌。”

③李濂《嵩渚文集》、國圖本、甘本皆作“什”，應爲“行”之誤，徑改。

④正德甲戌，時爲正德九年（1514）。

⑤正德丙子，時爲正德十一年（1516）。

⑥杖屨，《禮記·曲禮上》：“侍坐於君子，君子欠伸，撰杖屨，視日蚤莫，侍坐者請出矣。”孔穎達疏：“撰杖屨者，則君子自執杖，在坐著屨。”

⑦舂容，《禮記·學記》：“善待問者如撞鐘，叩之以小者則小鳴，叩之以大者則大鳴；待其從容，然後盡其聲。”鄭玄注：“‘從’，讀如‘富父舂戈’之‘舂’。舂容，謂重撞擊也。”

⑧雋，《説文·隹部》：“雋，肥肉也。”“兊”，通“光”。

⑨“誠”字原書疑貮，據李濂《嵩渚文集》補。

⑩李濂《嵩渚文集》作“險”，國圖本作“儉”，據李濂《嵩渚文集》改。

則理無所有，而施之於政則不達，措之於實用則不足，是豈文之所貴者哉？嗚呼！文章關氣運盛衰。疇其倡之而使至此極，有世道之責者，可不思所以障厥頹波而反之正乎？”

公歿[①]後二十餘年，其子鄉進士彭、嘉輯其遺稿，將鋟梓以傳。乃走使二千里，謬以序屬。余惟全楚文獻，自三先生之後，公信足以紹其芳躅矣。初，公入翰林，文正公時在内閣。每閣試，輒寘公前列，自謂“恨相知之晚”。而文正公之初度[②]也，諸翰林咸以詩壽公，即席賦詩，有“功收調燮無聲色，疏乞歸休有歲年”[③]之句。文正公擊節嘉嘆，以爲鄉邦有人。夫公之文詞[④]，見重於巨人長者如此，則其必傳於世，可知也。矧公淳懿[⑤]端慤之行，恬退廉直之節，尤足以淑一時而風百世者乎？今海内之士，咸惜公受粹於天，懋德於己，宜登台輔，以弘兼善之澤。乃位止成均[⑥]，壽啻七十，徒使深蓄厚積之學，僅托之詩文，弗獲見諸事業。卒混迹樵漁，偃仰於雲林烟水之間，而溘焉逝矣。斯世斯文之慨，寧有既邪？沔陽童庶子士疇[⑦]嘗謂公“功不及康濟[⑧]，而休風令節，激昂貪鄙；位不致卿相，而榮名重望，傾動朝野；年不躋期頤[⑨]，而清德粹論，垂示[⑩]後昆”。其知言哉！其知言哉！

公諱鐸，字振之，别號東岡，復號蓮北，學者咸稱爲“蓮北先生”，舉弘

---

①李濂《嵩渚文集》作“没”，國圖本作“歿”，兩可。

②初度，《楚辭·離騷》：“皇覽揆余初度兮，肇錫余以嘉名。”王逸《注》：“肇，始也……言父伯庸觀我始生年時，度其日月，皆合天地之正中，故錫我以美善之名也。”後稱生日爲“初度”。

③原書缺“無”字，據李濂《嵩渚文集》補。該詩收於《魯集》卷二《涯翁致政壽詩》。

④“詞”，李濂《嵩渚文集》作“辭”。

⑤淳懿，《文選·陸機〈吴趨行〉》：“文德熙淳懿，武功侔山河。”李周翰注：“淳，厚；懿，美。”

⑥成均，《禮記·文王世子》：“凡語於郊者，必取賢斂才焉。或以德進，或以事舉，或以言揚。曲藝皆誓之，以待又語。三而一有焉，乃進其等，以其序，謂之郊人，遠之，於成均，以及取爵於上尊也。”鄭玄注：“董仲舒曰：‘五帝名大學曰成均。’”

⑦童承叙（1495—1554），字漢臣，一字士疇，明湖廣沔陽（今湖北仙桃）人，正德十五年（1521）進士，官至左庶子，有《沔陽州志》《内方集》等傳世。

⑧康濟，《尚書·蔡仲之命》：“康濟小民，率自中。”孔安國《傳》：“汝爲政，當安小民之居，成小民之業，循用大中之道。”

⑨期頤，《禮記·曲禮上》：“百年，曰‘期頤’。”鄭玄注：“期，猶要也；頤，養也。”

⑩“示”，李濂《嵩渚文集》作“式”，兩可。

治壬戌禮闈第一人。文恪，其賜謚也。

時嘉靖二十七年[①]，歲在戊申冬十有二日。賜進士出身奉政大夫山西提刑按察司僉事致仕大梁李濂[②]頓首撰。

方梁序

梁髫髦時，每侍舅氏費文通公[③]之側，得聞緒論，勖以前修，首及魯文恪公爲翹楚。蓋與其倡明理學，知解續泗洛[④]之遺；推致性源，駿惠起八埏[⑤]之溺。非直以振藻南宫，折角[⑥]詞館，楷範成均已也。既而又以文恪公聞詔時義，命梁服膺爲式，嚅其芳腴。充然宗廟之美，百官之富，已恨不能起公而及門也。

逮丙寅[⑦]冬，幸叨一命[⑧]，轉秩景陵[⑨]。詎知衡漢效霛[⑩]，爲公冲粹之地耶？比至，溯公之懿行。景人頌之云："在告丘園，猶草疏傾獻背之赤；恂恂仁

① 嘉靖二十七年，時爲嘉靖戊申年（1548）。

② 李濂（1488—1566），字川父，明河南祥符（今河南開封）人，正德九年（1514）進士，歷官沔陽知州、寧波同知、山西僉事等職，《明史》卷 268 有傳。

③ 費文通公，即費采（1483—1548），字子和，號鍾石，明江西鉛山人，正德六年（1511）進士，官至禮部尚書，卒謚文通，著有《少保文通公摘稿》《南宫奏議》等。

④ 泗洛，即泗水、洛水，代指孔子及二程。孔子故里曲阜城東泗水，因以"泗"代指孔子；程頤、程顥在洛水附近的洛陽講學，因以"洛"指代二程。

⑤ 駿惠，《詩經·周頌·維天之命》："駿惠我文王，曾孫篤之。"鄭玄箋："大順我文王之意。"八埏，即八殥，八方邊遠之地。《淮南子·墬形訓》："九州之外，乃有八殥。"高誘注："殥，猶遠也。"

⑥ 折角，典出《漢書·朱雲傳》："漢元帝時，少府五鹿充宗貴幸，爲《梁丘易》，自宣帝時善梁丘氏説，元帝好之，欲考其異同，令充宗與諸《易》家論。充宗乘貴辯口，諸儒莫能與抗，皆稱疾不敢會。有薦雲者，召入。攝衣登堂，抗首而請，音動左右。既論難，連拄五鹿君，故諸儒爲之語曰：'五鹿嶽嶽，朱雲折其角。'"

⑦ 丙寅，時爲嘉靖四十五年（1566）。

⑧ 一命，《周禮·地官·黨正》："一命齒於鄉里。"賈公彦疏："一命，謂下士。"

⑨ 景陵，縣名，今湖北省天門市，明屬承天府。李賢《明一統志》："景陵縣，在（沔陽）州城北二百一十里。"

⑩ 霛，通"靈"。

里[①]，弘後進以丹霄之價。雖深居屋漏，亦步趨罔牴牾於聖人。誠有符於志册所稱載者。”

越丁卯[②]春，督畚河湟，經先生神道，因造其盧拜焉。公性行德輩，彬彬皆才[③]，出公《蓮北存集》，丐叙其後。

梁擷其玄精，絺章橫鶩。若所爲賦，宏邃而温文，可以追屈、宋[④]之騷；所爲詩，俊逸而清虚，可以發杜、孟[⑤]之趣；所爲序記，精確而通達，可以齊驅習鑿[⑥]之史。誠昭代之真儒，宗工之獨步也。奚啻山海生色，荆川之珠璞耶？因嘉鳴盛之集，欲傳播寰宇，而刻板散失者十五矣。幸存集可據，遂居工壽梓，以補其亡。庶先生精藴，因集以傳。邑之髦士，循言入道，雲仍接武[⑦]，遞爲心極，咸不啻口耳之學[⑧]已也。若徒咀英茹華，以獵榮名於時好，則又非所望於來學，以永公之傳矣。梁不替文通公評重先生之意，因序夫仰止[⑨]之私云。

隆慶元年歲次丁卯孟秋之吉。知景陵縣事後學弋陽[⑩]星野方梁頓首拜書。

---

①恂恂，《論語·鄉黨》：“孔子於鄉黨，恂恂如也，似不能言者。”何晏《集解》：“王肅曰：‘恂恂，温恭之貌也。’”仁里，《論語·里仁》：“里仁爲美。”鄭玄注：“里者，民之所居，居於仁者之里，是爲美。”

②隆慶丁卯，時爲隆慶元年（1567）。

③“才”，甘本作“材”。

④屈、宋，指屈原、宋玉。

⑤指杜甫、孟浩然。杜甫（712—770），字子美，唐河南鞏縣人，祖籍襄陽，《舊唐書》卷190、《新唐書》卷201有傳。孟浩然（689—740），字浩然，唐襄州襄陽（今湖北襄陽）人，世稱“孟襄陽”，《舊唐書》卷190、《新唐書》卷203有傳。

⑥習鑿，即習鑿齒（317—384），字彦威，東晋襄陽人，博學多聞，著有《漢晋春秋》《襄陽耆舊記》《逸人高士傳》《習鑿齒集》等。

⑦雲仍，《爾雅·釋親》：“曷孫之子爲仍孫，仍孫之子爲雲孫。”郭璞注：“言輕遠如浮雲。”接武，《禮記·曲禮上》：“堂上接武，堂下布武。”鄭玄注：“武，迹也。迹相接，謂每移足，半躡之。”

⑧口耳之學，語本《荀子·勸學》：“小人之學也，入乎耳，出乎口。”

⑨仰止，高山仰止，《詩經·小雅·車舝》：“高山仰止，景行行止。”孔穎達疏：“言高山者，以山之高比人德之高，故云。古人有高德者，則慕仰之也。”

⑩弋陽，縣名，今爲江西上饒市屬縣。

卷　一

賦二首

己有園賦

粵昔余有兹園兮，首宦路而違棄。中罹疢[①]而獲請兮，逮蕪穢而復治。嚮幽人之過我兮，謂兹豈應於無名。名余園曰己有兮，矢終老而依憑。

繄池臺之微具兮，别亭茇以爲區。惟卉木之敷華兮，紛色異而氣殊。既素積[②]以皜夜兮，亦朱殷而赭曙。或步屧乎其中兮，或席陰於其下。寘名花而爲塢兮，天寔縱夫落花。惟譜牒之有稽兮，悉吾園以爲家。

嘉樹沃其成列兮，夫豈獨善夫橘柚[③]。果實苟宜於土性兮，皆新登而時奏。挹池泉以溉余蔬兮，薙繁翳而莳芳草[④]。攬芙蓉於清波兮，閲潛魚之在藻。沿輕

---

①疢，《説文解字》："疢，熱病也。"

②素積，語出《禮記·郊特牲》："三王共皮弁素積。"楊倞注《荀子》："素積爲裳，用十五升布爲之。積，猶辟也，辟蹙其腰中，故謂之'素積'也。"

③嘉樹、橘柚，《楚辭·九章·橘頌》："后皇嘉樹，橘徠服兮。"王逸《章句》："言皇天后土生美橘樹，異於衆木。"

④薙，除草，《周禮·秋官·薙氏》："薙氏，掌殺草。"莳，栽種，《尚書·堯典》："棄黎民俎飢，汝后稷播時百穀。"王闓運《尚書箋》引鄭（玄）曰："'時'，讀曰'莳'，始者洪水時，衆民厄於飢，汝居稷官，種莳五穀以救活之。"

舟於磬渚兮，艤鳧洲之草堂[①]。據紅雪、午陰之磯兮[②]，信釣縷以相羊[③]。取憩弄之猶賢兮，撫楸枰[④]而試奕。薦鳴琴於石几兮，按古調以自懌。田父相求於松陰兮，語桑麻之有養。吾令荆布[⑤]任筥兮，菹菘葵而就餉。神魂知由所稔兮，夢翰苑與成均。豈忘情於堯舜之從兮，身羸憊而無因。心營營[⑥]以謨報兮，將遠事乎芹曝[⑦]。願閭閻之相與戮力兮，還唐虞之舊俗。朝余纕九畹之蘭[⑧]兮，夕紉[⑨]夫湘之蕙茝。苟衆服之屑余同兮，勞采擷其靡懈。余陟夢野之臺[⑩]兮，望辰極乎帝鄉。扃大椿之洞兮，忽塵宇之相忘。安余分之所遇兮，求余心之所好。苟没世其有稱兮[⑪]，奚外身而有校。松栢森其蒙鬱兮，篁筆比而若櫛。衛檻闌以東下兮，徇陂陀[⑫]而周折。杳窱出而忽曠虛兮，臨明池之可監。儼山林之盡歷兮，獲

---

①艤，使船靠岸。鳧洲，已有園中一小洲名。魯鐸《已有園記》："池中有州如鳧，而鳧又嘗栖止，故名曰'鳧洲'。作草堂其上，堂名遂亦因之。"

②紅雪、午陰，已有園石與樹之名。魯鐸《已有園記》："堂西有紅梅，下覆釣石，仿李賀詩意，名'紅雪'。磯洲之南有磯樹間曰'午陰'。"

③相羊，通"相佯"。《楚辭·九辯》："擥騑轡而下節兮，聊逍遥以相佯。"王逸《注》："且徐徘徊以游戲也。"洪興祖《補注》："逍遥，猶翱翔也。相羊，猶徘徊也。"

④楸枰，棋盤，古時多用楸木製作。《文選·司馬相如〈上林賦〉》："沙棠櫟櫧，華楓枰櫨。"郭璞注："枰，平仲木也。"

⑤荆布，用於對已妻的謙稱。《群書通要·夫婦類》："荆布，自稱妻曰'荆布'。漢梁鴻之妻孟光常荆釵布裙，舉案齊眉。"

⑥營營，《楚辭·九章·抽思》："願徑逝而未得兮，魂識路之營營。"王逸《注》："精靈主行，往來數也。"

⑦芹曝，謙詞，是"芹獻"和"獻曝"的合稱。《列子·楊朱》："昔人有美戎菽、甘枲莖、芹萍子者，對鄉豪稱之。鄉豪取而嘗之，蜇於口，慘於腹。衆哂而怨之，其人大慚。"後因以"芹獻"爲禮品菲薄的謙詞。《列子·楊朱》："昔者宋國有田夫，常衣緼黂，僅以過冬。暨春東作，自曝於日，不知天下之有廣厦隩室，綿纊狐貉。顧謂其妻曰：'負日之暄，人莫知者，以獻吾君，將有重賞。'"後因以"獻曝"爲所獻菲薄、淺陋但出於至誠的謙詞。

⑧纕，《楚辭·離騷》："既替余以蕙纕兮，又申之以攬茝。"王逸《章句》："纕，佩帶也。"九畹之蘭，語出《楚辭·離騷》："余既滋蘭之九畹兮，又樹蕙之百畝。"王逸《章句》："十二畝曰'畹'。"

⑨紉，《楚辭·離騷》："雜申椒與菌桂兮，豈惟紉夫蕙茝！"王逸《章句》："紉，索也。"

⑩夢野之臺，魯鐸《已有園記》："臺曰'夢野'，志謂於此登望，可盡雲夢之野，故名。"

⑪句出《論語·衛靈公》："君子疾没世而名不稱焉。"

⑫"陂"，國圖本作"坡"，據甘本改。陂陀，《爾雅》："陂者曰'阪'。"郭璞注："陂陀，不平。"

江湖之泛泛。取於城市之在[①]兮，亦殊無而僅有。惟余心之所會兮，擬咫尺於千里。

時鼓枻[②]於清漣兮，騰群魚之待飼[③]。睨庳鷇[④]之安巢兮，鳴禽競而將子。侈江梅之朱英兮[⑤]，皎安榴[⑥]之素萼。亘月桂之長春兮，倏舜華[⑦]之開落。坐碧梧之層[⑧]陰兮，隕佳粒於巾舄[⑨]。披蘗桂而襲芬兮，服冠裳其無斁[⑩]。豫章[⑪]勃焉峻達兮，勢滋務於干霄。杉檜盧橘枝相樛[⑫]兮，若求友於後凋[⑬]。善飛潛之得時兮，悦草木之向榮。遭聖哲之在上兮，宜萬類之咸成。惟中林[⑭]之宜夏兮，逃大暑而迅免。夫何霽夜之棹游兮，適非遐而若遠。念烟霄之朋舊兮，渺遥闊其難即。眷林丘之親故兮，繼昕暮而相及。人生恒[⑮]亦有涯兮，嗟世事之莫盡。往者

①“在”，甘本作“近”。

②鼓枻，《楚辭・漁父》：“漁父莞爾而笑，鼓枻而去。”朱熹《楚辭集注》：“鼓枻，扣船舷也。”

③“飼”，國圖本作“伺”，據甘本改。

④庳，《爾雅・釋鳥》：“鷯，鶉。其雄鵲，牝庳。”鷇，《國語・魯語上》：“鳥翼鷇卵，蟲舍蚳蝝。”韋昭注：“翼，成也。生哺曰‘鷇’，未乳曰‘卵’。”

⑤“侈江梅之朱英兮”，國圖本作“江梅侈朱英兮”，據甘本改。江梅，范成大《梅譜》：“江梅，遺核野生、不經栽接者，又名‘直脚梅’，或謂之‘野梅’。凡山間水濱荒寒清絶之趣，皆此本也。花稍小而疏瘦有韵，香最清，實小而硬。”朱英，《文選・王融〈三月三日曲水詩序〉》：“天瑞降，地符升，澤馬來，器車出，紫脱華，朱英秀。”李善《注》引《瑞應圖》：“朱草，亦曰‘朱英’。”

⑥安榴，即石榴，張華《博物志》卷六：“張騫使西域還，得大蒜、安石榴、胡桃、蒲桃。”因産自古安息國，故稱。

⑦舜華，木槿花，《詩經・鄭風・有女同車》：“有女同車，顔如舜華。”毛傳：“舜，木槿也。”

⑧“層”，國圖本作“員”，據甘本改。

⑨舄，古代以木爲底的鞋。崔豹《古今注・輿服》：“舄，以木置履下，乾腊不畏泥濕也。”

⑩無斁，《詩經・周南・葛覃》：“爲絺爲綌，服之無斁。”鄭玄箋：“斁，厭也。”

⑪豫章，《莊子・山木》：“獨不見夫騰猿乎？其得楠梓豫章也，攬蔓其枝而王長其間，雖羿、蓬蒙不能眄睨也。”成玄英疏：“楠梓豫章，皆端直好木也。”

⑫相樛，《漢書・五行志》：“天雨草，而葉相樛結，大如彈丸。”顔師古注：“樛，繞也。”

⑬後凋，《論語・子罕》：“歲寒，然後知松柏之後凋也。”何晏《集解》：“喻凡人處治世，亦能自修整，與君子同在濁世，然後知君子之正不苟容也。”

⑭中林，《詩經・周南・兔罝》：“肅肅兔罝，施於中林。”毛傳：“中林，林中。”

⑮“恒”，甘本作“信”。

幸於免咎兮，來者可諉於余分。

亂曰："謂余衣之既渝[①]，製芰荷[②]而重成兮。謂余歲之可卒，資杞菊之充盈兮。冀形逸而神閑，予兹賴以永齡兮。苟松喬[③]之不余誣，從玉軟以迴凌兮。"

己有園後賦

蘇橘山人[④]既賦己有園，其客取讀而意少之。曰："身退未忘愛君，里居猶思善俗[⑤]，先生之志由是見矣。然自餘亦園之梗，人事物情，不已略乎？願請益而博我也。"

山人曰："唯唯。吾園惟舊，身苟違是，即非吾有。客鄉亦善名吾園，是宜今以爲少也。夫吾之經始斯園，以無池爲未備。維彼南鄰，有此窪地，深未足以泳魚，淺猶妨於種藝[⑥]。爲彼有也，殆於無庸；兹余售也，若其有俟。於是濾濁爲清，擁泥成土。高爲埭而下泓，收兩得於一舉。爾乃板築訖、園池連，列嘉樹、澄寒泉，烟靄、涵雲天。皋洲中衡，草堂數椽；亭峙芳秀，洞開大椿。夢野古臺，前開花塢；真閑小堂，背自爲所。磯有午陰，亦有紅雪；投竿伸緡，可自怡悦。曲陰蒲座，中臺石枰；親求友覓，乃有弈聲。

其木，則有松杉柏栝，樟梓椿櫧，梧桐女貞，槐穀桑榆，紫練烏桕，楓榔并間。楊分黄、白之類，柳有檉、櫸之殊。大抵材美者，其就用爲晚；質苦者，免蠹蝕之虞。

---

①渝，揚雄《太玄經·格》："次三，裳格鞶鉤，渝。"范望注："渝，解也。"

②芰荷，《楚辭·離騷》："製芰荷以爲衣兮，集芙蓉以爲裳。"朱熹《楚辭集注》："製，裁也。芰，菱也，生水中，葉浮水上，花黄白色，實紫色，兩頭鋭者也。荷，蓮葉也。芙蓉，蓮花也。"

③松喬，神話傳説中仙人赤松子與王子喬的并稱，後以松喬之壽喻長生不老。

④蘇橘山人，魯鐸别號。魯鐸《大椿洞記》："今雖病，幸生逾下壽，故嘗種橘，有悴及期而復生者，人謂兆永年也。因别號'蘇橘山人'，此殆可名洞矣。"

⑤善俗，《周易·漸》："山上有木，漸，君子以居賢德善俗。"孔穎達疏："君子求賢，得使居位，化風俗使清善。"

⑥種藝，即種植。《尚書·禹貢》："淮沂其乂，蒙羽其藝。"孔安國《傳》："二水已治，二山已可種藝。"

其果，則有梅桃李杏，翠梨黄柑，含桃薁棣[①]，色美味甘。若榴皴而錦裂，吴橘小而金攢。楜桃批膚乃及核，盧橘歷暑而經寒。柹垂凝柑，栗房如芡[②]。仁杏貴雌，而其實仍遲；棗蔭靡妨，而其功易覘[③]。若乃昨實既繁，今華必疏，雖實不類。諺謂：‘歇枝[④]滿盈之理’，此亦可思。

其花，則天香國色，寔惟牡丹，富貴容與，其誰可干。豈無芍藥，堪稱後進，謂爲近侍，詎曰確論[⑤]。海棠之清，嘗擬仙骨；蘗桂之馨，宜生月窟[⑥]。《國風》咏諼草[⑦]，佛書稱檐蔔[⑧]；芙蓉拒霜於杪[⑨]秋，薔薇貢露聞裔域。葵能自衛[⑩]，藕有隱德；水仙金鳳，質并輕盈。玉簪珠花，肖皆至極；梅紅訝泰，榴白稱稀。山茶以蘂奇，得名寶珠；石竹惟態雅，合綉宫衣。田荆[⑪]宜其兄弟，周蓮[⑫]狀爲君子。其在名教，是有取爾。其諸山丹水紅，碧桃紫薇，以色爲名；素馨茉莉[⑬]，夜合瑞香[⑭]，以氣而稱。長春彌歲自足喜，金錢夜落若可矜。然聞齊

① 薁棣，《漢書·司馬相如傳》：“隱夫薁棣。”顔師古注：“薁，即今之郁李也。”

② “芡”，甘本作“茨”，國圖本爲確。

③ “覘”，甘本作“窺”，兩可。

④ 歇枝，蔡襄《荔枝譜》：“有間歲生者謂之‘歇枝’，有仍歲生者半生半歇也。”

⑤ 芍藥被稱爲“後進”，典出張衡《兩都賦》：“歸雁鳴鵽，香稻鮮魚，以爲芍藥。”李善《注》：“《子虚賦》曰：‘芍藥之和具而後進也。’”芍藥被稱爲“近侍”，典出羅隱《牡丹花》：“芍藥與君爲近侍，芙蓉何處避芳塵。”楊萬里注：“論花者以牡丹王，芍藥近侍。”

⑥《太平御覽》引《淮南子》：“月中有桂樹。”月窟，《漢書·揚雄傳》：“西厭月窟，東震日域。”顔師古引服虔注：“月窟，月所生也。”

⑦ 諼草，《詩經·衛風·伯兮》：“焉得諼草，言樹之背。”毛傳：“諼草，令人忘憂。”

⑧ 檐蔔，植物名，産自西域，花甚香。徐陵《東陽雙林寺傅大士碑》：“色艷沉檀，香逾檐蔔。”吴兆宜注：“《經》云：‘如入檐蔔林，聞檐蔔花香，不聞他香。’”

⑨ 杪，《禮記·王制》：“冢宰制國用，必於歲之杪。”鄭玄注：“杪，末也。”

⑩ 葵能自衛，語出《左傳·成公十七年》：“葵猶能衛其足。”杜預注：“葵傾葉嚮日，以蔽其根。”

⑪ 田荆，即紫荆。（南朝·梁）吴均《續齊諧記》：“京兆田真兄弟三人共議分財，生貲皆平均，惟堂前一株紫荆樹，共議欲破三片，明日就截之，其樹即枯死狀，如火然。真往見之，大驚，謂諸弟曰：‘樹本同株，聞將分斫，所以顦顇，是人不如木也。’因悲不自勝，不復解樹，樹應聲榮茂。兄弟相感，合財寶，遂爲孝門。”後因以“田荆”爲兄弟和好之典實。

⑫ 周蓮，周敦頤《愛蓮説》：“莲，花之君子者也。”故此處稱“周蓮狀爲君子”。

⑬ “莉”，甘本作“莉”。

⑭ 瑞香，陶穀《清異録·睡香》：“廬山瑞香花，始緣一比丘晝寢盤石上，夢中聞花香烈酷不可名，既覺，尋香求之，因名‘睡香’。四方奇之，謂乃花中祥瑞，遂以‘瑞’易‘睡’。”

彭[①]於殤，等鶴於鵬。

其蔬，則有芥白葵莧、蘆菔菠菘。芥蘭獲種嶺表，山藥移根土中。春開剪韭，秋高析葱；豆多豇匾，瓜備西東。瓠校五石[②]爲差劣，芋譬蹲鴟[③]而狀同。蔗宜渴啖，葛舒釀毒。菖萑逼於薑薦，致用資梅乃伏。

其草，則毓蘭蕙，畦留夷，蒔杜蘅[④]，藝江離，攬薜荔[⑤]，貫葳蕤[⑥]。芭苴[⑦]清柔，用足代紙；蘋白蓼丹，可寄秋思。若夫菲芴藤芙，夫須燕麥，細瑣衆多，不可除滅。夫既務滋其所樹，又何遑於薙籥。

竹自爲類，匪草匪木；晴雨具宜，風霜從肅。筀善胤以爲林，篁好聚而成簇。鳳尾肖九苞[⑧]之形，瀟湘表二女之哭[⑨]。地分雖局於城中，風致何謝乎《淇澳》[⑩]。

其藥，則羊蹄枸杞，牛膝雞蘇，地髓當陸，山蕲首烏，馬舄葶藶，香附蒲公，黄檗莃薟，半夏排風。葳靈間於苓耳，薏苡網於牽牛。蘹香芎藭，用兼食

---

①彭，指彭祖，傳説中的人物，因封於彭，故稱。傳説他善養生，活到八百高齡。

②瓠校五石，即五石瓠，可容五石的大葫蘆。《莊子·逍遥游》："今子有五石之瓠，何不慮以爲大樽而浮乎江湖，而憂其瓠落無所容，則夫子猶有蓬之心也夫！"

③蹲鴟，《史記·貨殖列傳》："蜀卓氏之先，趙人也，用鐵冶富。秦破趙，遷卓氏。卓氏見虜略，獨夫妻推輦，行詣遷處。諸遷虜少有餘財，爭與吏，求近處，處葭萌。唯卓氏曰：'此地狹薄。吾聞汶山之下沃野，下有蹲鴟，至死不飢。民工於市，易賈。'乃求遠遷。"張守節《正義》："蹲鴟，芋也。"

④留夷、杜蘅，《楚辭·離騷》："畦留夷與揭車兮，雜杜蘅與芳芷。"王逸《注》："留夷、杜蘅、芳芷，皆香草也。"

⑤攬，《楚辭·離騷》："朝搴阰之木蘭兮，夕攬洲之宿莽。"王逸《注》："攬，采也。"江離，《楚辭·離騷》："扈江離與辟芷兮，紉秋蘭以爲佩。"王逸《注》："江離、芷，皆香草名。"

⑥葳蕤，《楚辭·七諫》："上葳蕤而防露兮。"王逸《注》："葳蕤，盛貌。"

⑦芭苴，郭義恭《廣志》："芭蕉，一名芭苴。"

⑧九苞，《初學記·鳥部》："鳳有六像九苞。……九苞，一曰頭符命，二曰眼合度，三曰耳聽達，四曰舌詘伸，五曰色彩光，六曰冠短周，七曰距鋭鉤，八曰音激揚，九曰腹文户。"

⑨此句典出張華《博物志》卷10："堯之二女，舜之二妃，曰'湘夫人'。舜崩，二妃啼，以涕揮竹，竹盡斑。"

⑩淇澳，即淇奥，《詩經·衛風·淇奥序》："《淇奥》，美武公之德也。有文章，又能聽其規諫，以禮自防，故能入相於周。"孔穎達疏："正義曰：'作《淇奥》詩者，美武公之德也，既有文章，又能聽臣友之規諫，以禮法自防閑，故能入相於周，爲卿士由此，故美之而作是詩也。'"

味；剪金百合，名在花疇。豈天寶[①]閔夫貧病，使服餌免於購求。

相彼林表[②]，衆鳥所家；百舌初鳴，桃杏始花。偶曲肱而隱几，樂視聽之清華；商庚[③]鳴而流麗，戴鵀[④]降而矜奢。鳩鷲徙轂，鵲牖避辰；鸛能禹步，鴐解符塵。慈鳥哺而訓孝[⑤]，布穀嗷而勤民；鴟鴞垂囊育子，夭鳳蓋藏備貧。練禽騫而珍羽罕儷[⑥]，黑燕巢而惡鳥避鄰。

翠鷸瀕池，時捕小鮮；羽毛特異，焚身之愆。舒鳧[⑦]馴習，波泳沙眠；屬玉[⑧]下止，友於雙鴛。乃惟鸛之玄裳，視常失究，張自爲翼而旁舒，斂則臨尾而下覆。鸜鵒就豢，捷於鸚語。惟彼瓦雀黠鼠之侶，餘如白脰、蠟嘴之屬，皆猥屑而不勝舉。若訓狐[⑨]之格格宵鳴，則食於蝠乎是取也。

其魚，則鯇鯖色辯，鯛鰫隊同；鯉鱝類蕃，魴白理鬆。鱒秩序以行游，龜惟守以爲功。若黄頰鰊鱧之流，善吞噬者，固所不蓄；而不良於池沼者，亦非所庸。

蟲豸之性，異厥所秉。蜂出其衙，致花有等，衆釀負於肘臂，上供戴於[⑩]首領，闔稽其歸，惰者有儆。維蟻之穴，爲彼國都，偵邏四馳，徵委是圖，相值首聚，若耦語於塗，報方鄉，道空壘，出徒可以入，而昧忠義之謨。大蝶名胡，玄衣綉裳，轂子椒橘，髣梢鎩旁，忽蛹立而羽化，又栩栩其飛揚。粉蝶敗

① 天寶，神名。《文選·揚雄〈羽獵賦〉》："追天寶，出一方。"李善《注》："應劭曰：'天寶，陳寶也。'"

② 林表，《文選·謝朓〈休沐重還丹陽道中〉》："雲端楚山見，林表吴岫微。"李善《注》："表，猶外也。"

③ 商庚，鳥名，即黄鶯。《大戴禮記·夏小正》："二月，有鳴倉庚。倉庚者，商庚也。"

④ 戴鵀，鳥名，《爾雅·釋鳥》："戴鵀。"郭璞注："鵀即頭上勝，今亦呼爲戴勝。"

⑤ 慈鳥哺而訓孝，孫奕《示兒編·人物通稱》："鳥反哺亦名慈鳥，鷄反哺亦名孝雉。"

⑥ 騫，《楚辭·大招》："王虺騫只。"《楚辭章句》："騫，舉頭貌也。"珍羽，良箭。《後漢書·馬融傳》："納僬僥之珍羽，受王母之白環。"李賢注引《帝王紀》："堯時僬僥氏來貢没羽，西王母慕舜之德，來獻白環也。"

⑦ 舒鳧，即鴨。《禮記·内則》："舒鳧翠。"《爾雅·釋鳥》："舒鳧，鶩。"郭璞注："鴨也。"

⑧ 屬玉，即鸀鳿，水鳥名。《漢書·宣帝紀》："冬十二月，行幸萯陽宫、屬玉觀。"顔師古引晋灼注："屬玉，水鳥，似鵁鶄，以名觀也。"

⑨ 訓狐，即猫頭鷹。李時珍《本草綱目·禽之三·鴞》："鴞梟，訓狐其聲也。"

⑩ "於"，甘本作"如"，結合前文，似以"於"字爲確。

蔬，其化類是，但肖所生，小大之異。果木之蓄，厥悴奚故，小蜂遺子，蝕實蠹樹。蜥蜴致雨，維龍繄祖；螉蜂禍暴，是宜名虎。螽斯[①]有取於錫類之繁，青蚓庶亦爲織作之補。天馬[②]之子，藥名螵蛸；在桑爲勝，取諸其條。水蟲化蜻蜓而遠舉，糞蟲脱污穢而蟬蜩[③]，則斯亦善變者矣。若蝠之利於蚊蚋，是宜其以晝爲宵也。

凡兹花木禽魚，果蔬藥草，在吾園者，吾皆自有而樂之。若夫登臺極眺，風物會心。又誰吾禁而奪之也。"

客駭而笑曰："先生始者之約，鄙人尚恐其自遺所有。今也之博，不已復攬人之有矣乎？"

山人曰："嘻！能有吾有，則一膜九垠[④]。豈徒濠濮在想[⑤]，魚鳥親人而已哉。"

客曰："前言戲之耳。先生之言，小極么麽，遠入無涘。小人得其事，君子得其理。鄙人寡識，謹受教矣。"

---

① 螽斯，蟲名。《詩經・周南・螽斯》："螽斯羽，詵詵兮。"毛傳："螽斯，蚣蝑也。"

② 天馬，螳螂的别名。《吕氏春秋・仲夏》："小暑至，螳蜋生。"高誘注："螳蜋，一曰'天馬'。"

③ 蟬蜩，即蟬。

④ 膜，細微的間隔。九垠，《文選・揚雄〈甘泉賦〉》："漂龍淵而還九垠兮，窺地底而上回。"李善《注》引服虔曰："九垠，九重也。"

⑤ 濠濮在想，《莊子・秋水》："莊子與惠子游於濠梁之上。莊子曰：'鯈魚出游從容，是魚之樂也。'惠子曰：'子非魚，安知魚之樂？'莊子曰：'子非我，安知我不知魚之樂？'惠子曰：'我非子，固不知子矣；子固非魚也，子之不知魚之樂，全矣。'莊子曰：'請循其本。子曰汝安知魚樂云者，既已知吾知之而問我，我知之濠上也。'"

五言古詩四十首

入院言志

聖明重輔理，推心任儒臣。玉堂敞北扉[①]，儲養歸陶鈞。
商家禮三俊[②]，周室須常人。肆今黄閣老[③]，藹藹伊周[④]倫。
而我樗散[⑤]質，亦與名材掄。賴兹楷範在，啓發傾倉囷[⑥]。
豈徒事文字，衣鉢傳經綸。我生頗辛苦，所懷非憂貧。
願言策駑蹇[⑦]，周道[⑧]隨清塵。

---

①玉堂，漢侍中有玉堂署，宋以後翰林院亦稱“玉堂”。《漢書·李尋傳》：“過隨衆賢待詔，食太官，衣御府，久污玉堂之署。”顔師古注：“玉堂殿在未央宫。”王先謙補注引何焯曰：“漢時待詔於玉堂殿，唐時待詔於翰林院，至宋以後，翰林遂并蒙‘玉堂’之號。”北扉，即北面的門。古代翰林院門向北開，故亦以“北扉”代指翰林院。

②三俊，《尚書·立政》：“嚴惟丕式，克用三宅三俊。”孔穎達疏：“三俊即是《洪範》所言剛克、柔克、正直三德之俊也。”

③考諸《明代職官年表》，從魯鐸入仕直到致仕期間，朝廷都無黄姓閣老。因此“黄閣老”，應爲黄閣諸老之意。《漢舊儀》：“丞相聽事門曰‘黄閣’。”後借指宰相。

④伊周，商伊尹和西周周公旦，兩人都曾攝政，後常以“伊周”并稱，亦指執掌朝政的大臣。《漢書·張陳王周傳贊》：“周勃爲布衣時，鄙樸庸人，至登輔佐，匡國家難，誅諸吕，立孝文，爲漢伊周。”顔師古注：“處伊尹、周公之任。”

⑤樗散，樗木材劣，常被閑置，比喻無用之才，多用作謙詞。典出《莊子·逍遥游》：“惠子謂莊子曰：‘吾有大樹，人謂之樗。其大本擁腫而不中繩墨，其小枝卷曲而不中規矩，立之塗，匠者不顧。今子之言，大而無用，衆所同去也。’”成玄英疏：“樗，栲漆之類，嗅之甚臭，惡木者也。”

⑥倉囷，《周禮·冬官·考工記》：“囷窌倉城。”鄭玄注：“囷，圜倉。”賈公彦疏：“方曰倉，圜曰囷。”

⑦駑蹇，《文選·班彪〈王命論〉》：“故駑蹇之乘，不騁千里之塗。”李善《注》引《廣雅》：“駑，駘也，今謂馬之下者爲駑。”王逸《楚辭章句》曰：“蹇，跛也。”

⑧周道，《詩經·小雅·四牡》：“四牡騑騑，周道倭遲。”朱熹《集傳》：“周道，大路也。”

送姚英之提學廣西

天王亶神聖，化理登虞唐。嶽牧[①]寄率土，夔皋列岩廊[②]。
吾斯仰先進，風流耿難忘。典則幸兹在，時哉振其綱。
君侯[③]古容觀，矯矯今麟凰。斯文秉鑪冶，鼓鑄西南方。
會令百粵地，化爲五父鄉[④]。時舉足黎獻[⑤]，天休[⑥]迓無疆。

讀李詩

天地獨長久，謂亦終銷鎔。朝菌[⑦]同一盡，何必論喬松。
誰云李太白，曠達擅高踪。有酒不自飲，乃勸羲和龍。
麻姑既霜鬢，誰能駐顔容[⑧]。

---

①嶽牧，傳説爲堯舜時四嶽十二牧的省稱。《尚書·周官》："唐虞稽古，建官惟百，内有百揆四嶽，外有州牧侯伯。"孔穎達疏："四嶽，内典四時之政，外主太嶽之事，立四人也。外有州牧侯伯，牧，一州之長，侯伯，五國之長，各監其所部之國。"

②夔皋，夔和皋陶的并稱。夔，舜時樂官；皋陶，舜時刑官，兩人居官皆有美聲，後以夔皋借指賢明的輔弼大臣。岩廊，亦作"岩郎"，《漢書·董仲舒傳》："蓋聞虞舜時，游於岩廊之上，垂拱無爲，而天下太平。"顔師古注引晋灼曰："堂邊廡岩廊，謂岩峻之廊也。"

③君侯，即姚英之。姚鏌（1465—1538），字英之，號東泉，明代浙江慈溪人，歷任禮部主事、廣西提學副使、延綏巡撫、左都御史等職，《明史》卷200有傳。

④百粵，我國古代南方越人的總稱。分布在今浙、閩、粵、桂等地，因部落衆多，故總稱"百越"。亦指百越居住的地方。五父，春秋魯桓公之弟公子佗的稱號。《左傳·隱公六年》："五父諫曰：'親仁善鄰，國之寶也。'"杜預注："五父，陳公子佗。""五父鄉"應指禮邦魯國。

⑤黎獻，《尚書·益稷》："萬邦黎獻，共惟帝臣。"蔡沈《集傳》："黎民之賢者也。"

⑥天休，《尚書·湯誥》："凡我造邦，無從匪彝，無即慆淫，各守爾典，以承天休。"孔穎達疏："守其常法，承天美道。"

⑦朝菌，《莊子·逍遥游》："朝菌不知晦朔，蟪蛄不知春秋。"成玄英疏："朝菌者……亦謂之大芝，生於朝而死於暮，故曰'朝菌'。"

⑧"有酒、麻姑"兩句，句出李白《短歌行》："麻姑垂兩鬢，一半已成霜。天公見玉女，大笑億千場。吾欲攬六龍，迴車挂扶桑。北斗酌美酒，勸龍各一觴。富貴非所願，與人駐顔光。"羲和，《楚辭·離騷》："吾令羲和弭節兮，望崦嵫而勿迫。"王逸《注》："羲和，日御也。"

送友人歸武功 ①

庭 ② 皋鳴落木，游人感秋風。援琴起中夜，鮮復襟期同。
寒蛩響檐側，高雁翔雲中。鷄鳴戒行李，微日東窗紅。
游從集盤榼，酒盡情未終。行人難久留，矯首成西東。
願言尺素 ③ 書，歲歲常 ④ 相通。

送但宗儒節推叙州 ⑤

天風激黄鵠，千里方高翔。奄居衆鳥後，羽翼豈不長。
念我同心友，盛年起相將。意氣遞許與，逸步凌浩茫。
南宫劇文戰，縱横七登場。而我苦敗北，東隅乃今償。
顧子有餘勇，投足屢自傷。虚聲竟何有，所貴道業昌。
勖哉夷與皋，秉遽歸岩廊。

九日思李禺山太守 ⑥

去年重九日，登高菊無花。今年滿把菊，美人在天涯。
乃知此讌會，難復金且嘉 ⑦。座客念故好，揮觴减歡嘩。

---

① 武功，今陝西省咸陽市武功縣。

② “庭”，甘本作“亭”，兩可。

③ 尺素，《文選·古樂府〈飲馬長城窟行〉》：“客從遠方來，遺我雙鯉魚。呼兒烹鯉魚，中有尺素書。”吕向注：“尺素，絹也。古人爲書，多書於絹。”

④ “常”，甘本作“嘗”，似以“常”字爲佳。

⑤ 但宗儒，即但存學，字宗儒，明湖廣蒲圻（今湖北赤壁市）人，成化二十二年（1486）舉人，歷任叙州府推官、重慶府通判。叙州，今湖南省懷化市。

⑥ “思”，甘本作“懷”，兩可。李禺山太守，指李東，廣東番禺人，弘治十四年（1501）舉人，曾任湖廣武昌府興國州（今湖北陽新）知州。

⑦ 甘本無“乃知此讌會，難復金且嘉”句。

願言各强健，地遠心毋遐。篇詩寄興國，魚鴻未云賒[①]。

題壁間竹

緊誰融心神，寫此萬竿竹。我逐南薰來，炎歊正三伏。
開軒一披襟，灑然在《淇澳》。中宵起攬衣，乘月看未足。
高歌武公詩[②]，清風動林麓。

池上即事

娟娟雙翠鳥，攫我蓮池魚。的的弄毛羽，輝映紅芙蕖。
魚亦我所惜，鳥亦吾所愉。得失頗相當，物類矧有須。
兒童勿驚斥，且復供嬉娱。

對花送湯東溪

春園留看花，江船不肯住。憑將羯鼓催，海棠開一樹。
樹底索郎杯，曲侑陽關句[③]。明當對牡丹，孤帆渺何處。

送李愛松歸晋江

秋聲起林末，危葉日已疏。長安勝游客[④]，忽憶南山[⑤]廬。

---

①魚鴻，代稱傳遞書信。魚，即鯉魚，古人多以鯉魚狀的函套藏書信，因此以“鯉魚”代指書信。鴻，即鴻雁。《漢書・蘇武傳》：“教使者謂單于，言天子射上林中，得雁，足有係帛書。”因亦以“鴻”代指書信。賒，距離遠。

②武公詩，即前文《淇奥》，《詩經・衛風・淇奥序》：“《淇奥》，美武公之德也。”

③侑，《詩經・小雅・楚茨》：“以爲酒食，以享以祀，以妥以侑，以介景福。”毛傳：“侑，勸也。”孔穎達疏：“爲其嫌不飽，祝以主人之辭勸之。”“陽關句”應指王維《送元二使安西》：“勸君更盡一杯酒，西出陽關無故人。”

④長安勝游客，指李杲。李杲，字世白，自號愛松，明福建晋江人，爲兵科給事中李貫（1478—1523）之父。

⑤南山，據上句“長安”，此處應指終南山，在今陝西省西安市南，相傳隱士常於此地結廬而居。

眷眷妙齡子，中秘方劬[①]書。捧袂不成別，日昃[②]猶楮車。
都門盛冠蓋，開樽集殽蔬。中觴發高咏，響與清風俱。
離别豈不惜，學道須遠圖。歸來于公門[③]，高廣今何如。

連雨中，因讀少陵《大雨》詩，次韵一首[④]

崇朝[⑤]雨不斷，螻蟈仍嗷嗷。屋瓦欲自潰，誰其事甄陶。
莓苔近几榻，紺碧緣巾袍。睠彼瓜豆畦，渥然起叢蒿。
桑樗未及肩，頃復過檐高。乳鴉苦霑濕，垂翅仰母號。
庭前有馴鶴，戛然思林皋。西疇渺畔岸，嘉禾[⑥]戰風濤。
東鄰失墻壁，入夜斞[⑦]引勞。籬落濫盆盎，飄忽輕一毛。
溝塍慢啓閉，吾方笑兒曹。十日行不雨，桔槔[⑧]應爾操。

---

①劬，《詩經・邶風・凱風》："棘心夭夭，母氏劬勞。"毛傳："劬勞，病苦也。"

②日昃，太陽偏西。《周易・離》："日昃之離，何可久也？"孔穎達疏："日昃之離者，處下離之中，其明將没，故云。"

③于公門，典出《漢書・于定國傳》："始定國父于公，其閭門壞，父老方共治之。于公謂曰：'少高大閭門，令容駟馬高蓋車。我治獄多陰德，未嘗有所冤，子孫必有興者。'至定國爲丞相，永爲御史大夫，封侯傳世云。"

④甘本文題作"雨中讀少陵《大雨》詩次韵"。杜甫《大雨》詩："西蜀冬不雪，春農尚嗷嗷。上天回哀眷，朱夏雲鬱陶。執熱乃沸鼎，纖絺成縕袍。風雷颯萬里，霈澤施蓬蒿。敢辭茅葦漏，已喜黍豆高。三日無行人，二江聲怒號。流惡邑里清，矧兹遠江皋。荒庭步鸛鶴，隱几望波濤。沉疴聚藥餌，頓忘所進勞。則知潤物功，可以貸不毛。陰色静隴畝，勸耕自官曹。四鄰耒耜出，何必吾家操。"

⑤崇朝，《詩經・鄘風・蝃蝀》："朝隮於西，崇朝其雨。"毛傳："崇，終也。從旦至食時爲終朝。"

⑥嘉禾，《尚書・微子之命》："周公既得命禾，旅天子之命，作《嘉禾》。"孔穎達疏："此以善禾爲《書》之篇名，後世同穎之禾，遂名爲'嘉禾'，由此也。"

⑦斞，《文選・張平子〈思玄賦〉》："屑瑶蕊以爲糇兮，斞白水以爲漿。"李善《注》引《爾雅》："斞，酌也。"

⑧桔槔，《莊子・天運》："且子獨不見夫桔槔者乎，引之則俯，舍之則仰。"成玄英疏："桔槔，挈水木也。"

景伯時、吕仲木同過，雨酌西堂，分韵得知字

詞林二妙[①]至，下馬堂西陲。凉飈逐轞轡，流雲蔭門畿。
浪浪急雨下，煩囂欻何之。主歡客復樂，披襟對階墀。
僮僕得新水，中厨營午炊。盤盂但鷄黍，醪醴隨觴卮。
一觴還一咏，主斟客弗辭。游從靡新故，所貴中相知。
主人向雨笑，留宿豈復疑。方床近東壁，翠簟開青帷。
客起謝主人，明當肅朝儀。高秋取休暇，重來詎無期。
歸途曳餘興，那能問淋漓。

次韵趙類庵[②]燈花

歲序善推遷，中星[③]遞璀燦。人生期百年，而我已强半。
居則亦何爲，古帙聊復散。我心固匪石，終老不可轉[④]。
今夕復何夕，坐此屠蘇[⑤]宴。干戈滿中州，東南斷魚雁。
寒燈故吐花，照我百憂面。將非蓋代材，出以撥兹亂。
侵晨得君詩，忽若墮雲漢。一誦開我懷，再誦增氣岸。

---

① 詞林二妙，即景伯時、吕仲木。景暘（1476—1524），字伯時，號前溪，明南直儀徵（今江蘇儀徵）人，正德三年（1508）榜眼，歷官翰林院編修、國子監司業等職，被稱爲當時“江北四才子”之一。劉瑾凌辱朝士，暘不屈。遷司業，講學不避寒暑。后乞便養改中允、掌南京司業。卒於官。有《前溪集》傳世。吕柟（1479—1542），字仲木，號涇野，明陝西高陵人，正德三年（1508）狀元，歷任翰林編修、解州判官、尚寶司卿、國子監祭酒等職，任官至南京禮部右侍郎，著有《涇野子内篇》《涇野詩文集》等，《明史》卷 282 有傳。

② 趙永（1469—1548），字爾錫，號類庵，明南直臨淮（今安徽鳳陽）人，弘治十五年（1502）進士，歷官翰林編修、國子祭酒、南京禮部侍郎等職，《明史》卷 163 有傳。

③ 中星，《尚書・堯典》：“曆象日月星辰。”孔安國《傳》：“星，四方中星。”孔穎達疏：“‘星，四方中星’者，二十八宿布在四方，隨天轉運，更互在南方，每月各有中者。”

④ 我心匪石，《詩經・邶風・柏舟》：“我心匪石，不可轉也。我心匪席，不可捲也。威儀棣棣，不可選也。”鄭玄箋：“言已心志堅平，過於石席。”

⑤ 屠蘇，藥酒名。宗懍《荊楚歲時記》：“（正月一日）長幼悉正衣冠，以次拜賀，進椒柏酒，飲桃湯，進屠蘇酒。”

况亦爲燈花[①]，長篇咄嗟辦。篇終申祝祠，寔如吾所願。

三農苦

癸未[②]四月雨，并遺東作[③]忙。盛夏雨不嗣，連月恣恒暘[④]。
鄰湖剩數級，安問[⑤]陂與塘。高秋報淫雨，宵晝聲浪浪。
山村旱焦槁，自無卒歲望。原田所灌漑，糜爛無登場。
澤農陷巨浸，什一罹死亡。貧者爲耕治，鬻兒營種糧。
乃今益窮迫，骨肉刭異方。富者憂盗賊，撲劫群虎狼。
嚮聞司租使，適經川澤鄉。芃芃[⑥]賞禾黍，詎信愬[⑦]灾荒。
三農苦復苦，天高難自明。未論死溝壑，官租何由償。
仰首向天泣，旻天[⑧]但蒼蒼。

送朱敷威大尹考滿

春亭發離歌，東風滿南陌。知君本列宿，精華動眉額。
才如汗血駒，放步超疆埸。置之百里中，何由展遐迹。

---

①甘本"燈花"字下有"雲按：'况亦'句疑有誤"數字。

②癸未，時爲嘉靖二年（1523）。

③東作，《尚書·堯典》："寅賓出日，平秩東作。"孔安國《傳》："歲起於東，而始就耕，謂之東作。"

④恒暘，《尚書·洪範》："曰咎徵：曰狂，恒雨若；曰僭，恒暘若。"孔安國《傳》："君行僭差，則常暘順之。"

⑤"問"，國圖本作"間"，揆諸詩意，據甘本改。

⑥國圖本作"芃芃"，甘本作"芃芃"，甘本爲確。《詩經·鄘風·載馳》："我行其野，芃芃其麥。"鄭玄箋："麥芃芃者，言未收刈，民將困也。"

⑦愬，《詩經·邶風·柏舟》："薄言往愬，逢彼之怒。"朱熹《集傳》："愬，告也。"

⑧旻天，《尚書·多士》："爾殷遺多士，弗吊旻天，大降喪於殷。"孔穎達疏："天有多名，獨言旻天者，旻，愍也。"

高陵亦何幸①，沃沃②霑殊澤。揭來書銓曹，先聲動臺柏。
重來盍朝簪，東華③曉霜白。

康德涵母七十壽

人孰不欲壽，白髮逢已稀。孰不欲子④賢，此意恒多違。
亦豈無賢子，貧寒乏甘肥。樂哉康安人⑤，五福⑥良庶幾。
佳兒紹世德⑦，瀛洲⑧首騫飛。大官給珍異，晨暮充庭闈⑨。
設帨⑩登七十，童顏奪春暉。行將荷褒寵，霞帔照金緋。
願言婺女星⑪，歲歲揚光輝。

景封君輓詩

微日澹原野，淒風颭丹旐。佳山亦何有，白楊貯哀聲。

---

①高陵，地名，今陝西省西安市北部。朱璜，字敷威，明代山西陽曲人，弘治中以舉人任高陵知縣，因有“高陵亦何幸”之句。

②沃沃，《詩經·檜風·隰有萇楚》：“夭之沃沃，樂子之無知。”毛傳：“沃沃，壯佼也。”朱熹《集傳》：“沃沃，光澤貌。”

③東華，明清時中樞官署設在宮城東華門內，因以借稱中央官署。

④子，此處指文題中“康德涵”。康海（1475—1540），字德涵，號對山，明陝西武功人，弘治十五年（1502）狀元，任翰林修撰，明代文壇“前七子”之一，有《對山集》傳世，《明史》卷286有傳。

⑤安人，猶夫人，明代六品官之妻封安人。

⑥五福，《尚書·洪範》：“五福：一曰壽，二曰富，三曰康寧，四曰攸好德，五曰考終命。”

⑦世德，《詩經·大雅·下武》：“王配於京，世德作求。”鄭玄箋：“武王配行三王之道於鎬京者，以其世世積德，庶爲終成其大功。”

⑧瀛洲，《新唐書·褚亮傳》：“命閻立本圖象，使亮爲之贊，題名字爵里，號‘十八學士’，藏之書府，以章禮賢之重。方是時，在選中者，天下所慕向，謂之‘登瀛洲’。”

⑨庭闈，《文選·束皙〈補亡詩·南陔〉》：“眷戀庭闈，心不遑安。”李善《注》：“庭闈，親之所居。”

⑩設帨，《禮記·内則》：“子生，男子設弧於門左，女子設帨於門右。”鄭玄注：“帨，事人之佩巾也。”

⑪婺女星，《禮記·月令》：“孟夏之月，日在畢，昏翼中，旦婺女中。”許慎注：“婺女，一曰‘須女’，北方玄武之宿，是月平旦中於南方也。”

斯人豈復作，高誼餘鄉評。裂券[①]濟州里，散積裨賦徵。
有子襲家教，天衢[②]起聲稱。彰義錫冠服，封銜榮列星。
恨無千黄金，爲鑄平生形。穹碑照高冢，萬古空山青。

王檢討敬夫歸省，分韵得翰字

和風從東來，層冰亦已泮[③]。鶉火[④]中初昏，春事忽强半。
奕奕金閨仙[⑤]，校書直東觀[⑥]。念彼時序遷，悠悠難把玩。
深懷結中宵，夢覺增感嘆。高堂曠瀡滫[⑦]，重闈惜暮旦。
朝來疏一通，懇乞方寸亂。聖孝正推恩，許以歸里閈。
飛蓋[⑧]西入關，愉色躬几案。鷄鳴問温凉，往復重闈畔。
誰云一日養，不以三公换[⑨]。忠孝貴能全，來期在宸翰。

---

①裂券，《漢書·高帝紀上》："（高祖）常從王媪、武負貰酒……歲竟，此兩家常折券棄責。"顔師古注："以簡牘爲契券，既不徵索，故折毁之，棄其所負。"

②天衢，《文選·張衡〈西京賦〉》："豈伊不虔思於天衢，豈伊不懷歸於枌榆。"劉良注："天衢，洛陽也。"後借指京城。

③泮，《詩經·邶風·匏有苦葉》："士如歸妻，迨冰未泮。"毛傳："泮，散也。"

④鶉火，《國語·周語》："對曰：'昔武王伐殷，歲在鶉火。'"韋昭注："鶉火，次名，周分野也。從柳九度至張十六度爲鶉火。"

⑤金閨，《文選·江文通〈别賦〉》："金閨之諸彦，蘭臺之群英。"李善《注》："金閨，金馬門也。"《史記·滑稽列傳》："金馬門者，宦署門也。門傍有銅馬，故謂之曰'金馬門'。"後借指宫廷。金閨仙，指王九思（1468—1551），字敬夫，號渼陂，明陝西鄠縣（今陝西西安市鄠邑區）人，弘治九年（1496）進士，明代文壇"前七子"之一，有《渼陂集》傳世。

⑥東觀，《後漢書》卷五《孝安帝本紀》："乙亥，詔謁者劉珍及五經博士，校定東觀五經、諸子、傳記、百家藝術，整齊脱誤，是正文字。"李賢注引《洛陽宫殿名》曰："南宫有東觀。"

⑦瀡滫，《禮記·内則》："堇、荁、枌榆，免薧滫瀡以滑之，脂膏以膏之。"鄭玄注："謂用調和飲食也……秦人溲曰滫，齊人滑曰瀡也。"孔穎達疏："謂用堇、用荁及枌榆及新生乾薧相和滫瀡之，令柔滑之。"

⑧飛蓋，曹植《公宴》詩："清夜游西園，飛蓋相追隨。"劉良曰："飛蓋，車蓋也。"

⑨句出王安石《送喬執中秀才歸高郵》："古人一日養，不以三公换。"

送胡汝重廣西散賞李貽教限韵[1]

行賞下南服，指揮三萬舸。遠别何足云，離亭笑方瑳。
君才文武兼，所投無不可。南師亦有言，何以衣食我。
惠賞容未沾，乃復望驍果。垂橐向使君，揚眉趨道左。
時雨均皇仁，沛然非瑣瑣。行須使三陲，皆令静烽火。

王秉衡主事母輓詩

寒風戰庭柯，烏啼一何急。哀哀宦游子，念母深夜泣。
平生食膽丸，清苦名位立。推恩亦有典，鸞錦天書給。
云胡不自慰，中懷百酸集。列鼎豈不甘，問[2]省嗟何及。
傷哉密縫衣，淋漓短襟濕。

雜感二十首

許由洗兩耳，惡聞九州長。巢父惜牛口，遥遥飲其上[3]。
二老振孤踪，千載流逸響。嗚呼成其高，堯天[4]真蕩蕩。

---

①胡文璧（1460—1523），字汝重，號石亭，明湖廣耒陽（今湖南耒陽）人，弘治十二年(1499)進士，歷任户部主事、浙江監察御史、太常少卿、天津兵備道副使等職，著有《文會録》《耒陽遺記》《耒陽十景詩》等，《明史》卷188有傳。李永敷（1461—？），字貽教，明湖廣永興（今湖南永興）人，弘治九年（1496）進士，歷官兵部武選司主事、郎中等職，以忤逆劉瑾而罷官。

②“問”，國圖本作“間”，據甘本改。

③許由，字武仲，陽城槐里（今河南登封）人，傳説中上古時期的隱士；巢父，亦爲堯時隱士。“許由、巢父”兩句，典出皇甫謐《高士傳》：“堯又召（許由）爲九州長，由不欲聞之，洗耳於潁水濱。時其友巢父牽犢欲飲之，見由洗耳，問其故。對曰：‘堯欲召我爲九州長，惡聞其聲，是故洗耳。’巢父曰：‘子若處高岸深谷，人道不通，誰能見子。子故浮游，欲聞求其名譽。污吾犢口。’牽犢上流飲之。”

④堯天，《論語·泰伯》：“巍巍乎，唯天爲大，唯堯則之。”何晏《集解》引孔安國曰：“則，法也，美堯能法天而行化也。”

其　二

晋室失其馭，所資惟賢豪。謝公負雅量，人士歸皋牢[①]。
聲樂自滿耳，舉世方驚濤。安能縮首尾，共作寒蟲號。
清顔照木石，東山[②]爲增高。淝水了大事，餘算曾無勞。
高崧豈具眼，嘲戲同兒曹。

其　三

東村有松檜，西村滿楊柳。我家住村東，來往村西久。
浮陽起郊原，游衍及親友。取蔭東西村，常倒尊中酒。
風霜倏摧厲，此意遂相負。吾廬翳松檜，摇落殊未有。

其　四

豐城有古劍[③]，埋没良已久。寒光亘長虹，夜氣淩北斗。
何年出深瘞，遞粥今幾手。上刃浮龍漦[④]，下刃陷龍首。
苔斑[⑤]磨未平，古血積仍厚。豈乏連城貲，所惜遇非偶。
何當一淬礪，倩彼歐冶叟[⑥]。善價臨尚方，君王自相售。
世間不平聲，從兹無復有。

---

①謝公，指東晋謝安（320—385），字安石，陳郡陽夏（今河南太康）人。其在淝水之戰中的運籌之功，保障了晋室的安寧，《晋書》卷79有傳。皋牢，同“罣牢”，《荀子·王霸》：“罣牢天下而制之，若制子孫，人苟不狂惑戇陋者，其誰能睹是而不樂也哉。”楊倞注：“罣或作畢，言盡牢籠天下也。”

②東山，《晋書·謝安傳》：“中丞高崧戲之曰：‘卿累違朝旨，高卧東山，諸人每相與言，安石不肯出，將如蒼生何？蒼生今亦將如卿何？’”據考，謝安隱居的東山，位於今浙江省紹興市上虞區曹娥江畔。

③“豐城有古劍”，語出《晋書·張華傳》：“（張）華聞豫章人雷焕妙達緯象……即補焕爲豐城令，焕到縣，掘獄屋基，入地四丈餘，得一石函，光氣非常，中有雙劍，并刻題，一曰龍泉，一曰太阿。其夕斗牛間氣不復見焉。”後世詩文用“豐城劍”贊美杰出人才，或謂杰出人才有待識者發現。

④龍漦，《國語·鄭語》：“夏之衰也，褒人之神化爲二龍，以同於王庭……夏后卜殺之與去之與止之，莫吉。卜請其漦而藏之，吉。”韋昭注：“漦，龍所吐沫，龍之精氣也。”

⑤“斑”，甘本作“班”，國圖本爲確。

⑥歐冶叟，春秋時著名劍工歐冶子。袁康《越絶書·外傳記寶劍》：“歐冶乃因天之精神，悉其伎巧，造爲大刑三，小刑二。”

其　五

南州有雙鳳，丹穴同時生[①]。出鷇毛羽好，引味相向鳴。
一朝彩翮[②]健，雙飛凌玉京。迴颷屢翕翅，十年閬[③]收聲。
爾來復同舉，分飛試遐征。大鳳集赤山，小鳳蒼桐城。
我願雙鳳去，和聲召休禎。鈞天起韶樂[④]，來儀看升平。

其　六

自昔開宇宙，羲農肇皇圖。下逮殷周君，承御握天符。
王風被四表[⑤]，陰陽運璿樞[⑥]。自從紛争來，奄忽生閏餘。
云何千載下，凶氛兆元胡。天意固有在，人事亦何誅。
聖皇起昌期，提劍清巇污。神功邁今古，終然奠寰區。

其　七

鵾鵬挾垂天，斥鷃寡勁翮[⑦]。巨細雖不齊，所性各有適。
人生天地間，何以異此物。志士耻没世，聲稱快掀赫。
小人身口謀，聊以具朝夕。衆志皆有以，吾心安所擇。
去去謝浮榮，冥心玩羲畫。

---

①此句典出《山海經·南山經》："又東五百里，曰丹穴之山，其上多金玉。丹水出焉，而南流注於渤海。有鳥焉，其狀如鷄，五采而文，名曰鳳皇，首文曰德，翼文曰義，背文曰禮，膺文曰仁，腹文曰信。是鳥也，飲食自然，自歌自舞，見則天下安寧。"

②翮，《周禮·地官·羽人》："羽人，掌以時徵羽翮之政於山澤之農，以當邦賦之政令。"鄭玄注："翮，羽本。"

③閬，通"閡"。

④"鈞天"句，典出《史記·趙世家》："簡子寤，語大夫曰：'我之帝所甚樂，與百神游於鈞天，廣樂九奏萬舞，不類三代之樂，其聲動人心。'"

⑤四表，《尚書·堯典》："光被四表，格於上下。"孔穎達疏："聖德美名，充滿被溢於四方之外，又至於上天下地。"

⑥璿樞，即璇樞，星名。北斗第一星爲樞，第二星爲璇，泛指北斗星。

⑦"鵾鵬"句，語出《莊子·逍遥游》："鵬之背，不知其幾千里也；怒而飛……斥鷃笑之曰：'彼且奚適也？我騰躍而上，不過數仞而下，翱翔蓬蒿之間，此亦飛之至也，而彼且奚適也？'"

其　八

苕苕[①]孤生桐，托根雲夢[②]臺。青皮閱歲年，細雨生莓苔。

衆羽欣所止，威鳳有時來。歲晚歇芳意，摇落依寒梅。

其　九

荆卿報燕仇，壯氣誰與匹。高義誠足嘉，一身非所恤。

商聲起哀筑[③]，易水慘且泌。所事在秦庭，自謂百不失。

安知寰宇上，白虹貫朝日。天意乃若此，人事焉[④]可必。

惜哉百夫良[⑤]，徒以昭往帙。

其　十

入山采蘭若，露葉萋以緑。攀崖摘其華，路險行趗趄[⑥]。

馨香滿裳袂，紉以配嘉玉。豈不常苦辛，所貴不結束。

其十一

端居有所思，所思在長安。冉冉歲云暮，夢想接容顔。

緘書不我遺，悵此別恨端。徙倚向幽獨，喟然傷心肝。

---

① 苕苕，《文選·張衡〈西京賦〉》："干雲霧而上達，狀亭亭以苕苕。"李善《注》："亭亭、苕苕，高貌也。"

② 雲夢，古藪澤名。《周禮·夏官·職方氏》："正南曰荆州，其山鎮曰衡山，其澤藪曰雲夢。"鄭玄注："衡山在湘南，雲夢在華容。"

③ "筑"，國圖本作"笷"，據甘本改。商聲，指秋聲。《文選·阮籍〈咏懷詩〉之十》："素質游商聲，悽愴傷我心。"李善《注》："《禮記》曰：'孟秋之月，其音商。'鄭玄曰：'秋氣和，則商聲調。'"

④ "焉"，甘本作"安"。

⑤ 百夫良，典出陶淵明《咏荆軻》："燕丹善養士，志在報强嬴。招集百夫良，歲暮得荆卿。"

⑥ 趗趄，《文選·張衡〈東京賦〉》："狹三王之趗起，軼五帝之長驅。"薛綜注："趗起，局小貌也。"

其十二

鶢鶋止魯門[①]，風浪駕蓬丘。夷羊見墟野，商道日以遒[②]。
物來豈無謂，賢者識其幽。如何獲麟世，反屬絶筆秋[③]。
已矣魯中叟，世喪來何求。

其十三

孟冬天氣肅，朝霜被蕪萊。寒泉細無聲，鶗鴂[④]鳴何哀。
遲遲歲華晚，芳意忽已摧。撫景生感傷，幽思何能裁。

其十四

近聞救邊急，羽檄[⑤]飛京師。兵聲久不振，占募空三陲。
如何驃騎軍[⑥]，還藉羽林兒[⑦]。生來不識戰，股慄趨道隅。
親戚遠相送，父母泣前溪。尺捶當猛虎，投死未可知。

---

①鶢鶋，海鳥名。鶢鶋止魯門，典出《莊子·至樂》："且女獨不聞邪？昔者海鳥止於魯郊，魯侯御而觴之於廟，奏九韶以爲樂，具太牢以爲膳……故先聖不一其能，不同其事。"成玄英疏："昔有海鳥，名曰爰居，形容極大，頭高八尺，避風而至，止魯東郊。"

②"夷羊"句，典出《國語·周語上》："商之興也，檮杌次於丕山；其亡也，夷羊在牧。"韋昭注："夷羊，神獸。牧，商郊牧野。"

③"如何"句，典出《春秋·哀公十四年》："春，西狩獲麟。"杜預注："麟者仁獸，聖王之嘉瑞也。時無明王出而遇獲，仲尼傷周道之不興，感嘉瑞之無應，故因《魯春秋》而修中興之教。絶筆於'獲麟'之一句，所感而作，固所以爲終也。"

④鶗鴂，《文選·張衡〈思玄賦〉》："恃己知而華予兮，鶗鴂鳴而不芳。"李善《注》："《臨海異物志》曰：'鶗鴂，一名杜鵑，至三月鳴，晝夜不止，夏末乃止。'"

⑤羽檄，《史記·韓信盧綰列傳》："陳豨反，邯鄲以北皆豨有，吾以羽檄徵天下兵，未有至者，今唯獨邯鄲中兵耳。"裴駰《集解》："魏武帝《奏事》曰：'今邊有小警，輒露檄插羽，飛羽檄之意也。'駰案，推其言，則以鳥羽插檄書，謂之羽檄，取其急速若飛鳥也。"

⑥驃騎，古代將軍的名號，此處應指漢代驃騎將軍霍去病（前140—前117）。霍去病，西漢河東平陽（今山西臨汾）人。武帝衛皇后姊子。年十八爲侍中，善騎射，出擊匈奴，以軍功封冠軍侯。武帝元狩二年（前121）被封爲驃騎將軍。元狩四年（前119），爲大司馬，封狼居胥山，登臨瀚海，秩禄與大將軍等，卒謚景桓，《史記》卷110有傳。

⑦羽林兒，即羽林孤兒。《漢書·百官公卿表上》載："（漢武帝）又取從軍死事之子孫養羽林，官教以五兵，號曰'羽林孤兒'。"

借問軍中將，誰是李搴旗[1]。莓莓受降城[2]，落落燕然碑[3]。
前功未可必，安邊去何期。惟應兩階舞[4]，焉用一割爲[5]。

其十五

城居苦塵事，去作郢上游。驅車未及半，且復泛輕舟。
峨峨五華山[6]，杳杳三澨流[7]。山水清且閑，俯仰見沉浮。
愧無經世才，空有杞人憂。潦倒終宇宙，廢道何能酬。

其十六

緹縈本弱息，爲父親上書。木蘭亦女身，提戈赴征車。
誰知貧家女，乃有壯士謨。生兒貴生男，生男女不如。
侃侃回君顔，桓桓破堅胡。生爲閨中杰，死爲烈女模。
古來重感嘆，涕下霑裳袽。

其十七

懷人不能寐，被衣彈鳴琴。鳴琴若作意，中夜發孤音。
美人在何許，遥憶湘水陰。征鴻去不返，雙魚逝何深。
引領重躑躅，幽恨獨難任。

---

① 李搴旗，應指漢代名將李陵（前134—前74）。（元）刘履《風雅翼》卷4《選詩補注·扶風歌》："李搴旗，張銑曰：謂李陵也。蓋兵家以斬將搴旗爲能，故以此目之忠信云者。謂陵不得已而降，實執忠信之節，欲劫匈奴以報漢也。"

② 受降城，城名，漢築以接受敵人投降，故名。《史記·匈奴列傳》："漢使貳師將軍廣利西伐大宛，而令因杅將軍敖築受降城。"

③ 燕然碑，相傳爲竇憲擊敗匈奴後的記功石碑。《後漢書·竇憲列傳》："與北單于戰於稽落山，大破之，虜衆崩潰，單于遁走，追擊諸部，遂臨私渠比鞮海。斬名王已下萬三千級，獲生口馬牛羊橐駝百餘萬頭。……憲、秉遂登燕然山，去塞三千餘里，刻石勒功，紀漢威德，令班固作銘。"

④ 兩階舞，《尚書·大禹謨》："帝乃誕敷文德，舞干羽於兩階。"孔安國傳："干，楯；羽，翳也。皆舞者所執。修闡文教，舞文舞於賓主階間，抑武事。"

⑤ 焉用一割爲，句出《後漢書·班超傳》："昔魏絳列國大夫，尚能和輯諸戎，況臣奉大漢之威，而無鈆刀一割之用乎？"

⑥ 五華山，位於今湖北省天門市皂市鎮，明屬景陵縣。據（明）李賢《明一統志》載："五華山，在景陵縣北七十里，圍九百丈，上有伏羲廟，相傳伏羲后封於此，有古風氏國，故城今廢。"

⑦ 三澨流，《尚書·禹貢》："過三澨，至於大別。"鄭玄注："三澨，水名，在江夏竟陵縣界。"

其十八

我希秦越人，獨居鄭之鄙。生來人舍間，賣藥常一匕。
於趙病者蘇，適虢虢君起[①]。乃知長桑君，飲以上池水[②]。
時來三十日，知物從此始。遐哉百世間，寥寥僅聞此。

其十九

矯矯東方生[③]，由來好奇古。潛心經術中，奏牘難比數。
頎然向執戟，避世居天府。騶牙來何爲，先期兆降虜[④]。
誰知大歸年，歲宿出天宇[⑤]。何哉謫仙人，不與人世仵。

其二十

季主夫何如，賣卜長安東[⑥]。相携二三子，引侍常時同。
日月論紀差，天地循始終。博觀千載上，斯道無終窮。

---

①“於趙”句，典出《史記·扁鵲倉公列傳》：“當晋昭公時，諸大夫强而公族弱，趙簡子爲大夫，專國事。簡子疾，五日不知人，大夫皆懼，於是召扁鵲。扁鵲入視病，居二日半，簡子寤。其後扁鵲過虢。虢太子死，扁鵲至虢宫門下……太子起坐。更適陰陽，但服湯二旬而復故。故天下盡以扁鵲爲能生死人。”

②“乃知”句，典出《史記·扁鵲倉公列傳》：“（長桑君）乃出其懷中藥予扁鵲：‘飲是以上池之水，三十日當知物矣。’”司馬貞《索隱》：“案，舊説云：上池水，謂水未至地，蓋承取露及竹木上水，取之以和藥。”

③東方朔（約前154—前93），字曼倩，西漢平原郡厭次縣（今山東惠民）人，文學家、官員。《史記》卷126、《漢書》卷65有傳。

④騶牙，典出《史記·滑稽列傳·東方朔傳》：“建章宫後閣重櫟中有物出焉，其狀似麋。以聞，武帝往臨視之。問左右群臣習事通經術者，莫能知。詔東方朔視之。……曰：‘所謂騶牙者也。遠方當來歸義，而騶牙先見。其齒前後若一，齊等無牙，故謂之騶牙。’其後一歲所，匈奴混邪王果將十萬衆來降漢。”

⑤“誰知”句，典出佚名《東方朔别傳》：“朔未死時，謂同舍郎曰：‘天下人無能知朔，知朔者唯太王公耳。’朔卒後，武帝得此語，即召太王公問之，曰：‘爾知東方朔乎？’公對曰：‘不知。’（武帝曰）‘公何所能？’曰：‘頗善星曆。’帝問諸星皆俱在否，曰：‘諸星俱在，獨不見歲星十八年，今復見耳。’帝仰天嘆曰：‘東方朔生在朕旁十八年，而不知是歲星哉！’”張華《博物志》亦載：“《神仙傳》曰：説上據辰尾爲宿，歲星降爲東方朔。傳説死後有此宿，東方生，無歲星。”

⑥“季主”句，典出《史記·日者列傳》：“司馬季主者，楚人也，卜於長安東市。”

如何賈生輩[①]，與語時未充。乃知太卜子，天命常相通。
性道苟自述，逃身亦何崇。

七言古詩三十三首

伏生傳經圖

祖龍[②]火中書作堆，阿房相繼爲塵灰。九旬老儒[③]食漢粟，元自咸陽坑外回。

向來傳道心自許，挾書律在無儔侶。太常掌故來何遲，舌固猶存難正語。

閨中弱息諳聖謨，口相授受曾何拘。删書[④]門下誰復在，一女擬當三千徒。

掌故心神祇方策，耳目何嘗滯聲色。楚國雖亡見倚相[⑤]，孔堂[⑥]未上聞金石。

---

① 賈生，即賈誼（前200—前168），西漢洛陽人。年十八，即以文才出名。年二十餘，文帝召爲博士，遷太中大夫，因曾爲梁王太傅，後又被貶至長沙，因此世稱“賈太傅”，又稱“賈長沙”，《史記》卷84、《漢書》卷48有傳。

② 祖龍，《史記·秦始皇本紀》：“今年祖龍死。”裴駰《集解》引蘇林曰：“祖，始也；龍，人君象。謂（秦）始皇也。”

③ 九旬老儒，即詩題中所稱“伏生”。伏生，漢時濟南人，名勝。原秦博士，治《尚書》。始皇焚書，伏生以書藏壁中。漢興後，求其書已散佚，僅得二十九篇，以教於齊魯間。文帝即位，聞其能治《尚書》，欲召之。然伏生年已九十餘，老不能行，乃詔太常使掌故晁錯往受之。

④ 删書，孔子删訂《尚書》之典。據《尚書璿璣鈐》稱：“孔子得黃帝玄孫帝魁之書，至秦穆公爲三千二百四十篇，斷遠取近，定可以爲世法者，百二十篇，其中一百零二篇爲《尚書》，十八篇爲《中侯》。”

⑤ 倚相，春秋時楚國左史，能讀三墳、五典、八索、九丘等古書，相傳爲左丘明的祖父。

⑥ 孔堂，孔子所居之堂。語出《論語·先進》：“子曰：‘由之瑟奚爲於丘之門？’門人不敬子路。子曰：‘由也升堂矣，未入於室也。’”邢昺疏：“言子路之學識深淺，譬如自外入內。得其門者，入室爲深，顏淵是也；升堂次之，子路是也。今子路既升我堂矣，但未入於室耳。豈可不敬也？”

謾道方言多異同，濟南不與潁川通。子襄科斗[①]人不識，考論文義終誰功。

天爲斯文存一綫，漢人及見先生面。而今尚恨《禮》殘《樂》不傳，當時試問寧徒然。

觀鄭俠《流民圖》[②]

平生看畫殊草草，漫若行雲度飛鳥。近來偶得《流民圖》，寶愛矜憐看未了。

旱風吹沙天地昏，扶携塞道離鄉村。身無完衣腹無食，疾羸愁苦難具論。

老人狀何似，頭先於步無生氣。手中杖與臂相如，同行半作溝中棄。

小兒何忍看，肩挑襁負啼聲乾。父憐母惜留不得，持標自售雙眉攢。

試看擔頭何所有，麻糝麥麩不盈缶。道傍采掇力無任，草根木實連塵土[③]。

於中況復嬰鎖械，負瓦揭木行且賣。形容已槁臀負瘡，還應未了徵輸債。

千愁萬恨具物色，不待有言皆暴白。熙寧何緣一至斯，主行新法王安石[④]。

---

① 子襄，孔子後人。科斗，蝌蚪文字，古文字體的一種，形如蝌蚪，故稱。“子襄科斗”，典出孔安國《尚書正義序》：“漢室龍興，開設學校，旁求儒雅，以闡大猷。濟南伏生，年過九十，失其本經，口以傳授，裁二十餘篇，以其上古之書，謂之《尚書》。百篇之義，世莫得聞。至魯共王好治宫室，壞孔子舊宅，以廣其居，於壁中得先人所藏古文虞夏商周之書，及傳《論語注疏》《孝經》，皆科斗文字。”相傳藏於魯壁中書由子襄所存，清人趙翼對此已有考論，認爲藏書人并非子襄。

② 鄭俠（1041—1119），字介夫，北宋福州福清（今福建福清）人，宋英宗治平四年（1067）進士，《宋史》卷 321 有傳。據《宋史》卷 321《鄭俠傳》載：“是時，自熙寧六年七月不雨，至於七年之三月，人無生意。……俠知安石不可諫，悉繪所見爲圖，奏疏詣閤門，不納。乃假稱密急，發馬遞，上之銀臺司。其略云：‘……臣謹以逐日所見，繪成一圖，但經眼目，已可涕泣。而況有甚於此者乎！如陛下行臣之言，十日不雨，即乞斬臣宣德門外，以正欺君之罪。’疏奏，神宗反覆觀圖，長吁數四，袖以入。是夕，寢不能寐。翌日，命開封體放免行錢，三司察市易，司農發常平倉，三衛具熙河所用兵，諸路上民物流散之故。青苗、免役權息追呼，方田、保甲并罷，凡十有八事。民間歡叫相賀，又下責躬詔求言。越三日，大雨，遠近霑洽。輔臣入賀，帝示以俠所進圖狀，且責之，皆再拜謝。”

③ “土”，甘本作“垢”，兩可。

④ 王安石變法，又稱“熙寧新政”。熙寧（1069—1077），宋神宗趙頊使用年號。

當年此圖誰所爲，監門鄭俠心憂時。疏奏閤門不肯納，馬遞徑上銀臺司[①]。

疏言大略經聖眼，四方此類知何限。但除弊政行臣言，十日不雨臣當斬。

熙寧天子寢不寐，罷除新法回天意。誰知護法有善神，帝前環泣奸仍遂。

同時有圖常獻捷，贏輸事往圖隨滅。此圖世遠迹逾新，長使忠良肝膽熱。

我因披圖間比量，唐宗《王會》[②]空誇張。願將此圖繼《無逸》[③]，重模圖[④]本陳吾皇。

西堂會[⑤]分韵得有字

辛未[⑥]十月日己丑，一尊偶熟西堂酒。八公異路同時來，鐸也迎之適成九。

熊峰才望即曼卿[⑦]，何幸從渠托僚友。希道子冲[⑧]才不羈，笑談時發文章藪。

---

①銀臺司，宋門下省所轄官署，司署設在銀臺門内，故名。《宋史·職官志一》："銀臺司，掌受天下奏狀案牘，抄録其目進御，發付勾檢，糾其違失而督其淹緩。"

②《王會》，指《王會圖》。《舊唐書》卷197《南蠻西南蠻傳·東謝蠻》："貞觀三年，元深入朝，冠烏熊皮冠，若今之髦頭，以金銀絡額，身披毛帔，韋皮行縢而著履。中書侍郎顔師古奏言：'昔周武王時，天下太平，遠國歸款，周史乃書其事爲《王會篇》。今萬國來朝，至於此輩章服，實可圖寫，今請撰爲《王會圖》。'"

③《無逸》，《尚書》篇名。《尚書·無逸》："周公曰：'嗚呼！君子所其無逸。'"主要記載周公告誡成王不要貪圖安逸的有關内容。

④"模"，甘本作"摹"，兩可。

⑤"會"，甘本作"雅集"，兩可。

⑥辛未，時爲正德六年（1511）。

⑦熊峰，即石珤（1464—1528），字邦彦，號熊峰，明北直藁城（今河南藁城）人，成化二十三年（1487）進士，歷任庶吉士、翰林院檢討、禮部左侍郎等職，後入閣，有《熊峰集》傳世，《明史》卷190有傳。曼卿，即石延年（994—1041），字曼卿，北宋南京應天府（今河南商丘）人，官至秘閣校理、太子中允，有《石曼卿詩集》傳世，《宋史》卷442有傳。

⑧希道，指盛端明（1476—1556），字希道，號程齋，明廣東大埔人，弘治十五年（1502）進士，官至禮部尚書，卒謚榮簡，《明史》卷307有傳。子冲，指滕霄，字子冲，明福建建安（今福建建甌）人，弘治十五年進士，歷任翰林院編修、修撰、司經局洗馬等職，著有《九川文集》。

宗易夢弼[①]雙謫仙，民懷[②]大雅争先後。前身欽之或鼎臣[③]，子淵[④]自是機雲[⑤]手。

魯生若復獨尋常，如此高人能致否。傍人數作舜廷官，未老敢比香山叟[⑥]。

杯行直欲手不停，殽核雖疏賴三韭[⑦]。歡如平子絶倒[⑧]時，誰數莊生僅開口。

階前僕隸亦嘆羨，人事天時今不偶。初筵愛日若春温，好月歸時懸馬首。

相期作詩仍作圖，此會人間豈常有。

李在[⑨]山水行

高秋爽氣生林末，山色朝來如黛潑。西風洗天無閑[⑩]雲，萬里天心正開豁。

群峰盡處見平原，漠漠寬閑水上村。村西返照界斜影，千尋石壁當溪翻。

隔溪誰子愛林麓，直傍陰崖結茅屋。墻支亂石就迴岩，門向清流衹横木。

---

① 宗易，指李時（1471—1539），字宗易，號序庵，明北直任丘（今河北任丘）人，弘治十五年（1502）進士，歷任翰林院編修、侍讀、詹事府右諭德等職，嘉靖中入閣，卒謚文康，著有《南城召對録》，《明史》卷193有傳。夢弼，李廷相（1485—1544），字夢弼，明河南濮州（今河南濮陽）人，弘治十五年探花，官至户部尚書，卒謚文敏。

② 民懷，指温仁和（1475—1543），字民懷，號托齋，明四川華陽（今四川成都）人，弘治十五年進士，官至禮部尚書，卒謚文恪。

③ 欽之，指易舒誥（1475—1526），字欽之，號西泉，明湖廣攸縣（今湖南攸縣）人，弘治十八年（1505）進士。鼎臣，指顧鼎臣（1473—1540），字九和，號未齋，明南直昆山（今江蘇昆山）人，弘治十八年進士，歷任修撰、左諭德、禮部右侍郎等職，後入閣，卒謚文康，著有《未齋集》，《明史》卷193有傳。

④ 子淵，指陸深（1477—1544），字子淵，號儼山，明南直松江（今上海）人，弘治十八年進士，位至詹事府詹事，卒謚文裕，有《儼山集》傳世，《明史》卷286有傳。

⑤ 陸機（261—303）、陸雲（262—303）兩兄弟的并稱，《晋書·陸雲傳》："雲，字士龍，六歲能屬文，性清正，有才理。少與兄機齊名，雖文章不及機，而持論過之，號曰'二陸'。"

⑥ 香山叟，指白居易，因其晚年别號香山居士，故稱。

⑦ 三韭，《南齊書·庾杲之傳》載："（庾杲之）清貧自業，食唯有韮葅、瀹韮、生韮、雜菜。"後以"三韭"泛指蔬菜。

⑧ 平子絶倒，典出《晋書·衛玠傳》："琅邪王澄（字平子）有高名，少所推服，每聞玠言，輒嘆息絶倒。故時人爲之語曰：'衛玠談道，平子絶倒。'"比喻對對方的言論極爲佩服。

⑨ 李在（1400—1431），字以政，號龍波居士，明福建莆田人，遷居南京，明代宫廷畫家。

⑩ "閑"，甘本作"片"，兩可。

水禽護水飛仍低，小舟度晚蒼波迷。行人趁渡半不及，夜來應借山家栖。

何物李在善模寫，欲與造化混真假。安得此境置吾人，一時突兀千萬厦。

沃壤連溪山復深，安居粒食生林林。眼前寒士皆大庇，杜陵千載同吾心。

寒夜吟

銛風鏟地地欲裂，横磨幾許并州鐵。深窗油凍燈不明，出袖手僵挑不得。

征東甲士帶霜坐，賊群却占千家卧。營中凍死不敢嗔，衹怕河冰賊偷過。

南去干戈何日止，兵賊居民皆赤子。官家詔赦明朝開，盡消殺氣陽春回。

添綫詞

寒日趁天無約摸，短長那遣忙人覺。漢宫相語驚翠娥，綉綫朝來添幾何[①]。

昭陽宫[②]門在何處，歲晚無由通綫路。憑誰却問承恩[③]人，遠近何如天度數。

月橋同壽，壽易欽之檢討父母，分韵得橋字

明月山前明月橋，異人踪迹何逍遥。千年好逑天所要，方瞳[④]緑鬓顔不凋。

高崖深谷不可招，霞裾風裔相飄飖。時人謂是古松喬，高居少廣迴丹霄。

橋旁種玉玉有苗，冰蠶取葉扶桑條。當年弧帨忘何朝，但云甲子記神堯。

麻姑爲壽來迢迢，潯陽[⑤]向上仍通潮。橋底鮫人千尺綃，巨盤捧出明江

---

① 添綫，冬至後白晝漸長。《歲時廣記》卷38引《歲時記》：“晋魏間，宫中用紅綫量日影，冬至後日添長一綫。”

② 昭陽宫，漢宫殿名，《三輔黄圖·未央宫》：“武帝時，後宫八區，有昭陽……殿。”後泛指后妃所住的宫殿。

③ 承恩，漢臺館名，《漢書·霍光傳》：“築神道，北臨昭靈，南出承恩。”顔師古注引服虔云：“昭靈、承恩，皆館名也。”

④ 方瞳，方形的瞳孔，古人以爲長壽之相。葛洪《神仙傳·李根》：“又太文説，根兩目瞳子皆方。按《仙經》説：‘八百歲，人瞳子方也。’”

⑤ 潯陽江，長江流經江西省九江市北的一段，明屬九江府。李賢《明一統志》：“潯陽江在府城北，源自岷山，至此下流四十里，合彭蠡湖水東流入海。”

珧[1]。

蟠桃火棗藉蘭苕，拈來入口甘冰消。瀛洲郎君將乃僚，孔鸞鶴鳳乘微飈。大篇短章天上謡，細書一卷如牛腰。瓊漿石髓酌天瓢，開卷高歌星漢摇。願言閲歷健且趫，桑田爲海滄溟焦。歌罷人稀天泬寥[2]，橋東明月聞雙簫。

解髮引[3]

與櫛師熊俊後數語，蓋一時喜劇過望，而與之爲戲耳。君子其亦以戲視之，而無誚其愚也。

我昔成化庚子[4]之歲，年二十。

病脾作瘧，顛寒倒熱卧暑月，汗蒸髮熾不可櫛。

歲當舉士心孔棘，爾祖名濂善挑篦，爲我從容解其結。

迨今忽增四十有七年，頭風眩發如倒懸。羸軀百日不離枕，短髮一亂還成氈。

俊兮俊兮，爾精世藝過乃祖，不惜爲我細心明目施殷勤。

使我不知爾手據吾髮，但見莖莖豁杪而分根。

噫嘻！更增四十七年兮。吾幾何歲，豈嗔此髮復亂兮，仍逢爾孫。

爲劉鶴崖題吴偉畫

吴生[5]筆有神，無慚呼小仙。一泉片石世奔走，此圖揮灑仍何年。

---

①鮫人千尺綃，典出張華《博物志》："南海外有鮫人，水居如魚，不廢織績……從水出，寓人家，積日賣絹。將去，從主人索一器，泣而成珠滿盤，以與主人。"

②泬寥，《楚辭·九辯》："泬寥兮天高而氣清。"王逸《注》："泬寥，曠蕩空虚也。或曰：泬寥猶蕭條。蕭條，無雲貌。"

③甘本作"解髮引與櫛師熊俊"，且無序。

④成化庚子，時爲成化十六年（1480）。

⑤吴生，即吴偉（1459—1508），字次翁，明代湖廣江夏（今湖北武漢市江夏區）人，明代著名畫家。

縮來嶰谷[①]三湘地，柴桑栗里依稀是，個中物色寧徒似。
伶倫[②]老技痒，王孫胡不歸[③]。泉明醉眼欲盈把，渾疑風露侵人衣。
虚堂坐對意更遠，九方輪扁[④]俱天機。

賞蓮次韻李貽教

花神見夢作人語，云是江南水仙女。覺來却憶湖上花，接天映日連漁家。
恨無神仙縮地術，坐令清水芙蓉出。謫仙庭院頗虚閑，華峰幻在盆池間。
開花差比十丈矮，深秋未見紅衣解。憑陵大叫呼謫仙，我有金龜當酒錢[⑤]。
共君坐花開瓊筵，君須一斗詩百篇。

蓮北莊用放翁《飲酒近村》韻[⑥]

小塘萃魚鷗鷺立，中田遺穗鷄豚集。炙鷄在俎粳復香，膾鯉登盤網猶濕。
林陰醉飽袂翩翩，北窗時擁羲皇[⑦]眠。太平總庇聖明福，病夫鼓腹歌豐年。

賀喬白岩生子，次《五老詩》韻

眉間喜色占微黄，誰將小技干大方。慶門佳氣先春陽，輝鄰映里連四旁。

---

① 嶰谷，昆侖山北谷名。《尚書注疏》："黄帝使伶倫氏自大夏之西、昆侖之陰，取竹於嶰谷之中。"

② 伶倫，《吕氏春秋·古樂》："昔黄帝令伶倫作爲律。"傳説爲樂律的創始人，後作樂人的代稱。

③ 王孫胡不歸，語出《楚辭·招隱士》："王孫游兮不歸，春草生兮萋萋。"爲友人遠别不歸而感到悲哀。

④ 九方，指九方皋，以善於相馬而聞名。輪扁，春秋時齊國有名的造車工人。《莊子·天道》："桓公讀書於堂上，輪扁斲輪於堂下。"郭象注引司馬云："斲輪，人也，名扁。"成玄英疏："輪，車輪也；扁，匠人名也。"

⑤ "憑陵"句，典出李白《對酒憶賀監·詩序》："太子賓客賀公，於長安紫極宫一見余，呼余爲'謫仙人'，因解金龜，换酒爲樂。"

⑥ 放翁，即陸游。《飲酒近村》詩云："放翁睡多少行立，人扶往赴鄰里集。痛飲山花插鬢紅，醉歸棘露霑衣濕。紗巾一幅何翩翩，庭中弄影不肯眠。莫欺此老今衰甚，曾見高皇狩越年。"

⑦ 羲皇，《文選·揚雄〈劇秦美新〉》："厥有云者，上罔顯於羲皇。"李善《注》："伏羲爲三皇，故曰羲皇。"

維甫生周尹生商，嵩高伊水靈未央①。比數寧徒到夜光，麟兒鳳雛差頡頏②。

吾皇遠邁商周王，生賢自是真休祥。遥遥五百期政昌，清除宇宙開明堂。

二生五玉須有當，會看占畢③攻文章。頎然玉立如翁長，旗旐棨戟④還相望。

向來五老儼巾裳，風神迥逸鬚眉蒼。爲言壽福由主張，高如南極深東洋。

筵陳湯餅⑤列壺觴，我來未晚猶逢場。百年心爲而翁⑥償。

愛凫樓

愛凫樓，臨河次。後人功，前人意。凫鷖亦自長子孫，主人此意傳後昆。

其　二

愛凫樓，俯城河。河中凫，溯清波。凫雛忽趁天風起，飛入鈞天彩雲裏。

金瓶牡丹

沉香亭外饒春風，名花種種無雷同。清平有樂媚妃子，君王帶笑迴重瞳。

是誰忍愛各剪摘，蠟封插向金瓶中。天香國色乃如許，打剥定藉花神功。

---

①“维甫”句用伊尹、甫侯（一説仲山甫）之典。《詩經·大雅·雲漢》：“崧高維嶽，駿極於天。維嶽降神，生甫及申。”二人分别爲商、周時期的名臣。

②頡頏，《詩經·邶風·燕燕》：“燕燕於飛，頡之頏之。”毛傳：“飛而上曰頡，飛而下曰頏。”

③占畢，《禮記·學記》：“今之教者，呻其占畢，多其訊，言及於數，進而不顧其安。”鄭玄注：“呻，吟也。占，視也。簡謂之畢……言今之師自不曉經之義，但吟誦其所視簡之文，多其難問也。”

④棨戟，有繒衣或油漆的木戟，《漢書·韓延壽傳》：“功曹引車，皆駕四馬，載棨戟。”古代官吏出行時用作前導的儀仗，後亦列於門庭。

⑤湯餅，舊俗壽辰及小孩出生第三天或滿月、周歲時舉行的慶賀宴會，因備有象徵長壽的湯麵，故名。

⑥翁，指文題中“喬白岩”。喬宇（1464—1531），字希大，號白岩山人，明山西太原人，成化二十年（1484）進士，歷任禮部主事、吏部郎中、太常少卿、户部侍郎、南京兵部尚書、吏部尚書等職，卒謚莊簡，有《喬莊簡公集》傳世，《明史》卷194有傳。

寧知中人十家賦，纔供深色花一叢。長安愛花已成俗，不隨兒女唯韓公[①]。我從千載嗟往事，愛花竊比濂溪翁[②]。

止林游

止林老人，暑月睡起髮不收。輕衫小几，揮童挾幼林間游。

寒松落風蔗漿凍，清禽度語笙簧差。暮境落莫無因愁，志氣平生亦磊砢。

病裹消磨如燼火，訏謨[③]廊廟自皋夔。丘壑荒凉寧謂可，擊壤謳歌[④]聊付我。

南安太守歌

漢二千石號循吏，潁川渤海龔黄[⑤]是。今之郡守古人風，世稱南安東海翁[⑥]。

政迹民謡如一日，我翁文翰還誰匹。行須作傳繼龔黄，但愧吾非孟堅[⑦]筆。

---

①韓公，指韓弘（765—823）。據李肇《唐國史補》記："京城貴游，尚牡丹三十餘年矣。每春暮，車馬若狂，以不耽玩爲耻。執金吾鋪官、圍外寺觀種以求利。一本有直數萬者。元和末，韓令（弘）始至長安，居第有之，遽命斸去，曰吾豈效兒女子耶？"

②周敦頤（1017—1073），字茂叔，號濂溪，北宋道州（今湖南道縣）人，北宋著名理學家，著有《太極圖説》《通書》等，後人合編爲《周子全書》，《宋史》卷427有傳。其稱"吾獨愛蓮"，魯鐸以周敦頤自比，言其不愛牡丹而愛蓮。

③訏謨，《詩經·大雅·抑》："訏謨定命，遠猶辰告。"毛傳："訏，大；謨，謀。"

④擊壤謳歌，王充《論衡·藝增》："傳曰：有年五十擊壤於路者，觀者曰：'大哉，堯德乎！'擊壤者曰：'吾日出而作，日入而息，鑿井而飲，耕田而食；堯何等力！'"後因以"擊壤"爲稱頌太平盛世的典故。

⑤龔黄，指漢朝循吏龔遂、黄霸。龔遂（生卒年不詳），字少卿，西漢山陽郡南平陽縣（今山東鄒城）人，以明經爲昌邑王郎中令，後官至水衡都尉，以勇於諫諍，爲政清廉而聞名。黄霸（前130—前51），字次公，西漢淮陽陽夏（今河南太康）人，西漢大臣，事漢武帝、漢昭帝和漢宣帝三朝，漢宣帝時官至丞相。龔遂曾爲渤海太守、黄霸曾爲潁川太守，漢代郡守歲俸爲二千石，因此又以二千石比作郡守。龔遂、黄霸《傳記》，皆載於《漢書》卷89。

⑥東海翁，即明代書法家張弼（1425—1487），字汝弼，號東海，明南直華亭（今上海市）人，成化二年（1466）進士，曾任南安知府，著有《鶴城稿》《東海稿》。南安，今江西大余。

⑦班固（32—92），字孟堅，東漢扶風安陵（今陝西咸陽）人，史學家、文學家，著有《漢書》，《後漢書》卷40有傳。

燕泉爲子元何少宰作次涯翁韵[①]

山堂古書帶新注，時時傳向人間去。山中有水名燕泉，護繞山人注書處。

堂前洗硯動迴塘，墨瀋涓涓欲濫觴[②]。積流到海變海色，河伯天吴[③]驚大方。

山人爲霖躡臺省，手挹天瓢入虚洞。槁枯萎薾足霑濡，困暍沉痾快涼冷。

忽憶泉頭書滿家，蓮開魚泳近横槎。眼前用世功已就，鏡裹流年鬢未華。

試問登崇何歲月，童年文擊南宫節。今古勛庸校蚤遲，燕泉大與磻溪别。

送惲東麓憲副考績次李閣老韵[④]

黄鶴[⑤]磯頭舟暫泊，祖餞飛樓待黄鶴。黄鶴不來尊俎闌，長嘯雲天爲開廓。

使君豪宕本不羈，天馬年來困金絡。行空風骨自絶群，丹青終合圖麟閣[⑥]。

火雲纔覺斂奇峰，行行上謁蓬萊宫。蓬萊宫闕九天上，閽嚴虎豹[⑦]身遥通。

玉皇一笑開雉扇，琅琅敷奏陳民風。陟明超拜有國論，彤闈壽俊羅群翁[⑧]。

吁嗟東麓邦之彦，一石論才得强半。湖南持憲足優閑，洞庭衡嶽供詞翰。

---

①“子元何少宰”，甘本作“何子元少宰”。何孟春（1474—1536），字子元，明湖廣郴州（今湖南郴州）人，弘治六年（1493）進士，歷任兵部主事、郎中、河南参政、太僕卿、雲南巡撫、吏部侍郎等職，卒謚文簡，有《何文簡疏議》傳世，《明史》卷191有傳。因其所居地有燕泉，故稱“燕泉先生”。涯翁，指李東陽。

②濫觴，《孔子家語·三恕》：“夫江始出於岷山，其源可以濫觴。”王肅注：“觴可以盛酒，言其微。”

③天吴，水神名。《山海經·海外東經》：“朝陽之谷，神曰天吴，是爲水伯。”

④國圖本無“次”字，據甘本補。惲巍（1470—1529），字功甫，一字東麓，明南直武進縣（今江蘇武進）人，弘治十五年（1502）進士，歷任户部山西清吏主事、刑部員外郎、刑部郎中等職，官至湖廣按察使僉事、按察司副使，故稱“惲東麓憲副”。李閣老指李東陽。

⑤“鶴”，甘本作“鵠”。

⑥麟閣，即麒麟閣，漢代閣名，在未央宫中。《漢書·蘇武傳》：“甘露三年，單于始入朝。上思股肱之美，乃圖畫其人於麒麟閣。”顔師古注引張晏曰：“武帝獲麒麟時作此閣，圖畫其像於閣，遂以爲名。”後多以畫像於“麒麟閣”表示卓越功勛和最高的榮譽。

⑦閽嚴虎豹，《楚辭·招魂》：“魂兮歸來，君無上天些。虎豹九關，啄害下人些。”王逸《注》：“言天門凡有九重，使神虎豹執其關閉，主啄齧天下欲上之人而殺之也。”

⑧“翁”，甘本作“公”，兩可。

我從夙昔慕高名，曲江花底欣相見。北來南去易蹉跎，十年不睹春風面。
衹今別意復何如，萬里江流引長練。丘園宦海兩相違，冉冉秋空渺雲漢。

輓楊處士詩

幽人舊隱洞庭北，山靈獨許心相得。幽人今葬山之陽，汀蘭岸芷無顏色。
佳兒挾策游神州，南歸却抱終天憂。從今愁見舊風物，不上岳陽城上樓。

説劍次韵劉用章

人間劍客何有邪，試聽説劍多浮華。由來神物本天造，劇鐘切玉寧須嗟。
鷿膏[①]腥穢無所用，陰風撲眼飛寒花。千年老蛟潛海底，劍芒射水蛟應死。
君家古劍真龍泉，苔斑土綉須料理。床頭白日動地雷，萬金寶匣防批摧。
會當提去信君手，蛟螭授首非君誰。

送同年何輔之任浦城

何郎[②]皎皎冰霜姿，諫垣預薦時稱宜。深儲厚養不輕使，聖心所在人安知。
浦城忽領新除櫝，銅章落手光摇目。共言百里屈大賢，誰知乃是蒼生福。
祖筵[③]舉酒爲君壽，從此相逢呼列宿。行行珍重却歸來，舊時名在金甌覆。

《南極圖》，爲葉生題，壽陳時用

南極老人[④]誰可比，直與天地爲終始。蟠桃火棗朝菌然，彭祖安期下殤耳。

---

①鷿膏，即鸊鷉膏，鸊鷉的脂肪，古人用以塗刀劍，使其不生鏽。杜甫《荆南兵馬使太常卿趙公大食刀歌》："鐫錯碧甖鸊鷉膏，鋩鍔已瑩虚秋濤。"

②指何輔之。何棐（1464—1541），字輔之，號篤齋，明南直泰興（今江蘇泰興）人，弘治十五年（1502）進士，位至太僕寺少卿。何棐中進士後即授官浦城縣令，據此推知此詩約作於弘治十五年。

③祖筵，送行的酒席。

④南極，即南極星。《史記·天官書》："狼比地有大星，曰'南極老人'。老人見，治安；不見，兵起。"舊時以南極星主壽，因此將壽星稱爲"南極老人"，亦常用於祝壽時稱頌主人。

俯看宇内幾變更，蚉蟲起滅何縱横。希夷[①]有後住淮海，長生籙上今收名。
邇來甲子周一次，從此循環誰解記。會當招取葉清溪，滄海桑田閑品題。

漁景四首

桃柳穠纖含曉濕，篷背晴曦晒蓑笠。汀洲草芳鳧雁飛，江風撲岸炊烟急。
中湖布網却伊誰，作力包羅意恐遲。春深欲勸同休息，正是魚龍孕子時。

其　二

江水朝來忽然漲，鸕鷀作陣魚初上。得魚遠趁江上墟，深樹柴門午鷄唱。
盈尺琴高錦作鱗，漁翁出手驕墟人。價平勸爾正須賣，此迴天氣非侵晨[②]。

其　三

江蘆黄盡江楓赭，遠岫幽村景堪寫。隔岸腥風生巨罾[③]，能知一舉魚多寡。
曬罾鄰艇卧斜暉，浦口人家欲掩扉。停舟試看横橋上，誰荷小罾歌唱歸。

其　四

湖天映雪如銀瓮，湖水朝來欲成凍。潭底寒魚貴似金，高人夙約遥相送。
推窗慰勞冰在鬚，仍促僮奴辦早厨。隔汀爲問幾家住，曉爨都生烟火無。

題趙千里[④]畫爲朱長史作

誰寫霜綃纔咫許，遠勢微茫亘寰宇。山林澤藪渺無窮，品物群分自容與。
麋鹿朝眠岐路傍，鴛鳧暖戲清溪渚。長松翳叢桂，鸞鶴猿狸入深阻。
曲浦隔重湖，黿鼉魚鼈何由數。有餘不盡意愈工，一二應同億萬語。

---

① 希夷，《老子》："視之不見名曰夷，聽之不聞名曰希。"河上公《注》："無色曰夷，無聲曰希。"

② 侵晨，指黎明時分。

③ 罾，《楚辭・九歌・湘夫人》："鳥何萃兮蘋中，罾何爲兮木上！"王逸《注》："罾，魚網也。"

④ 趙千里（1127—1162），名伯駒，宗室，南宋畫家。

舜庭咨朕虞，有夏重咸若[①]。湯網曾聞三面開[②]，靈囿禽魚與偕樂。
玆圖善摹擬，宛見太平世。謂爲虞夏莫非同，謂爲商周無乃似。
當時物類有如斯，民庶雍熙自應至。秦漢以還愧此多，屠胎破卵傷和氣。
斯人出死祇幸生，隙駒草露須臾計。聖明接周統，化理還泰初[③]。
際天以爲囿，不設擭與罛。視玆古迹若符節，孔庭懸瓮[④]誰云誣。
嗚呼！此手如可遇，願續吾人擊壤圖。

邃　庵

邃庵深幾許，伊誰問形迹。此庵若將形迹求，分寸應須論千尺。
人心一掬涵大虚，聖賢堂室深何如。邃庵先生[⑤]心自邃，升堂入室皆此於。
致身行道自弱冠，取之左右恒有餘。庵中成材況多士，鄧林隱隱當階除。
開門時放二三子，共令四海爲唐虞。先生祇今爲太宰，康濟生民歸亮采。
邃庵之邃君欲知，待與然犀看滄海。

① 咸若，《尚書・皋陶謨》："皋陶曰：'都！在知人，在安民。'禹曰：'吁！咸若時，惟帝其難之。'"真德秀《大學衍義》注此句："咸，皆也；若，如也；時，是也。言皆如所言，雖堯帝亦以爲難。故先嘆而後言也。"

② 典出《吕氏春秋・異用》："湯見祝網者置四面。其祝曰：'從天墜者，從地出者，從四方來者，皆離吾網。'湯曰：'嘻，盡之矣，非桀其孰爲此也！'湯收其三面，置其一面，更教祝曰：'昔蛛蝥作網罟，今之人學紓。欲左者左，欲右者右，欲高者高，欲下者下，吾取其犯命者。'"

③ 泰初，《莊子・天地》："泰初有無，無有無名。"成玄英疏："泰，太；初，始也。元氣始萌，謂之太初，言其氣廣大，能爲萬物之始本，故名太初。"

④ 懸瓮，據干寶《搜神記》："漢永平中，會稽鍾離意，字子阿，爲魯相。到官，出私錢萬三千文，付户曹孔訢……孔子教授堂下床首有懸瓮，意召孔訢問：'此何瓮也？'對曰：'夫子瓮也。背有丹書，人莫敢發也。'意曰：'夫子，聖人。所以遺瓮，欲以懸示後賢。'"

⑤ 邃庵，指楊一清。楊一清（1454—1530），字應寧，號邃庵，明雲南安寧人，成化八年（1472）進士，官至内閣首輔，歷任中書舍人、山西按察司僉事、陝西副使、太常寺卿、陝西巡撫等職，後入閣，卒謚文襄，有《關中奏議》《石淙類稿》傳世，《明史》卷198有傳。

《進酒篇》，壽董德初先生

進酒復進酒，世人豈得如公[①]壽。神仙吾不知，古來多壽從人口。

山陵之祝具載風雅中，今古人心曾異否？公始登科作黟令，黟人到今稱父母。

南床論列鐵作肝[②]，掃落奸污筆如帚。考績陟明理則然，一麾乃作滇南守。

人所薄，公所厚。賢人福，遠人受。遠人受福餘八年，却恨攀留不能久。

當年知已竟伊誰，豐草長林歸去時。舊廬桑梓故無恙，東山樂事寧有涯。

佳兒公自許必做，省元及第今在兹[③]。會行公志福天下，計日便須親見之。

進公酒，歌我詩。人生七十固已稀，公壽應須無盡期。

題《懷椿壽萱卷》爲張鳳作

母比諼，父比椿。草木何比倫，八千年爲秋與春[④]，宜男况復忘憂嗔。

祝父期多壽，千年未云久；祝母願忘憂，無論千百秋。

人生若[⑤]不齊，真宰誰端倪。清河有人未識父，阿嫠[⑥]早歲栖孀閨。

辛苦奉姑舅，節孝夙有稽。殷勤撫孤兒，勞愛自提携。

兒今已作奇男子，母享稀年多福祉。春風凌亂彩衣新，水陸珍奇足甘旨。

三十年前冰雪心，皇天后土相知深。

---

①此處“公”，指文題中“董德初先生”。董復（1443—？），字德初，明浙江上虞人，成化十一年（1475）進士，任官至雲南知府。

②南床，《通典·職官六》：“（侍御史）食坐之南設横榻，謂之‘南床’。殿中、監察不得坐。凡侍御史之例，不出累月而遷南省者，故號爲‘南床’。”鐵作肝，用北宋錢顗之典。《宋史·錢顗傳》：“家貧母老，至丐貸親舊以給朝晡，而怡然無謫官之色。蘇軾遺以詩，有‘烏府先生鐵作肝’之句，世因目爲‘鐵肝御史’。”

③此句甘本作“佳兒英英廟堂姿，掇取巍科作門楣”。

④語出《莊子·逍遥游》：“上古有大椿者，以八千歲爲春，八千歲爲秋。”後以椿代指父親長壽。萱，植物名，借指母亲。椿萱并用，常代指父母高壽。

⑤“若”，甘本作“苦”，似以“苦”字爲佳。

⑥“嫠”，國圖本作“婺”，據甘本改。嫠，寡婦。《左傳·襄公二十五年》：“嫠也何害，先夫當之矣。”杜預注：“寡婦曰‘嫠’。”

母心真罔極，猶持密縫針。兒心亦何似，寸草難勝任。
有時陟岵[①]一眄睞，五内增酸叵寧耐。須臾一笑北堂[②]春，晝日遲遲仍可愛。
但令母心歡，父志應不背。歲復稱觴肆綺筵，樂極還應心惘然。
心惘然，殊未央。眼看堂背萱正芳，夢裏漆園椿[③]更長。
清河此意誰貌得，我爲作詩風四方。

陳竹坡壽詩分題得竹徑琅玕，合子雨贊善父

竹坡先生[④]剩幽暇，種竹成林繞精舍[⑤]。舍傍引水作方池，竹底泠泠細泉瀉。
先生看竹樂有餘，不羡豪奢起臺榭。開徑因栽嶰谷篁，賞心累駐山陰駕。
緑玉陰森難比倫，衹須個個連城價。衝牙編磬聲戛摩，璆琳琬琰[⑥]光交射。
春風長兒移上林，琪花瓊樹枝相亞。貞懷度世肅霜辰，清思滿襟明月夜。
節間詩刻共輝映，窗裏圖書得因藉。三湘渾欲接風烟，六逸[⑦]還應忘秋夏。
閽者寧容俗客通，園丁未許凡禽下。酒力微消衣色寒，茶烟初斷棋聲罷。
千年難老栖鳳枝，蒲柳楓楸幾凋謝。先生合是竹中仙，住世逍遥人不訝。

---

①陟岵，《詩經·魏風·陟岵》："陟彼岵兮，瞻望父兮。"鄭玄注："孝子行役，思其父之戒，乃登彼岵山以遥瞻望其父所在之處。"後因以"陟岵"爲思念父親之典。

②北堂，《儀禮·士昏禮》："婦洗在北堂。"鄭玄注："北堂，房中半以北。"賈公彦疏："房與室相連爲之，房無北壁，故得北堂之名。"

③漆園，指莊子。《文選·郭景純〈游仙詩〉》："漆園有傲吏，萊氏有逸妻。"李善《注》引《史記》曰："莊子者，蒙人也，名周，嘗爲蒙漆園吏。"漆園椿，古寓言中的木名。

④即"子雨贊善"之父。子雨贊善指陳霽，字子雨，號葦川，明南直隸吴縣（今江蘇吴縣）人，弘治元年（1496）進士，正德九年（1514）升南京翰林院侍講學士，官終國子監祭酒。

⑤精舍，《後漢書·劉淑》："劉淑字仲承，河間樂成人也。祖父稱，司隸校尉。淑少學明五經，遂隱居，立精舍講授，諸生常數百人。"後以"精舍"代指學舍，書齋。

⑥璆琳，《爾雅·釋地》："西北之美者，有昆侖虚之璆琳、琅玕焉。"郭璞注："璆琳，美玉名。"琬琰，《楚辭·遠游》："吸飛泉之微液兮，懷琬琰之華英。"洪興祖《補注》："琬音宛，琰音剡，皆玉名。"

⑦六逸，指竹溪六逸。《新唐書·文藝傳中·李白》："（李白）更客任城，與孔巢父、韓準、裴政、張叔明、陶沔居徂來山，日沈飲，號'竹溪六逸'。"

誰當從之乞拄杖，試向葛陂看龍化[①]。

劉尚賓克柔邀同其父友桂翁游牛首獻花岩次白樓韵[②]

牛首花岩景如許，有美符卿遥作主。星言速客更興親，天爲清塵夜來雨。溪毛野蔌紛采掇，脆碧柔青積籍筥。若翁與客興俱豪，攀壁緣崖色無沮。伐木鳴鶯歷杳深，問梓尋橋看仰俯。林幽花鳥不辨[③]名，壑轉烟霞各爲所。題名塔頂恣危升，窺燈佛洞聊凝佇。奇觀書葉詩屢成，小憩班荆[④]杯輒舉。離離天際見帆來，忽忽空中聽人語。要知會合不尋常，試指鄉山列寰宇。坐來卿月[⑤]在尊罍，更吸清暉照肝腑。

① “誰當”句，見《太平廣記·壺公》：“房（費長房）憂不得到家，公（壺公）以一竹杖與之曰：‘但騎此得到家耳。’房騎竹杖辭去，忽如睡，已到家……所騎竹杖，棄葛陂中，視之乃青龍耳。”

② 文題中劉尚賓克柔，指劉乾（1468—1536），字克柔，號毅齋，明南直江陰（今江蘇江陰）人，弘治十二年（1499）進士，位至光禄寺卿。白樓，指吴一鵬（1460—1542），字南夫、號白樓，明南直長州（今江蘇蘇州）人，弘治六年（1493）進士，歷任翰林院編修、國子監祭酒、南京太常卿、禮部侍郎等職，後入閣，卒謚文端，《明史》卷191有傳。牛首，指江蘇南京牛首山，山有兩峰，似牛角相對，故名。獻花岩，位於今江蘇南京以南祖堂山，以峰起相埒，自麓至巔皆碧石被蘚，藤樹纏雜，與石相生，故名。陳沂《獻花志》：“距都城南三十里，有崇丘茂林，曰‘獻花岩’者，唐融法師觀心處也。與祖堂、天闕綺錯而居，登臨之美，爲一方最。”

③ “辨”，國圖本作“辯”，據甘本改。

④ 班荆，《左傳·襄公二十六年》：“楚伍參與蔡太師子朝友，其子伍舉與聲子相善……伍舉奔鄭，將遂奔晋。聲子將如晋，遇之於鄭郊，班荆相與食，而言復故。”杜預注：“班，布也。布荆坐地，共議歸楚，事朋友世親。”

⑤ 卿月，《尚書·洪範》：“王省惟歲，卿士惟月，師尹惟日。”孔安國《傳》：“卿士各有所掌，如月之有别。”孔穎達疏：“卿士分居列位，惟如月也。”

卷　二

五言律詩七十一首

立春日

丘壑粗頤老，年辰動逼人。猶攤癸未曆[①]，已建甲申春。
歲卒憐家口，凌開理釣緡。泥牛趁簫鼓，東作報湖濱。

橘　柚

橘柚同年種，新梢競過墻。未輸武陵絹，初試洞庭霜。
岩蜜堪齊味，金丸合避黃。朝來持斗酒，資爾聽鶯簧[②]。

雙　鶴

近日烟霞友，籠盛兩鶴來。鳴憂霜竹裂，舞襯石苔迴。
應夢三山[③]遠，休悲六翮摧。湖田堪給汝，生事亦悠哉。

---

① “曆”，甘本作“歷”，國圖本是。癸未爲嘉靖二年（1523），後甲申即爲嘉靖三年（1524）。
② “資”，甘本作“恣”。鶯簧，亦作“鸎簧”，黄鶯的啼聲。
③ 三山，《後漢書・張衡傳》：“三丘，東海中三山也，謂‘蓬萊、方丈、瀛洲’。”

次韵童編修士疇

棄繻[①]疑隔日，銜命過重闈。高第榮家狀，新恩侈賜衣。
文章迴古轍，器業謝圓機[②]。我有陶琴在，無絃安問徽[③]。

夜　凉

止林足山水，五月能夜凉。江長船侵樹，雲疏月到床。
坐深心隕火，吟劇鬓增霜。近有勛勘策，新松翠作行。

西江别業贈同游曾廷哲

清秋游别墅，小舫溯西江。水落洲全出，霜來葉預降。
汀漁入野鱠，風笛度村腔。最荷鄰莊友，追陪載玉缸。

己有園

券署東鄰字，囊空舊俸金。廛間分巷陌，城裹得山林。
重樹陰全合，虚堂暑不侵。一臺凌百里，野色上吾琴。

送李明府擢興國

晚結使君知，方憐進級遲。誰云遷轉日，却是别離時。

---

① 棄繻，典出《漢書·終軍傳》："初，（終）軍從濟南當詣博士，步入關，關吏予軍繻。軍問：'以此何爲？'吏曰：'爲復傳，還當以合符。'軍曰：'大丈夫西游，終不復傳還。'棄繻而去。"

② "圓"，國圖本作"員"，據甘本改。圓機，《莊子·盗跖》："若是若非，執而圓機；獨成而意，與道徘徊。"成玄英疏："圓機，猶環中也。執於環中之道以應是非，用於獨化之心以成其意，故能冥其虚通之理，轉變無窮者也。"

③ "陶琴"句，典出《晋書·隱逸傳·陶潛》："（陶潛）性不解音，而畜素琴一張，絃徽不具，每朋酒之會，則撫而和之，曰：'但識琴中趣，何勞絃上聲。'"

五馬[①]驕難縶，雙魚[②]遠未期。漢庭歸又近，何以慰吾私。

丁丑至日寫懷

海内今多事，寰中又一陽[③]。病常如影在，日未及愁長。
法駕臨烽塞[④]，人烟斷水鄉。登臺望雲物，風雪正茫茫。

梅開用杜韵[⑤]

移樹曾未久，開花能爾多。西湖應不過，東閣近如何。
影弄虚亭月，香涵曲沼波。翻勝大庾嶺[⑥]，空解碧嵬峨[⑦]。

春　雪

方思春爛熳，無那雨迷緜。况復風兼夜，翻教雪滿天。
柳偏渾欲僕，花病不成妍。鎮日[⑧]間閻下，寒飢更合憐。

---

①五馬，《漢官儀》："駟馬加左驂右騑，二千石有左驂，以爲五馬。"漢朝時太守乘坐的車用五匹馬駕轅，因借指太守車駕。

②雙魚，即雙鯉。

③一陽，即冬至。《周易》："雷在地中，復。先王以至日閉關，商旅不行，後不省方。"王弼注："冬至，陰之復也。"孔穎達疏："復謂反本，静爲動本，冬至一陽生，是陽動用而陰復於静也。"結合文題"丁丑至日"，可知此詩作於正德十二年（1517）。

④法駕，《史記·吕太后本紀》："乃奉天子法駕，迎代王於邸。"裴駰《集解》引蔡邕曰："天子有大駕、小駕、法駕。上乘金根車，駕六馬，有五時副車，皆駕四馬，侍中參乘，屬車三十六乘。""法駕臨烽塞"，指正德十二年明武宗朱厚照親征蒙古之事。

⑤此詩用杜甫《江梅》韵，原詩爲："梅蕊臘前破，梅花年後多。絶知春意好，最奈客愁何。雪樹元同色，江風亦自波。故園不可見，巫岫鬱嵯峨。"

⑥大庾嶺，"五嶺"之一，在今江西省大庾縣南，相傳漢武帝時有庾姓將軍築城於此，因有"大庾"之名；因嶺上多植梅樹，故又名"梅嶺"。

⑦嵬峨，六臣注《文選·張衡〈西京賦〉》："疏龍首以抗殿，狀嵬峨以岌嶪。"張銑注："嵬峨、岌嶪，高壯貌。"

⑧鎮日，張衡《思元賦》："允塵邈而難虧。"胡紹煐："舊注：塵，久也。今登萊人謂時之久者，或曰蒸日、或曰鎮日、或曰塵日。"

次韻鍾一齋使君留題

垣鎖鳴金鑰，高軒過[①]小園。追陪疑夢境，題品動《詞源》[②]。
花日明朱紱[③]，林風澹玉尊。别來何限意，相對祗無言。

中　年

忽忽中年至，看看夙願違。後生真可畏，往事亦知非。
對客談花木，教兒學布韋[④]。性猶粗糲在，無復戀甘肥。

海　内

海内苦群盗[⑤]，山東今一年。閨奩淪犬豕，肝腦厭烏鳶[⑥]。
節鉞方連日，烟塵忽近天。釜魚[⑦]誰借手，早聽凱歌還。

芋　田

野老衡門[⑧]外，瀕[⑨]湖芋滿田。蕉莖却好濕，藕葉未成圓。

---

①高軒過，《新唐書·李賀傳》："李賀，字長吉，係出鄭王後。七歲能辭章，韓愈、皇甫湜始聞未信，過其家，使賀賦詩，援筆輒就如素構，自目曰《高軒過》，二人大驚，自是有名。"後遂以"高軒過"爲敬辭，意謂大駕過訪。

②《詞源》，南宋末年張炎著，爲中國古代的詞論專著。

③朱紱，《周易·困》："困於酒食，朱紱方來。利用享祀，征凶無咎。"程頤《傳》："朱紱，王者之服，蔽膝也。"

④布韋，《漢書·賈山傳》："夫布衣韋帶之士，修身於内，成名於外。"顔師古曰："言貧賤之人也。韋帶，以單韋爲帶，無飾也。"

⑤群盗，指明朝正德中期的劉六、劉七起義。

⑥烏鳶，烏鴉和老鷹，均爲貪食之鳥。典出《莊子·列禦寇》："莊子將死，弟子欲厚葬之……曰：'吾恐烏鳶之食夫子也。'"

⑦釜魚，《後漢書·張綱傳》："相聚偷生，若魚游釜中，喘息須臾間耳。"

⑧衡門，《詩經·陳風·衡門》："衡門之下，可以栖遲。"朱熹《集傳》："衡門，横木爲門也。門之深者，有阿塾堂宇，此惟横木爲之。"

⑨"瀕"，國圖本作"邊"，據甘本改。

藜茂兒童没，畦開鵝鶩便。蹲鴟霜後入，羹糁[①] 達新年。

新秋野眺

過雨郊居净，逢秋暑氣降。員[②] 空疑繞樹，遠岫欲臨窗。
田穫鷄豚散，池清鴛鷺雙。遺安足幽事，竊比鹿門龐[③]。

次韵虞司訓三首

秋日江風好，帆開桂棹閑。暫因看遠岫，不覺過重灣。
浦樹濃兼澹，沙禽去復還。清懷收景物，塵俗詎應關。

其　二

聖代師賓重，官居軒序清。門頻擢桂[④] 喜，縣滿讀書聲。
堂迥鱣魚下，階香芸草生。棟梁榱桷在，天室有常程。

其　三

杳杳木蘭舟[⑤]，浮浮江漢流。皋蘅連岸芷，詞客重迴頭。
散地淹奇抱，知音惜晚收。何因去塵坌，相與問滄洲[⑥]。

---

①糁，《禮記·内則》："和糁不蓼。"陳澔《集説》："宜以五味調和米屑爲糁，不須加蓼，故云和糁不蓼也。"

②"員"，亦作"云"。

③鹿門龐，即龐德公，東漢末年名士，隱居於鹿門山（今湖北襄陽）。"遺安"句，《後漢書·逸民傳·龐公》："（龐公）因釋耕於壟上，而妻子耘於前。表指而問曰：'先生苦居畎畝而不肯官禄，後世何以遺子孫乎？'龐公曰：'世人皆遺之以危，今獨遺之以安；雖所遺不同，未爲無所遺也。'"

④"擢"，甘本作"攀"，兩可。擢桂，即折桂，《晋書·郤詵傳》："累遷雍州刺史。武帝於東堂會送，問詵曰：'卿自以爲何如？'詵對曰：'臣舉賢良對策，爲天下第一，猶桂林之一枝，昆山之片玉。'"後以"折桂"代指科舉及第。

⑤木蘭舟，任昉《述異記》卷下載："木蘭川在潯陽江中，多木蘭樹。昔吴王闔閭植木蘭於此，用構宫殿也。七里洲中，有魯班刻木蘭爲舟，舟至今在洲中。詩家云'木蘭舟'出於此。"

⑥滄洲，原指濱水的地方，亦用以借指隱士的居處。

過小孤

算驛常年定，征帆隔月開。寧知大寒後，纔過小孤[1]來。
五兩[2]占風變，三陽[3]擁歲回。江山倘延我，更爲一持杯。

送劉封君歸江陰

民部移三釜[4]，離亭重一尊。客帆風外捷，漕水雨餘渾。
入社應爲主，看山[5]輒領孫。恩光正無已，還爲照吴門。

花開值風雨

向曉風逾惡，崇朝雨未休。朱櫻誠不遇，紅杏衹應愁。
徑仄妨乘屐，簾寒不上鈎。詩成無意緒，歌罷却登樓。

和杜工部《晚出左掖》[6]

衞宿人初定，傳呼語漸低。嚴城寒半闔，暝樹遠先迷。
暮鑰魚隨下，風柯鳥擇栖。勞歸防失旦，仙仗夜分齊。

---

①小孤，山名。在江西彭澤縣北長江中，與大孤山遥遥相對。

②五兩，亦作“五緉”，古代的測風器。《文選·郭璞〈江賦〉》：“覘五兩之動静。”李善《注》：“兵書曰：‘凡候風法，以鷄羽重八兩，建五丈旗，取羽繫其巔，立軍營中。’”

③三陽，指正月。古人稱農曆十一月冬至一陽生，十二月二陽生，正月三陽開泰，合稱“三陽”。

④三釜，即“三鬴”。《周禮·地官·廩人》：“凡萬民之食食者，人四鬴，上也；人三鬴，中也。”鄭玄注：“此皆謂一月食米也。六斗四升曰鬴。”

⑤看山，即拄笏看山。《世説新語·簡傲》：“王子猷作桓車騎參軍。桓謂王曰：‘卿在府久，比當相料理。’初不答，直高視，以手版拄頰云：‘西山朝來，致有爽氣。’”後以“拄笏看山”形容在官而有閑情雅興，亦爲悠然自得貌。

⑥杜甫《晚出左掖》詩：“晝刻傳呼淺，春旗簇仗齊。退朝花底散，歸院柳邊迷。樓雪融城濕，宫雲去殿低。避人焚諫草，騎馬欲鷄栖。”

送康華伯歸武功

抱屈君[①]何似，鯤魚尚北溟。壯心霜劍白，舊業曉燈青。
歸夢緣先壠，離歌忽短亭[②]。清才當用世，誰復徇山靈。

送吳景暘國賓還荆州

儒林争識面，戚里舊知名。狎客清狂甚，耽詩太瘦生[③]。
使星臨魏闕[④]，鄉夢落江城。去去無窮樂，東平[⑤]好舅甥。

豐用勤由王府教授得封編修致仕

白髮投簪日，彤庭錫誥年。共驚藩國傅，仍是玉堂仙。
桑梓[⑥]新增色，溪山晚結緣。賞心詩卷裏，風月正無邊。

六十庚辰[⑦]除夕用五十韵

流年經六十，病與世相違。朋舊容疏懶，林丘隔是非。
形常忘彼我，佩豈賴弦韋[⑧]。醉向屠蘇席，春盤野菜肥。

---

①此處“君”，指康錦（1450—？），字華伯，明陝西武功人，弘治十二年（1499）貢生，歷任長州縣丞、常州府知事。

②短亭，庾信《哀江南賦》：“十里五里，長亭短亭。”舊時城外大道旁，五里設短亭，十里設長亭，爲行人休憩或送行餞别之所。

③太瘦生，用李白《戲贈杜甫》詩“借問别來太瘦生，總爲從前作詩苦”之典。

④魏，通“巍”。

⑤東平，指漢代東平王劉蒼（？—83）。劉蒼爲漢光武帝劉秀子，漢明帝劉莊同母弟。事光武帝、漢明帝、漢章帝三朝，深受尊崇，《後漢書》卷42有傳。

⑥桑梓，《詩經·小雅·小弁》：“維桑與梓，必恭敬止。”朱熹《集傳》：“桑、梓二木。古者五畝之宅，樹之墻下，以遺子孫給蠶食、具器用者也……桑梓，父母所植。”後多以“桑梓”借指故鄉或鄉親父老。

⑦庚辰，時爲正德十五年（1520）。

⑧弦韋，《韓非子·觀行》：“西門豹之性急，故佩韋以緩己；董安于之心緩，故佩弦以自急。”後因以“弦韋”喻勉勵自己的事物。

此　老

此老迂疏態，無能描畫他。官遲野性在，休蚤勝游多。
酒但融融醉，詩常浩浩歌。自言百年事，曾了見誰何。

楊達道考滿還鳳陽

獻績中都宰，秋空兩舄[①]來。聖情留故國，民事托清才。
仍綰銅章去，應騎驄馬回[②]。祖筵霜葉下，離思共深杯。

次鍾歸州韵時鍾歸自外簾[③]

有美歸州牧，乘秋訪釣灘。函開青桂籍[④]，舟艤白蘋灣。
且復臨岐[⑤]醉，休歌《行路難》。衰遲幸相慰，時遣素書還。

---

①兩舄，即雙鳧，典出《後漢書·方術傳上·王喬》："王喬者，河東人也。顯宗世，爲葉令。喬有神術，每月朔望，常自縣詣臺朝。帝怪其來數，而不見車騎，密令太史伺望之。言其臨至，輒有雙鳧從東南飛來。於是候鳧至，舉羅張之，但得一隻舄焉。乃詔尚方診視，則四年中所賜尚書官屬履也。"

②銅章，古代銅製的官印，《漢官儀》："千石至三百石銅印，六百石銅章墨綬。"唐以來稱郡縣長官。驄馬，指御史所乘之馬，借指御史。《後漢書·桓典傳》："辟司徒袁隗府，舉高第，拜侍御史。是時宦官秉權，典執政無所回避。常乘驄馬，京師畏憚，爲之語曰：'行行且止，避驄馬御史。'及黄巾賊起滎陽，典奉使督軍。賊破，還，以牾宦官賞不行。在御史七年不調，後出爲郎。"後因以"乘驄"指侍御史。

③歸州，今湖北省秭歸縣歸州鎮。外簾，指科舉鄉試、會試時擔任彌封收掌、監試提調等職的試官。

④桂籍，指科舉登第人員的名籍。用郤詵"桂林"之典。

⑤臨岐，《文選·鮑照〈舞鶴賦〉》："指會規翔，臨岐矩步。"李善《注》："岐，岐路也。"

送許廷綸[1]給事使楡次

聖主廑西顧，諏詢倚諫官。干旌[2]分御氣，裘馬試邊寒。
百辟[3]聞籌畫，諸羌仰治安。道傍人累迹，争得鳳麟看。

錢塘嚴源六十壽

逸氣淩湖海，高名滿縉紳。烟霞雙短屐，詩酒一閑身。
甲子迴初度，梅花接舊鄰。大椿曾手植，聊試漆園春。

王綱之輓詩

弁髦[4]隨計吏，弱冠已登科。中秘才華盛，南床諫草多。
浮雲從過眼，晞露忽成歌。身後饒公論，如君更幾何。

次韵送子文

承明丹詔下，仗斧却南行。霜露嚴秋令，星河驗曉晴。
滇池寒水净，粤嶺野花明。况逐潘輿[5]去，鄉人與有榮。

---

①許誥（1471—1534），字廷綸，明河南靈寶人，弘治十二年（1499）進士，歷任翰林院檢討、全州通判、國子監祭酒、吏部右侍郎、南京户部尚書等職，卒謚莊敏。

②干旌，《詩經·鄘風·干旄》："孑孑干旌，在浚之城。"朱熹《集傳》："析羽爲旌。干旌，蓋析翟羽於設旗干之首也。"

③百辟，《尚書·洛誥》："汝其敬識百辟享，亦識其有不享。"孔安國《傳》："奉上謂之享。言汝爲王，其當敬識百君諸侯之奉上者，亦識其有違上者。"原指諸侯，後代指百官。

④弁髦，王維《京兆韋公神道碑銘》："弁髦署吏，抱拜授封。"趙殿成箋注："右丞用其字，蓋取始冠之義。"

⑤潘輿，潘岳《閑居賦》："太夫人乃御版輿，升輕軒，遠覽王畿，近周家園。體以行和，藥以勞宣，常膳載加，舊痾有痊。"後因以"潘輿"爲養親之典。

李教諭輓詩

文教方弘治，師儒恨失公。鄭虔三絶在[①]，胡瑗兩齋空[②]。
碧硯餘銅雀，青藜挂網蟲。宦游看令子，清白有遺風。

送院判陳希承[③]之南都

建業留都重，吴門驛路便。春臺醫國印，晝錦[④]過家船。
泰華[⑤]元同調，松喬更有權。東南瘡痏甚，相送一茫然。

次韵民懷，時盗平後家書不至

遠信長延佇[⑥]，層軒不散愁。疏才寧濟世，短髮又逢秋。
酒欲從今學，書還似舊收。偶來黄菊畔，遥憶白蘋洲。

出郭次爾錫韵，宗易同和

城外韶光好，相將二月過。暖宜鴉乳早，春被柳争多。

---

① 鄭虔（691—759），唐鄭州滎陽（今河南滎陽）人。《新唐書·鄭虔傳》：“（鄭）虔善圖山水，好書……嘗自寫其詩并畫以獻，帝大署其尾曰：‘鄭虔三絶。’”

② 胡瑗（993—1059），北宋理學家。“兩齋”爲其教育改革措施，將學校分爲經義、治事兩齋，用以因材施教，《宋史》卷 432 有傳。

③ 陳希承，據張萱《西園聞見録》：“陳寵，字希承，一字希正，號春齋，吴縣人，弘治初選入院爲醫士。”

④ 晝錦，富貴還鄉。《漢書·項籍傳》載：“秦末項羽入關，屠咸陽。或勸其留居關中，羽見秦宫已毁，思歸江東，曰：‘富貴不歸故鄉，如衣錦夜行。’”後遂稱富貴還鄉爲“衣錦晝行”，省作“晝錦”。

⑤ “泰”，國圖本作“秦”，揆諸句意，今據甘本改。泰華，指泰山和華山。

⑥ 延佇，《楚辭·離騷》：“悔相道之不察兮，延佇乎吾將反。”王逸《注》：“延，長也；佇，立貌。”

籠燭防村瞑，簪花感鬢皤[①]。詩須陶謝賦[②]，吾爲楚聲歌。

清河次類庵韵

西望群山合，東來一水長。抱村紆緩帶，激石動清商[③]。
畦潤人操耷，橋喧客護裝。晴波繞花柳，延伫未爲妨。

同前題，次宗易韵

遲日未亭午[④]，初程一舍過。村邊斜入市，橋腹暗通河。
乳鵲鳴争樹，耕夫説種禾。行逢寒食節[⑤]，最好是晴和。

宿昌平次爾錫《見憶》韵

薄暮到山城，神疲耳欲鳴。抛書從葉亂，惜燭任花生。
寶鋏寒留影，陶瓶細作聲。懷人不成寐，聽徹短長更。

别昌平次宗易韵

昌平歸去路，風日正晴和。桃杏青山麓，牛羊碧草坡。
祭墦中婦出，擊壤野人歌。試問同袍者，兹行可復多。

---

① 皤，《周易·賁》："賁如皤如。" 孔穎達疏："皤是素白之色。"

② 陶謝，陶潛、謝靈運的并稱。陶善寫田園詩，謝長於山水詩，兩人都擅長於描寫自然景物。杜甫《夜聽許十一誦詩愛而有作》詩："陶謝不枝梧，風騷共推激。" 仇兆鰲注："鍾嶸《詩品》：'陶潛詩，其源出於應璩，又協左思風力。謝靈運詩，其源出於陳思，雜有景陽之體。'"

③ 古代五音中的商音音調凄清悲切，稱爲"清商"。《韓非子·十過》："公曰：'清商固最悲乎？' 師曠曰：'不如清徵。'"

④ 亭午，即正午、中午。

⑤ 寒食節，宗懍《荆楚歲時記》："去冬節一百五日，即有疾風甚雨，謂之'寒食'。禁火三日，造餳大麥粥。"

邯鄲道中次韵

重過邯鄲縣，炎天官樹疏。瓶盂畦外井，瓜果路傍墟。
敝屋官輸後，行人道暍餘。吾儕能不愧，美食復安居。

湯陰次韵

野人争席後，倦客憶家時。白鳥湘雲外，青蘋漢水湄。
飲餘中聖[①]酒，歌盡遠游辭。懶性無他羡，泥中曳尾龜。

是[②]夜懷趙、温、二李諸館友兼憶亡友子冲、志道

瀲灧金尊酒，蕭騷霜鬢絲。六年今夜月，千里故人思。
顔采各何似，風流元自知。惟應舊詩社，凋謝有餘悲。

次李序庵宫諭園亭次韵三首[③]

謫仙愛嘉樹，楚客舊同心。初種知時日，重看忽丈尋。
徑迴行未厭，襦薄坐難禁。歲晚君須見，蒼蒼色更深。

其　二

亭邊有花樹，夜合晝還開。對酒憐清蔭，尋詩得異材。
絳纓紛未葺，翠箑[④]巧能裁。南國看花伴，相逢却浪猜。

其　三

裊娜銜檐起，真成一丈紅。朵繁欹曉露，枝弱颭斜風。
衞足垂垂影，藏肌薄薄蘩。哦詩看不厭，時繞曲闌東。

---

①中聖，《三國志·徐邈傳》："魏國初建，爲尚書郎。時科禁酒，而邈私飲至於沈醉。校事趙達問以曹事，邈曰：'中聖人。'達白之太祖，太祖甚怒。度遼將軍鮮于輔進曰：'平日醉客謂酒清者爲聖人、濁者爲賢人，邈性修慎，偶醉言耳。'"

②"是"，甘本作"月"，似以甘本爲佳。

③甘本題爲"題李序庵宫諭園亭三首"。

④箑，揚雄《方言》："扇，自關而東謂之'箑'，自關而西謂之'扇'。"

芙　蓉

池館芙蓉放，開軒忽眼明。向人渾欲語，照水不勝情。
塵土無由涴，風霜衹助清。假令蜂蝶見，應恨負平生。

閑居二首

別墅仍書屋，閑居興頗奇[①]。野山争入座，田水暗通池。
鳥語花深處，魚游月上時。坐闌還散步[②]，聊復有新詩。

其　二

遲日閑眠起，徐呼蠟屐[③]來。徑從池上坐，還繞屋頭迴。
科斗隨魚戲，薔薇冒竹開。兒童更多事，從叟一登臺。

對菊次唐人羅隱[④]韵

秋深雙眼冷，籬落見孤芳。有譜堪知品，無花可比香。
淺黄微混酒，貞白更宜霜。誰爲陶彭澤，還栽繞壽藏[⑤]。

---

①“閑居興頗奇”，甘本作“閑居愛竹籬”。《湖北詩徵傳略》卷 28 亦載此詩爲：“别墅成書屋，閑居愛竹籬。野山争入座，田水暗通池。鳥語花深處，魚游月上時。夜闌無客到，散步咏新詩。”

②“坐闌還散步”，甘本作“夜闌無客到”。

③蠟屐，典出《世説新語·雅量》：“祖士少好財，阮遥集好屐，并恒自經營，同是一累，而未判其得失。人有詣祖，見料視財物。客至，屏當未盡，餘兩小簏箸背後，傾身障之，意未能平。或有詣阮，見自吹火蠟屐，因嘆曰：‘未知一生當箸幾量屐？’神色閑暢。於是勝負始分。”

④羅隱（833—909），字昭諫，唐代新城（今浙江富陽）人，唐代詩人。羅隱《菊》詩：“籬落歲雲暮，數枝聊自芳。雪裁纖蕊密，金拆小苞香。千載白衣酒，一生青女霜。春叢莫輕薄，彼此有行藏。”

⑤陶彭澤，即陶淵明（？—427），因其曾任彭澤縣令，故稱。“栽”，國圖本作“裁”，據甘本改。壽藏，《後漢書·趙岐傳》：“年九十餘，建安六年卒，先自爲壽藏。”李賢注：“壽藏，謂冢壙也。稱壽者，取其久遠之意也；猶如壽宫、壽器之類。”

田水南憲副寄題書院詩六首次韵謝之

書屋水雲東，軒車路忽通。烟霄十年别，鰕菜一尊同。
問俗先民隱[①]，論詩到國風。向來多獻納，臺省竟需公[②]。

其　二

夢野臺東地，山人池上園。饌分魚食慣，衣礙果枝繁。
鶯樹新篁發，鷗沙[③]古篆存。水南題品在，野趣溢清言。

其　三

雨餘苔荏苒，樹裹徑迂迴。野老將佳客，江城閱古臺。
字痕遥雁没，瓜蔓[④]遠川開。攬物無遺勝，憑渠能賦才。

其　四

持憲梁園彦[⑤]，尋幽楚澤亭。蘋華鷗并白，簾净竹逾青。
舊政詢三仕[⑥]，騷辭咏獨醒。却憐垂釣者，多病髮星星。

其　五

野艇通孤嶼，晴波瑩小堂。自公臨訟久[⑦]，更僕論文長。
秋漢今雕隼，朝陽舊鳳凰。山人作何狀，攀得共壺觴。

---

①民隱，《國語·周語上》："先王非務武也，勤恤民隱而除其害也。"韋昭注："隱，痛也。"

②此處"公"指"田水南憲副"。田汝耔（1478—1533），字勤父，號水南，明河南祥符人，弘治十八年（1505）進士，官至湖廣按察司副使。

③鷗沙，鷗鳥栖息的沙洲，亦指隱者居處。

④"蔓"，甘本作"蔓"。

⑤"梁園彦"，典出《漢書·梁孝王劉武》："（梁）孝王，太后少子，愛之，賞賜不可勝道。於是孝王築東苑，方三百餘里，廣睢陽城七十里，大治宫室，爲復道，自宫連屬於平臺三十餘里。……招延四方豪桀，自山東游士莫不至：齊人羊勝、公孫詭、鄒陽之屬。"

⑥三仕，《論語·公冶長》："子張問曰：'令尹子文三仕爲令尹，無喜色；三已之，無愠色。舊令尹之政，必以告新令尹。何如？'子曰：'忠矣。'"指多次出仕者。

⑦"久"，國圖本作"父"，揆諸句意，據甘本改。

其　六

無從問[①]洞天，小洞自經年。主上憐多病，山林有舊緣。
懶身堪謝客，幽興或懷仙。節使談《常武》[②]，柳源意灑然。

義臺[③]爲婿郭廷貴作，次舊韵

林巷仍逃俗，結茅池上臺。果花從牖入，巢鳥隔江回。
徑僻苔全合，風徐萍半開。偶嗔雙舞鶴，曉踐菊塍頽。

梅莊次韵

梅莊訪幽客，理艇却登臺。小兒入花坐，清童得藕回。
棋殘檐果落，詩就玉尊開。醉判亭中卧，西風日自頽。

春日即事

暘谷[④]東風起，春聲動地來。老懷驚歲邁，病骨愛陽回。
碧潤看瑶草，清芳嗅蚤梅。厢人送春櫝，一笑緑尊開。

思親詩十首

父母之德，詩人至以昊天[⑤]比之，則固難以言語盡也。吾母棄逝已十有二年，自予爲進士至今日，皆不及見吾父，雖及見之，至予得告，終養亦既不

---

①“問”，國圖本作“間”，據甘本改。

②常武，《詩經·大雅》篇名，咏周宣王親自率師伐徐事。《詩經·大雅·常武序》：“《常武》，召穆公美宣王也，有常德以立武事。”

③義臺，《莊子·馬蹄》：“雖有義臺路寢，無所用之。”俞樾《諸子平議·莊子二》：“《周官·肆師職》鄭注曰：‘古者書儀但爲義，是義即古儀字也。儀臺猶言容臺……蓋是行禮儀之臺，故曰儀臺也。’”

④暘谷，《尚書·堯典》：“分命羲仲，宅嵎夷，曰暘谷，寅賓出日。”孔安國《傳》：“暘，明也。日出於谷而天下明，故稱暘谷。”孔穎達疏：“日所出處，名曰暘明之谷。”

⑤昊天，《詩經·小雅·蓼莪》：“父兮生我，母兮鞠我……欲報之德，昊天罔極。”朱熹《集傳》：“言父母之恩，如天無窮，不知所以爲報也。”

逮。嗚呼！痛哉！呻吟草土中，追叙萬一，爲五言律十篇，取於自寫哀思，句意俚樸，不暇計也。

罔極嚴君德，童年撫育時。文人頻遣侍，勞事亦教知。
輟寢常令早，當餐不厭遲。涓埃未能報，追念不勝悲。

其　二

罔極嚴君德，求師教養時。經書恒貴買，燈火或親吹。
碎案防看弈[①]，局門禁作嬉。涓埃未能報，追念不勝悲。

其　三

罔極嚴君德，泥金帖[②]到時。舉香呼祖禰，辦酒聚親知。
歡劇情難制，神傷病欲危。涓埃未能報，追念不勝悲。

其　四

罔極嚴君德，還朝取别時。慰言辭慷慨，潛泣袖淋漓。
怕見臨岐拜，翻成策馬馳。涓埃未能報，追念不勝悲。

其　五

罔極嚴君德，臨危憶我時。亦云歸養好，仍惜到家遲。
祇有長吁嘆，難爲永訣辭。涓埃未能報，追念不勝悲。

其　六

罔極慈親德，提孩鞠育[③]時。六年猶飲乳，多病數求醫。
監鬥兄須讓，聞啼姊被笞。涓埃未能報，追念不勝悲。

其　七

罔極慈親德，初令就傅時。和飴供夜讀，輟沐備晨炊。
井里游非遠，門閭望不離。涓埃未能報，追念不勝悲。

---

①“弈”，國圖本作“奕”，據甘本改。

②泥金帖，王仁裕《開元天寶遺事·泥金帖子》：“新進士才及第，以泥金書帖子附家書中，用報登科之喜。至文宗朝，遂寢削此儀也。”

③鞠育，《詩經·小雅·蓼莪》：“父兮生我，母兮鞠我。拊我畜我，長我育我。”毛傳：“鞠，養也。”鄭玄箋：“育，覆育也。”

其　八

罔極慈親德，成童遣學時。備名黌[1]館裏，小築義河湄。
停杼時躬爨，操壺每灌葵。涓埃未能報，追念不勝悲。

其　九

罔極慈親德，當科屬望時。開顔棘闈[2]榜，翹首杏園[3]枝。
景迫桑榆暮[4]，家貧菽水遲。涓埃未能報，追念不勝悲。

其　十

罔極慈親德，當年病劇時。無從覓盧扁[5]，翻欲怨蓍龜[6]。
奉檄心徒苦，焚黄[7]事豈知。涓埃未能報，追念不勝悲。

七言律詩五十二首

四月八日午門錫宴

禁城梅雨入黄昏，曉宴彤庭日色新。天錫休徵[8]昭盛世，人同樂事際良辰。
宸香細趁仙風遠，法酒[9]清涵玉露醇。恩洽夔龍[10]齊拜舞，與歌天保愧

---

①黌，古代的學校。

②棘闈，即棘圍，指科舉時代的考場。唐、五代試士，以棘圍試院以防舞弊，故稱。

③杏園，唐代進士發榜後，考中的新科進士在杏園初次聚會，稱爲“探花宴”。因此杏園亦指考中進士後的游宴之處。

④桑榆暮，《文選·曹植〈贈白馬王彪〉詩》：“年在桑榆間，影響不能追。”李善《注》：“日在桑榆，以喻人之將老。”

⑤盧扁，即古代名醫扁鵲。因家於盧國，故又名“盧扁”。

⑥蓍龜，《周易·繫辭上》：“探頤索隱，鈎深致遠，以定天下之吉凶，成天下之亹亹者，莫大乎蓍龜。”古人以蓍草與龜甲占卜凶吉，因借指占卜。

⑦焚黄，舊時品官新受恩典，祭告家廟祖墓，告文用黄紙書寫，祭畢即焚去，謂之“焚黄”。

⑧休徵，《尚書·洪範》：“曰休徵。”孔《傳》：“叙美行之驗。”

⑨法酒，《史記·劉敬叔孫通列傳》：“至禮畢，復置‘法酒’。諸侍坐殿上皆伏抑首，以尊卑次起上壽。”司馬貞《索隱》：“進止有禮也。古人飲酒不過三爵，君臣百拜，終日宴不爲亂也。”

⑩夔、龍，《尚書·舜典》：“伯拜稽首，讓於夔、龍。”孔《傳》：“夔、龍，二臣名。”

微臣。

車駕幸太學叨預侍從次宗易編修韵

自分微臣本陋儒，叨陪視學繼天初。日邊淑氣隨雙蹕[①]，雲外祥飈引萬旟[②]。

宗伯相成文廟禮，講官親受御筵書。太牢束帛[③]看前史，已覺唐宗漢祖疏。

慶成宴次韵宗易、爾錫

按圖列坐連高俎，宣勸行觴走貴臣。萬國衣冠同日喜，九重[④]儀數逐春新。

韶音縹緲鈞天近，酒味清甘玉露醇。更願推恩到黎庶，深山窮髮[⑤]厭皇仁。

送孫懋仁守信陽

申州[⑥]每憶經行處，出守憐君近故鄉。九曲春流繞阡陌，三關[⑦]風氣護城隍。

耕桑祇似巡南楚，甘旨[⑧]何妨到北堂。亦有峴山堪勒石，路人休漫説襄

①蹕，《周禮·天官·閽人》："大祭祀、喪紀之事，設門燎，蹕宫門、廟門。"鄭玄注："蹕，止行者。"

②旟，《詩經·大雅·江漢》："既出我車，既設我旟，匪安匪舒，淮夷來鋪。"鄭玄箋："鳥隼曰旟。"指繪有鳥圖案的軍旗。

③太牢，《莊子·至樂》："具太牢以爲膳。"成玄英疏："太牢，牛、羊、豕也。"束帛，《周禮·春官·大宗伯》："孤執皮帛。"鄭玄注："皮帛者，束帛而表以皮爲之。"賈公彦疏："束者十端，每端丈八尺，皆兩端合卷，總爲五匹，故云'束帛'也。"

④九重，《楚辭·九辯》："君之門以九重。"

⑤窮髮，《莊子·逍遥游》："窮髮之北有冥海者，天池也。"成玄英疏："地以草爲毛髮，北方寒沍之地，草木不生，故名窮髮，所謂不毛之地。"

⑥申州，古地名，在今河南信陽。孫懋仁，指孫榮（1461—1529），字懋仁，明湖廣華容（今湖南華容）人，成化十九年（1483）舉人，歷官河南信陽知州、浙江處州府同知等職。

⑦三關，即信陽的三個重要關隘：武勝關、九里關與平靖關。

⑧甘旨，《禮記·内則》："由命士以上，父子皆異宫，昧爽而朝，慈以旨甘。日出而退，各從其事。日入而夕，慈以旨甘。"後因以"甘旨"爲養親的食物。

陽[①]。

涯翁[②]致政壽詩

心切憂民道格天，身猶未老鬢皤然。功收調燮無聲色，疏乞歸休有歲年。

金石文章傳宇宙，郊圻山水着神仙。幽蘭蘗桂清風遠，還逐《南薰》[③]入舜絃。

次韵白學士先生讀《離騷》

是非千古有公平，一讀《離騷》一愴情。邑犬衹應遭靳尚[④]，江魚争忍負先生[⑤]。

重華[⑥]何處言詞盡，列傳誰云與可輕。試向沅湘[⑦]看正氣，春來風浪幾時平。

---

①明湖廣襄陽府有峴山，"亦有"句指除了孫懋仁的故鄉湖廣之外，其任職地河南信陽亦有峴山。

②涯翁，指李東陽（1447—1516），前文已注。

③《南薰》，即《南風詩》。《禮記・樂記》："昔者舜作五弦之琴，以歌《南風》。"後以"南薰"稱頌爲政清明。

④邑犬，《楚辭・九章・懷沙》："邑犬之群吠兮，吠所怪也。"王逸《注》："言邑里之犬，群而吠者，怪非常之人而噪之也。以言俗人群聚毁賢智者。"邑犬衹應遭靳尚，典出《史記・屈原列傳》："上官大夫與之同列，争寵而心害其能。懷王使屈原造爲憲令，屈平屬草稿未定。上官大夫見而欲奪之，屈平不與，因讒之曰：'王使屈平爲令，衆莫不知。每一令出，平伐其功，曰以爲"非我莫能爲"也。'王怒而疏屈平。屈平疾王聽之不聰也，讒諂之蔽明也，邪曲之害公也，方正之不容也，故憂愁幽思而作《離騷》。"張守節《正義》："王逸云：'上官，靳尚。'"然據今之學者考證，靳尚與上官大夫，并非同一人。但魯鐸其時并未有此認知，因有此句。

⑤"江魚"句，典出《史記・屈原列傳》："屈原曰：'吾聞之，新沐者必彈冠，新浴者必振衣。人又誰能以身之察察，受物之汶汶者乎？寧赴常流而葬乎江魚腹中耳。又安能以皓皓之白，而蒙世之温蠖乎？'乃作《懷沙》之賦。於是懷石，遂自投汨羅以死。"傳聞屈原投江後，江魚并未吃屈原遺體，因有"江魚争忍負先生"一句。

⑥重華，《尚書・舜典》："曰若稽古帝舜，曰重華，協於帝。"孔安國《傳》："華，謂文德。言其光文重合於堯，俱聖明。"

⑦沅湘，沅水和湘水的并稱。《楚辭・離騷》："濟沅、湘以南征兮，就重華而陳詞。"屈原遭放逐後，曾長期浪迹於沅水、湘水之間。

送沈良德[①]編修使安南

曉函丹詔出承明[②]，南去交州幾月程。中國再逢虞大舜，遠人争識李端卿[③]。

波澄桂海[④]鯨魚靖，路入狼山孔雀鳴。行盡天涯看土宇，賦成歸奏説升平。

悶城登妙山次范以載[⑤]韵

千尋峰頂立斜陽，指點方隅認故鄉。山勢北來蟠地遠，雁行南去繞天長。

寒溪周折泉逾碧，霜樹蕭森葉盡黄。俯仰乾坤無限意，百年勛業愧堂堂。

送淮府許奉祠慰民之饒州[⑥]

金陵傾蓋見君初，别後停雲思有餘[⑦]。帝里盍簪憐短榻，王門高步羨長

---

①沈良德，指沈燾。沈燾（1452—1515），字良德，别號東溪，明蘇州府長洲（今江蘇蘇州吴中區）人，弘治六年（1493）進士，官至右春坊右諭德。

②承明，古代天子左右路寢稱承明，因承接明堂之後，故稱。劉向《説苑·修文》："守文之君之寢曰左右之路寢，謂之承明何？曰：'承乎明堂之後者也。'"路寢，古代天子、諸侯的正廳。《詩經·魯頌·閟宫》："松桷有舄，路寢孔碩。"毛傳："路寢，正寢也。"

③李揆（711—784），字端卿，唐隴西成紀（今甘肅天水秦安縣）人，宰相，曾出使吐蕃，《新唐書》卷150有傳。

④桂海，《文選·江淹〈雜體詩·效袁淑從駕〉》："文軫薄桂海，聲教燭冰天。"李善《注》："南海有桂，故云'桂海'。"

⑤范以載，即范輅（1474—1536），字以載，明湖廣桂陽（今湖南桂陽）人，正德六年（1511）進士，官至福建布政使，《明史》卷188有傳。

⑥淮府，指明代淮王府，位於明江西饒州（今江西省鄱陽縣）。奉祠，爲明代藩王府屬官，奉祠正爲正八品、奉祠副爲從八品。

⑦傾蓋，《史記·魯仲連鄒陽列傳》："諺曰：'有白頭如新，傾蓋如故。'何則？知與不知也。"司馬貞《索隱》引《志林》曰："傾蓋者，道行相遇，軿車對語，兩蓋相切，小欹之義，故云'傾蓋'也。"停雲，陶潛《停雲》詩："靄靄停雲，濛濛時雨。"其自序稱："停雲，思親友也。"

裾[①]。

芝山亭在常携酒，彭蠡人來輒饋魚[②]。回首會承宣室召，賈生才識更誰如[③]。

東　岡

古樹岡頭屋數椽，主人家世衹殘編。住[④]臨江漢東南會，望到雲龍五百年。七澤鳶魚皆道理[⑤]，九州兄弟或顛連。西周老鳳將雛近，幾見梧桐日影圓。

十月一日游趙爾錫城西别業分韵得臨字

每向花時負賞心，古城寒日此登臨。溪亭無影水成凍，窗葉有聲風滿林。親老可堪凝望久，官閑殊覺静緣深。憑君更作重來約，載酒乘春坐緑陰。

劍溪草堂[⑥]

劍溪謀道者誰子，愛此地靈開草堂。歲久魚龍解書史，夜深牛斗連光芒。里同願中澤未斬，派出康成流自長[⑦]。寄語延平衆英[⑧]後，休違閭井説羹

---

①盍簪，《周易·豫》："勿疑，朋盍簪。"王弼注："盍，合也；簪，疾也。"孔穎達疏："群朋合聚而疾來也。""王門"句，典出《漢書·鄒陽傳》："聖王底節修德，則游談之士歸義思名。今臣盡智畢議，易精極慮，則無國不可奸；飾固陋之心，則何王之門不可曳長裾乎？"

②芝山，湖南永州的古稱。彭蠡，鄱陽湖的古稱，在今江西省北境，長江以南。

③宣室，指漢代未央宮内的宣室殿。此句記漢文帝劉恒（前 203—前 157）召見楚地名士賈誼（前 200—前 168）之事。《史記·屈原賈生列傳》："孝文帝方受釐，坐宣室。上因感鬼神事，而問鬼神之本。賈生因具道所以然之狀。"裴駰《集解》引蘇林曰："（宣室）未央前正室。"

④"住"，甘本作"居"，兩可。

⑤七澤，司馬相如《子虚賦》："臣聞楚有七澤，嘗見其一，未睹其餘也。"後以"七澤"泛稱楚地諸湖泊。"理"，甘本作"體"，顯誤。

⑥劍溪草堂，舊址位於今福建省南平市九峰山，後毁於戰火。

⑦願中，指李侗（1093—1163），字願中，學者稱延平先生，南宋南劍州劍浦（今福建南平）人，《宋史》卷 428 有傳。康成，指鄭玄（127—200），字康成，東漢北海高密人（今山東高密），儒學大師，曾遍注儒家經典，爲漢代經學的集大成者，於唐代入祀孔廟，《後漢書》卷 35 有傳。

⑧延平，今福建省南平市。延平衆英，應指有"延平四賢"之稱的楊時（1053—1135）、朱熹（1130—1200）、李侗（1093—1163）、羅從彦（1072—1135）。

墻[①]。

岳陽望君山[②]次韻

歸槎泊近岳陽城，城上登樓逸興生。春渚霧連芳草合，風船影没亂帆輕。
百年不盡憂時意，千載空懸吊古情。獨喜軒轅丹井[③]在，夜深猶有蟄龍聲。

瀛西歸隱次韻，爲李安節作

宦海茫茫豈有涯，百年餘味是還家。右丞莊好偏宜畫[④]，子美墻低不礙花[⑤]。
書爲課孫還愛讀，酒堪留客不須賒。閑中日月長如許，回首烟波憶歲華。

蘭谷，爲吉水廖祖效作

青郊車馬競尋芳，誰道幽蘭可谷量。山暖英靈常欲醉，風迴草木盡成香。
郭生翡翠何勝咏[⑥]，謝氏階庭未足方[⑦]。見説楚人滋九畹[⑧]，扁舟還擬泛

---

①羹墻，即《後漢書·李固傳》："昔堯殂之後，舜仰慕三年，坐則見堯於墻，食則睹堯於羹。"後以"羹墻"指追念前輩或仰慕聖賢。

②君山，酈道元《水經注·湘水》："湖（洞庭湖）中有君山……湘君之所游處，故曰'君山'矣。"

③軒轅丹井，何鏜《古今游名山記》："軒轅臺，在君山，一名'鑄鼎臺'。黄帝鑄鼎荆山之下，鼎成騎龍上升，今臺址尚存。"

④右丞，指王維（701—761），字摩詰。唐太原祁縣（今山西祁縣）人，其父遷於蒲州（今山西永濟縣），遂爲河東人。唐玄宗開元九年（721）進士，官終尚書右丞，故稱"王右丞"，有《王右丞集》傳世，《舊唐書》卷190、《新唐書》卷220有傳。王維建有輞川别業，并自畫有《輞川圖》，故云："右丞莊好偏宜畫。"

⑤子美，指杜甫（712—770）。其《絶句漫興》有"手種桃李非無主，野老墻低還是家"之句。

⑥"郭生"句，語本郭璞《游仙詩》："翡翠戲蘭苕，容色更相鮮。"

⑦"謝氏"句，《藝文類聚》引裴啓《語林》："謝太傅問諸子侄曰：'子弟何豫人事，正欲使其佳？'諸人莫有言，車騎答曰：'譬如芝蘭玉樹，欲使生於階庭耳。'"後遂以"謝庭蘭玉"比喻能光耀門庭的優秀子弟。

⑧"見説"句，語本《楚辭·離騷》："余既滋蘭之九畹兮，又樹蕙之百畝。"王逸《注》："十二畝，曰畹。"後用"九畹"借指蘭花。

沅湘。

同方沙河豪謁宋廣平墓次韵

方沙河得顔魯公所製宋文貞碑於神道地中①，碑已中斷。正德丁丑②九月十三日，合萬夫之力起立而續之，遂完好如故。予得告南歸。是日，適至從官道取路謁焉。嗚呼！以魯公之辭翰，述文貞之相業。方君視篆纔三月，而千載斷碑已能尋覓於荒穢土莽之中，豈偶然哉？予何人斯，而適際此會，徘徊抵暮，喜感交并，公邸夜久，次沙河韵，志予幸也！

桑棗沙村小徑荒，同尋古墓近斜陽。斷碑偶續千年石，遠道剛持一瓣香。

卓魯③賢聲君發軔，伊周相業此存羊④。夜深更和登臨句⑤，殘燭淋漓向筆床。

---

①方豪（1482—1530），字思道，號棠陵，明浙江開化人，正德三年（1508）進士，歷任昆山知縣、刑部主事、湖廣及福建副使等职，有《棠陵集》傳世。因其曾任沙河縣令，故又稱“方沙河”，《明史》卷282有傳。顔真卿（709—785），唐代書法家，字清臣，京兆萬年（今陕西西安）人。唐玄宗開元二十二年（734）進士，官至吏部尚書、太子太師，封魯郡公，世稱“顔魯公”。平定李希烈（750—786）叛亂時被害，謚“文忠”。工文詞，尤善書法，楷書雄渾，人稱“顔體”，有《顔魯公集》傳世，《舊唐書》卷128、《新唐書》卷153皆有傳。“宋廣平”“宋文貞”，皆指唐朝名相宋璟（663—737）。宋璟，字廣平，唐邢州（今河北邢臺）人，曾封廣平郡公，卒謚文貞，《舊唐書》卷96、《新唐書》卷124有傳。

②正德丁丑，時爲正德十二年（1517）。

③卓魯，東漢名臣卓茂、魯恭的并稱。卓茂（？—28），字子康，南陽郡宛縣（今河南南陽）人，東漢開國元勛；魯恭（32—112），字仲康，陕西扶風（今陕西寶鷄扶風縣）人。二人皆擔任過縣令，後位至三公，二人皆於《後漢書》卷25有傳。

④“存羊”，《論語·八佾》：“子貢欲去告朔之餼羊，子曰：‘賜也，爾愛其羊，我愛其禮。’”何晏《正義》：“此章言孔子不欲廢禮也。……此孔子不許子貢之欲去羊，故呼其名而謂之曰‘賜也’。爾以爲既廢其禮，虚費其羊，故欲去之，是愛其羊也。我以爲羊存猶以識其禮，羊亡禮遂廢，所以不去其羊，欲使後世見此告朔之羊，知有告朔之禮。庶或復行之，是愛其禮也。”

⑤“登臨句”，指方豪《謁宋文貞公墓》詩：“丞相墳前草樹荒，登臨與客及重陽。秋風仿佛梅花韵，樽酒殷勤菊正香。古刻斷碑埋贔屓，敗垣遺址牧牛羊。徘徊不盡懷賢意，夜半歸來月滿床。”

與方沙河謁張文滑墓次[①]前韵

文滑[②]墳頭野草荒，穹碑十數倚殘陽。拜臺樵牧時相戲，祭案牲醪久未香。表卧寒烟無語鶴，路横頑石是眠羊。憑君擺落興衰意，醉就邯鄲道士床。

黄粱仙迹次[③]前韵

見説修真入大荒，無由一問吕純陽。如何紫閣兼權後，未及黄粱作飯香。九轉[④]豈應猶試犬，五仙何屑盡騎羊[⑤]。而今願乞邯鄲枕[⑥]，成就圖南打睡床。

柳塘聞鶯

小塘纖柳隔烟低，兩兩黄鸝盡意啼。何處新聲在雲裏，誰家幽夢到遼西。千林萬壑疑親歷，斗酒雙柑欲自攜。一掬清波還洗耳，梧岡聞有鳳雛栖。

---

① 國圖本無“次”字，據甘本補。

② 張文滑，爲宋元之際名臣張文謙（1216—1283）的祖父張宇，河北沙河人。考諸《元史》本傳，張文謙有長子名張晏，查（元）袁桷《清容居士集》所記誥命：“（張晏）曾祖宇，贈保節功臣、銀青榮禄大夫、大司徒，追封魏國公，謚文愍。”可知張文愍即張文謙祖父。

③ 國圖本無“次”字，據甘本補。

④ 九轉，（晋）葛洪《抱朴子・金丹》：“一轉之丹，服之三年得仙。二轉之丹，服之二年得仙。……九轉之丹，服之三日得仙……其轉數多，藥力盛，故服之用日少，而得仙速也。”

⑤ “五仙”句，《太平寰宇記》引《南越志》：“舊説，有五仙人騎五色羊，執六穗秬而至（廣州）。至今呼‘五羊城’是也。”

⑥ “吕純陽”“紫閣”“黄粱飯香”“邯鄲枕”，典出（唐）沈既濟《枕中記》。其略言：唐開元年間，青年盧生在邯鄲官道上遇道士吕翁（傳説爲吕洞賓，號純陽子），吕翁送他一隻枕頭，盧生枕後睡去。盧生在夢中官至中書令（唐代曾改中書省爲紫微省，中書令爲紫微令，因稱宰相府第爲“紫閣”），醒後聞到店主人的黄粱飯香。

陵祀郊行憶嘗與温民懷同事用舊韵

靈山入望彩雲平，陪祀西陵喜值晴。暖氣便隨長至[①]動，夕陽偏爲好峰明。

二儀[②]默遣精英會，萬代真宜聖哲生。曾受孝皇恩渥重，百年無限鼎湖情[③]。

張魁山判官攝縣

君侯判沔[④]共稱賢，臺檄還兼縣宰權。地接郡郊連雨澤，天從郎位借星躔[⑤]。

路人盡道遷階近，野老争誇得惠專。守令之間見龔卓[⑥]，新收故事更堪傳。

椰子冠用東坡韵[⑦]

年來雙鬢已成絲，椰實裁冠足令儀。野樸堪爲麋鹿友，清真終異羽流[⑧]師。

---

①長至，指夏至。《禮記·月令》："（仲夏之月）是月也，日長至，陰陽争，死生分。"孫希旦《集解》："孔氏曰：'長至者，謂日長之至極。'"

②二儀，指天地。《春秋穀梁傳注疏》范寧序："該二儀之化育。"楊世勛疏："二儀，謂天地。"

③"鼎湖情"，指臣子思念先主之情。《史記·封禪書》："黄帝采首山銅，鑄鼎於荆山下。鼎既成，有龍垂胡髯下迎黄帝。黄帝上騎，群臣、後宫從上者七十餘人，龍乃上去。餘小臣不得上，乃悉持龍髯，龍髯拔墮，墮黄帝之弓。百姓仰望黄帝既上天，乃抱其弓與胡髯號，故後世因名其處曰'鼎湖'，其弓曰'烏號'。"

④沔，即明湖廣沔陽（今湖北仙桃）。

⑤星躔，日月星辰運行的度次。"天從"句，典出《後漢書·明帝紀》："帝遵奉建武制度，無敢違者。後宫之家，不得封侯與政。館陶公主爲子求郎，不許，而賜錢千萬。謂群臣曰：'郎官上應列宿，出宰百里，苟非其人，則民受其殃，是以難之。'"後因以"郎星"爲地方守令的美稱。

⑥龔卓，指漢代循吏龔遂、卓茂。

⑦蘇軾有《椰子冠》詩："天教日飲欲全絲，美酒生林不待儀。自漉疏巾邀醉客，更將空殼付冠師。規摹簡古人争看，簪導輕安髮不知。更著短檐高屋帽，東坡何事不違時。"

⑧羽流，謂道人、道士。米芾《西園雅集圖記》："高僧羽流之杰，卓然高致，名動四夷。"

衣成荷芰殊同調，杖配桄榔即故知。仍把一尊携固有，巢居人醉葛天[①]時。

孫懋仁沱西別業

屋邊沱水[②]日淙淙，風物元應擅楚邦。蘭芷[③]生連垂釣石，鳧鷺栖近讀書窗。

城東曉色聞孤角，畦外春流帶九江。爲約扁舟他日會，狂歌來和郢人腔[④]。

送澤州[⑤]陳指揮

轉戰功多舊有聲，暮年歸計入升平。紫髯兒[⑥]已傳韜略，青海人猶畏姓名。

卧裏弓刀閑愛惜，夢中行陣或縱横。近聞邊報催烽火，還覺當年意氣生。

送劉堯章守岳州[⑦]

尚方華篆虎符開，千里專城簡異才。闕下仙曹將雨露，岳陽奇觀即蓬萊。

---

①葛天，傳説中的遠古帝名。《吕氏春秋·古樂》："昔葛天氏之樂，三人摻牛尾，投足以歌八闋。"羅泌《路史·禪通記》："葛天者，權天也，爰擬旋窮作權象，故以'葛天'爲號。其爲治也，不言而自信，不化而自行，蕩蕩乎無能名之。"

②沱水，據《禹貢》載：荆、梁二州皆有"沱"。《漢書·地理志》作"江沱"，《水經·禹貢山水澤地所在》作"沱水"。據下句"楚邦"，此應爲明湖廣荆州府沱水，在今湖北枝江市。

③蘭芷，蘭草與白芷。《楚辭·離騷》："蘭芷變而不芳兮，荃蕙化而爲茅。"王逸《注》："言蘭芷之草，變易其體而不復香。"

④此處應是用李白《廬山謡寄盧侍御虚舟》"我本楚狂人，鳳歌笑孔丘"之句。

⑤澤州，今山西省晋城市澤州縣。

⑥紫髯兒，指孫權。《三國志·吴書·孫權傳》："權乘駿馬越津橋得去。"裴松之注引《獻帝春秋》曰："張遼問吴降人：'向有紫髯將軍，長上短下，便馬善射，是誰？'降人答曰：'是孫會稽。'遼及樂進相遇，言不早知之，急追自得，舉軍嘆恨。"

⑦岳州，今湖南省岳陽市。劉堯章，即劉焕。劉焕（1468—？），字堯章，明北直真定府藁城縣（今河北石家莊藁城區）人，弘治六年(1494)進士，歷任户部主事、户部員外郎、岳州知府等職。

江湖又見希文去，襦袴重歌叔度來[①]。南國於今賦《雲漢》[②]，不勝心事托深杯。

送王拱之使淮陽便道歸省

一從偕計[③]接蹄輪，二十年來誼分親。静裏圖書槐市[④]晚，醉中風日杏園春。

忽驚淮甸星槎遠，却羡高陽晝錦新。我正思親歸未得，爲君南向一霑巾。

和王右丞《早朝大明宫》[⑤]

疏星殘月澹神州，黄屋紅雲拂曙流。玉笋班稠聞委珮[⑥]，鈞天門啓動鳴球[⑦]。

---

①希文，范仲淹（989—1052），字希文。“襦袴”句，指百姓對廉吏的稱贊。叔度，指東漢循例廉範，字叔度。據《後漢書·廉範傳》載：“（廉範）遷蜀郡太守……百姓爲便，乃歌之曰：‘廉叔度，來何暮？不禁火，民安作。平生無襦今五絝。’”

②《雲漢》，指《詩經》中的《雲漢》篇。《毛詩正義》卷十八：“《雲漢》，仍叔美宣王也。宣王承厲王之烈，内有撥亂之志，遇灾而懼，側身修行，欲銷去之。天下喜於王化復行，百姓見憂，故作是詩也。”

③偕計，也稱“計偕”。漢時被徵召的士人皆與計吏偕同上京城，故稱。明代舉人入京會試的時間也和地方官員上計相同，因此明代亦稱“偕計”。

④槐市，據《藝文類聚·禮部上·學校》：“《三輔黄圖》：‘倉之北，爲槐市，列槐樹數百行爲隧，無墻屋，諸生朔望會此市，各持其郡所出貨物及經傳書記、笙磬樂器相與買賣。’”漢代長安讀書人聚會、貿易之市，因其地多槐而得名，後借指學宫、學舍。

⑤王右丞，即王維（701—761），“王右丞早朝大明宫”，指王維《和賈舍人早朝大明宫之作》，全詩爲：“絳幘鷄人送曉籌，尚衣方進翠雲裘。九天閶闔開宫殿，萬國衣冠拜冕旒。日色纔臨仙掌動，香烟欲傍袞龍浮。朝罷須裁五色詔，佩聲歸向鳳池頭。”

⑥玉笋班，指英才濟濟的朝班。《太平廣記·貢舉四·李宗閔》：“李宗閔知貢舉，門生多清秀俊茂，唐伸、薛庠、袁都輩，時謂之‘玉笋班’。”委珮，即委佩。《禮記·曲禮下》：“立則磬折垂佩，主佩倚，則臣佩垂；主佩垂，則臣佩委。”鄭玄注：“君臣俯仰之節，倚謂附於身，小俯則垂，大俯則委於地。”

⑦鈞天，天的中央，古代神話傳説中天帝住的地方。《吕氏春秋·有始》：“中央曰鈞天。”高誘注：“鈞，平也。爲四方主，故曰鈞天。”鈞天門，指皇宫之門。鳴球，謂擊響玉磬。《尚書·益稷》：“戛擊鳴球，搏拊琴瑟。”孔《傳》：“球，玉磬。”孔穎達疏：“《釋器》云：球，玉也。鳴球謂擊球使鳴。樂器惟磬用玉，故球爲玉磬。”

光生虎拜[①]霑優渥，喜溢龍顔得惠疇[②]。慚愧微臣難報稱，金縢[③]嘉績願新收。

送胡廷和得告歸歙

北扉中秘日委蛇，誰遣同袍又別離。司馬病容青鏡改，狄公心事白雲知[④]。秦淮野水秋通閘，建業檣風夜引旗。我有思親無限意，隨君先到漢江湄。

送内兄向永泰歸景陵

襟顔時爲一欣然，涓滴新開向酒邊。帝里對床今兩度，親闈延夢忽三年。試抛書卷終無目，敢謂瀛洲別有天。喜附平安却傷別，目隨歸騎入寒烟。

劉司訓翅升彭山諭次韵

悠悠文旆又彭山[⑤]，清世誰云蜀道難。衿佩[⑥]聯翩真樂地，江山佳勝是奇觀。

---

①虎拜，《詩經・大雅・江漢》："虎拜稽首，天子萬年。"周宣王因召穆公姬虎平定淮夷之亂有功而賜給他山川土田，姬虎稽首拜謝，後因稱大臣朝拜天子爲虎拜。

②惠疇，典出《尚書・舜典》："使宅百揆，亮采惠疇。"孔安國《傳》："亮，信；惠，順也。求其人，使居百揆之官，信立其功，順其事者誰乎？"

③金縢，《尚書・金縢》："武王有疾，周公作《金縢》。"孔穎達疏："武王有疾，周公作策書告神，請代武王死。事畢，納書於金縢之匱。"後因以"金縢功"爲忠心事君之典。

④司馬，指白居易，因其擔任過江州司馬，故稱。白居易《嘆老》詩，有"晨興照青鏡，形影兩寂寞"之句。狄公，指狄仁杰，《新唐書》卷115《狄仁杰傳》："薦授并州法曹參軍，親在河陽。仁杰登太行山，反顧，見白雲孤飛，謂左右曰：'吾親舍其下。'瞻悵久之。雲移，乃得去。"後有"白雲親舍"之典，比喻思念父母。

⑤彭山，今四川省眉山市彭山區。

⑥衿佩，指青年學子。《詩經・鄭風・子衿》："青青子衿，悠悠我心……青青子佩，悠悠我思。"毛傳："佩，佩玉也。士佩瓀珉而青組綬。"

晝簾爽挹圖書案，曉日香生苜蓿盤[①]。座上春風鎮長在，相逢那更説氈寒。

鄒黄門父母榮壽詩

官從天廐辭春殿，養就黄門向夕郎[②]。定省[③]每殘清禁漏，旨甘時出大官羊。

金樽暖映齊眉案[④]，彩服晴宜具慶堂[⑤]。歲歲懸弧還設帨[⑥]，長安冠蓋日相望。

曾世亨[⑦]母壽

慈顔七十有餘春，坐看諸郎作近臣。六察[⑧]擅名真御史，四方專對大行

---

①苜蓿盤，典出《唐語林·補遺》："薛令之，閩之長溪人。神龍二年，趙彦昭下進士及第，後爲左補闕兼太子侍講。時東宫官冷落，之次難進，令之有詩曰：'明月夜團團，照見先生盤。盤中何所有？苜蓿長闌干。飯澀匙難綰，羹稀箸易寬。衹可謀朝夕，那能度歲寒？'明皇幸東宫，見之不悦，以爲諷上。援筆酬曰：'啄木觜距長，鳳凰毛羽短；若嫌松桂寒，任逐桑榆暖。'令之遂謝病歸。及肅宗即位，召之。詔下，而令之已卒。"喻生活清貧。

②夕郎，黄門侍郎的别稱。（漢）應劭《漢官儀》："黄門侍郎，每日暮，向青瑣門拜，謂之'夕郎'。"

③定省，《禮記·曲禮上》："凡爲人子之禮，冬温而夏凊，昏定而晨省。"鄭玄注："安定其床衽也；省，問其安否何如。"

④齊眉案，指舉案齊眉。《後漢書·逸民傳·梁鴻》："每歸，妻爲具食，不敢於鴻前仰視，舉案齊眉。"後泛指夫妻相敬愛。

⑤彩服，猶彩衣。《藝文類聚》引《列女傳》："老萊子孝養二親，行年七十，嬰兒自娱，著五色采衣，嘗取漿上堂。"後因以"彩衣"指孝養父母。具慶，科舉考試時填寫履歷表，父母俱在則填寫"具慶"，因以"具慶"代指父母雙全。

⑥《禮記·内則》："子生，男子設弧於門左，女子設帨於門右。"懸弧，古代家中生男，則於門左挂弓一張，後因稱生男爲懸弧。

⑦曾大有，字世亨，明湖廣麻城（今湖北麻城）人，弘治六年（1493）進士，官至江西布政使。

⑧六察，監察御史的代稱。自漢代起，刺史便以"六條問事"。此後爲歷朝所沿用，至唐朝監察御史仍察六事，見《新唐書·百官志三（御史臺）》："監察御史十五人，正八品下。掌分察百寮，巡按州縣，獄訟、軍戎、祭祀、營作、太府出納皆莅焉……其一，察官人善惡；其二，察户口流散，籍帳隱没，賦役不均；其三，察農桑不勤，倉庫減耗；其四，察妖猾盜賊，不事生業，爲私蠹害；其五，察德行孝悌，茂才異等，藏器晦迹，應時用者；其六，察黠吏豪宗兼并縱暴，貧弱冤苦不能自申者。"

人①。

同時問膳朝初退，取次貤封誥又新。最是年年當設帨，長安冠蓋動比鄰。

久雨次韵李宗易

漸看苔衣緑染門，長安疑是遠人村。先天《易》②在從推演，舊雨人稀減笑喧。

誰復邀賓能許馬③，豈因勤學不窺園④。西城還欲衝泥⑤去，黄子新裁杖一根。

送倫伯疇⑥修撰使安南

萬里安南薄大瀛，王臣遣諭出槐廳⑦。香生曉殿衣初賜，光照晴郊節暫停。

宇内自應同化日，斗南⑧今復見文星。羊城⑨桑梓還增價，天使稱觴上鯉

---

①大行人，周官名。《周禮·秋官·大行人》："大行人掌大賓之禮及大客之儀，以親諸侯。"鄭玄注："大賓，要服以内諸侯；大客，謂其孤卿。"

②先天《易》，指伏羲所作之《易》。羅泌《路史·發揮一·論三易》："伏羲氏之先天，神農易之爲中天；神農之中天，黄帝易之爲後天。豈非《易》道廣大，變通不窮，有非一法之所能盡？"

③許馬，指漢代大儒許慎（58—148）、馬融（79—166），二人皆爲著名經學家。

④不窺園，典出《漢書·董仲舒傳》："少治《春秋》，孝景時爲博士。下帷講誦，弟子傳以久次相授業，或莫見其面。蓋三年不窺園，其精如此。"顔師古注："雖有園圃，不窺視之，言專學也。"

⑤衝泥，謂踏泥而行，不避雨雪。

⑥國圖本無"送"字，據甘本補。倫文叙（1467—1513），字伯疇，號迂岡，明廣東南海（今廣東佛山）人，弘治十二年（1499）狀元，官至右春坊右諭德。

⑦槐廳，唐宋時學士院中的廳名。沈括《夢溪筆談·故事》："學士院第三廳學士閣子，當前有一巨槐，素號'槐廳'。舊傳居此閣者，多至入相。"

⑧斗南，《晋書·天文志上》："相一星在北斗南。相者，總領百司而掌邦教，以佐帝王安邦國，集衆事也。"舊時因以斗南稱宰相之位。

⑨羊城，廣州别名。

庭[①]。

送劉燦判祁州[②]管馬

太平天子詰兵戎，賢俊還分馬政中。毛仲[③]又看持節去，孫陽寧復道群空[④]。

渥窪水畔光如電，苜蓿原頭氣似虹。十二天閑[⑤]爛雲錦，會須全録使君功。

送范静之秋官[⑥]便道展墓

天王封册重宗盟，選使西曹得老成。范氏子孫看百禄[⑦]，漢家恩禮厚東平[⑧]。

---

① 鯉庭，《論語·季氏》："鯉趨而過庭，曰：'學《詩》乎？'對曰：'未也。'曰'不學《詩》，無以言也。'鯉退而學《詩》。他日又獨立，鯉趨而過庭，曰：'學《禮》乎？'對曰：'未也。''不學《禮》，無以立也。'鯉退而學《禮》。"後因以"鯉庭"謂子受父訓之典。

② 祁州，今河北省安國市。

③ 王毛仲（？—731），高麗人，唐朝禁軍將領。初事玄宗於東宫，掌管東宫駝馬鷹狗等坊并卓有成效，升任大將軍、輔國大將軍，封霍國公，後身敗，《舊唐書》卷 106、《新唐書》卷 121 有傳。

④ 春秋時期伯樂（約前 680—前 610），本名孫陽。代指善於相馬者。"孫陽"句，用韓愈《送温處士赴河陽軍序》"伯樂一過冀北之野，而馬群遂空"之意。

⑤ 天閑，皇帝養馬的地方。

⑥ 范淵（1453—1512），字静之，號君山，明湖廣桂陽（今湖南郴州桂陽縣）人，弘治九年（1496）進士，歷任刑部主事、員外郎、郎中，因此被稱爲"范静之秋官"。此外，"西曹"也指刑部。崔豹《古今考》："兵部稱西曹。"因西方屬金，主兵刑之事，故刑部亦稱"西曹"，因此詩文中有"選使西曹得老成"之句。

⑦ 范百禄（1030—1094），字子功，北宋成都華陽人。宋仁宗皇祐元年（1049）進士，宋代名臣，官至開封府知府，《宋史》卷 337 有傳。其侄范祖禹（1041—1098）亦爲北宋名臣，故有"范氏子孫看百禄"之句。

⑧ 東平，指漢代東平王劉蒼（？—83），因其逝世後葬禮規格極高，故有"漢家恩禮厚東平"之句。

方持玉節浮槎[①]去，却與青春作伴行[②]。見説焚黄[③]更乘便，九原[④]松栢被光榮。

送張干躍知連州[⑤]

才名海内重琳琅，銅虎分符出帝鄉。孔氏道須興禮樂，連州人喜得龔黄。
重溟水月鯨鯢[⑥]静，千里桑麻雨露香。莫向春明嗟遠别，廟堂虚席待循良。

送方大器少參[⑦]之山東

東土旬宣[⑧]遣夕郎，薇垣新詔紫泥光[⑨]。雙旌[⑩]度影摩雲上，千里傳呼自帝旁。

---

①浮槎，傳説中來往於海上和天河之間的木筏。張華《博物志》："舊説云：'天河與海通，近世有人居海渚者，年年八月有浮槎去來，不失期。'"

②杜甫《聞官軍收河南河北》有"青春作伴好還鄉"之句，此處亦借指范淵便道回鄉。

③焚黄，舊時品官新受恩典後需祭告家廟祖墓，告文用黄紙書寫，祭畢即焚去。

④九原，《禮記·檀弓下》："趙文子與叔譽觀乎九原。"鄭玄注："晋卿大夫之墓地在九原。"

⑤連州，今廣東省連州市。

⑥鯨鯢，《左傳·宣公十二年》："古者明王伐不敬，取其鯨鯢而封之，以爲大戮。"杜預注："鯨鯢，大魚名，以喻不義之人吞食小國。"

⑦方矩，字大器，明南直定遠（今安徽滁州定遠縣）人，弘治六年（1493）進士，累官山東右參議，故稱"方大器少參"。

⑧旬宣，《詩經·大雅·江漢》："王命召虎，來旬來宣。"毛傳："旬，遍也。"

⑨薇垣，唐開元元年（713）改稱中書省爲紫薇省，簡稱薇垣。元代稱行中書省爲薇垣。明洪武九年（1376）改行中書省爲承宣布政司，亦沿稱爲薇省或薇垣。紫泥，指皇帝詔書。《後漢書·光武帝紀上》："奉高皇帝璽綬。"李賢注引蔡邕《獨斷》："皇帝六璽，皆玉螭虎紐……皆以武都紫泥封之。"

⑩雙旌，唐代節度使的儀仗。《新唐書·百官志四下》："節度使掌總軍旅，顓誅殺。初授，具帑抹兵仗詣兵部辭見，觀察使亦如之。辭日，賜雙旌雙節。"後借指地方軍政長官。

孔壁試看周簡册[①]，岱宗應夢舜衣裳[②]。平生意見多章疏，取次施竹夙願償。

聽竹華處士輓詩[③]

當年聽竹人何在，猶自琅玕幾萬根。夜月豈堪聞鳳管，春風動見長龍孫[④]。
林亭荏苒新苔色，詩刻糢糊舊墨痕。那更一竿餘手澤[⑤]，鷗邊誰坐釣磯温。

送給舍許啓中使安南

天王獨閲省郎賢，遣使交南聖澤寛。測候[⑥]舊傳堯正朔，襲封仍賜漢衣冠。
靈槎遠歷星河去，輿志親臨土宇看。見説金緋過故里，高堂還盡老萊歡[⑦]。

---

①孔壁，典出《漢書·藝文志》："《古文尚書》者，出孔子壁中。武帝末，魯共王壞孔子宅，欲以廣其宫，而得古文《尚書》及《禮記》《論語》《孝經》凡數十篇，皆古字也。"因藏書事在秦始皇焚書之前，因此稱孔壁所藏之書爲"周簡册"。

②岱宗，指泰山。《尚書·舜典》："歲二月，東巡守，至于岱宗。"孔《傳》："岱宗，泰山，爲四岳所宗。"舜衣裳，皇甫謐《高士傳·善卷》："善卷者，古之賢人也……舜又以天下讓卷，卷曰：'……今子盛爲衣裳之服，以眩民目，繁調五音之聲以亂民耳……天下之亂從此始矣。'"據説帝舜的衣裳色彩繽紛，式樣衆多。後遂用爲喻指帝王事業之典。

③聽竹華處士，甘本作"華聽竹處士"。處士，《荀子》："古之所謂處士者，德盛者也。"

④龍孫，竹的别稱。

⑤手澤，《禮記·玉藻》："父没而不能讀父之書，手澤存焉爾。"孔穎達疏："謂其書有父平生所持手之潤澤存在焉，故不忍讀也。"

⑥測候，觀測天文與氣象。

⑦老萊歡，用老萊娱親之典。據《孝經》："老萊子，楚人。孝養二親，年七十，猶作嬰兒戲。身著五色斑斕之衣，嘗取水上堂，詐跌仆，卧地爲小兒啼，弄雛於親側，欲親之喜。"

壽羅西岡先生分題得鹿皮冠[①]

製冠誰道鹿皮迂，遲暮深山稱索居。杖屨未嫌游豖後，功名全付夢蕉[②]餘。麑裘[③]遠俗真同氣，麈尾多情不負渠。玉醴巵中帶清影，驚看華髮黑如初。

黄鶴樓次韵

黄鶴仙人去何許，名在武昌城上樓。古今人過但忽忽，江漢水來何悠悠。舉頭雲際動星宿，極目海外開神洲。欲呼崔李二公起，一尊爲滌千年愁[④]。

送魏德卿

故人久坐青油幕，京國重逢喜盡情。長劍暫從天外倚，短檠[⑤]還入夜深明。兒童漸長鄉音改，俸禄雖貧宦况清。閫外更聞資上略，龍堆青海避先聲。

---

① 羅西岡，指羅欽順（1465—1547），字允升，號整庵，明江西泰和人，弘治六年（1493）進士，官至南京吏部尚書，卒謚文莊，《明史》卷 282 有傳。羅欽順《整庵存稿・學古樓歌》：“家住西岡地頗幽，門前屋後多平疇。”因其家住西岡，故稱“羅西岡”。鹿皮冠，古代隱士所戴的帽子，用鹿皮做成，故名。

② 夢蕉，《列子・周穆王》：“鄭人有薪於野者，遇駭鹿，禦而擊之，斃之。恐人見之也，遽而藏諸隍中，覆之以蕉。不勝其喜。俄而遺其所藏之處，遂以爲夢焉。順塗而咏其事，傍人有聞者，用其言而取之……薪者之歸，不厭失鹿，其夜真夢藏之之處，又夢得之之主，爽旦案所夢而尋得之，遂訟而争之，歸之士師。士師曰：‘若初真得鹿，妄謂之夢；真夢得鹿，妄謂之實。’”後以“夢蕉”比喻人生爲變幻莫測的夢境。

③ 麑裘，即鹿裘。《論語・鄉黨》：“緇衣羔裘，素衣麑裘。”鄭玄注：“素衣麑裘，諸侯視朝之服。”指用幼鹿皮製成的白衣服。《列子・天瑞》：“孔子游於太山，見榮啓期行乎郕之野，鹿裘帶索，鼓琴而歌。”鹿裘亦是隱士所穿之服。

④ 崔李，指唐代詩人崔顥（704—754）、李白（701—762），二人皆登臨黄鶴樓，崔顥《黄鶴樓》爲傳世名篇，其中有“烟波江上使人愁”之句；李白亦因“眼前有景道不得，崔颢題詩在上头”而感慨。故魯鐸稱“一尊爲滌千年愁”。

⑤ 檠，燈架。短檠，矮燈架，借指小燈。

漫　　述

病夫無喜亦無愁，一壑天教配一丘。絳闕恩深天北[①]極，紅塵事往水東流。林中老屋[②]故無恙，溪上薄田常有秋。好是童年親與友，桑榆影裏共嬉游。

次韵徐原忠

蓬門未款鶴先知，已有園深出應遲。松徑露晞行藥[③]後，藕汀風動納凉時。夜仍秉燭翻疑夢，春許看花更作期。休倚清時催病客，新文容有北山移[④]。

中秋待月京城上次韋庵韵

高城隱隱月朧朧，此夕秋光正及中。雙寺遥鐘還入市，三湖新漲欲連空[⑤]。歌傳内侍憐蘇老[⑥]，興發南樓憶庾公[⑦]。愁病强挑壺矢戰，敢將全勝論成功。

---

①“北”，國圖本作“比”，據甘本改。

②“屋”，國圖本作“星”，據甘本改。

③“藥”，國圖本作“樂”，顯誤，徑改。行藥，因病服藥之後，散步以散發藥性。

④北山移，《北山移文》簡稱。南朝齊孔稚珪有《北山移文》，該文主要表達對於士人出處的態度。

⑤雙寺，應指明代北京城内的嘉慈寺、廣濟寺；三湖，應指北京城内的北海、中海、南海。

⑥蘇老，指蘇軾。蘇軾曾於宋神宗熙寧九年（1076）中秋作《水調歌頭·明月幾時有》，此詩亦爲魯鐸於月夜所作，因有“歌傳内侍憐蘇老”之句。

⑦“興發”句，劉義慶《世説新語·容止》：“庾太尉（亮）在武昌，秋夜氣佳景清，使吏殷浩、王胡之之徒登南樓理咏，音調始遒，聞函道中有屐聲甚厲，定是庾公。……與諸人咏謔，竟坐，甚得任樂。”後以“南樓”指咏謔游樂的勝境。

病中至日風雪漫成

朝來猶未去藜床[①]，忽報寰間又一陽[②]。葭管[③]機緘[④]通地底，梅花消息到江鄉。

吾儒道長諸公在，聖主春增萬壽長。却向南榮[⑤]見風雪，漫教憂思遍窮荒。

九日用舊韵

九日園亭獨舉杯，夕陽餘興復登臺。清池白鳥聯翩下，曲徑黄花爛熳開。

儒術無功慚潦倒，帝鄉多病喜歸來。澆畦弄釣堪消日，不道無情歲月催。

暮春即事

書籤藥裹近藜床，睡起虚堂日正長。科斗池塘古文字，倉庚[⑥]庭院活笙簧。

林陰坐久衣裾潤，花徑行多屐齒香。病得賜骸耽勝事，擬將芹曝報吾皇。

園　中

花蹊苔徑屐聲微，幽事相關俗累稀。薄力尚堪澆藥圃，病身剛好着[⑦]荷衣。

緣階細草抽書帶，近岸閑鷗伏釣磯。檐樹無塵窗榻静，捲簾清晝看雲飛。

---

①藜床，指用藜莖所編的床榻。

②一陽，古人稱農曆十一月冬至爲一陽。文題中所稱“至日”即冬至。

③葭管，裝有葭莩灰的律管。《後漢書·律曆志上》：“候氣之法，爲室三重，户閉，塗釁必周，密布緹縵。室中以木爲案，每律各一，内庳外高，從其方位，加律其上，以葭莩灰抑其内端，案曆而候之。氣至者灰動。”葭莩，蘆葦中的薄膜。古人燒葭莩成灰，置於律管中，放密室内，以占氣候。某一節候到，某律管中葭灰即飛出。

④機緘，《莊子·天運》：“天其運乎？地其處乎？日月其争於所乎？孰主張是？孰維綱是？孰居無事推而行是？意者其有機緘而不得已邪？”成玄英疏：“機，關也；緘，閉也……謂有主司關閉，事不得已。”

⑤南榮，《楚辭·九懷》：“玄武步兮水母，與吾期兮南榮。”王逸《注》：“南方冬温，草木常茂，故曰‘南榮’。”

⑥倉庚，《禽經》：“倉鶊、鵹黄，黄鳥也。”張華《注》：“今謂之黄鶯，黄鸝是也。”

⑦“着”字，甘本作“看”。因本詩末句有“看雲飛”之語，此處應以“着”字爲佳。

焦翁輓詩

釣渚風綸散未收，徵君乘化去悠悠。百年野史應能記，千古山靈不耐愁。黄髮[①]空思隨杖屨，白雲猶爲護林丘。《大招》[②]欲賦滄洲遠，徒倚燕臺[③]百尺樓。

送周達夫分教應天[④]

離筵争訝老文衡，三十年來宦未成。誰遣青氈[⑤]淹國士，共誇玉署有門生。路經揚子帆檣迴，齋對鍾陵几案清。豸綉[⑥]祇今多行輩，憐君況復擅才名。

---

①黄髮，《詩經·魯頌·閟宫》："黄髮台背，壽胥與試。"毛傳："黄髮台背，皆壽徵也。"

②《大招》，《楚辭》篇名。《楚辭·大招》："大招者，屈原之所作也。或曰景差，疑不能明也。"洪興祖《注》："屈原賦二十五篇，《漁父》以上是也。《大招》恐非屈原作。"王夫之解題："此篇亦招魂之辭。略言魂而繫之以大，蓋亦因宋玉之作而廣之。"後用以泛指招魂或悼念之辭。

③燕臺，指戰國時燕昭王所築的黄金臺，故址在今河北省易縣東南。相傳燕昭王築此臺意欲招納天下賢士，故也稱賢士臺、招賢臺，後作爲君主或長官禮賢之典。

④甘本無此詩。

⑤青氈，原意是青色的毛毯，後代指清寒貧困者，亦指清寒貧困的生活。

⑥豸綉，監察、執法官所穿的綉有獬豸圖案的官服，借指監察、執法官。

卷　三

七言律詩九十四首

游牛首并獻花岩限韵一首

清塵曉雨乍霏微，落絮游絲總不飛。絶巘路通行委曲，大江帆遠見依稀。雲中絳閣初疑畫，洞口青苔欲上衣。擬借岩房留信宿[①]，隔林啼鳥謾催歸。

御史大夫彭濟物先生功成還京[②]

文章海内早馳聲，誰識胸中富甲兵。已見東南靖多壘[③]，還聞西北號長城。師經指授何妨老，將爲甄收盡有名。莫道功成身未退，君王留與共升平。

借山詩次吴白樓韵[④]

借山元自爲耽詩，償取須憑絶妙辭。風月可勝論價直，鶯花如解挾恩私。

---

①信宿，連宿兩夜。《詩經·豳風·九罭》："公歸不復，於女信宿。"毛傳："再宿曰信；宿，猶處也。"

②彭澤（1459—1529），字濟物，號幸庵，明湖廣汨羅（今湖南汨羅）人，弘治三年（1490）進士，官至兵部尚書，卒謚襄毅，《明史》卷198有傳。

③多壘，《禮記·曲禮上》："四郊多壘，此卿大夫之辱也。"孔穎達疏："寇戎充斥，數戰郊坰，故多軍壘。"指營壘衆多，喻寇亂頻繁。

④吴一鵬（1460—1542），字南夫，號白樓，明南直長洲（今江蘇吴縣）人，弘治六年（1493）進士，官至南京兵部尚書，卒謚文端，《明史》191有傳。

忘情屐齒苔三徑，寄傲峰頭杖一枝。天地本來名逆旅[①]，過[②]逢休放手中卮。

次羅子文侍御墜馬韻[③]

綉斧[④]年來逐處經，今年誰遣誤春行。都人本自能知避，驄馬何緣亦善驚。李勣[⑤]上閑應有賜，杜陵[⑥]長句益多情。書空[⑦]莫更增愁思，白髮無愁尚解生。

留别喬白岩、王陽明次白樓韻[⑧]

十年聚少别常多，緑鬢重看總向皤。勝地有招還遠赴，高軒無事亦頻過。離腸又對鍾山[⑨]月，驛棹遥生漢水波。詩社儘收佳句在，相思隨處一長歌。

---

① 逆旅，《左傳・僖公二年》："今虢爲不道，保於逆旅。"杜預注："逆旅，客舍也。"

② "過"，甘本作"相"，兩可。

③（明）羅欽順《羅子文侍御墜馬》："九衢驄馬乍停經，贏得都人掉臂行。事出不虞應有數，膚存兼愛豈無驚。少拚日月供衾枕，兼把琴尊養性情。高步天衢玄發在，直須宣力遍蒼生。"羅子文，即羅鳳（1465—？），字子文，號印岡，明江西泰和人，弘治九年（1496）進士。因羅鳳曾任職南京都察院御史，故稱其爲羅侍御。

④ 綉斧，典出《漢書・武帝紀》："遣直指使者暴勝之等衣綉衣杖斧，分部逐捕。"後遂以"綉斧"指皇帝特派的執法大員。

⑤ 李勣（594—669），原名徐世勣，唐高祖賜姓李，字懋功，唐曹州（今山東東明）人，唐初名將，累封英國公，卒謚貞武，《舊唐書》卷 67、《新唐書》卷 93 有傳。

⑥ 杜甫（712—770），字子美，自號少陵野老，故稱"杜陵"。

⑦ 書空，用手指在空中虚劃字形。《晋書・殷浩列傳》："浩雖被黜放，口無怨言，夷神委命，談咏不輟，雖家人不見其有流放之戚。但終日書空，作'咄咄怪事'四字而已。浩甥韓伯，浩素賞愛之，隨至徙所。經歲還都，浩送至渚側，咏曹顔遠詩云：'富貴他人合，貧賤親戚離。'因而泣下。後温將以浩爲尚書令，遺書告之，浩欣然許焉。將答書，慮有謬誤，開閉者數十，竟達空函，大忤温意，由是遂絶。永和十二年卒。"殷浩通過書空表達心中的不滿和憤恨，後以"書空"形容人愁苦的精神狀態。

⑧ 喬白岩，即喬宇（1464—1531）。王守仁（1472—1529），字伯安，别號陽明，明浙江餘姚人，弘治十二年（1499）進士，官至左都御史，因功封新建伯，卒謚文成，配享孔廟，《明史》卷 195 有傳。

⑨ 鍾山，即紫金山，在今江蘇省南京市東北。三國吴孫權避祖諱，更名蔣山，至宋時又更名爲鍾山。

次韵方棠陵僉憲[①]題畫見寄之作

岩廊回首謝群公，老向衡山漢水東。麋鹿魚蝦元是侶，椅桐梓漆[②]漸成功。纍纍藥裹千金劑，冉冉荷衣兩袖風。珍重寄詩連畫幅，洞庭烟浪[③]意無窮。

中秋用前韵

兒曹一樽娛乃公，華月恰出滄溟東。霜鬢争明若作意，金丹無術徒言功。富貴試看草頭露，笙簧何如松杪風。秋場粳稻可卒歲，野人未愁詩解窮。

追次徐襄陽留題書院韵

懷人北[④]望襄山稠，襄山烟樹何油油。德政終刊翠峴[⑤]石，姓名會[⑥]覆黄金甌。

老我思尋鹿門洞[⑦]，幾時定泛王猷舟[⑧]。重霄白日開四海，萬里滄波浮一鷗。

---

①方棠陵僉憲，指方豪（1482—1530）。方豪曾於嘉靖初年任湖廣按察司僉事，故稱。

②椅桐梓漆，椅樹、桐樹、梓樹、漆樹，古代以爲製琴瑟之材。《詩經·鄘風·定之方中》："樹之榛栗，椅桐梓漆，爰伐琴瑟。"鄭玄箋："樹此六木於宫者，曰其長大可伐以爲琴瑟，言豫備也。"朱熹《集傳》："四木皆琴瑟之材也。"

③"浪"，甘本作"月"，兩可；根據平仄，似以"月"爲佳。

④"北"，國圖本作"望"，據甘本改；因魯鐸爲明湖廣景陵人，襄陽在景陵之北，故稱"北望襄山"。

⑤峴，明湖廣襄陽境内有山名"峴山"，又名"峴首山"。在今湖北襄陽南，東臨漢水，爲襄陽南面要塞。

⑥"會"字疑貳，或爲"曾"之誤。

⑦鹿門洞，東漢龐德隱居之地。皇甫謐《高士傳》："龐公者，南郡襄陽人也。居峴山之南，未嘗入城府。夫妻相敬如賓。荆州刺史劉表數延請，不能屈，乃就候之。……後遂携其妻子登鹿門山，因采藥不反。"

⑧王猷舟，泛指訪友之船。《世説新語·任誕》："王子猷居山陰，夜大雪，眠覺，開室，命酌酒。四望皎然，因起彷徨，咏左思《招隱詩》。忽憶戴安道，時戴在剡，即便夜乘小船就之。經宿方至，造門不前而返。人問其故，王曰：'吾本乘興而行，興盡而返，何必見戴？'"後用"王猷舟"爲思友訪友之典。

次韵虞司訓新秋夜坐

時序新權又蓐收[①]，煩歌初散夜光浮。夢驚寥廓一聲笛，興在武昌千尺樓。

南樹枝閑栖鵲定，内家屏冷早螢流。朝來喜得虞卿訊，新著書成病亦瘳。

次韵童編修士疇

涼颸入夜奪南薰[②]，林壑朝來半白雲。太華玉蓮[③]思摘實，小山藂桂欲流芬。

齊紈楚簟[④]行辭御，雲雁風蟬不斷聞。秋興總教詩思劇，賞音今日賴逢君。

儲平野太守爲買增[⑤]園池，且侑以詩，辭之，更置別業，次韵奉謝

君侯爲愛園池幽，買分歲俸胡不留。衹謂比鄰惱[⑥]鵝鴨，未如粳稌蟠蛟虯[⑦]。

---

①蓐收，古代傳説中的西方神名，司秋。《禮記·月令》："孟秋之月，日在翼，昏建星中，旦畢中。其日庚辛，其帝少皞，其神蓐收。"鄭玄注："蓐收，少皞氏之子，曰該，爲金官。"

②南薰，唐代宫殿名，後代指禁中宫殿。杜甫《丹青引》："丹青不知老將至，富貴於我如浮雲。開元之中常引見，承恩數上南薰殿。"

③太華，山名，即西岳華山，在陝西省華陰縣南，因其西有少華山，故稱太華山。蓮花峰爲華山頂峰，杜甫《題鄭縣亭子》："雲斷岳蓮臨大路，天晴宫柳暗長春。"仇兆鰲注："岳蓮，西岳蓮花峰也。《華山記》：'山頂有池，生千葉蓮花，因名。'"

④齊紈，齊地出産的白細絹，後亦泛指名貴的絲織品。《列子·周穆王》："衣阿錫，曳齊紈。"張湛注："齊，名紈所出也。"簟，供坐卧鋪墊用的葦席或竹席。《詩經·小雅·斯干》："下莞上簟，乃安斯寢。"鄭玄箋："竹葦曰簟。"楚簟，即竹簟。虞世南《北堂書鈔》："楚簟，王鑒《竹簟慦》云：'楚簟陳於玉房，巴箱列於椒臺。'"

⑤甘本無"增"字。

⑥"惱"，甘本作"老"，似以"惱"爲佳。

⑦粳稌，粳稻與糯稻。典出韓愈《柳州羅池廟碑》："粳稌充羡兮，蛇蛟結蟠。""虯"，國圖本作"蚪"，據甘本改。蛟虯，蛟與虯，泛指水族。

青郊背郭五里許，滄波擊槳孤航浮。干旄[①]何時出小隊，柴關倒屣[②]開林丘。

洞庭春宴壽徐子容[③]編修母

設[④]帨欣逢六十回，郎君天上忽歸來。瀛州水闊仙槎便[⑤]，少廣春長壽域開[⑥]。

霜橘出籠微凍在，江魚入饌早潮[⑦]催。玉桃花下黄封酒[⑧]，萊[⑨]彩光涵瀲灎杯。

---

①干旄，《詩經·鄘風·干旄》："孑孑干旄，在浚之郊。"毛傳："旄於干者，大夫之旃也。"儀仗的一種。

②柴關，寒舍。倒屣，急於出迎，把鞋倒穿。《三國志·魏志·王粲傳》："時邕才學顯著，貴重朝廷，常車騎填巷，賓客盈坐。聞粲在門，倒屣迎之。粲至，年既幼弱，容狀短小，一坐盡驚。邕曰：'此王公孫也，有異才，吾不如也。'"後因以形容熱情迎客。

③徐縉（1482—1548），字子容，號崦西，明南直吳縣（今江蘇蘇州）人，弘治十八年（1505）進士，官至吏部左侍郎，卒謚文敏。

④"設"，國圖本此字佚，據中央黨校本補。

⑤"便"，國圖本此字佚，據中央黨校本補，甘本作"近"。

⑥少廣，神話傳説中的岩穴名，一説山名。《莊子·大宗師》："西王母得之，坐乎少廣，莫知其始，莫知其終。"陸德明《釋文》："司馬（彪）云穴名，崔（譔）云山名，或云西方空界之名。"成玄英疏："少廣，西極山名也。"壽域，謂人人得盡天年的太平盛世。《漢書·禮樂志》："願與大臣延及儒生，述舊禮，明王制，驅一世之民，躋之仁壽之域，則俗何以不若成康？壽何以不若高宗？"

⑦"潮"，國圖本此字佚，甘本此處缺，據中央黨校本補。

⑧黄封酒，宋代官釀之酒，因用黄羅帕或黄紙封口，故名。

⑨"萊"，國圖本作"菜"，據甘本改。"萊彩"即"萊衣"。

題《興濟[①]張氏恩榮册》

懿親昭代托椒房[②]，共説儒家世澤長。九有山河光地道[③]，萬年曆數在天潢[④]。

冀方泰運緣堯母[⑤]，周室才難重邑姜[⑥]。戚里侯門霄漢上，春風依舊作書香。

次韻李編修序庵西園見懷

司業[⑦]官閒難報稱，橋門地僻少過逢[⑧]。平生意氣餘工市[⑨]，静裏襟期付遞鐘[⑩]。

---

① 興濟，縣名，今在河北省滄州市。

② 昭代，政治清明的時代，常用以稱頌本朝或當今時代。椒房，《漢書・車千秋傳》顔師古注："椒房，殿名，皇后所居也，以椒和泥塗壁，取其温而芳也。"後亦用爲後妃、母親所居的代稱。

③ 九有，《詩經・商頌・玄鳥》："方命厥后，奄有九有。"毛傳："九有，九州也。"地道，《管子・霸言》："立政出令，用人道；施爵禄，用地道；舉大事，用天道。"尹知章注："地道，平而無私。"

④ 天潢，星名。《史記・天官書》："王梁策馬，車騎滿野。旁有八星，絶漢，曰天潢。"司馬貞《索隱》："《元命包》曰：'潢主河渠，所以度神，通四方。'"

⑤ 冀方，《尚書・五子之歌》："有此冀方。"蔡沈《集傳》："堯授舜，舜授禹，皆都冀州。言冀方者，舉中以包外也。"泛指古代中原地區。堯母，《漢書・外戚傳・孝武鉤弋趙倢伃傳》："（鉤弋）任身十四月乃生，上曰：'聞昔堯十四月而生，今鉤弋亦然。'乃命其所生門曰'堯母門'。"後因用爲咏降生貴子之典。

⑥ 邑姜，生卒年不詳，姜姓，齊太公吕尚之女，周武王姬發的王后，周成王姬誦之母。

⑦ 魯鐸於正德二年（1507）任國子監司業。

⑧ 橋門，古代太學周圍環水，有四門，以橋通，故名"橋門"。"逢"，甘本作"從"，兩可。

⑨ 工市，亦作工布，楚古劍名。袁康《越絶書・外傳記寶劍》："歐冶子、干將鑿茨山，泄其溪，取鐵英，作爲鐵劍三枚：一曰龍淵，二曰泰阿，三曰工布。"

⑩ 遞鐘，《漢書・王褒傳》："雖伯牙操遞鐘，逢門子彎烏號，猶未足以喻其意也。"顔師古注引臣瓚曰："《楚辭》云：'奏伯牙之號鐘。'號鐘，琴名也。馬融《笛賦》曰：'號鐘高調。'伯牙以善鼓琴，不聞説能擊鐘也。"

同館雅懷能我記，舊游佳興向君濃。西園[①]風物應如昔，重與哦詩[②]對二松。

送陳德夫起取之京

秋晚臺書下竟陵，野人無計駐雙旌。冰霜滿道皆行色，草木臨風亦頌聲。武邑絃歌[③]還古俗，晋陽保障有新城[④]。乘驄他日荆南路，應識田家舊姓名。

九日園亭用杜牧之韵二首[⑤]

臺邊黄葉落還飛，臺下池亭石徑微。重九佳辰人共愛，大千浮世客仍歸。寒花映水全超俗，晴旭當筵更有暉。好在山靈舊知己，山人今欲解朝衣。

其 二

揮翰題詩手欲飛，菊邊香露正霏微。誰從今日仍辭醉，不道常年苦憶歸。短屐未妨逢細雨，殘尊還可待斜暉。官貧猶勝陶彭澤，剛得東籬有白衣[⑥]。

九日東莊用前韵

丹楓零落白雲飛，别墅風長酒力微。坐待池菱炊飯出，行逢野菊戴花歸。沙鷗貪看臨秋水，林鵲從教亂夕暉。朝市久違疏散性，欲從漁父問荷衣。

---

①西園，漢代上林苑的别名。《文選·張衡〈東京賦〉》："歲維仲冬，大閲西園，虞人掌焉，先期戒事。"薛綜注："西園，上林苑也。"後亦以西園代指京城。

②"哦詩"，國圖本作"我待"，據甘本改。

③武邑，古縣名，今在河北省衡水市北部。絃歌，《周禮·春官·小師》："小師掌教鼓鞀、柷、敔、塤、簫、管、弦、歌。"鄭玄注："弦，謂琴瑟也。歌，依咏詩也。"

④晋陽，古邑名，在今山西太原市西南晋源鎮。新城，曲沃别稱，在今山西聞喜東北。

⑤本詩用韵爲杜牧《九日齊安登高》："江涵秋影雁初飛，與客携壺上翠微。塵世難逢開口笑，菊花須插滿頭歸。但將酩酊酬佳節，不用登臨恨落暉。古往今來衹如此，牛山何必獨沾衣？"

⑥"官貧"句，東籬，出自陶潜《飲酒》詩五："采菊東籬下，悠然見南山。"後多以"東籬"指種菊之處。白衣，即"白衣送酒"。《宋書·隱逸傳·陶潜》："義熙末，徵著作佐郎，不就。江州刺史王弘欲識之，不能致也。潜嘗往廬山，弘令潜故人龐通之賫酒具於半道栗里要之。潜有脚疾，使一門生二兒舉籃輿，既至，欣然便共飲酌，俄頃弘至，亦無忤也。"

炭灣阻風

獵獵江風欲晝冥[①]，誰從退鷁[②]計郵程。危疑蓬背黄昏色，顛倒床頭白浪聲。

千里奇肱[③]歸國興，萬間子美[④]濟時情。長年三老[⑤]猶寒餓，豈待憂時華髮生。

蟂磯祠次莫泉心韵二首[⑥]

家世元宜廟貌雄，獨憐不近永安宫[⑦]。人情竟悔荆州借[⑧]，天意容教漢祚窮。

白浪未應消憤氣，絳幡常自動靈風。憑高感慨心何限，長立寒江夕照中。

其　二

倚棹登祠生遠心，紅塵逾覺市朝深。路經絶域還過此，磯自鴻荒直到今。

杳杳江山元漢業，泠泠[⑨]鐘磬祇吴音。臨流莫問千年事，聊凭闌干一短吟。

---

①晝冥，《漢書·張敞傳》：“月朓日蝕，晝冥宵光。”顔師古注：“冥，闇也。”

②退鷁，《春秋·僖公十六年》：“六鷁退飛，過宋都。”杜預注：“鷁，水鳥。高飛遇風而退。宋人以爲灾，告於諸侯，故書。”

③奇肱，神話傳説中的國名。《山海經·海外西經》：“奇肱之國在其北，其人一臂三目，有陰有陽，乘文馬。”郭璞《注》：“其人善爲機巧，以取百禽；能作飛車，從風遠行。”

④語出杜甫《茅屋爲秋風所破歌》：“安得廣厦千萬間，大庇天下寒士俱歡顔。”

⑤長年、三老，古時川峽一帶對舵手、篙師的敬稱。

⑥“蟂”，國圖本作“蟂”，據甘本改。蟂磯，在安徽蕪湖西江中，高十丈，周九畝有奇。磯上舊有靈澤夫人（俗傳即三國時劉備妻、孫權妹）祠。

⑦永安宫，宫殿名。三國時劉備所建，故址在今四川省奉節縣城内。公元222年，蜀漢先主劉備伐吴，在猇亭戰敗後，駐軍白帝城（即今奉節城），建此宫，次年死於此。酈道元《水經注·江水一》：“江水又東徑南鄉峽，東徑永安宫南，劉備終於此，諸葛亮受遺處也。”

⑧“人情”句，典出《三國志·吴書·魯肅傳》：“後備詣京見權，求都督荆州，惟肅勸權借之，共拒曹公。”

⑨“泠泠”，國圖本作“冷冷”，據甘本改。

丙戌元日

生平事業總[①]迂疏，世路憂虞已破除。老去虚名清苦在，閑來真味黑甜餘[②]。

床書連屋衣藏簏，田水通湖食有魚。重向太平逢丙戌，前番憶是六齡初[③]。

中秋風雨有懷

節序無情鬢有霜，中秋風雨嚮昏黄。尊前舊社人千里，雲外新聲雁一行。

病起未能携楚瀝[④]，興闌何處據胡床[⑤]。諸孫僅慰而翁意，燈火西窗夜正涼。

九日夢野臺修砌適成用杜韵

荒臺甃茸憑虚起，望極中原復漢濱。聖代鴻圖雄曠古，山靈老眼忽更新。

同升此日携諸幼，能賦從前閲幾人。郢客悲秋曾到未，試從鄉國訪音塵。

修臺成，同縣學諸公登高

高臺補葺前朝土，縹緲凌虚石磴危。萬里山河全盛日，百年賓從大觀時。

菊開不減柴桑里，酒到休辭金屈巵[⑥]。新詩肯爲浮生嘆，祇和齊山杜牧之[⑦]。

---

①“總”，國圖本作“柢”，據甘本改。

②黑甜餘，語出蘇軾《發廣州》詩：“朝市日已遠，此身良自如。三杯軟飽後，一枕黑甜餘。”自注：“俗謂睡爲黑甜。”

③據詩文内容推算，此詩作於嘉靖五年（1526）。

④楚瀝，楚地産的清酒。《楚辭·大招》：“吴醴白糵，和楚瀝只。”王逸《注》：“瀝，清酒也。”

⑤據胡床，借指賞月。《世説新語·容止》：“庾太尉在武昌，秋夜氣佳景清……公徐云：‘諸君少住，老子於此處興複不淺。’因便據胡床，與諸人咏謔，竟坐，甚得任樂。”

⑥屈巵，有曲柄的酒杯。

⑦祇和齊山杜牧之，指與杜牧《九日齊山登高》遥相唱和。

壽顧處士次陳子雨學士韵

静觀今古似觀棋，袖手誰論下着遲。翠籠早收雲裏藥，素盤時薦谷中芝。飛花學舞隨瓊斝[①]，急雨催詩漲墨池[②]。玉樹階庭[③]知幾許，漆園長映大椿枝。

得告後用范以載侍御《盧溝壁間》韵

病思無端鬢已華，乞身剛喜得還家。緣深雲夢澤中水，心醉武陵溪上霞。諳道豈真須老驥，戀林聊復羡歸鴉。東岡舊業堪衣食，稠稻條桑更藝麻。

九日至新樂次林巡撫韵[④]

九日行臺欲暫休，病懷那更貯殷憂。向來積水猶彌眼，安得寒花却滿頭。道左流逋何處定，溝中捐瘠[⑤]幾時收。救荒有策知誰善，合共高人細講求。

寫懷次延津壁間韵二首

北去南來[⑥]又經年，病況詩情兩索然。已過重陽纔見菊，自聞征雁已無蟬。未應溪路非行道，衹向河流説濟川[⑦]。千載風雲當盛會，晚生垂泣愧前賢。

---

①瓊斝，玉製的酒杯。斝，古代青銅製貯酒器，盛行於殷代和西周初期。後借指酒杯、茶杯。《詩經·大雅·行葦》："或獻或酢，洗爵奠斝。"毛傳："斝，爵也。夏曰醆，殷曰斝，周曰爵。"

②墨池，指習書寫字處。《後漢書·張奂列傳》注引王愔《文志》曰："（張）芝少持高操，以名臣子勤學……尤好草書，學崔、杜之法，家之衣帛，必書而後練。臨池學書，水爲之黑。"《晋書·王羲之傳》："曾與人書云：'張芝臨池學書，池水盡黑，使人耽之若是，未必後之也。'"

③玉樹階庭，即"謝庭蘭玉"之典。

④新樂，今河北省新樂市。"林"，甘本作"徐"。

⑤捐瘠，飢餓而死。《漢書·食貨志上》："堯、禹有九年之水，湯有七年之旱，而國亡捐瘠者，以畜積多而備先具也。"顔師古注："孟康曰：'肉腐爲瘠。捐，骨不埋者。'瘠，瘦病也。言無相棄捐而瘦病者耳。"

⑥"北去南來"，甘本作"南來北去"，兩可，但考諸魯鐸宦迹，應以"北去南來"爲佳。

⑦濟川，渡河。《尚書·説命上》："爰立作相，王置諸其左右。命之曰：'朝夕納誨，以輔台德。若金，用汝作礪；若濟巨川，用汝作舟楫。'"後多以"濟川"比喻輔佐帝王。

其 二

宦游今始是歸年，回首天涯思渺然。湖海交親有鷗鷺[①]，市朝勛業愧貂蟬[②]。

雲龍[③]泰運方治世，花柳春深又滿川。杯杓逢年便堪醉，豈論清聖濁爲賢。

中秋次韵[④]

城柝[⑤]聲遲院落幽，胡床待月重淹留。願求靈藥從霜兔，安得飛車駕翠蚪[⑥]。

凉韵漸隨金井下，清輝偏向玉尊浮。瓊樓高處光無際，分照人間[⑦]壑與丘。

---

①鷗鷺，《列子·黄帝篇》："海上之人有好漚鳥者，每旦之海上，從漚鳥游，漚鳥之至者百住而不止。其父曰：'吾聞漚鳥皆從汝游，汝取來，吾玩之。'明日之海上，漚鳥舞而不下也。"後以"鷗鷺忘機"比喻教人勿萌機心，或比喻淡泊隱居，不以世事爲懷。

②貂蟬，借指達官顯貴。《後漢書·輿服志下》："侍中、中常侍加黄金璫，附蟬爲文，貂尾爲飾，謂之'趙惠文冠'。"劉昭注："應劭《漢官》曰：'説者以金取堅剛，百鍊不耗。蟬居高飲絜，口在掖下，貂内勁捍而外温潤。'此因物生義也。"

③雲龍，《周易·乾》："雲從龍，風從虎，聖人作而萬物睹。"孔穎達疏："龍是水畜，雲是水氣，故龍吟則景雲出，是雲從龍也。"後因以"雲龍"比喻君臣風雲際會。

④本詩在甘本中名爲"中秋"。

⑤"柝"，國圖本作"折"，徑改。城柝，指城上巡夜敲的木梆。

⑥"蚪"，甘本作"蚪"。蚪，即虬，傳説中的一種無角龍。《楚辭·離騷》："駟玉虬以乘鷖兮，溘埃風余上征。"王逸《注》："有角曰龍，無角曰虬。"洪興祖《補注》："虬，龍類也。"

⑦"人間"，國圖本作"間人"，顯誤，徑改。

大雪節對雪用劉隨州韵[①]

寒侵談柄不成麈，滕六[②]威行大雪時。漢闕露盤[③]深玉屑，謝家庭樹足璚枝。

城南橋没人踪滅，松頂巢危鶴夢[④]遲。試向郢人詢故事，里中無復舊歌詞。

次韵李宗易對雪

承旨傳來雪水茶，座中風味正堪誇。將軍怒盛空撞斗[⑤]，天女愁多却散花[⑥]。

東郭履[⑦]穿聞漢士，西湖梅好説林家[⑧]。凍醪仍與詩魔[⑨]共，雙頰朝來抹絳霞。

---

① 劉長卿（718—790），字文房，河南洛陽人，唐代大臣、詩人，官終隨州刺史，世稱"劉隨州"。本詩用劉長卿《夜中對雪贈秦系》韵，原詩爲："月明花滿地，君自憶山陰。誰遣因風起，紛紛亂此心。"

② 滕六，傳説中雪神名。牛僧孺《玄怪録·蕭志忠》："黄冠曰：'蕭使君每役人，必恤其飢寒，若祈滕六降雪，巽二起風，即不復游獵矣。'"

③ 露盤，即承露盤。《史記·封禪書》："其後則又作柏梁、銅柱、承露仙人掌之屬矣。"司馬貞《索隱》引《三輔故事》曰："建章宫承露盤高三十丈，大七圍，以銅爲之。上有仙人掌承露，和玉屑飲之。"

④ 鶴夢，謂超凡脱俗的向往。

⑤ 此句典出《漢書·高帝紀》："又獻玉斗范增。增怒，撞其斗，起曰：'吾屬今爲沛公虜矣！'"

⑥ 天女散花，用爲咏佛事之典，又用以比喻大雪紛飛的景象。典源《維摩詰所説經·觀衆生品》："時維摩詰室有一天女，見諸大人聞所説法，便現其身，即以天華散諸菩薩大弟子上，華至諸菩薩，即皆墮落；至大弟子，便著不墮。一切弟子神力去華，不能令去。"

⑦ 東郭履，《史記·滑稽列傳》："東郭先生久待詔公車，貧困飢寒，衣敝，履不完。行雪中，履有上無下，足盡踐地，道中人笑之。"後因以"東郭履"形容處境窘迫。

⑧ 此處用林逋（967—1028）"梅妻鶴子"之典，相傳林逋隱居於西湖之畔，以梅爲妻；林逋的咏梅詩在當時亦有較好的反響。

⑨ 凍醪，冬季釀造、及春而成的酒，亦稱春酒。詩魔，一般指白居易。白居易有《和河南鄭尹對雪》詩："白雪吟詩鈴閣開，故情新興兩裴回。昔經勤苦照書卷，今助歡娱飄酒杯。楚客難酬郢中曲，吴公兼占洛陽才。銅街金谷春知否，又有詩人作尹來。"

邊汝嘉[①]園亭雨後即事

山際殘雲放夕暉，竹亭移席柳風微。半開紅藥香初散，并坐黄鸝濕未飛。勝會祇慚詩力薄，芳時寧覺賞心違。主人爲客[②]添清味，旋剪階東韭葉肥。

宗易宅同民懷限韵各咏蛛網

草堂蛛網滿虚檐[③]，幾度窺窗似隔簾。破向飄風猶裊裊，補當斜月更纖纖。燕知巧避曾無礙，蝶爲狂飛或被黏。昨夜蛟虻不安枕，欲教疏處爲重添。

歸途遇雪[④]

雪車冰柱未須評，前古清寒共此情。也欲杖藜隨杜老[⑤]，可能闔户效袁生[⑥]。

空聞一盞醺人醉，但覺重裘入手輕。爲説從今來往數，會須東道結昌平。

---

①邊寵，字汝嘉，明北直任丘（今河北任丘）人，弘治十二年（1499）進士，歷官刑部、吏部主事等職。

②國圖本“客”字作“容”，顯誤，徑改。

③虚檐，凌空的房檐。

④國圖本作“歸途遇雪再用前韵”，此詩并未用前韵，徑改。

⑤“也欲”句，典出杜甫《冬至》詩：“杖藜雪後臨丹壑，鳴玉朝來散紫宸。心折此時無一寸，路迷何處是三秦。”

⑥“可能”句，典出《後漢書·袁安傳》：“時大雪積地丈餘，洛陽令身出案行，見人家皆除雪出，有乞食者。至袁安門，無有行路，謂安已死，令人除雪入户，見安僵卧。問何以不出，安曰：‘大雪人皆餓，不宜干人。’令以爲賢，舉爲孝廉。”後以“袁安高卧”指身處困窮不乞求於人、堅守節操的行爲。

歸養聞訃後，舟次逢陸子淵扶柩至，次韻志哀之作①

舟人遥識曉帆過，衰絰②相逢可奈何。乞得歸寧③憐我晚，未能迎養愧君多。

江鄉隨處聞風木，周雅還誰誦《蓼莪》④。未及故園腸斷盡，《大招》愁聽楚聲歌。

往復前韻⑤

短景窮途忽忽過，船燈草土夜如何。夢羊⑥於我事何濟，談虎⑦爲君悲更多。

生事無從將菽水⑧，宦游安用説《菁莪》⑨。殘魂觸物皆愁絶，莫遣舟人發棹歌。

---

①甘本此題無“後”“之作”三字。

②衰絰，喪服。《禮記·雜記下》：“三年之喪，如或遺之酒肉，則受之，必三辭，主人衰絰而受之。”古人喪服胸前當心處綴有長六寸、廣四寸的麻布，名“衰”，因名此衣爲衰；圍在頭上的散麻繩爲首絰，纏在腰間的爲腰絰。衰、絰兩者是喪服的主要部分。

③歸寧，《左傳·莊公二十七年》：“冬，杞伯姬來歸寧也。”杜預注：“寧，問父母安否。”

④周雅，指《詩經》中的《大雅》《小雅》，因《詩經》均爲周詩，故稱。《蓼莪》，《詩經》篇名。《詩經·小雅·蓼莪序》：“《蓼莪》，刺幽王也。民人勞苦，孝子不得終養爾。”後因以“蓼莪”指對亡親的悼念。

⑤此詩甘本題爲“再用前韻示陸子淵”。

⑥夢羊，戲稱平日生活清苦，偶得葷腥美食。典源（魏）邯鄲淳《笑林》：“有人常食蔬茹，忽食羊肉，夢五臟神曰：‘羊踏破菜園！’”

⑦談虎，比喻一提到可怕的事就心裏緊張。《二程全書·遺書二上》：“真知與常知異。常見一田夫曾被虎傷。有人説虎傷人，衆莫不驚，獨田夫色動異於衆。若虎能傷人，雖三尺童子莫不知之，然未嘗真知。真知須如田夫乃是。”

⑧菽水，豆與水。《禮記·檀弓下》：“子路曰：‘傷哉！貧也！生無以爲養，死無以爲禮也。’孔子曰：‘啜菽飲水盡其歡，斯之謂孝。’”鄭玄注：“王云：‘熬豆而食曰啜菽。’”孔穎達疏：“謂使親盡其歡樂此之謂孝。”後常以“菽水”指晚輩對長輩的供養。

⑨菁莪，《詩經·小雅·菁菁者莪序》：“菁菁者莪，樂育材也。君子能長育人材，則天下喜樂之矣。”孔穎達疏引《正義》曰：“作《菁菁者莪》詩者，樂育材也。言君子之爲人，君能教學而長育其國人，使有材而成秀進之士，至於官爵之。君能如此，則爲天下喜樂矣。”後因以“菁莪”指育材。

桃　花

好是倚風多態度，不妨帶雨更精明。遭逢杜老殊不忿，留待韓郎剩有情①。薦御耻居園杏後，擬仙孰與海棠清。東風扶病哦新句，莫笑因何太瘦生。

許州風節亭次韵劉東之御史、美之正郎二首②

許昌千竹擁孤亭，觸暑登亭眼忽醒。我到何曾由地主，誰栽祇合問山靈。籜龍③未暇從頭數，穴鳳行須洗耳聽。坐對翻憐明日去，夜殘風細一燈青。

其　二

煩囂何處可披襟，風節亭中好竹陰。地僻本無塵俗氣，夜凉先見歲寒心。風傳遠笛情何限，月轉長梢坐益深。安得題詩更明日，滿墻揮翰效來禽。

喜晴④再次前韵

夜分猶自廉纖雨，忽聽朝來鼓角鳴。天末閑雲⑤歸遠浦，海東華日上高城。衡泥騄駬⑥還驕氣，愁濕黄鸝作喜聲。揮策偶成如意舞，五雲⑦深處是神京。

---

①杜甫（712—770），字子美，自號少陵野老。韓愈（768—824），字退之，世稱韓昌黎。杜甫、韓愈皆有咏桃花詩，但杜甫認爲桃花無情，韓愈認爲桃花有情。杜甫《絶句漫興》："腸斷春江欲盡頭，杖立徐步立芳洲。顛狂柳絮隨風去，輕薄桃花逐水流。"韓愈《題百葉桃花》："百葉雙桃晚更紅，窺窗映竹見玲瓏。應知侍史歸天上，故伴仙郎宿禁中。"

②甘本作"郎中"，兩可。許州，今河南省許昌市。劉伯川（1434—？），字東之，明江西永豐人，天順元年（1457）進士，官兵部主事。

③籜龍，竹笋的異名。

④"晴"，國圖本、甘本皆作"晴"，顯誤，徑改。

⑤"閑雲"，國圖本作"乏雲"，結合後文"華日"，應以"閑雲"爲妥。

⑥騄駬，亦作"騄耳"，良馬名，周穆王八駿之一。《史記·秦本紀》："造父以善御幸於周繆王，得驥、温驪、驊騮、騄耳之駟。西巡狩，樂而忘歸。"裴駰《集解》引郭璞曰："八駿皆因其毛色以爲名號。"

⑦五雲，五色瑞雲，多作吉祥的徵兆，代指皇帝所在地。《南齊書·樂志》："聖祖降，五雲集。"

同館會分韵得人字

幾年同館嘆參辰①，重會寧須計酒巡。燭底尚疑平日夢，座中今减舊時人。相看故態惟增喜，追説離懷却愴神。休比從前等閑看，要知良晤漸難頻。

送黎本中之襄城

襄城南去又雙鳧，美錦從知製有餘。言偃②由來諳禮樂，魯恭③休更擅名譽。

四方多事勞當宁④，百姓頻年望賜租。撫字⑤催科孰輕重，使君應自解乘除。

楊邃庵體國堂次韵二首

百年才望此名堂，西北金城⑥萬里長。諸葛由來本龍卧⑦，子牙今不待鷹揚⑧。

---

①參辰，《楚辭·惘上》："參辰回兮顛倒。"王逸《章句》："參辰，皆宿名，夜分而易次，故顛倒失路也。"參星和辰星，分别在西方和東方，出没各不相見，用以比喻彼此隔絶。

②言偃（前506—？），字子游，春秋吴國人。孔子弟子，仕魯爲武城宰，習於禮，以文學著稱，孔門四科中列於文學科。

③魯恭（32—112），東漢扶風平陵（今陜西咸陽）人，字仲康。少居太學，習《魯詩》。章帝集諸儒於白虎觀，魯恭以明經召與其議。拜中牟令，以德化爲理。《後漢書》卷25有傳。

④當宁，《禮記·曲禮下》："天子當宁而立，諸公東面，諸侯西面，曰朝。"孔穎達疏："天子當宁而立者，此爲春夏受朝時也。宁者，《爾雅》云：'門屏之間謂之宁。'郭注云：'人君視朝所宁立處。'"後以"當宁"指皇帝臨朝聽政。

⑤撫字，謂對百姓的安撫體恤。

⑥金城，堅城。《管子·度地》："城外爲之郭，郭外爲之土閬。地高則溝之，下則堤之，命之曰'金城'，樹以荆棘，上相穡著者，所以爲固也。"楊一清（号邃庵）曾督理陜西馬政，又任職三邊總制，因此魯鐸將其比作"西北金城"。

⑦"諸葛"句，典出《三國志·諸葛亮傳》："（徐庶）謂先主曰：'諸葛孔明者，卧龍也，將軍豈願見之乎？'"

⑧鷹揚，《詩經·大雅·大明》："維師尚父，時維鷹揚。"毛傳："鷹揚，如鷹之飛揚也。"姜子牙被稱爲"師尚父"，故有"子牙今不待鷹揚"之句。

邊農歲熟多同醉，酋虜秋高秖自防。惟有詩篇兼翰墨，每隨重譯落殊方。

其　二

共瞻華署建堂初，綸綍頻頒玉璽書[①]。總憲却兼司馬任[②]，詰兵今在止戈餘。

春深雲錦緣平野，夜静房星爛太虚。邊士自耕仍自牧，誰云充國計還疏[③]。

十月二十四夜坐憶彭兒有得[④]

西堂燈火夜悠悠，坐倦推書散不收。千里頭顱驚歲月，百年心事到箕裘[⑤]。

階庭玉樹元無價，岐路黄槐[⑥]易及秋。江筆[⑦]近來曾夢未，題書須慰乃公憂。

次韵宗易退朝

九重宫闕五雲攢，日集夔龍講治安。佇聽鳴鷄三殿早，敢辭羸馬五更寒。

---

①綸綍，《禮記·緇衣》："王言如絲，其出如綸；王言如綸，其出如綍。"鄭玄注："言言出彌大也。"孔穎達疏："'王言如綸，其出如綍'者，亦言漸大，出如綍也。綍又大於綸。"後因稱皇帝的詔令爲"綸綍"。"頒"，甘本作"煩"，兩可。

②總憲，指都御史；司馬，指兵部尚書。據《明史·楊一清傳》："嘉靖三年十二月戊午詔一清以少傅、太子太傅改兵部尚書、左都御史，總制陝西三邊軍務。"可推測本詩的大概寫作時間。

③"誰云"句，典出《漢書·趙充國傳》："其秋，充國病……時羌降者萬餘人矣。充國度其必壞，欲罷騎兵屯田，以待其敝……遂上屯田奏。上於是報充國曰：'皇帝問後將軍，上書言羌虜可勝之道，今聽將軍，將軍計善。其上留屯田及當罷者人馬數……詔罷兵，獨充國留屯田。'"

④甘本無"有得"二字。

⑤箕裘，典源《禮記·學記》："良冶之子，必學爲裘；良弓之子，必學爲箕。"孔穎達疏："積世善冶之家，其子弟見其父兄世業鉤鑄金鐵，使之柔合以補治破器，皆令全好，故此子弟仍能學爲袍裘，補續獸皮，片片相合，以至完全也……善爲弓之家，使幹角撓屈調和成其弓，故其子弟亦睹其父兄世業，仍學取柳和軟撓之成箕也。"謂子弟由於耳濡目染，往往繼承父兄之業。後以"箕裘"比喻祖上的事業。

⑥黄槐，李淖《秦中歲時記》："進士下第，當年七月復獻新文，求拔解，曰'槐花黄，舉子忙'。"後以黄槐待指準備科考的舉人。

⑦江筆，典源《南史·江淹傳》："（江淹）嘗宿於冶亭，夢一丈夫自稱郭璞，謂淹曰：'吾有筆在卿處多年，可以見還。'淹乃探懷中得五色筆一以授之。爾後爲詩絶無美句，時人謂之才盡。"

僵尸屦塞潢池[①]水，怒髮虚衝藺氏冠[②]。智短才疏難報主，美餐安坐愧爲官。

次潘仲魯[③]新春韵

天涯時序聯翩去，座上春風造次來。半老頭顱清鏡影，腐儒勛業舊書堆。

干戈不盡憂民意，節鉞元憑濟世才。試掃凌烟千丈壁，看渠生面爲誰開[④]。

送嚴溧水時泰[⑤]

雲間雁塔[⑥]初書第，匣裏牛刀始發硎。邑在應天連帝里，人從平地識郎星。

弦歌[⑦]再睹千年化，保障先教四野寧。增秩賜金循吏事，蘭臺汗竹[⑧]爲君青。

---

①潢池，指池塘。《漢書·循吏傳·龔遂》："海瀕遐遠，不霑聖化，其民困於飢寒而吏不恤，故使陛下赤子盗弄陛下之兵於潢池中耳。"顔師古曰："積水曰潢。"

②"怒髮"句，典出《史記·廉頗藺相如列傳》："相如因持璧却立，倚柱，怒髮上衝冠。"

③潘希曾（1476—1532），字仲魯，號竹澗，明浙江金華人，弘治十五年（1502）進士，歷任兵科給事中、太常卿、南贛巡撫、工部侍郎等職，官終兵部左侍郎，有《竹澗集》傳世。

④"試掃"句，源出（唐）杜甫《丹青引》："凌烟功臣少顔色，將軍下筆開生面。"趙次公注："凌烟畫像顔色已暗，而曹將軍重爲之畫，故云'開生面'。"凌烟，唐代凌烟閣的省稱。據（唐）劉肅《大唐新語·褒錫》載："貞觀十七年，太宗圖畫太原倡義及秦府功臣趙公長孫無忌、河間王孝恭、蔡公杜如晦、鄭公魏徵、梁公房玄齡、申公高士廉、鄂公尉遲敬德、鄖公張亮、陳公侯君集、盧公程知節、永興公虞世南、渝公劉政會、莒公唐儉、英公李勣、胡公秦叔寶等二十四人於凌烟閣，太宗親爲之贊，褚遂良題閣，閻立本畫。"

⑤嚴時泰，字應階，明浙江餘姚人，正德六年（1511）進士，曾任溧陽知縣。溧水，河川名。位於江蘇省溧陽縣南。因此魯鐸稱嚴時泰爲"嚴溧水"。

⑥雁塔，即陝西西安大慈恩寺塔，唐代新進士常題名於此。王定保《唐摭言》："進士題名，自神龍之後，過關宴後，率皆期集於慈恩塔下題名。"

⑦弦歌，《周禮·春官·小師》："小師掌教鼓鼗、柷、敔、塤、簫、管、弦、歌。"鄭玄注："弦，謂琴瑟也；歌，依咏詩也。"

⑧蘭臺，漢代宫内收藏典籍之處。《漢書·百官公卿表上》："御史大夫……有兩丞，秩千石。一曰中丞，在殿中蘭臺，掌圖籍秘書。"汗竹，即汗青，借指史籍、書册。

盛希道得告歸饒平

君王殊渥期終報，母氏高年重遠違。上疏便抛毛義檄[①]，賣金重製老萊衣。

八溟天净孤雲起，五嶺[②]風長片鶴飛。幼學壯行心未了，可能安穩坐漁磯？

哭周天兆[③]

玉堂得告病初深，歸卧南池白璧沉。梁月[④]疑瞻千里面，江雲[⑤]空寄百年心。

新阡起表人争讀，舊館留詩客自吟。我按越聲歌楚些[⑥]，海天愁絶晝陰陰。

雪酒次韵

當筵且莫問炰烹，乍見封題字已清。高品更誰誇地道，新醅元自出天成。

開瓶擬注流澌[⑦]色，落盞如聞碎玉聲。醉向東風看飛絮，却疑滕六尚多情。

---

①毛義檄，典出《後漢書·劉平王望等傳序》："廬江毛義少節，家貧，以孝行稱。南陽人張奉慕其名，往候之。坐定而府檄適至，以義守令，義奉檄而入，喜動顔色。奉者，志尚士也，心賤之，自恨來，固辭而去。及義母死，去官行服。數辟公府，爲縣令，進退必以禮。後舉賢良，公車徵，遂不至。張奉嘆曰：'賢者固不可測。往日之喜，乃爲親屈也。斯蓋所謂家貧親老，不擇官而仕者也。'"後遂以"毛義檄"爲孝子因養親而屈志出仕的典故。

②五嶺，大庾嶺、越城嶺、騎田嶺、萌渚嶺、都龐嶺的總稱，位於江西、湖南、廣東、廣西四省之間，是長江與珠江水系的分水嶺。

③周天兆，指周禎。周禎（1468—？），字天兆，明浙江山陰（今浙江紹興）人，弘治十五年（1502）進士，官至翰林檢討，正德中以疾乞歸，著有《梅川集》。

④梁月，杜甫《夢李白》："落月滿屋梁，猶疑照顔色。水深波浪闊，無使蛟龍得。"喻指對友人的深切思念。

⑤江雲，杜甫《春日憶李白》："渭北春天樹，江東日暮雲。何時一樽酒，重與細論文。"後因以"江雲渭樹"比喻朋友之間的離情别意。

⑥越聲，典出《史記·張儀傳》："楚王曰：'舄故越之鄙細人也，今仕楚執珪，貴富矣，亦思越不？'中謝對曰：'凡人之思，故在其病也。彼思越則越聲，不思越則楚聲。'使人往聽之，猶尚越聲也。"楚些，《楚辭·招魂》是沿用楚國民間流行的招魂詞的形式而寫成，句尾皆有"些"字。後因以"楚些"指招魂歌，亦泛指楚地的樂調或《楚辭》。

⑦流澌，江河解凍時流動的冰塊。《楚辭·九歌·河伯》："與女游兮河之渚，流澌紛兮將來下。"王逸《注》："流澌，解冰也。"

送彭中丞[①]獻俘後西征

東南京觀已岧嶢[②]，西蜀仍傳破膽謡。匣底青萍[③]應再拭，手中白羽[④]未全凋。

材官用命思探虎[⑤]，天子臨軒[⑥]御賜貂。從此功高誰比并，漢家麟閣[⑦]在雲霄。

送林邦俊别駕赴寧波

四明[⑧]從古郡稱雄，南去屏星[⑨]復向東。嘉兆共聞曾集鸛[⑩]，清才争説舊乘驄。

---

①“彭中丞”，指彭澤（1459—1529）。正德中，彭澤以右副都御史平定河南、山東的流民之亂後，升任右都御史討四川叛軍。根據“彭中丞”之稱，可大致推斷此詩的寫作時間。

②京觀，古代戰争中，勝者爲了炫耀武功，收集敵人尸首，封土而成的高冢。《左傳·宣公十二年》：“君盍築武軍，而收晉尸以爲京觀。”杜預注：“積尸封土其上，謂之‘京觀’。”岧嶢，山高俊貌。

③青萍，古寶劍名，亦泛指劍。《文選·陳琳〈答東阿王箋〉》：“君侯體高世之才，秉青萍、干將之器。”吕延濟注：“青萍、干將，皆劍名也。”

④白羽，《吕氏春秋·不苟》：“武王左釋白羽，右釋黄鉞，勉而自爲係。”原指軍中主帥所執的指揮旗，後亦泛指軍旗。

⑤材官，武卒或供差遣的低級武職。探虎，典出《後漢書·班超傳》：“超曰：‘不入虎穴，不得虎子。’”

⑥“軒”，國圖本作“寒”，據甘本改。

⑦漢家麟閣，《漢書·蘇武傳》：“甘露三年，單于始入朝。上思股肱之美，乃圖畫其人於麒麟閣，法其形貌，署其官爵姓名。……皆有功德，知名當世，是以表而揚之，明著中興輔佐。”

⑧四明，山名，在今浙江省寧波市西南。據王士性《五岳游草·四明山記》：“四明山者，天台之委也。高與華頂齊，跨數邑。自奉川雪竇入，則直謂之四明。……道書稱第九洞天。峰凡二百八十二，中有芙蓉峰，刻漢隸‘四明山心’四字。其山四穴如天窗，隔山通日月星辰之光，故曰四明。”後多以“四明”代指寧波。

⑨屏星，服虔《通俗文》：“車當謂之屏星。”原指車前用以蔽塵的車擋，亦借指車輛。

⑩“嘉兆”句，《太平御覽》引《後漢書·楊震傳》：“有鸛雀銜三鱣魚飛集（楊震）講堂前，都講取魚進曰：‘凡鱣者，卿大夫之服象也。數三者，法三台也，先生自此升矣！’後果位至太尉。”後以“集鸛”作爲人將發迹的象征。

大梅春早漫山白①，若木②朝晴映海紅。小試平生五經笥③，循良應有漢人風。

送劉養和侍御按陜西

遥看綉斧下蘭臺，西按三秦用楚材④。車後剩懸甘雨去，道傍争避法星⑤來。

醇風漸入青箱載，弊政都從白筆⑥裁。更爲君王作衡鑑⑦，秋埸收拾俊才回。

次韵張一齋

生平忠愛藿傾陽⑧，解組歸來徒且康⑨。留取好官教子做，坐從閑⑩處看人忙。

---

① 大梅，指浙江寧波大梅山。位於鄞州區東南約四十公里，因山上有大梅樹，故名。

② 若木，《山海經·海内經》："南海之内，黑水、青水之間，有木名曰'若木'，若水出焉。"

③ 五經笥，《後漢書·文苑傳上·邊韶》："腹便便，五經笥。"言其腹中裝滿經學，有如藏五經的竹箱，後用以稱精通經學的人。

④ "西按"句，指劉天和赴任陜西事。三秦，據《史記·秦始皇本紀》："滅秦之後，各分其地爲三，名曰雍正、塞王、翟王，號曰'三秦'。"，後"三秦"多指今陜西一帶。劉天和（1479—1546），字養和，明湖廣麻城（今湖北麻城）人，正德三年（1508）進士，官至兵部尚書，謚莊襄，《明史》卷200有傳。劉天和於正德間曾赴任陜西巡按，因有此句。

⑤ 法星，熒惑星的别名。《文選·劉孝標〈辨命論〉》："宋公一言，法星三徙。"李善《注》引《廣雅》："熒惑謂之罰星，或謂之執法。"

⑥ "筆"，國圖本作"葦"，徑改。白筆，特指諫官用的筆，亦借指諫官。《太平御覽》引魚豢《魏略》："明帝時，嘗大會，殿中御史簪白筆，側階而坐。上問左右：'此何官？'侍中辛毗對曰：'此謂御史，舊簪筆以奏不法，今但備官耳。'"

⑦ 衡鑑，衡器和鏡子，比喻準繩、楷模。

⑧ 藿傾陽，語出曹植《求通親親表》："若葵藿之傾葉太陽，雖不爲之回光，然終向之者，誠也。"後因以"傾陽"比喻忠誠或歸順。

⑨ 解組，即解綬，猶辭官。"徒"，甘本作"健"，兩可。

⑩ "閑"，國圖本作"間"。

尋常釀酒招詩社，次第抄書到藥方。家世也知元有様，功成辭却漢高皇[①]。

野　望

東風吹雨宿塵輕，膴膴[②]村原正曉晴。遠樹有花皆辨色，好峰無數不知名。

雲開雁鶩横長塞，草緑牛羊上廢城。欲向燕山還極目，夕陽時候更分明。

郊行次序庵韵

芳原并轡馬行遲，何處春聲按竹枝。臨水小桃元自媚，倚風新柳不妨欹。

禁烟安問村中酒，遇事還生眼底詩。明日紅塵向城市，野橋山店盡堪思。

劉諫議祠[③]次宗易韵

壯心那肯負平生，自信臨軒有聖明。多士[④]豈無持論手，萬言獨爲不平鳴[⑤]。

遺珠未碍滄溟闊，支木其如大厦傾[⑥]。身後始聞呼諫議，東風蘋藻不勝情。

---

①“家世”句，用張良功成身退之典，認爲張一齋無愧於張氏後進之名。《史記·留侯世家》：“‘今以三寸舌爲帝者師，封萬户，位列侯，此布衣之極，於良足矣。願棄人間事，欲從赤松子游耳。’乃學辟穀，道引輕身。”

②膴膴，《詩經·大雅·綿》：“周原膴膴，堇荼如飴。”毛傳：“膴膴，美也。”

③劉蕡（？—848），字去華，唐幽州昌平（今北京昌平）人，敬宗寶曆二年（826）進士，文宗大和二年（828）應賢良對策，極言宦官禍國，其仕途因之不得志。死後追謚文節、右諫議大夫，故稱“劉諫議”。王圻《續文獻通考》：“諫議書院，在昌平，元爲劉蕡建，設山長主之。”穆彰阿《（嘉慶）大清一統志》：“諫議書院，在昌平州西南五里，元泰定間建，今爲劉諫議祠。”可見劉諫議書院與劉諫議祠爲同一建築。

④“士”，甘本作“事”，國圖本爲確。多士，指衆多的賢士，也指百官。

⑤唐文宗大和二年（828）劉蕡應賢良方正科，上《萬言策》，極言時弊，傳誦一時。《新唐書·藝文志四》著録《劉蕡策》一卷，當指其所上萬言策。其策文具體内容録於《舊唐書·劉蕡傳》及《全唐文》。

⑥“遺珠”句，典出《新唐書·狄仁杰傳》：“舉明經，調汴州參軍。爲吏誣訴，黜陟，使閻立本召訊，異其才，謝曰：‘仲尼稱觀過知仁，君可謂滄海遺珠矣。’”“支木”句，典出《世説新語·任誕》：“（和嶠）曰：‘元裒如北夏門，拉攞自欲壞，非一木所能支。’”

陵祀次温民懷見贈韵

寢殿春開祀禮成，青林列炬[①]散公卿。啼猿不盡垂胡恨，班馬惟聞隔澗[②]聲。

陶器應當流水設，野田還想歷山耕[③]。泰陵[④]又長新松栢，灑泪蒼崖夕照明。

次景伯時編修韵

碧山春半暖還寒，曉集玄堂[⑤]助祭官。萬乘孝思[⑥]方積敬，六陵[⑦]英爽合生歡。

岩邊訪舊摹詩刻，花裏尋幽徙食單。坐久似聞猿鶴喜，山靈應作故人看。

涯翁母一品太夫人壽

龍門佳氣曉如虹，不與人間説帨同。天上貤封元一品，膝前稱壽是三公。

玉桃歲久丹爲顆，諼草春長翠作蘩。侍從諸孫歸較晚，北堂燈燭夜筵紅。

次韵何湖東[⑧]見寄

三冬文史粗酧意，千里音書慰所知。秋水夢陪菰米飯，春園慚負杏花枝。

---

① 列炬，古代朝覲會同、郊廟祭饗等大禮時列於門内的火炬。

② “澗”，國圖本作“潤”，據甘本改。

③ 歷山耕，相傳舜在歷山耕種。《尚書·大禹謨》：“帝初於歷山，往於田。”孔穎達疏引鄭玄曰：“（歷山）在河東。”

④ 泰陵，即明孝宗陵，在今北京市昌平區東南。

⑤ 玄堂，《吕氏春秋·季冬》：“天子居玄堂右个。”高誘注：“玄堂，北向堂也。”

⑥ 孝思，《詩經·大雅·下武》：“永言孝思，孝思維則。”鄭玄箋：“長我孝心之所思。所思者其維則三後之所行。子孫以順祖考爲孝。”

⑦ 此詩應作於正德年間，“六陵”指成祖長陵、仁宗獻陵、宣宗景陵、英宗裕陵、憲宗茂陵、孝宗泰陵。

⑧ 各本皆作“何胡東”，考據本書内他卷，應爲“何湖東”，徑改。

平生温飽元非志，前輩經綸自有基。心許扁舟同晚節，藕花風北水東涯。

憶爾錫西莊舊游

下馬山堂犬亦迎，來游年例近清明。杏花深處聞幽鳥，溪水東頭上古城。

點筆欲題青竹遍，流觴[①]時覺玉壺輕。不應全廢今年約，芍藥開時尚一行。

送佘翰卿郡推之順德[②]

鹿鳴鄉宴[③]昔曾同，三禮[④]魁名選最公。自愧我猶叨上第，不應君竟阨南宫。

賢如賈誼才堪惜，屈比劉蕡譽益隆。推郡會須膺薦剡，都人相戒避青驄。

田　舍

山人田舍水東涯，草野盤飧頗自頤。醅熟新鰕方製米，麥秋鮮鱔亦成絲。

香攢翠角菱收日，光爛銀舡藕上時。供奉曾叨大官饌[⑤]，衰遲剛與此相宜。

---

①流觴，古代風俗，每逢三月上旬巳日，於環曲的水邊高會，置酒杯於水的上流，杯流行停於誰前，誰便取飲。

②順德，明屬北直隸順德府（今河北省邢臺市）。

③鹿鳴鄉宴，《新唐書·選舉志上》："每歲仲冬……試已，長吏以鄉飲酒禮，會屬僚，設賓主，陳俎豆，備管絃，牲用少牢，歌《鹿鳴》之詩，因與耆艾敘長少焉。"

④三禮，儒家經典《周禮》《儀禮》《禮記》的合稱。

⑤官饌，供給官員的酒食。《儀禮·燕禮》："膳宰具官饌於寢東。"鄭玄注："具其官之所饌，謂酒也，牲也，脯醢也。"賈公彦疏："云具官饌，具官之所饌者，謂卿大夫士之饌。"

送鍾一齋擢守歸州[①]

倡道虎闈[②]餘楷範，司繩烏苑足風儀[③]。韓公要攬三湘勝[④]，漢使今看五馬馳。

天上福星争快睹，車傍甘雨鎮相隨。故人惜别驚遲暮，旌鉞重臨好作期。

送黄節判之下邳

赤縣神州數下邳[⑤]，君持判節共稱宜。清才自昔知無比，劇地從今見有爲。

驛使近南書易達，盤飧邊[⑥]海味應奇。留情世物平生事，莫嘆尋常廢作詩。

暮春城西即事用少陵韵[⑦]

春去春來失送迎，送春今歲到春明。絮辭官柳欲迷路，花戀御溝還出城。

携榼未論燕醸薄，試衣渾愛越羅輕。蠶眠麦秀西原暮，記得農桑爲此行。

---

①歸州，今湖北省秭歸縣歸州鎮。

②虎闈，《文選·王融〈三月三日曲水詩序〉》："出龍樓而問豎，入虎闈而齒冑。"李善《注》："《周禮》曰：'師氏以三德教國子，居虎門之左。'"李周翰注："虎闈，教國子之學所也。"

③司繩，主持糾察的官員。烏苑，即烏臺，指御史臺，《漢書·薛宣朱博傳》："是時御史府吏舍百餘區井水皆竭，又其府中列柏樹，常有野烏數千栖宿其上，晨去暮來，號曰'朝夕烏'。"

④三湘，湖南湘鄉、湘潭、湘陰（或湘源），合稱三湘，後亦爲湖南省的代稱。見《太平寰宇記·江南西道十四·全州》。但詩文中的三湘，多泛指湘江流域及洞庭湖地區。韓愈曾著有《黄陵廟碑》，考湘夫人相關事，故有"韓公要攬三湘勝"之句。

⑤赤縣神州，戰國齊人騶衍（一作鄒衍）創立"大九州"學説，謂"中國名曰'赤縣神州'"。見《史記·孟子荀卿列傳》。後以借指中原或中國。下邳，今江蘇睢寧。

⑥"邊"，甘本作"瀕"，兩可。

⑦少陵韵，應指杜甫《遣佳期走筆戲簡》詩："江閣要賓許馬迎，午時起坐自天明。浮雲不負青春色，細雨何孤白帝城。身過花間霑濕好，醉於馬上往來輕。虚疑皓首衝泥怯，實少銀鞍傍險行。"

送黎主簿部運歸無錫

五十年前老桂紅，文僖[①]名在薄層穹。先朝邦禮明卿月，今日君才有父風。已向勾稽知善政，還從輸賦見餘功。栖鷟自合翔千仞，早晚蘭臺擬薦雄。

次惟明韵

與君合志復同年，爾汝忘從總丱[②]前。北郭林丘頻往返，東岡泉石更延緣。行藏意氣寧相遠，老大頭顱忽自憐。早晚投簪還舊隱，葛巾黎[③]杖共悠然。

伯兄七十壽辰[④]

家世長生有録傳，伯兄今又古稀年。一鄉善士名何忝，三代遺民美未專。質訟漸看閭里化，收書唯願子孫賢。大椿老弟堪相伴，共向人間作地仙。

東　　莊

窗外群峰遠更佳，吾廬自可號山家。飛來好鳥尋常語，移種新蘘次第花。木客每因求石蜜，販夫頻到送溪茶。不妨兼有漁翁樂，秋水東湖一釣槎。

次九叔松石翁所遺韵

宦海清聲不愧天，中年歸袖已飄然。秋花盈把陶翁徑，春水平湖賀監船[⑤]。

---

① 文僖，即黎淳（1423—1492）。

② “丱”，國圖本作“艸”，據甘本改。總丱，古時兒童束髮爲兩角，借指童年。

③ “黎”，甘本作“藜”，兩可。

④ 此詩題國圖本作“兄七十壽辰”，“伯”字據甘本補。

⑤ 賀監船，指酒船。賀監，即賀知章（659—744），字季真，晚年自號“四明狂客”，唐越州永興（今浙江杭州）人，唐代官員、詩人、書法家。因曾任官秘書監，故稱“賀監”。李白以《重憶》詩懷念賀知章，詩云：“欲向江東去，定將誰舉杯？稽山無賀老，却棹酒船回。”綜上，“賀監船”即酒船。“秋花”句應咏嘆歸隱。

教子頖宫①期遠大，作賓鄉讌禮周旋。葛巾藜杖從容地，共指人間自有仙。

菊花爲羊所敗

羝羊誰遣犯東籬，狼藉黄花奈爾爲。采摘詎能忘滿把，離披②空復見殘枝。未容牧豎加鞭策③，衹怨花神失護持。豈爲延齡④將報主，他年令⑤逐五仙騎。

留别何湖東

東湖烟月舊相期，十載京華屬夢思。折簡每嘗勞寄語，盍簪那復廢談詩。天書曾限還朝日，暑雨今當就道時。更擬封章乞歸養，春風不遣到家遲。

看壓新醅用唐皮陸二公倡和韵⑥

淅瀝檀槽作雨聲，醍醐芳味醴泉清。旋聞比屋臻和氣，欲號吾鄉作太平。

---

①頖宫，《禮記·王制》："大學在郊，天子曰'辟雍'，諸侯曰'頖宫'。"泛指學宫。

②離披，《楚辭·九辯》："白露既下百草兮，奄離披此梧楸。"王逸《章句》："離披，分散貌。"

③"鞭"，國圖本作"摇"，據甘本改。牧豎，指牧童。

④延齡，菊花異名爲"延齡客"。《抱朴子·仙藥》："南陽酈縣山中有甘谷水，谷水所以甘者，谷上左右皆生甘菊，菊花墮其中，歷世彌久，故水味爲變。其臨此谷中居民，皆不穿井，悉食甘谷水，食者無不老壽，高者百四五十歲，下者不失八九十，無夭年人，得此菊力也。"

⑤"令"，甘本作"合"。

⑥"用"，國圖本無此字，據甘本補。"皮陸二公"，指皮日休、陸龜蒙。皮日休（約834—883），唐襄陽竟陵（今湖北天門）人，字襲美，號逸少，唐懿宗咸通八年（867）進士，後參加黄巢起義，起義失敗後不知所踪。陸龜蒙（？—約881），唐長洲（今浙江長興縣）人，字魯望，舉進士不第，曾作湖、蘇二州刺史幕僚，後隱居松江甫里（今江蘇吴縣甪直），《新唐書》卷197有傳。次韵詩分别爲陸龜蒙《看壓新醅寄懷襲美》："曉壓糟床漸有聲，旋如荒澗野泉清。身前古態燻應出，世上愁痕滴合平。飲啄斷年同鶴儉，風波終日看人争。樽中若使常能渌，兩綬通侯總强名。"皮日休《奉和次韵》："一簀松花細有聲，旋將渠椀撇寒清。秦吴衹恐篘來近，劉項真應釀得平。酒德有神多客頌，醉鄉無貨没人争。五湖烟水郎山月，合向樽前問底名。"

藥裹芪連堪自制，尊前風月有誰爭。擬將杯杓從劉阮[①]，占取千年飲者名。

次韻李巨川[②]游東禪

舊游烟景到仍迷，歲月重驚幾攝提[③]。同濟叨隨元禮棹[④]，幽尋疑入武陵溪[⑤]。

華軒古塔從登眺，好鳥穠花費品題。隱隱湖心來往路，路人今號使君堤。

何湖東先生約社有作次韻

長安多病憶松筠[⑥]，詔許還家感聖神。草閣枕書常謝客，花溪行藥或逢人。

吟當未穩仍侵夜，飲但微勛[⑦]不負春。慚愧耆英招入社，重裁野服芰荷新。

---

①劉阮，是魏晉時期著名文士劉伶（221—300）、阮籍（210—263）的并稱，二人以縱酒放達著稱。劉伶，字伯倫，西晉沛國（今安徽宿縣）人，肆意放蕩，常以宇宙爲狹，不以家産有無爲意。性嗜酒，作《酒德頌》，嘲弄禮法，《晋書》卷 49 有傳。阮籍，字嗣宗，三國魏陳留尉氏（今河南開封）人。齊王曹芳時任尚書郎，以疾歸。大將軍曹爽被誅後，任散騎常侍、步兵校尉，封關内侯。世稱“阮步兵”，《晋書》卷 49 有傳。

②李巨川，指李楫。李楫，字濟之，號巨川，明南直懷寧（今安徽懷寧）人，弘治十八年（1505）進士，歷任南昌府推官、監察御史、沔陽通判、泰和知縣、寧波府同知、貴州參議等職。

③攝提，《楚辭・離騷》：“攝提貞於孟陬兮，惟庚寅吾以降。”王逸《注》：“太歲在寅，曰攝提格。”古代歲星紀年法中的十二辰之一，相當於干支紀年法中的寅年。

④李膺（110—169），字元禮。“同濟”句，典出《後漢書》卷 68《郭太傳》：“始見河南尹李膺，膺大奇之，遂相友善，於是名震京師。後歸鄉里，衣冠諸儒送至河上，車數千兩。林宗唯與李膺同舟而濟，衆賓望之，以爲神仙焉。”

⑤武陵溪，借指避世隱居的地方。典出陶潛《桃花源記》：“晋太元中，武陵人捕魚爲業。緣溪行，忘路之遠近。”

⑥松筠，《禮記・禮器》：“其在人也，如竹箭之有筠也，如松柏之有心也。二者居天下之大端矣，故貫四時而不改柯易葉。”後因以“松筠”喻節操堅貞。

⑦“勛”，疑爲“醺”之誤。

次徐原忠韵有序

原忠號退思，吾僚友子容[①]弟也，覲而文。正德己卯[②]之八月，投刺[③]夢野書院，涉己有園，相見皋州草堂。秋高桂華，君適與清風俱至，氣味儼乎吾子容也。余病廢，與子容乖隔。而吾知舉主守溪王翁[④]又子容外舅，奉别餘一紀矣。思翁、思子容不見，見原忠，如見翁與子容。况復把詩相謁，能不爲傾倒乎？次韵答之。

綸巾野服映容光，忽渡皋州到草堂。波動行厨魚正美，風迴談柄桂初芳。謝連意態全如運[⑤]，楊炯才名豈後王[⑥]。歸見溪翁憑問訊，十年清夢但門墻[⑦]。

大椿洞

當岩開洞處[⑧]空明，幽事關心病亦輕。樹杪烟斜茶欲沸，石傍苔破笋初生。山童池汲時兼釣，林鳥檐栖夜不驚。忽訝笙簧自何許，荆扉西畔起松聲。

---

①子容，指徐縉（1482—1548）。

②正德己卯，時爲正德十四年（1519）。

③刺，即名牌、名帖。

④王鏊（1450—1524），字濟之，號守溪，明南直吴縣（今江蘇吴縣）人，成化十一年（1475）進士，官至户部尚書、文淵閣大學士，卒謚文恪，學者稱震澤先生，《明史》卷181有傳。

⑤“謝連”句，用謝惠連（406—433）和謝靈運（385—433）之典。謝惠連是謝靈運的好友，亦是謝靈運的族弟。《宋書·謝靈運傳》：“惠連幼有才悟，而輕薄不爲父方明所知。靈運去永嘉還始寧，時方明爲會稽郡。靈運嘗自始寧至會稽造方明，過視惠連，大相知賞。”

⑥楊炯（650—693），唐弘農華陰（今陝西華陰）人，幼聰明博學，善屬文。十歲舉神童，授校書郎。“王”，指王勃（650—676），字子安，唐絳州龍門（今山西河津）人。“楊炯才名豈後王”，典出《新唐書·文藝傳上·王勃》：“勃與楊炯、盧照鄰、駱賓王皆以文章齊名，天下稱‘王、楊、盧、駱’，號‘四杰’。炯嘗曰：‘吾愧在盧前，耻居王後。’議者謂然。”

⑦門墻，《論語·子張》：“夫子之墻數仞，不得其門而入，不見宗廟之美，百官之富。得其門者或寡矣。”後因稱師門爲“門墻”。

⑧“處”，甘本作“劇”。

次韵秦鳳山①中丞留題

前驅②駐馬問林塘，遥望褰幃③見綉裳。松徑晝輪重有轍，草亭詩刻舊凝香。

官階衹任歸青簡，民隱④還應入早囊。慚愧山人疏懶慣，旋求巾舄爲君忙。

送韋庵歸番禺

楚游千里計江程，天屬相違此合并。漢室郎占天上宿，荀家孫⑤是膝前星。

試周⑥喜看先持印，問政何殊舊過庭⑦。歸共親和談樂事，玉缸直欲倒南溟。

九日值連雨用古韵

佳辰准擬酒腸寬，連雨翻教減笑歡。桂玉⑧屢遅中婦饋，莓苔欲上野人冠。

---

① 秦金（1567—1544），字國聲，號鳳山，明南直無錫（今江蘇無錫）人，弘治六年（1493）進士，歷任兩京五部尚書，卒謚端敏，《明史》卷 194 有傳。

② 前驅，前導。

③ 褰幃，《後漢書·賈琮傳》："琮爲冀州刺史。舊典，傳車驂駕，垂赤帷裳，迎於州界。及琮之部，升車言曰：'刺史當遠視廣聽，糾察美惡，何有反垂帷裳以自掩塞乎？'乃命御者褰之。"後因以"褰帷"爲官吏接近百姓，實施廉政之典。

④ 民隱，《國語·周語上》："先王非務武也，勤恤民隱而除其害也。"韋昭注："隱，痛也。"

⑤ 荀家孫，即"荀家兄弟"，借指德才出衆的兄弟。《後漢書·荀淑傳》："荀淑字季和，潁川潁陽人也……有子八人：儉、緄、靖、燾、汪、爽、肅、專，并有名稱，時人謂之'八龍'。初，荀氏舊里名西豪，潁陰令渤海苑康以爲昔高陽氏有才子八人，今荀氏亦有八子，故改其里曰'高陽里'。"

⑥ 試周，即試兒、抓周。顔之推《顔氏家訓·風操》："江南風俗，兒生一期，爲製新衣，盥浴裝飾，男則用弓矢紙筆，女則用刀尺針縷，并加飲食之物及珍寶服玩，置之兒前，觀其發意所取，以驗貪廉愚智，名之爲'試兒'。"

⑦ 過庭，即"鯉庭"之典。

⑧ 桂玉，即"桂薪玉粒"，指柴米昂貴。《戰國策·楚策三》："蘇秦之楚，三日乃得見乎王。談卒，辭而行。楚王曰：'寡人聞先生，若聞古人。今先生乃不遠千里而臨寡人，曾不肯留，願聞其說。'對曰：'楚國之食貴於玉，薪貴於桂，謁者難得見如鬼，王難得見如天帝。今令臣食玉炊桂，因鬼見帝。'"

場無露積妨秋穫，篋未成衣犯曉寒。稍喜黄花解人意，含章[①]不發待晴看。

義臺精舍次舊韵

冷冷今古泉中水，隱隱東西霧裏臺。老樹鶴巢天一角，寒波魚泳日千回。曉晴雲放綺寮[②]净，春好花當青鏡開。乘興偶來涓滴飲，詩成亦自玉山頽[③]。

次韵周公安藎臣[④]

橋門多士獨稱豪，杏苑花明笏映袍。天子爲人求保障，星郎出宰試旌旄。丘園伏枕睽違久，風雨遵塗問信[⑤]勞。致遠舊知千里足，老夫今亦九方臯[⑥]。

元日陡晴

雲物開疏[⑦]曉色清，夜曾風雪黯江城。檐凌瀝瀝寒聲墮，海日曈曈淑氣生。天爲分年更造化，誰還隔日定陰晴。時和飯足山人願，病廢豈知身外名。

---

① 含章，包含美質。《周易・坤》："六三，含章可貞。或從王事，無成有終。"孔穎達疏："章，美也。"

② 綺寮，雕刻或繪飾得很精美的窗户。《文選・左思〈魏都賦〉》："雷雨窈冥而未半，皦日籠光於綺寮。"吕向注："寮，窗也。"

③ 玉山頽，即"玉山崩"。《世説新語・容止》："嵇叔夜之爲人也，岩岩若孤松之獨立；其醉也，傀俄若玉山之將崩。"後因以"玉山崩"形容人酒醉欲倒之態。

④ 周公安藎臣，指周臣（1475—？），字藎臣，明南直武進縣（今江蘇常州武進區）人，正德十二年（1517）進士，歷任公安縣令、國子助教，著有《翼聖傳》《春秋心傳》《藎庵雜稿》等。

⑤ "信"，甘本作"訊"，兩可。

⑥ 九方臯，春秋時人，善相馬。相傳伯樂推薦他爲秦穆公外出求馬，他不辨毛色雌雄，而觀察馬的内神，因得天下良馬。伯樂稱他"得其精而忘其粗，在其内而忘其外"。見《淮南子・道應訓》《列子・説符》。後用以喻善於發現人才者。

⑦ "開疏"，甘本作"遥開"。

送馬郡同歸隱次一齋韵

東川夫子東歸日，先路春風正滿川。陶壑孤舟從窈窕[①]，李家幽谷自盤旋[②]。

鶴當松徑護詩社，花撲草亭粘酒舡。誰道官貧無所遺，向來清白有家傳。

東莊漫述

秋交伏窮殊未涼，避暑却過湖東莊。梧桐下影忽復薄，絡緯[③]作聲何太長。

身本無能合教懶，鬢不爲愁還自蒼。未怕鄰翁約做社，香粳紫秫[④]皆登場。

止林漫興

三舍東行卜地遍，結茅渾爲避塵緣。松杉種得欲無數，猿鶴養馴俱可憐。

門外江湖還繞屋，岡頭風月詎論錢。過逢謾獻堪輿説，天予山人樂暮年。

光樂堂壽詩爲儲平野作

德配還同甲子生，同開壽域貯恩榮。亢宗[⑤]自昔鄉評重，閫境於今女教成。

---

①“陶壑”句，典出陶淵明《始作鎮軍參軍經曲阿作》詩：“眇眇孤舟逝，緜緜歸思紆。”形容歸隱。

②李家幽谷，指函谷關。《史記·老子韓非列傳》：“老子修道德，其學以自隱無名爲務。居周久之，見周之衰，乃遂去。至關，關令尹喜曰：‘子將隱矣，强爲我著書。’於是老子乃著書上下篇，言道德之意五千餘言而去，莫知其所終。”張守節《正義》：“《抱朴子》云：老子西游，遇關令尹喜於散關，爲喜著《道德經》一卷，謂之《老子》，或以爲函谷關。”

③絡緯，蟲名，俗稱“紡織娘”。夏秋夜間振羽作聲，聲如紡綫，故名。

④“香粳”，一種有香味的粳米，産於江浙一帶。《文選·張衡〈南都賦〉》：“若其厨膳，則有華薌重秬，滍皋香粳。”吕向注：“香粳，稻名。”秫，粱米、粟米之黏者，多用以釀酒。《急就篇》：“稻、黍、秫、稷、粟、麻、粳。”顔師古注：“秫似粟，而黏亦可爲酒。”

⑤亢宗，庇護宗族，光耀門庭。《左傳·昭公元年》：“吉不能亢身，焉能亢宗？”杜預注：“亢，蔽也。”

崖谷豈量巢父[①]趣，宫闈争説大家名。春風光樂堂前酒，又映郎君書綉明。

次韵楊僉憲景陵道中

荆南春興欲無邊，按節欣逢嘉靖年。包匭舊程歸《禹貢》[②]，羲和新令下堯天[③]。

風從豸綉寒仍暖，雨趁軒車往復還。多病年來殊感激，敝廬安枕日高眠。

李明府諸公小集次韵

高軒斜日過林亭，處暑纔過暑輒輕。池上匏尊隨桂棹，樹間松火夾楸枰。

風從天末收雲彩，山向更初吐月明。醉荷升平手加額，五雲[④]直北是神京。

五言絶句三十七首

裁衣寄遠

心事停并剪，啼痕漬越羅。離愁身萬里，寬窄定如何。

---

①巢父，（晋）皇甫謐《高士傳·巢父》："巢父者，堯時隱人也，山居不營世利，年老以樹爲巢而寢其上，故時人號曰'巢父'。"一説巢父爲許由之號。

②包匭，裹束而置於匣中。《尚書·禹貢》："包匭菁茅。"孔穎達疏引鄭玄曰："匭，猶纏結也……重之，故既包裹而又纏結也。"蔡沈《集傳》："匭，匣也……既包而又匣之，所以示敬也。"禹貢，《尚書》的篇名，載山川道里之遠近及物産之所宜。孔安國《傳》："禹制九州貢法。"

③羲和，羲氏、和氏的并稱。傳説堯曾命羲仲、羲叔，和仲、和叔兩對兄弟分駐四方，以觀天象，并製曆法。《尚書·堯典》："乃命羲和，欽若昊天，曆象日月星辰，敬授人時。"孔安國《傳》："重黎之後，羲氏、和氏，世掌天地四時之官，故堯命之，使敬順昊天。"堯天，《論語·泰伯》："巍巍乎，唯天爲大，唯堯則之。"何晏注引孔安國曰："美堯，能法天而行化也。"謂堯能法天而行教化。後因以"堯天"稱頌帝王盛德和太平盛世。

④五雲，指青、白、赤、黑、黄五種雲色，古人根據雲色來占卜吉凶豐歉。《周禮·春官·保章氏》："以五雲之物，辨吉凶、水旱降、豐荒之祲象。"鄭玄注："以二至二分觀雲色，青爲蟲，白爲喪，赤爲兵荒，黑爲水，黄爲豐。"

沈石田[1]畫鷄爲陸浩題壽其母[2]

露立諼花底，鳴當與櫛時。北堂延曉色，愛日正遲遲。

次韵送子文

殷勤一尊酒，班坐臨官樹。平生憂樂心，萬里君隨去。

東溪小景三首

清流意不淺，君須爲渠醉。莫遣醒時歸，猶解塵中事。

其　二

閑溯東風去，溪頭千樹花。停[3]舟偶然坐，日暮未還家。

其　三

隔[4]溪語農人，新禾莖尚短。車傍記水痕，莫灌東畦滿。

吕梁洪

洪口風濤惡，舟師共凛然。是誰當此際，争使上洪船。

阻　風

南風北船憎，北風南客怨。如何做天翁，方遂諸人願。

---

①沈石田，即沈周（1427—1509），字啓南，號石田，明代杰出畫家、書法家。
②“母”，國圖本作“毋”，顯誤。據甘本改。
③“停”，國圖本作“楟”，據甘本改。
④“隔”，國圖本此字佚，據甘本補。

揚　州

張帆上揚州，行色殊不惡。何必如昔人，纏腰更騎鶴[①]。

櫛髮太異昔年因太白、樂天詩作二首

當年委地髪，坐梳今及項。不分李謫仙，白髪三千丈。

其　二

當年着儒冠，礙髻苦難下。今方信樂天，髻子蒜瓣[②]大。

抱孫絶句

車子[③]增知識，嬉娱日幾回。阿翁自有老，寧是爾曹催。

梅莊二絶

樹見當年種，而今花漸多。正須詩管勾，高興近如何。

其　二

主人方濯纓[④]，寒花照方沚。未惜春樹殘，上有青青子。

送少女高卿歸延生萬和

汝家在城南，門倚通衢側。去户不須啼，旦晝歸寧得。

---

①“纏腰”句，典出《殷芸小説》卷六：“有客相從，各言所志，或願爲揚州刺史，或願多貲財，或願騎鶴上升。其一人曰：‘腰纏十萬貫，騎鶴上揚州，欲兼三者。’”

②“瓣”，國圖本此字佚，據中央黨校本補。

③魯鐸之孫乳名“五車”，故稱“車子”。

④濯纓，洗濯冠纓。《楚辭·漁父》：“滄浪之水清兮，可以濯我纓。”後以“濯纓”比喻超脱世俗，操守高潔。

東溪書屋爲延寅之上舍作

書屋臨東溪，虚窗映溪水。讀書歲月深，魚龍解經史。

侄麟前臺

臺春碧草鮮，臺秋白雲滿。前臺詩景致，全付幽人管。

侄薦湖槎

乘槎取適意，何必到天上。夜輒坐星河，休矣張博望①。

侄婿胡瑞棹汀

幽人居棹汀，汀户相還往。醉後棹歌回，月照青蘋上。

絶　句

坐忘禽語歇，貧病藥②苗生。物我元相與，乾坤似有情。

盆　梅

老幹纔逾尺，樛枝剩着花。小盆留宿雨，疏影亦横斜。

蓮　池

橋東蓮花紅，橋西蓮花白。清香相混來，還誰解分别。

---

①張博望，指張騫（前164—前114），字子文，西漢漢中郡城固（今陝西城固縣）人，因出使西域有功，被封爲博望侯，《漢書》卷61有傳。

②“藥”，國圖本作“樂”，顯誤，徑改。

皃州即事二首

見説瓜堪摘，閑過洲上來。小舡風打去，半日未閑回。

其　二

皃洲隔林亭，已覺風景異。如何蓬萊仙，不厭人間世。

薔薇下

獨酌薔薇下，花陰亂午風。有時殘露滴，剛着酒杯中。

散　步

細草緣蹊軟，晴朝步屧遲。往來深樹裏，鳴[1]啼不曾知。

瓮　蓮

池田種已多，堂前還復種。慚負春陵翁，愛蓮身懶動[2]。

鳳　仙

一本分科粒，花開色色殊。題名仙籍上，元不愧稱呼。

月　桂

三百六十日，芳聚[3]不斷紅。衹疑根撥底，日日是春風。

---

①“鳴”，甘本作“鵶”，兩可。

②春陵翁，指周敦頤。周敦頤（1017—1073），字茂叔，北宋道州營道樓田堡（今湖南省道縣）人，卒謚元公，世稱濂溪先生，《宋史》卷427有傳。道州，古稱春陵，故稱周敦頤爲“春陵翁”。

③“聚”，甘本作“叢”。

釣　魚

曉日釣池上，苔磯坐欲温。將迎看花伴，聊爾備盤餐。

葵　庵

繞庵千本葵，亭亭自行列。欲識主人心，葵花向君説。

臺　上

高臺來清風，披襟翳嘉木。城皋東作興，坐見諸僮僕。

池西即事

竹間春桃樹，掩[①]映復依倚。婉娩淑女姿，盈盈奉君子。

梳　髮

長髮梳逾少，茸茸短鬢垂。老心痴未伏，容有再長時。

覽　鏡

漸覺烏鬚變，重重見白須。老心痴未伏，容復有時烏。

---

① “掩”，國圖本作“俺”，顯誤，徑改。

賈南塢侍郎奉使經白洑遣問次韵答之①

天上金蘭契②，常嗟見面難。如何望旌旆，猶似隔長安③。

食　果

摘取樹頭果，坐從松下食。意味清復真，傍人未應識。

---

①賈咏（1464—1547），字鳴和，號南塢，明河南臨潁人，弘治九年（1496）進士，選庶吉士，授編修，歷任兵部主事、侍讀學士、國子監祭酒、禮部左侍郎等職，嘉靖初年以禮部尚書兼文淵閣大學士參與機務，卒謚文靖。白洑，今湖北潛江古稱。

②金蘭契，《周易·繫辭上》："子曰：'君子之道，或出或處，或默或語。二人同心，其利斷金。同心之言，其臭如蘭。'"孔穎達疏："二人若同齊其心，其纖利能斷截於金。二人同齊其心，吐發言語，氤氳臭氣香馥如蘭也。此謂二人言同也。"

③"似"，國圖本作"以"，據甘本改。隔長安，典出劉義慶《世説新語·夙惠》："晋明帝數歲，坐元帝膝上。有人從長安來……因問明帝：'汝意謂長安何如日遠？'答曰：'日遠。不聞人從日邊來，居然可知。'元帝異之。明日，集群臣宴會，告以此意。更重問之，乃答曰：'日近。'元帝失色，曰：'爾何故異昨日之言邪？'答曰：'舉目見日，不見長安。'"

卷　四

七言絶句一百三十六首

渡漳河

銅雀臺邊濁浪浮，漢人餘恨未應休[1]。誰將赤壁磯頭水，一洗漳河[2]萬古流。

---

①銅雀臺，故址在今河北省臨漳縣。《三國志・魏志・武帝紀》："（建安十五年）冬，作銅雀臺。"《水經注・濁漳水》："鄴西三臺……中曰銅雀臺，高十丈，有屋百一間。"漢人餘恨，應指曹操折戟於赤壁而無法完成統一之事。

②漳河，衛河最大支流，在河北、河南兩省邊境。

子産祠次劉方伯韵[①]

觀風[②]吊古欲傷神，溱洧依然鄭已新[③]。莫更臨流問平政，乘輿能濟復何人。

郁太尹送銅雀硯[④]

金星奪眼墨光浮，人手摩挲看不休。銅雀春深俱泯没[⑤]，獨教殘甓得名留。

謁韓忠獻公[⑥]祠

忠獻回天事業多，祠堂繪事衹么麽。不知閲古堂[⑦]中畫，得似先生事幾何。

---

①子産祠，在今河南新鄭市西北。《大清一統志》引《魏書·地形志》："廣武郡苑陵縣有子産祠"，即此。子産，名姬僑（約前580—前522），春秋時期鄭國人，出身於鄭國貴族，輔佐鄭簡公、鄭定公二十餘年，卒謚成。劉方伯，應爲劉文莊。方伯，爲古時諸侯之長，在明代爲布政使的專稱，亦可用於稱呼曾爲布政使的致仕官員。考此詩創作時間，應爲魯鐸乞休回原籍或起用回京之時，考諸此一時段河南劉姓方伯，僅有劉文莊一人。劉文莊（約1457—1547），字寅中，明陝西華陰人，弘治十二年（1499）進士，歷任浙江右參政、河南右布政使、左布政使，嘉靖三年（1524）任右副都御史巡撫雲南，嘉靖六年（1527）因"李福達案"而落職。

②觀風，《禮記·王制》："命大師陳詩以觀民風。"孔穎達疏："此謂王巡守見諸侯畢，乃命其方諸侯大師，是掌樂之官，各陳其國風之詩，以觀其政令之善惡。"

③溱洧，《孟子·離婁下》："子産聽鄭國之政，以其乘輿濟人於溱、洧。"趙岐注："溱、洧，二水名也。"在今河南省。鄭已新，指溱水、洧水依然流淌，但原來的鄭國已經不在了。

④銅雀硯，從三國魏銅雀臺遺址掘取古瓦研製的硯臺，後遂爲硯臺的美稱。

⑤"銅雀"句，典出杜牧《赤壁》詩："東風不與周郎便，銅雀春深鎖二喬。"

⑥韓琦（1008—1075），字稚圭，自號贛叟，北宋相州安陽（今河南安陽）人，宋仁宗天聖五年（1027）進士，歷任各要職，卒謚忠獻，故稱"忠獻公"，有《安陽集》傳世，《宋史》卷312有傳。

⑦閲古堂，在河北定州。韓琦曾爲閲古堂做記。

觀東坡雪浪石[①]

駁石依稀雪浪痕，一經題品古今論。山中亦有瑰奇石，不遇芙蓉丈八盆[②]。

蟠窖葡萄

架上霜藤自合收[③]，失栖群爵[④]晚啾啾。憐渠却愧無仁術，長立寒風一敝裘。

題　畫

圯上相期亦等閑[⑤]，功成真過穀城山[⑥]。要知進履[⑦]元非辱，解使封侯棄世間[⑧]。

---

①雪浪石，因石上有浪花痕得名。杜綰《雲林石譜・雪浪石》："中山府土中出石，色灰黑，燥而無聲，混然成質，其紋多白脉，籠絡如披麻旋繞委曲之勢。"

②"芙蓉丈八盆"，典出蘇軾《雪浪齋銘（并引）》："予於中山後圃得黑石白脉，如蜀孫位、孫知微所畫石間奔流，盡水之變。又得白石曲陽，爲大盆以盛之，激水其上，名其室曰'雪浪齋'云。（銘爲）盡水之變蜀兩孫，與不傳者歸九原。異哉駁石雪浪翻，石中乃有此理存。玉井芙蓉丈八盆，伏流飛空漱其根。東坡作銘豈多言，四月辛酉紹聖元。"指蘇軾用於盛放雪浪石的蓮花型大盆。

③"收"，國圖本作"妝"，據甘本改。

④"爵"，通"雀"。

⑤閑，甘本作"間"。圯上相期，指後注中"進履圯橋"之事。

⑥穀城山，在今山東平陰縣西南。《水經注・濟水注》："《魏土地記》曰：縣有穀城山，山出文石，陽穀之地，春秋齊侯、宋公會於陽穀者也。縣有黄山臺，黄石公與張子房期處也。"

⑦進履，即進履圯橋，《史記・留侯世家》："良嘗閑從容步游下邳圯上，有一老父，衣褐，至良所，直墮其履圯下，顧謂良曰：'孺子，下取履！'良愕然，欲毆之。爲其老，强忍，下取履。父曰：'履我！'良業爲取履，因長跪履之。父以足受，笑而去。"原義爲替尊長遞上鞋子，亦用以稱屈己尊老，求取教益。

⑧"解使"句，典出《史記・留侯世家》："今以三寸舌爲帝者師，封萬户，位列侯，此布衣之極，於良足矣。願棄人間事，欲從赤松子游耳。"

滎澤[1]食魚

鮮盤朝食薦河魴，風味將無似故鄉。若比傳聞貴如許，平生知費幾牛羊。

次韵題邵二泉[2]侍郎《江東壽意卷》二絶

紫閣岧嶤在碧天，曉分芳露玉皇前。一尊轉逐潘輿[3]去，誰更人間説舜泉[4]。

其　二

黄票淋灕儼舊封，江東猶及壽辰供。慈顔一笑春無限，直比仙桃色更濃。

禰　衡[5]

生來白眼看當時，最善猶稱大小兒[6]。鄴下相輸到江夏[7]，干將[8]元是識君遲。

---

①"滎"，甘本作"滎"。《（萬曆）開封府志》："滎澤縣，在鄭州北五十里。"《欽定大清一統志・開封府二》："滎澤故城，在今滎澤縣北五里，隋置。明洪武八年，爲河水所圮，遷今治。"滎澤與滎澤應指同一地點，今屬河南。

②邵寶（1460—1527），字國賢，號泉齋，别號二泉，明南直無錫（今江蘇無錫）人，成化二十年（1484）進士，歷任許州知州、户部員外郎、郎中、江西提學副使、右副都御史、户部侍郎等職，卒贈太子太保，謚文莊，有《容春堂集》傳世，《明史》卷282有傳。相傳元代末年白鹿書院曾毁於戰火，由邵寶復修。

③潘輿，（晋）潘岳《閑居賦》："太夫人乃御版輿，升輕軒，遠覽王畿，近周家園。體以行和，藥以勞宣，常膳載加，舊痾有痊。"後因以"潘輿"爲養親之典。

④舜泉，一般稱舜井，位於今山東濟南，以虞舜掘井出泉的傳説而得名。

⑤禰衡（173—198），字正平，東漢平原郡般縣（今山東臨邑）人。

⑥大小兒，指孔融（153—208）及楊修（175—219），見《後漢書・禰衡傳》："唯善魯國孔融及弘農楊修。常稱曰：'大兒孔文舉，小兒楊德祖。餘子碌碌，莫足數也。'融亦深愛其才。"

⑦"鄴下"句，事見范曄《後漢書・禰衡傳》："操怒，謂融曰：'禰衡豎子，孤殺之猶雀鼠耳。顧此人素有虚名，遠近將謂孤不能容之。今送與劉表，視當何如？'於是遣人騎送之……（衡）後復侮慢於表，表耻不能容，以江夏太守黄祖性急，故送衡與之……祖大怒，令五百將出，欲加箠。衡方大駡，祖恚，遂令殺之。"鄴下，古時鄴城的别稱，爲曹操時期的都城，位於今河北臨漳鄴鎮。

⑧干將，春秋寶劍名，後也用於專指寶劍。

山陵夕照二絶

半峰明媚半峰陰，紺碧玲瓏紫翠深。莫話牛山當日事[①]，詞臣吟望正傷心。

其　二

暮靄先從遠樹昏，斷峰斜界夕陽痕。金城碧閣誰能畫，合是仙家别有村。

陵祀次景伯時編修韵

滿路東風桃杏花，春風渾在野人家。湘江游子緣渠惱，憶得林間與水涯。

題光澤邸《紅梅卷》

九重天上掇靈根，雪裏貞心露絳痕。便覺孤山亦凡品[②]，人間桃杏復誰論。

送張世禎自都下歸

三千里外驅馳路，二十年前故舊情。莫笑歸囊無所贈，北扉清澹似平生。

題　畫

深樹層軒本自間，朝來詩債却相關。白雲道是無心物，也占儂家句裏山。

題　竹

寒翠亭亭倚石長，清風無限灑三湘。會須更結東園實，招取丹山彩鳳凰[③]。

---

① “莫話”句，典出《晏子春秋・諫上》：“景公游於牛山，北臨其國城而流涕曰：‘若何滂滂去此而死乎？’”後以“牛山嘆”“牛山泪”“牛山悲”喻爲因人生短暫而悲嘆。

② 孤山，山名，在浙江杭州西湖中，孤山北麓有梅林。此處“孤山凡品”是將孤山之梅較之《紅梅卷》中之梅。

③ “招取”句，典出《山海經・南山經》：“丹穴之山……有鳥焉，其狀如鷄，五采而文，名曰‘鳳凰’。”古代傳説，丹穴山有鳥名叫鳳凰，毛呈五彩，身上紋理組成“德、義、禮、仁、信”五字，此鳥出現，便象徵天下太平。

梅花次韵[①]

風雪深冬衹自[②]寒，南枝[③]春意詎相干。還應具眼天機熟，便作和羹雪裏看。

山水小景爲孫太常[④]題

猶記當年過郢中，清溪周折碧山重。聞歌《白雪》《陽春》曲[⑤]，深樹層軒隔九峰。

桃　　溪

世路悠悠已倦游，桃溪深處草堂幽。東風自解幽人意，不遣飛花逐水流[⑥]。

宿彭澤

柳岸蘆汀秋水生，官舟纔泊暮鐘鳴。無人爲問陶彭澤，萬里長江天際横。

---

①甘本無“次韵”二字。

②“自”，國圖本作“日”，據甘本改。

③南枝，借指梅花。《太平御覽·果部七·梅》引盛弘之《荆州記》：“陸凱與范曄相善，自江南寄梅花一枝，詣長安與曄，并贈花詩曰：‘折花逢驛使，寄與隴頭人。江南無所有，聊贈一枝春。’”

④孫太常，指孫交。考魯鐸仕宦期間明代并無孫姓太常寺卿，查《實録》可知：此時有太常寺少卿孫交（1453—1532）。孫交，號九峰，明湖廣德安府安陸縣（今湖北安陸市）人，爲魯鐸好友，因此詩中有“深樹層軒隔九峰”之句。

⑤白雪陽春曲，《文選·宋玉〈對楚王問〉》：“其爲《陽阿》《薤露》，國中屬而和者數百人；其爲《陽春》《白雪》，國中屬而和者不過數十人而已。”李周翰注：“《陽春》《白雪》，高曲名也。”後用以泛指高雅歌曲。

⑥“不遣”句，典出杜甫《絶句漫興》之五：“顛狂柳絮隨風舞，輕薄桃花逐水流。”

感烏巷[①]

烏啼夜夜夜分時，孝子心情不盡悲。説與傍人更誰解，一聲聲似《蓼莪》詩。

次韵蔣憲副兼呈陳方伯宗之[②]

春水東頭野寺邊，諸公同上泛湖船。老禪未識荀陳會[③]，衹道三生石上緣[④]。

---

① 烏巷，即烏衣巷，《世説新語·雅量》："有往來者云：'庾公有東下意。'或謂王公：'可潛稍嚴，以備不虞。'王公曰：'我與元規雖俱王臣，本懷布衣之好。若其欲來，吾角巾徑還烏衣，何所稍嚴。'"（南朝梁）劉孝標注引《丹陽記》曰："烏衣之起，吴時烏衣營處所也。江左初立，琅邪諸王所居。"

② 陳世良（？—1519），字宗之，號青嶼，明浙江海鹽縣人，成化二十三年（1487）進士，歷任知縣、御史、南京大理寺右丞、右僉都御史等職，官至順天府尹，未任卒。

③ 荀陳會，見《世説新語·德行》："陳太丘詣荀朗陵，貧儉無僕役，乃使元方將車，季方持杖後從。長文尚小，載著車中。既至，荀使叔慈應門，慈明行酒，餘六龍下食。文若亦小，坐著膝前。於時太史奏：'真人東行。'"荀、陳借指荀淑、陳寔及其子孫。《後漢書·荀淑傳》："荀淑字季和，潁川潁陰人……有子八人：儉、緄、靖、燾、汪、爽、肅、專，并有名稱，時人謂之'八龍'。"《後漢書·陳寔傳》："（寔）有六子，紀、諶最賢。"《世説新語·品藻》："正始中，人士比論，以五荀方五陳：荀淑方陳寔，荀靖方陳諶，荀爽方陳紀，荀彧方陳群，荀顗方陳泰。"因此後以"荀陳"代指齊名的人；荀陳會，代指品學俱佳的望族兄弟交游。

④ 三生石上緣，佛教故事，典出（唐）袁郊《甘澤謡·圓觀》："（圓觀）行次南浦，維舟山下，見婦人數人，錦襠，負瓮而汲。圓觀望見，泣下曰：'某不欲至此，恐見其婦人也。'李公（源）驚問曰：'自上峽來，此徒不少，何獨恐此數人？'圓觀曰：'其中孕婦姓王者，是某托身之所，逾三載尚未娩懷，以某未來之故也。今既見矣，即命有所歸，釋氏所謂循環也。'謂公曰：'請假以符咒，遣其速生，少駐行舟，葬某山下。浴兒三日，公當訪臨。若相顧一笑，即某認公也。更後十二年中秋月夜，杭州天竺寺外，與公相見之期。'李公遂悔此行，爲之一慟。遂召婦人，告以方書。其婦人喜躍還家。頃之，親族畢至，以枯魚獻於水濱。李公往，爲授朱字符。圓觀具湯沐，新其衣裝。是夕，圓觀亡而孕婦産矣。李公三日往觀新兒，繦褓就明，果致一笑。李公泣下，具告於王。王乃多出家財，葬圓觀。明日，李公回棹，言歸惠林。詢問觀家，方知有治命。後十二年秋八月，直指餘杭，赴其所約。時天竺寺山雨初晴，月色滿川，無處尋訪。忽聞葛洪川畔有牧竪歌《竹枝詞》者，乘牛叩角，雙髻短衣。俄至寺前，乃觀也。李公就謁曰：'觀公健否？'却問李公曰：'真信士。與公殊途，慎勿相近。俗緣未盡，但願勤修不墮，即遂相見。'李公以無由叙話，望之潸然。圓觀又唱《竹枝》，步步前去，山長水遠，尚聞歌聲。詞切韵高，莫知所詣。初到寺前，歌曰：'三生石上舊精魂，賞月吟風不要論。慚愧情人遠相訪，此身雖異性常存。'"後以"三生石上緣"代指前世約定的姻緣。

葵　花

小園葵蕚正傾陽，徙倚東闌愛欲狂。爲報南鄰看花伴，莫教閑過好時光。

初　晴

江村淫雨欲成灾，萬里頑陰驀地開。共見朝陽喜何似，群兒思母忽歸來。

九月十九日喜晴郭文敬池臺見菊

名園晴色净秋光，池上登臺菊正黄。時節混隨風雨過，却將今日做重陽。

戲作二别號歌

大椿洞裏無塵事，蘇橘山中不世情。洞主山人連日領，進階雖聚没人争。

栽　梅

江梅見説成遍晚，十二年來花始開。傳語花神須破例，從今火急爲相催。

登　臺

穿松入竹徑迂迴，潛繞陂陀却上臺。茶熟山童無覓處，東園花裏去還來。

花木口號

深紅淺白樹交錯，盧橘元教傍老梅。僂指新春到殘臘[1]，真成無日不花開。

---

① 殘臘，臘月僅殘，代指農曆年底。

種芙蓉

東園花放白交紅，終日哦詩錦綉[①]中。却恐高秋向寥落，繞池千本[②]種芙蓉。

許秉之移居月光臺

臺上草堂臺下田，臨湖引水自豐年。尋常坐倦拋書去，萬頃滄波一釣船。

香日書院二首

門巷青苔隔路蹊，小桃開滿磬池西。枕書眠着無人喚，花裏東風百舌啼。

其　二

海棠開罷又山桃，池上臺邊下復高。看到落紅仍不惡，緑苔全襯樹周遭。

剪春羅花開

花神巧事不勝多，又逐天孫[③]弄玉梭。野服自來便卉葛[④]，曉窗休更剪春羅[⑤]。

林　下

幽花漠漠樹陰陰，白日如年草閣深。馬迹車輪城市裏，何人知道有山林。

---

①“錦”，國圖本作“綿”，據甘本改。

②“本”字疑貳，考《魯集》《石倉歷代詩選》中，此字皆爲“本”，然疑爲“木”字之誤。

③天孫，星名，即織女星。《史記・天官書》：“婺女，其北織女。織女，天女孫也。”

④卉葛，《尚書・禹貢》：“島夷卉服。”孔安國《傳》：“南海島夷，草服葛越。”孔穎達疏：“舍人曰：‘凡百草一名卉’，知卉服是草服，葛越也。葛越，南方布名，用葛爲之。”指用葛布做的衣服。

⑤剪春羅，草名，夏季開花，呈紅黄色或硃砂色。生長於我國中部，結實大如豆，内有細子，可入藥，亦栽培供觀賞。參李時珍《本草綱目・草五》。

池　上

洲前蘆荻映菰蒲，釣渚秋深下雁鳧。塵土朦朦闤闠[①]裏，何人知道有江湖。

月夜園池泛舟四首

戴月乘風弄小航，橋南新水没菰蔣[②]。迴橈更度荷花渚，凉露滿身襟袖香。

其　二

清風明月同時到，紅蓼白蘋[③]隨意開。曲島延緣忘遠近，直疑雲夢澤中迴。

其　三

瀲灧金波霽景多，小槎聊復溯星河。可能袖取支磯石[④]，持問世人還識麼。

其　四

風爲生凉月爲明，菰蒲[⑤]魚鳥亦多情。小舟撑入菰蒲去，魚鳥相依漫不驚。

小　憩

葵蕚榴花相鬥紅，新篁掩映兩三藂。晚凉暫據胡床坐，已落丹青畫幅中。

桂花開志喜且以製茶

真閑堂下據胡床，到骨恩深是晚凉。仍比簡齋增受用，微風不斷木樨[⑥]香。

---

① 闤闠，街市、街道，《文選·左思〈魏都賦〉》："班列肆以兼羅，設闤闠以襟帶。"吕向注："闤闠，市中巷繞市，如衣之襟帶然。"

② 菰蔣，指菰葉。

③ 國圖本作"頻"，甘本作"蘋"，據甘本改。

④ "磯"，甘本作"機"。支磯石，傳説爲天上織女用以支撑織布機的石頭。《太平御覽》引劉義慶《集林》："昔有一人尋河源，見婦人浣紗，以問之，曰：'此天河也。'乃與一石而歸。問嚴君平，云：'此織女支機石也。'"

⑤ 菰和蒲皆爲水生植物，代指湖泊。

⑥ 木樨，植物名。王世懋《閩部疏》："凡桂四季者有子，唐詩所云'桂子月中落'，此真桂也。江南桂八九月盛開無子，此木樨也。"

九月三日芙蓉與菊同開

黄花開不待重陽，亦有芙蓉不待霜。爲憶宣和新譜[①]裏，已將金鈿[②]對紅妝。

園　　中

已有園中種植多，花繁果美樹婆娑。鄰翁相羨還相笑，莫是前身郭橐駝[③]。

瑞香花開

絳稜初破清香發，遲日微風凭小闌。姑舍江南新茉莉，要知同氣是幽蘭。

牡　　丹

尊前客是隔年期，醉向殘春莫厭遲。國色天香自無比，不須開共百花時。

芍　　藥

軟風晴日似相期，酹酒花前莫遣遲。誰爲牡丹論近侍，衹應遺恨不同時。

---

①宣和新譜，指《宣和畫譜》，北宋宣和（1119—1125）年間官方主持編撰的宫廷所藏繪畫作品的著作，是一部紀傳體的繪畫通史。

②“鈿”，國圖本作“鈕”，據甘本改。

③郭橐駝，柳宗元《種樹郭橐駝傳》：“郭橐駝，不知始何名，病瘻，隆然伏行，有類橐駝者，故鄉人號之‘駝’。駝聞之曰：‘甚善，名我固當。’因舍其名，亦自謂‘橐駝’云。其鄉曰豐樂鄉，在長安西。駝業種樹，凡長安豪富人爲觀游及賣果者，皆争迎取養視。駝所種樹，或移徙無不活，且碩茂蚤實以蕃，他植者雖窺伺效慕，莫能如也。”後以“郭橐駝”代指善於植樹者。

讀《陰符經》《參同契》二首

午窗睡起讀《陰符》①，三百餘言總道樞。明哲未知生與死②，漫③誇多讀世間書。

其　二

《參同》④文字兩三篇，托象敷文旨自玄。若也尋文還泥象，魏君歸鶴⑤待何年。

領　孫

緣池繞徑恣閒行，已有園中正晚晴。學語小孫多事甚，牽衣隨處問花名。

東湖書院二首

讀書堂下日如年，門外湖波漲夜泉。乞取魚竿⑥領烟景，丘園誰道獨無權。

其　二

山圍書院好峰多，行處新詩日幾何。中有幽栖人不到，綠羅深洞白雲窩。

---

①《陰符經》，道教經典，全稱《黄帝陰符經》，舊題黄帝撰，實爲借黄帝之名而作。關於其著者世説紛紜，有説爲唐李筌撰，有説爲魏道士寇謙之作，有説爲吕望作，《四庫提要辯正》認爲此書爲東晋時期的道士所寫。

②“明哲”句，典出《論語・先進》：“季路問事鬼神。子曰：‘未能事人，焉能事鬼？’曰：‘敢問事死。’曰：‘未知生，焉知死？’”

③“漫”，國圖本作“謾”，據甘本改。

④《參同契》，早期道教重要經籍，全名《周易參同契》，東漢魏伯陽撰，三卷。書中借用乾、坤、坎、離、水、火、龍、虎、鉛、汞等法象，以明煉丹修仙之術。大旨是參同“大易”“黄老”“爐火”三家理法而會歸於一，能“妙契大道”，故名。

⑤魏君，魏伯陽（約151—221），名翱，字伯陽，東漢會稽上虞（今屬浙江紹興）人。東漢著名的黄老道家、煉丹理論家。歸鶴，陶潛《搜神後記》：“丁令威，本遼東人，學道於靈虚山。後化鶴歸遼，集城門華表柱。時有少年，舉弓欲射之。鶴乃飛，徘徊空中而言曰：‘有鳥有鳥丁令威，去家千年今始歸。城郭如故人民非，何不學仙冢壘壘。’遂高上衝天。今遼東諸丁云其先世有升仙者，但不知名字耳。”後以“歸鶴”喻不忘故鄉的人。

⑥“竿”，國圖本作“竽”，據甘本改。

書所見

瓦雀巡檐掠網蟲，持竿防護坐兒童。無端得失難窮詰[①]，要與飛蟲着網同。

石菖蒲

刳石澆泉種小蒲，一莖九節世應無。玉皇香案靈根在，乞取黄芽與病夫。

寄鶴崖劉用章因及其子

崖邊老鶴愛閑栖，三十餘年斂羽衣。此日剛風吹夢醒，絳霄争看引雛飛。

邀韋庵

南池北池凍初解，紅梅白梅花正開。弄水登臺無不可，上元風日待君來。

春日涉園

桃花初放柳新垂，淺緑深紅近碧池。詩草朝來成卷子，病夫猶自有忙時。

寶珠山茶戲作

季倫當日鬥豪華，戚里珊瑚信手撾[②]。誰道漢濱窮措大，寶珠無數不曾誇。

---

①“詰”，國圖本作“詰”，據甘本改。

②季倫，指石崇。石崇（249—300）。字季倫，魏晋渤海南皮（今河北南皮）人，西晋時大臣，有《石崇集》傳世，《晋書》卷33有傳。“季倫”句，典出《世説新語·汰侈》：“石崇與王愷争豪，并窮綺麗以飾輿服。武帝，愷之甥也，每助愷。嘗以一珊瑚樹高二尺許賜愷，枝柯扶疏，世罕其比。愷以示崇。崇視訖，以鐵如意擊之，應手而碎。愷既惋惜，又以爲疾己之寶，聲色甚厲。崇曰：‘不足恨，今還卿。’乃命左右悉取珊瑚樹，有三尺、四尺，條幹絶世，光彩溢目者六七枚，如愷許此甚衆。愷惘然自失。”

紫牡丹

魏家高品[①]愜心期，怪底江城得種遲。按取歐陽花譜[②]看，直須開似洛中時。

白牡丹

素娥誰解共襟期，縞袂[③]輕盈步履遲。試看清妍新樣舞，玉蘭風細月來時。

紫　荆

田家兄弟[④]義終全，榮悴[⑤]還勝勸沮權。欲共東皇間品藻[⑥]，百花誰更與齊賢。

紫牡丹次韵李韋庵

魏花元擅洛陽春，根撥南來尚有神。遭遇謫仙知愛重，清平新曲爲傳真[⑦]。

---

①魏家高品，即“魏紫”，牡丹花名貴品種之一。相傳爲宋時洛陽魏仁浦家所植，色紫紅，故名。

②歐陽花譜，即歐陽修所編《花譜》。《歐陽修全集·洛陽牡丹記》：“魏家花者，千葉肉紅花，出於魏相仁溥家。……錢思公嘗曰：‘人謂牡丹花王。今姚黄真可爲王，而魏花乃后也。’”

③縞袂，“袂”爲“袂”訛字。縞袂，白衣，借喻白色花卉。

④田家兄弟，即“田荆”之典。

⑤榮悴，即榮枯，陶淵明《形贈影》詩：“草木得常理，霜露榮悴之。”

⑥東皇，古代楚地傳説中的神祇，王逸注《楚辭·九歌》云：“太一，星名，天之尊神。祠在楚東，以配東帝，故云‘東皇’。”

⑦謫仙，指李白。清平，即《清平調》，唐代曲名，後用爲詞牌。相傳唐開元中期，李白供職翰林，時宫中木芍藥盛開，玄宗於月夜賞花，召楊貴妃侍酒，以金花箋賜李白，命進新辭《清平調》，李白於醉中寫成三章。

閲《千金方》戲作

狂夫多病幾時痊，翻想松喬等壽年。孫氏古方[①]拼服遍，豈無一劑解通仙。

園鳥將雛喜作

鵓鳩纔見將三子，百舌仍看長六雛。薇架豆棚高幾許，爾曹何恃作丘隅。

邀汪濟龍

牡丹開過惜芳辰，南望桃溪憶故人。明日好來看芍藥，莫教全負一年春。

汪、鄒二窗友[②]相繼而逝

鄉閭不見鄒蓮幕，城市又失汪桃溪。相知無幾復凋謝，老泪臨風濕杖藜。

登　臺

菊花無酒不須開，子美愁登江上臺。此日登臺仍對酒，花前誰忍更停杯[③]。

其　二

小杜登高菊滿頭，齊山故事亦風流。高臺對菊鳴壺矢，未讓齊山説勝游[④]。

---

①孙氏，即孫思邈（581—682），唐代京兆華原（今陝西銅川）人，醫藥學家，被後人稱爲“藥王”。孫氏古方，即詩題《千金方》。《千金方》，又稱《千金要方》，彙集唐初以前的醫藥著作，對於診病要訣、針灸方法以及養生諸道均周詳叙述。孫思邈以爲人命貴於千金，故以《千金要方》爲書名。

②“窗友”，甘本作“同學”，兩可。

③此詩典出杜甫《登高》：“萬里悲秋常作客，百年多病獨登臺。艱難苦恨繁霜鬢，潦倒新停浊酒杯。”

④小杜，指杜牧。此詩典出杜牧《九日齊山登高》詩：“江涵秋影雁初飛，與客携壺上翠微。塵世難逢開口笑，菊花須插滿頭歸。但將酩酊酬佳節，不用登臨恨落暉。古往今來衹如此，牛山何必獨霑衣！”唐代會昌五年（845）杜牧任池州刺史時，張祜拜訪，因二人都懷才不遇，同命相憐，故九日登齊山時，感慨萬千，遂作此詩。後用爲重陽登高賦詩之典。

栽松戲作

手植新松咫許高，朝培夕灌不知勞。待渠老鶴巢成日，借卧雲霄聽海濤。

櫻　桃

旋種朱櫻見果成，登盤入座赭光生。篘籠[1]聊復供人事，共訝驪珠散滿城。

嵩渚《梅卷》

鑒賞誰還具眼青，疏枝冷蕊[2]見和羹。諒陰[3]夢裏依稀象，不是天人貌不成。

梧　桐

病夫手自種梧桐，結實還應自勒功。客至儘堪供茗碗，更將丸藥教兒童。

墻隅即事

蝸利涎濡乘雨去，蝶懲質弱避風飛。雨晴剩有蝸粘殼，風定還看蝶晒衣。

雙　溪

門外溪流碧玉雙，溪頭竹樹蔭舟航。主人時辦青錢[4]值，佳水佳山逸興長。

---

① 篘籠，罩在火爐上的竹籠。庾信《對燭賦》："蓮帳寒檠窗拂曙，篘籠熏火香盈絮。"倪璠注："篘籠，竹火籠也。"

② 冷蕊，寒天的花，多指梅花。

③ 諒陰，即諒闇，居喪時所住的房子，亦借指居喪，多用於皇帝。典出《禮記・喪服四制》："《書》曰：'高宗諒闇，三年不言。'善之也。"鄭玄注："闇，謂廬也。"

④ 青錢，喻色緑而形圓之物，如榆莢、萍葉、苔點等。

約賞花

上墦兒女自攜持，風雨歸舟恐到遲。爲共幽人有良約，牡丹今是盛開時。

白　榴

雪色安榴晚見栽，絶勝雪裏見紅梅。從知西域猶輕漢，未許張騫得種來[①]。

紅雪磯花落戲作

南枝老却春風面，撩亂磯頭紅雪片。酒酣罷釣行復歌，頗似歸從曲江宴[②]。

張處士輓詩

古姆山頭歌《大招》[③]，閬風[④]何處獨逍遥。愁雲晝合江天暗，摸索風前酹酒飄。

絶　句

敝舍嶢田衹舊家，歸來仍做別生涯。兒童終日無休息，不是栽松即灌花。

---

①傳説石榴由漢代張騫從西域引入中原。張華《博物志》："張騫使西域還，得大蒜、安石榴、胡桃、蒲桃。"

②曲江宴，唐時考中的進士，放榜後大宴於曲江亭，謂之曲江會。李肇《唐國史補》卷下："（貢舉）既捷，列書其姓名於慈恩寺塔，謂之'題名'。會大宴於曲江亭子，謂之'曲江會'。"

③古姆山，在明湖廣武昌縣（今湖北武漢市洪山區）。《（光緒）武昌縣志》卷一山川："古姆山，在縣西北九十里。"

④閬風，即閬風巔，神話中山名，在昆侖之山巔，爲仙人居處。《楚辭·離騷》："朝吾將濟於白水兮，登閬風而緤馬。"王逸《注》："閬風，山名，在昆侖之上。"

剪金花即王不留行

剪金[1]元是俗相稱，病客相逢莫諱名。天上乞歸曾累疏，君王非是不留行。

杭雙溪憲長寄示《江行》詩次韵[2]

新秋江月送官舟，彩鷁青簾[3]擁早樓。夜半棹歌誰省記，有人閑卧白蘋洲[4]。

紅梅古韵

含章[5]春態厭都城，庾嶺羅浮[6]敢擅名。緑葉青枝渾細事，誰將桃杏擬風情。

即　事

洞口桃花滿意紅，生憎蜂蝶太匆匆。山禽那更來捎蝶，打着儂枝欲半空。

---

①剪金花，即王不留行，植物名。唐慎微《證類本草》："王不留行，味苦，甘平無毒，主金瘡止血……又名禁宫花、剪金花。"

②杭雙溪，即杭淮（1462—1538），字東卿，號雙溪，明南直宜興（今江蘇宜興）人，弘治十二年（1499）進士，歷官刑部主事、員外郎、雲南副使，以右副都御史致仕，故稱"憲長"。有《雙溪集》八卷傳世。

③彩鷁，彩舟。鷁，水鳥名，古代常畫鷁於船首，故稱。青簾，舊時酒店門口挂的幌子多用青布製成，借指酒家。

④蘋，水草，夏秋開白花，故稱白蘋。白蘋洲，指長有蘋草的水邊小洲。

⑤含章，原指含章殿，後代指梅花。典出《太平御覽·時序部》："宋武帝女壽陽公主，人日卧於含章殿檐下，梅花落公主額上，成五出花，拂之不去。皇后留之，看得幾時，經三日，洗之乃落。宫女奇其異，竟效之，今'梅花妝'是也。"

⑥羅浮，山名，在廣東省東江北岸，爲粤中游覽勝地。柳宗元《龍城録·趙師雄醉憩梅花下》記："隋開皇中，趙師雄遷羅浮。一日天寒日暮，在醉醒間，因憩僕車於松林間，酒肆傍舍，見一女人，淡妝素服，出迓師雄。……與之語，但覺芳香襲人。……緑衣童來，笑歌戲舞。……但覺風寒相襲，久之時，東方已白，師雄起視，乃在大梅花樹下。"後亦以"羅浮"借指梅花意象。

九日無菊次韵李明府

黄菊含英傍古臺，夫容紅遍小池隈。寒花愛客無窮意，一種開花一度來。

李明府招看春不赴

春透黄紬[①]正釀眠，夢驚何處鼓填填。東郊十里揚鞭路，合讓韶華與少年。

初夏即事

木天[②]清絶稱㨗書，何處齋軒更此如。乳燕夢閑人莫到，緑槐風細碧窗虚。

夢梅花

故園梅樹開花未，頗怪南枝入夢勤。此夢定知何處應，畫中逢見笛中聞。

題　畫

明時有路識郊畿，溪閣岩扉偶别離。誰把甘肥擬踪迹，由來心事白雲知。

送崔尚德定興[③]義民以張巡撫之命送子至沙河

中丞愛客世應稀，千里前驅一騎飛。歸溯嚴風又千里，使乎臨别欲留衣。

---

①黄紬，黄綢。

②木天，秘書省之别稱，《夢溪筆談》記："内諸司舍屋，唯秘閣最宏壯。閣下穹窿高敞，相傳謂之'木天'。"明清則爲翰林院别稱。

③定興，今河北省保定市定興縣。

足夢中句甲戌十二月二十六夜，夢李茂卿詩一絶，祇記後二句，覺而枕上足成[①]

舊種[②]茅茨傍古松，餐苓[③]服杞效鄰翁。如今又自餐珠玉，不與尋常肺腑同。

護竹禪房次東濱韵

雪幹風枝緑繞廬，遠公唯與此君居。他年擬結山中社，半榻還應爲我虚。

題扇勉豸侄

兩屧春風一槁梧[④]，行行曉過碧山隅。絃中有調何妨古，眼底知音莫道無。

采　石

謫仙佯醉上天時，采石江頭捉月騎[⑤]。千古何從見顔色，夜深江月正堪疑。

東莊秋夜

西風夜颭海棠樹，寒葉蕭蕭作雨聲。豈是緣愁不成寐，秋收穫望在晴明[⑥]。

---

① 甲戌，時爲正德九年（1514）。李承芳（1450—1502），字茂卿，號東嶠，明湖廣嘉魚（今湖北嘉鱼）人，弘治三年（1490）進士，歷官大理寺評事、少卿等職，有《東嶠集》傳世。

② “種”，國圖本作“中”，據甘本改。

③ 苓，指茯苓，中藥材名，《淮南鴻烈解·説山訓》：“千年之松，下有茯苓。”高誘注：“茯苓，千歲松脂也。”

④ 槁梧，枯槁的梧桐樹，借指琴。《詩經·大雅·卷阿》：“鳳皇鳴矣，于彼高岡。梧桐生矣，于彼朝陽。”孔穎達疏：“梧桐可以爲琴瑟。”

⑤ 采石，即采石磯，在今安徽省馬鞍山市，相傳爲李白捉月溺死處。“謫仙”句，典出《舊唐書·李白傳》：“白既嗜酒，日與飲徒醉於酒肆。……時侍御史崔宗之謫官金陵，與白詩酒唱和。嘗月夜乘舟，自采石達金陵，白衣宫錦袍，於舟中顧瞻笑傲，傍若無人。”

⑥ 此句甘本作“秋田收穫望晴明”。

鸕鷀[①]

少年獵射頗豪粗，弓矢年來總撥除。近日鸕鷀也欺得，公然攫取磬池魚。

以[②]杖贈何湖東先生

籛鏗[③]八百大歸時，自悔當年任杖遲。靈壽[④]一枝今把贈，逍遥千歲不教衰。

除夕

除夕當年理夜筵，今年除夕大蕭然。天王減徹[⑤]天應悔，獻歲[⑥]看書大有年。

看鶴舞

雙鶴低昂舞翅開，投枚擲芥[⑦]去還來。未識《霓裳羽衣曲》[⑧]，廣庭華月看仙材。

---

①鸕鷀，水鳥名，俗稱“魚鷹”。善潛水捕食魚類，漁人常馴養之以捕魚。

②國圖本無“以”字，據甘本補。

③“鏗”，國圖本此字疑貳，據甘本改。籛鏗，即彭祖，姓籛名鏗，相傳古之長壽者，堯時封與彭城，故又稱“老彭”。《論語・述而》：“竊比於我老彭。”邢昺疏：“老彭，即莊子所謂彭祖也。李云：‘名鏗，堯臣，封於彭城，歷虞夏至商，年七百歲。’”

④靈壽，《山海經・海内經》：“靈壽實華。”郭璞《注》：“靈壽，木名也，似竹，有枝節。”

⑤減徹，猶裁減。

⑥獻歲，即歲首正月。《楚辭・招魂》：“獻歲發春兮，汨吾南征。”王逸《注》：“獻，進；征，行也。言歲始來進，春氣奮揚，萬物皆感氣而生。”

⑦“枚”，甘本作“枝”。《詩經・周南・汝墳》：“遵彼汝墳，伐其條枚。”毛傳：“枝曰條，幹曰枚。”芥，小草。

⑧《霓裳羽衣曲》，唐代曲名。《新唐書》卷22《禮樂十二》：“河西節度使楊敬忠獻霓裳羽衣曲十二遍，凡曲終必遽，唯霓裳羽衣曲將畢，引聲益緩。”

桑梓嘆

七十里程常病涉，城中今似隔長安。一年一度見桑梓，信有人間《行路難》[①]。

園　林

春老園林花事空，詩人十九怨東風。金盤忽謾登桃李，一笑方知造化功。

十姊妹花[②]

衰遲已分不關春，坐閲[③]穠花亦惱人。趙謝喬楊諸姊妹[④]，返魂來鬥曉妝新。

小　鮮

兩兩兒童薄岸牽，時從數罟給烹煎。小鮮自是鯫魚[⑤]族，不載鄒梁論道篇[⑥]。

漫　成

駟蓋光榮虞耻辱，丘園安穩足荒凉。年來進止堪誰決，首肯儂家老孟光[⑦]。

---

①《行路難》，漢樂府名，《樂府解題》曰："《行路難》，備言世路艱難及離别悲傷之意，多以君不見爲首。"

② 十姊妹花，植物名，薔薇科。每蓓十花或七花，故又稱"七姊妹花"。

③"閲"，國圖本作"閎"，據甘本改。

④ 趙謝喬楊諸姊妹，應指趙飛燕、謝娥、大喬、小喬、楊玉環這些古代著名的美人。

⑤ 鯫魚，《史記·貨殖列傳》："鯫千石，鮑千鈞。"張守節《正義》："鯫……謂雜小魚也。"

⑥ 鄒梁論道篇，應指孟子（山東鄒城人）與梁惠王探討王道的有關文章，多見諸《孟子·梁惠王》篇。

⑦ 孟光，東漢隱士梁鴻之妻，字德曜，扶風平陵（今陝西咸陽）人。《後漢書·逸民傳·梁鴻》："遂至吴，依大家皋伯通，居廡下，爲人賃舂。每歸，妻爲具食，不敢於鴻前仰視，舉案齊眉。"後作爲古代賢妻的典型。

故甌嘆

謹德窯甆[①]舊有傳，白花青地瑩相鮮。即今試覓無因見，自是今人薄授錢。

外舅挽章二絶

歸休貧不愧冰清，甥館殊慚玉潤名[②]。歲晚登堂無謦咳[③]，凄風來助斷腸聲。

其　二

一官遥郡乞身回，舊業南湖袛釣臺。今日湖濱黯風雪，豈堪還見白鷗來。

次韵李興國[④]見憶二絶

兒童解思羊叔子[⑤]，去後人心誰不公。我願爲雲能趁逐，未妨東野化爲龍[⑥]。

其　二

曲闌幽塢記徘徊，别後寒花幾度開。不分富川雲樹隔[⑦]，相思時爲一登臺。

---

①謹德窯甆，指景德鎮的瓷器。

②冰清、玉潤，《世説新語·言語》劉孝標注引裴叔度曰："妻父有冰清之姿，婿有璧潤之望。"原指樂廣（？—304）和衛玠（286—312）翁婿倆操行潔白，後比喻人的品德高尚純潔。

③謦咳，咳嗽，亦借指談笑、談吐。

④李興國，應爲李東，廣東番禺人，弘治十四年（1501）舉人，曾任湖廣武昌府興國州（今湖北陽新）知州。

⑤羊叔子，即羊祜（221—278），字叔子，西晋泰山郡南城縣（今山東費縣）人。魏晋名臣，《晋書》卷34有傳。"兒童解思羊叔子"，典出《晋書·羊祜傳》："時吴有童謡曰：'阿童復阿童，銜刀浮渡江。不畏岸上獸，但畏水中龍。'祜聞之曰：'此必水軍有功，但當思應其名者耳。'會益州刺史王濬徵爲大司農，祜知其可任，濬又小字阿童，因表留濬監益州諸軍事，加龍驤將軍。"

⑥"我願"句，語出韓愈《醉留東野》："吾願身爲雲，東野變爲龍，四方上下逐東野，雖有離别無由降。"東野，指唐代詩人孟郊（751—814）。

⑦富川，今廣西賀州富川縣，《明史·地理六》："富川，（平樂）府東少北。"雲樹隔，謂兩地相隔遥遠。杜甫《春日憶李白》："渭北春天樹，江東日暮雲。"當時杜在渭北，李在江東。詩句假借雲樹表達思念的感情，指親友分隔在遥遠的兩地。

又次鍾歸州新春見懷韵

幾時不得巴東[①]信，江郡紅梅已復新。走傍長亭求驛使，爲傳臨水一枝春。

製棺諭諸兒孫

伯倫壺插[②]日隨行，體髮憐渠已自輕。螻蟻烏鳶都不問，莊生殊不近人情[③]。

其　二

連抱霜杉斷紫珉[④]，桃花千度洞中春。止林[⑤]會有歸根日，穩卧華胥[⑥]夢裏身。

柳士杰菊泉清酌

洗硯泉頭水一泓，菊坡流過帶秋英。延齡不減南陽味，時共幽人引玉瓶。

醫士王爵一杏林春意

醫道通仙信有之，活人食報[⑦]没人知。深林杏熟紛如市，正是於菟[⑧]收

---

①巴東，今湖北省恩施市巴東縣。

②“插”，甘本作“鍤”。伯倫壺插，典出《世説新語·文學》：“劉伶著《酒德頌》，意氣所寄。”（南朝梁）劉孝標注引《名士傳》曰：“（劉）伶，字伯倫，沛郡人。肆意放蕩，以宇宙爲狹。常乘鹿車，携一壺酒，使人荷鍤隨之，云：‘死便掘地以埋。’土木形骸，遨游一世。”

③螻蟻、烏鳶，指螻蛄和螞蟻，泛指微小的生物。“螻蟻”句，典出《莊子·列御寇》：“在上爲烏烏食，在下爲螻蟻食。”

④珉，像玉的石頭。許慎《説文》：“珉，石之美者。”

⑤止林，魯鐸家鄉的地名。魯氏著有《止林記》：“今疾與年益侵，余殆亦止於此矣。夫因以‘止’易‘蠟’字，號曰‘止林’。”

⑥華胥，傳説中的故國名，《列子·黄帝》：“（黄帝）晝寢，而夢游於華胥氏之國。華胥氏之國在弇州之西，台州之北，不知斯齊國幾千萬里。蓋非舟車足力之所及，神游而已。其國無師長，自然而已；其民無嗜欲，自然而已……黄帝既寤，怡然自得。”後用以指理想的安樂和平之境，或作夢境的代稱。

⑦食報，受報答或受報應。

⑧於菟，虎的别稱。《左傳·宣公四年》：“楚人謂乳穀，謂虎於菟。”今湖北雲夢，古亦稱“於菟”。此處“於菟”指雲夢。

穀時。

秋日讀書，西禪湖漲，久未出，新霽月明，浩然放舟，聊[①]短吟

西風湖水漾秋痕，短褐殘編日閉門。忽見江城上明月，野船村酒弄黄昏。

度恨這關次閔城公館壁間韵

躡石穿雲曉度關，雲中石上聽潺湲。關門戍卒争相訝，纔見江南又北還。

却月城

君從却月城[②]邊歸，我家却月城邊住。城頭明月我不如，千里隨君秣陵[③]去。

乏　薪

茅屋炊烟濕更遲，一瓢常過午鷄時。糟妻笑指瓶中粟，明日君當對扊扅[④]。

草堂植芙蓉盛開，詩以志之

碧桃紅杏侑春卮[⑤]，醉植[⑥]芙蓉是阿誰。秋晚不經裁[⑦]杖處，芙蓉誰信有花時。

---

①“聊”，甘本作“偶成”，兩可。

②卻月城，亦名夏口城、沔口城。東漢建安時由荆州牧劉表屬下黄祖所築，在今湖北武漢市漢口城區西南。《水經注・江水》：“沔左有卻月城，亦曰偃月壘，戴監軍築。”《明一統志》：“卻月城，在江口，即漢末黄祖所守者。”

③秣陵，治所在今江蘇江寧縣南。

④扊扅，門閂。顔之推《顔氏家訓・書證》：“古樂府歌《百里奚詞》曰：‘百里奚，五羊皮。憶别時，烹伏雌，吹扊扅；今日富貴忘我爲！’吹，當作炊煮之‘炊’……然則當時貧困，并以門牡木作薪炊耳。”

⑤卮，酒器；侑春卮，春日喝酒助興。

⑥“植”，國圖本作“杖”，據甘本改。

⑦“裁”，甘本作“栽”，似以“栽”字爲佳。

護　樹

緣村乞樹繞園栽，紅白花教取次開。培築未周風雪到，擁蕢編箔夜深回。

種竹刻詩戒之

繞亭種樹亦分曹，紅杏元無碍碧桃。更欲從君求療俗，莫教孫子却麄豪[①]。

大梅根

陳正邦許以[②]大梅歸，則家人以爲薪矣，使三人升其根至，戲作此詩

老幹都成爨下烟，水邊香影憶當年。十圍榾柮[③]猶相遺，留共燕昭故事傳。

次韵答李韋庵明府之父

山童掃葉旋成堆，繞屋穿林去復回。明日幽人能枉駕[④]，茶爐堪瀹酒堪煨。

甘谷詩

菊潭芳水飫鄉鄰，期耄纔消一掬[⑤]春。流出前溪散江海，從今普壽世間人。

---

①麄豪，猶粗豪、豪壯之意。

②“以”，國圖本無此字，據甘本補。

③十圍，亦作“十韋”，形容粗大。《文選·枚乘〈上書諫吴王〉》：“夫十圍之木，始生而櫱，足可搔而絶，手可擢而拔。”張銑注：“十圍，言大也。”榾柮，指木柴塊、樹根，可代炭用。

④枉駕，屈駕，感謝客人到訪的敬辭。

⑤一掬，亦作“一匊”，兩手所捧，亦表示少而不定的數量。《詩經·小雅·采緑》：“終朝采緑，不盈一匊。”毛傳：“兩手曰匊。”

食梧桐子戲作

山人夜飯梧桐子，喉吻無端生異聲。曉日登臺偶歌咏，滿城驚有鳳凰鳴[①]。

紫薇下[②]

秋蜂晴撲紫薇花，匆遽紛嘩辨午衙[③]。但取山人詩課了，任教分蜜嚮誰家[④]。

食　栗

東園種栗五經春，試實纔看長過人。霜後携筐自今始，先生真合不全貧。

松　花

高僧得得下寒山，爲饋松花説駐顔。我自有松花可采，鶴巢相近不教攀。

調　鶴

物情張弛亦須裁，鶴圈尋常不漫開。罷啄梳翎[⑤]放教舞，不妨踏遍一庭苔。

---

① “滿城”句，典出《詩經·大雅·卷阿》：“鳳凰鳴矣，于彼高岡。梧桐生矣，于彼朝陽。”古代以爲梧桐是鳳凰栖止之木。

② “紫薇下”，甘本作“紫薇花下偶成”。

③ “辨”，甘本作“辦”。午衙，午時官吏集於衙門，排班參見上司，詩中用以形容午間群蜂飛集蜂房之狀。

④ “任教”句，典出（唐）羅隱《蜂》：“不論平地與山尖，無限風光盡被占。采得百花成蜜後，不知辛苦爲誰甜？”

⑤ 梳翎，指鳥類梳理自身羽毛。

訟南風

宵晝南風撼地來，西疇先作稻花灾。桔槔田父吞聲哭，誤入薰弦[①]説阜財。

寒朝野望

霜晨丹碧競相鮮，十月園林也自妍。珍重詩家清物色，未應遍惜艷陽天。

纏枝牡丹

牡丹譜系獨稱王，野蔓閒花詎比方。忽記古人因大笑，崇韜曾拜郭汾陽[②]。

戲簡杜彦潔年兄[③] 七十後得子

簾幃相似幾蘭房[④]，何處蘭花入夢香。錯把生稊題紙尾，大兄未伏是枯楊[⑤]。

---

①薰弦，指《南風歌》。典出《孔子家語·辯樂》："昔者舜彈五弦之琴，造《南風》之詩。其詩曰：'南風之薰兮，可以解吾民之愠兮；南風之時兮，可以阜吾民之財兮。'"

②崇韜，指郭崇韜（?—926），五代時代州雁門（今山西代縣）人，字安時，事李存勗爲中門副使，存勗建後唐，累官至樞密使。策劃滅梁功第一，拜侍中，領成德節度使，進封越國公，位兼將相，《新五代史》卷24有傳。郭汾陽，指唐代名將郭子儀（697—781）。安史之亂平息以後，郭子儀功封汾陽王，故稱，《舊唐書》卷120、《新唐書》卷137有傳。"忽記"句，典出歐陽修《新五代史·郭崇韜傳》："以其姓郭，因以爲子儀之後，崇韜遂以爲然。其伐蜀也，過子儀墓，下馬號慟而去，聞者頗以爲笑。"

③"年兄"，甘本作"同年"，兩可。

④簾幃，猶簾幕。蘭房，猶香閨，舊時婦女所居之室。《文選·潘岳〈哀永逝文〉》："委蘭房兮繁華，襲窮泉兮朽壤。"吕延濟注："蘭房，妻嘗所居室也。"

⑤"稊"，國圖本作"秭"，據甘本改。生稊、枯楊，典出《周易·大過》："九二，枯楊生稊，老夫得其女妻。"王弼注："稊者，楊之秀也。"孔穎達疏："枯楊生稊者，枯謂枯槁，稊謂楊之秀者……枯槁之楊更生少壯之稊，枯老之夫得其少女爲妻也。"

即　事

蒼苔滿地護殘紅，春去園林興益濃。池上臺邊俱好坐，錦茵[①]文席正重重。

大椿洞梅放

蘇橘山人愛看梅，梅邊日日望春來。花神不遣春知道，洞口先教一樹開。

五言排律三首

送潘仲魯給事使安南二十韻

絶域分茅土[②]，皇明廣幅員。爵頒藩服遠，制選使臣[③]賢。
玉節黄門彦[④]，青春彩筆仙[⑤]。隔疆嚴館穀[⑥]，夾道擁戈鋋[⑦]。

---

①錦茵，錦製的墊褥，《文選·潘岳〈寡婦賦〉》："易錦茵以苫席兮，代羅幬以素帷。"劉良注："茵，褥也。"

②茅土，《文選·李陵〈答蘇武書〉》："陵謂足下當享茅土之薦，受千乘之賞。"李善《注》："《尚書緯》曰：'天子社，東方青，南方赤，西方白，北方黑，上冒以黄土，將封諸侯，各取方土，苴以白茅，以爲社。'"

③使臣，指潘仲魯。潘希曾（1476—1532），字仲魯，號竹澗，明浙江金華人，弘治十五年（1502）進士，歷任兵科給事中、太常卿、南贛巡撫、工部侍郎等職，官終兵部左侍郎，有《竹澗集》傳世。

④玉節，玉製的符節，《周禮·地官·掌節》："守邦國者用玉節，守都鄙者用角節。"黄門，官署名。《漢書·霍光傳》："上乃使黄門畫者畫周公負成王朝諸侯以賜光。"顔師古注："黄門之署，職任親近，以供天子，百物在焉，故亦有畫工。"

⑤彩筆仙，典出《南史·江淹傳》："（江淹）嘗宿於冶亭，夢一丈夫自稱郭璞，謂淹曰：'吾有筆在卿處多年，可以見還。'淹乃探懷中得五色筆一以授之。爾後爲詩絶無美句，時人謂之才盡。"

⑥馆穀，居其館、食其穀，指駐軍就食。《左傳·僖公二十八年》："楚師敗績……晋師三日館穀，及癸酉而還。"杜預注："館，舍也，食楚軍穀三日。"

⑦戈鋋，戈與鋋，《文選·班固〈東都賦〉》："元戎竟野，戈鋋彗雲。"李善《注》："《説文》曰：'鋋，小矛也。'"

曉日遄飛鵠，清風起跕鳶[①]。狖居迴徑路，人海度旌旃。
委地看絲竹，然空訝木綿。溪清沙可數，山好畫難傳。
石署初除道，泉通再熟田。朝陽斜北牖，新月近中天。
驛侍官殊貴，郊迎禮益虔。紅門陳隊栅，黄閣[②]渡江船。
詔引天王仗，封開正德年。綸言聞海嶠，宫錦照賓筵[③]。
高俎盤金碧，夷歌按管絃。命行誠不辱，對正自能專。
問俗書應紀，登高賦輒鐫。漢廷才陸賈[④]，天象客張騫。
胡粤人無外，桑蓬志[⑤]果然。平生多著作，仍刻《使交篇》。

石淙三十韵有序

石淙，人皆知爲邃庵楊公之號，不問其出何地也。蓋公天下之士，故天下稱公者，皆我之若盡出其門者，雖真出其門，不得專也。公本滇南人，實以神童起於楚之巴陵，既又家京口[⑥]。楚之人欲援爲鄉先輩，則天下之人環視而争且笑之。楚之人不敢私也，京口之人尤不敢私也，今至於滇南之人亦不可得而私矣。故予以楚人賦《石淙詩》，祇得隨天下之例，然終自恨無好語與天下人争石淙也。

---

①跕鳶，言瘴氣之盛，雖鳶鳥亦難飛越，喻指艱難險阻。《後漢書・馬援傳》："封援爲新息侯，食邑三千户。援乃擊牛釃酒，勞饗軍士。從容謂官屬曰：'吾從弟少游常哀吾慷慨多大志……當吾在浪泊、西里間，虜未滅之時，下潦上霧，毒氣重蒸，仰視飛鳶跕跕墮水中，卧念少游平生時語，何可得也！'"李賢注："鳶，鴟也。跕跕，墮貌也。"

②黄閣，《宋書・禮志二》："三公黄閣，前史無其義……三公之與天子，禮秩相亞，故黄其閣，以示謙不敢斥天子，蓋是漢來制也。"後因以黄閣指宰相官署。

③宫錦，宫中特製或仿造宫樣所製的錦緞。賓筵，宴請賓客的筵席。

④陸賈，漢初時楚國人，追隨高祖劉邦，因能言善辯常出使游説各路諸侯。"漢廷"句，典出《史記・陸賈列傳》："中國初定，尉他平南越，因王之。高祖使陸賈賜尉他印爲南越王。……歸報，高祖大悦，拜賈爲太中大夫。……孝文帝即位，欲使人之南越。陳丞相等乃言陸生爲太中大夫，往使尉他，令尉他去黄屋稱制，令比諸侯，皆如意旨。"

⑤桑蓬志，謂四方之志，典出《禮記・内則》："國君世子生，告於君，接以大牢，宰掌具。三日，卜士負之，吉者宿齊，朝服寢門外，詩負之，射人以桑弧蓬矢六，射天地四方。"鄭玄注："桑弧蓬矢本大古也，天地四方男子所有事也。"

⑥巴陵，今湖南岳陽；京口，今江蘇鎮江。

石淙誰是主，宇内剩流芳。昔見墩名謝[①]，今傳水姓楊。
哲人鍾好樂，精舍足徜徉。鼇極[②]澄渣滓，坤靈[③]啓蓋藏。
豈嘗殊晝夜，寧復滯員方[④]。山下蒙應發，風行渙有光。
淵淵含莫測，混混去無疆。逝者真如此，觀於詎可量。
失平聲或怒，致遠力逾强。玉竇[⑤]方論潔，銀河靡恃長。
氣通靈雨潤，甘與醴泉當。雲母[⑥]延澄澈，中泠許頡頏[⑦]。
盤渦徒嫵媚，瀑布太[⑧]飛揚。岳色長涵咏[⑨]，松聲實互相。
量曾無滿涸，味不變炎涼。止坎[⑩]盈還進，朝宗[⑪]折未妨。
氛埃[⑫]那復染，歲旱賴渠防。嘉穀連畦碩，幽蘭繞壑香。
澮光伸練素[⑬]，逸響觸宫商[⑭]。竭厲心皆適，瓶罌[⑮]願各償。

---

① 謝安墩，故址在今南京市鍾山。李白《登金陵冶城西北謝安墩》："冶城訪古迹，猶有謝安墩。"自注："此墩即晋太傅謝安與右軍王羲之同登，超然有高世之志，余將營園其上，故作是詩。"

② 鼇極，《列子·湯問》："天地亦物也，物有不足，故昔者女媧氏煉五色石以補其闕，斷鼇之足以立四極。"神話傳説中指女媧斷鰲足所立的四極天柱。

③ 坤靈，對大地之神的美稱。《後漢書·孝桓帝紀》："比者星辰謬越，坤靈震動，灾異之降，必不空發。"

④ 員方，即"方圓"，方形與圓形，泛指事物的形狀。

⑤ 玉竇，石洞的美稱，亦指仙人所居的洞府。

⑥ 雲母，原爲晶體礦石，在此借指泉水、光潔的水面。

⑦ "頏"，甘本作"頑"，甘本誤。中泠，泉名，在今江蘇鎮江市西北金山下的長江中，相傳其水烹茶最佳，有"天下第一泉"之稱。

⑧ "太"，甘本作"大"，兩可。

⑨ 涵咏，即"涵泳"，浸潤，沉浸。

⑩ 止坎，語本《漢書·賈誼傳》："寥廓忽荒，與道翱翔。乘流則逝，得坎則止。"顔師古注："孟康曰：'《易》，坎爲險，遇險難而止也。'張晏曰：'謂夷易則仕，險難則隱也。'"

⑪ 朝宗，《尚書·禹貢》："江漢朝宗於海。"孔穎達疏："朝宗是人事之名，水無性識，非有此義。以海水大而江漢小，以小就大，似諸侯歸於天子，假人事而言之也。"

⑫ 氛埃，即塵埃。《楚辭·遠游》："風伯爲余先驅兮，氛埃辟而清涼。"

⑬ "練素"，甘本作"素練"，兩可。

⑭ "宫"，國圖本作"官"，據甘本改。宫商，五音中的宫音與商音。《毛詩序》："聲成文。"鄭玄箋："聲成文者，宫商上下相應。"

⑮ 瓶罌，亦作"瓶甖"，泛指小口大腹的陶瓷容器。

九皋[①]缘鹤隴，萬斛載龍驤[②]。壽考分甘谷，春撞謝吕梁。
虚明開藻鑑[③]，妍醜盡豪芒。瀍洛從姬墨[④]，磻溪净吕璜[⑤]。
道無三伏暍[⑥]，城有百重隍[⑦]。寒月聊追趁，狂飈豈播颺。
誰云耽枕漱[⑧]，莫漫説膏肓。碧海窮源委，青天共渺茫。
也知丁卯里，終似午橋莊[⑨]。留取清波在，圖書送去航。

鍾一齋署縣歸郡贈之十二韵

沔陽新駐節，洛下舊埋輪[⑩]。巴蜀摇山後，滄溟簸水辰。

---

① 九皋，《詩經・小雅・鶴鳴》："鶴鳴于九皋，聲聞于野。"毛傳："皋，澤也。言身隱而名著也。"鄭玄箋："皋，澤中水溢出所爲坎，自外數至九，喻深遠也。鶴在中鳴焉，而野聞其鳴聲……喻賢者雖隱居，人咸知之。"（唐）陸德明《釋文》："《韓詩》云：九皋，九折之澤。"

② 斛，容量單位，古代以十斗爲一斛；萬斛，指容量極多。"萬斛載龍驤"，指西晋龍驤將軍王濬（252—314）用可載萬斛的大船伐吴事，《晋書・王濬列傳》："武帝謀伐吴，詔濬修舟艦。濬乃作大船連舫，方百二十步，受二千餘人。以木爲城，起樓櫓，開四出門，其上皆得馳馬來往。"此處將楊一清比作王濬。

③ 藻鑑，品藻和鑒别人才。

④ 瀍洛，瀍水和洛水的并稱。"瀍洛"句，典出《尚書・周書・洛誥》："周公拜手稽首曰：……'予惟乙卯，朝至於洛師。我卜河朔黎水，我乃卜澗水東、瀍水西，惟洛食；我又卜瀍水東，亦惟洛食。伻來以圖及獻卜。'"

⑤ "磻溪"句，典出《尚書大傳》："周文王至磻溪，見吕望，文王拜之。尚父云：'望釣得玉璜，刻曰：周受命，吕佐檢德合，於今昌來提。'"

⑥ 暍，暑熱。《説文》："暍，傷暑也。從日，曷聲。"

⑦ 隍，護城壕。王逸《七諫・謬諫》："悲太山之爲隍兮，孰江河之可涸。"自注："言太山將頹爲池。"

⑧ 枕漱，典出《世説新語・排調》："孫子荆年少時，欲隱；語王武子'當枕石漱流'，誤曰'漱石枕流'。王曰：'流可枕，石可漱乎？'孫曰：'所以枕流，欲洗其耳；所以漱石，欲礪其齒。'"後借指士大夫或出家人所過的隱居生活。

⑨ 午橋莊，指退隱之所。典出《新唐書・裴度傳》："（裴度）乃治第東都集賢里，沼石林叢，岑繚幽勝。午橋作别墅，具燠館凉臺，號'緑野堂'，激波其下。度野服蕭散，與白居易、劉禹錫爲文章、把酒，窮晝夜相歡，不問人間事。"

⑩ 洛下舊埋輪，典出《後漢書・張綱傳》："漢安元年……餘人受命之部，而綱獨埋其車輪於洛陽都亭，曰：'豺狼當路，安問狐狸！'遂奏曰：'大將軍冀……斯皆臣子所切齒者也。'書御，京師震竦。時冀妹爲皇后，内寵方盛，諸梁姻族滿朝，帝雖知綱言直，終不忍用。"後以"埋輪"爲直言正諫、不畏權貴之典。

解威臨敝邑，廢食念窮民。赤地①彌郥野，黃濤失漢濱。
燎焚仍墊溺②，號愬雜吟呻。煦煦勞諏問，皇皇事拊循③。
馳封當宁急，移牒要塗頻。方乞捐租賦，還謀發庾囷④。
春蘇谷中草，波泳轍間鱗。清苦真餐檗，風謠會勒珉。
楚荆非遠地，賈誼本良臣。宣室行當召，氓情得重陳。

六言絶句六首

莊居漫興二首

過雨護田緑水，凌霜繞屋黄花。天上乞來老境，塵中閑得人家。

其　二

田間事事雖畢，村裏家家未閑。唯有東湖釣者，但從屋後看山。

夜　合

五嶺移來碧樹，重桴⑤迸出瑶花。要識滿庭香味，斑斑初破秋瓜。

晝　車

日烈紅爐焱焱，車鳴白水洋洋。苗似征夫道暍，一時同餉⑥壺漿。

---

①赤地，《漢書·夏侯勝傳》："蝗蟲大起，赤地數千里。"顔師古注："言無五穀之苗。"

②墊溺，淹入水中。《尚書·益稷》："洪水滔天，浩浩懷山襄陵，下民昏墊。"孔《傳》："言天下民昏瞀墊溺，皆困水灾。"

③拊循，亦作"拊巡"，《荀子·富國》："垂事養民，拊循之，唲嘔之。"楊倞注："拊循，慰悦之也。"

④庾囷，即囷庾，指糧倉。庾，指露天的糧倉。囷，指一種圓形的糧倉。

⑤重桴，《文選·何晏〈景福殿賦〉》："雙枚既修，重桴乃飾。"李善《注》："雙枚，屋内重檐也。重桴，重棟也。在内謂之雙枚，在外謂之重桴。言重檐既長，因達於外，而重棟以施彩飾也。"

⑥"餉"，甘本作"飯"，兩可。

夜　車

氣爽牛如贔屓[①]，苗興水似醍醐。百萬沈痾病者，夢回消渴全蘇。

草　蟲

淑氣濃熏芳草，晴絲不礙飛蟲。春色都堪描畫，無人畫得東風。

① 贔屓，是古代漢族神話傳説中龍之九子之一，又名霸下。形似龜，好負重。《文選·張衡〈西京賦〉》："巨靈贔屓，高掌遠蹠。"薛綜注："贔屓，作力之貌也。"

卷　五

使交稿（詩九十二首）

潛江縣阻雨

連日南榮足雨聲，朝來猶未見朱明[①]。親闈引首纔三舍[②]，王事驚心第一程。

文錦被寒回短夢，素琴絃澁負長清。客懷自與愁相值，曉鏡真堪白髮生。

武侯行祠・公安道中[③]

武侯長處本王師，陳壽元來自不知[④]。千載行祠堪洒淚，敢將天意怨當時。

---

① 南榮，《楚辭・王褒》："玄武步兮水母，與吾期兮南榮。"王逸《注》："南方冬温，草木常茂，故曰'南榮'。"朱明，《楚辭・招魂》："朱明承夜兮，時不可以淹。"王逸《注》："朱明，日也。"

② 三舍，《國語・晋語四》："若以君之靈，得復晋國，晋、楚治兵，會於中原，其避君三舍。"韋昭注："古者師行三十里而舍，三舍爲九十里。"

③ 武侯，指諸葛亮，此句典出陳壽《三國志》："評曰：'然連年動衆，未能成功，蓋應變將略，非其所長歟！'"本句意爲：陳壽評價諸葛亮"應變將略，非其所長"，實則是忽視了諸葛亮的長處是做帝王之師。

④ 武侯行祠，應爲諸葛亮在故鄉、任官地之外的祭祀祠堂。

澧州[①]道中書所見

度嶺緣村負瓮來，凌晨出汲午方回。江頭水似黄金貴，米價憑君莫更猜。

清化驛次沈提學壁間韵[②]

古驛群山裏，行人半日停。郵籤[③]紛遠報，詩壁記曾經。
殘夢驚趨闕，良朝憶過庭。乘槎南海去，敢謂迹如萍。

武陵次沈提學壁間韵留别吴廷儀

象郡[④]程期幾月連，馬頭日日换山川。北瞻紫極[⑤]寧違咫，南溯青天或近邊。

奉使冠裳真忝竊，趁人風物故清妍。同袍應有摶沙嘆[⑥]，笑口能開又隔年。

---

①澧州，今湖南省常德市澧縣。

②清化驛，在今湖南津市市南。提學，明代負責地方文教的官員。《明史·選舉志一》："提學之職，專督學校，不理刑名。所受詞訟，重者送按察司，輕者發有司，直隸則轉送巡按御史。督、撫、巡按及布、按二司，亦不許侵提學職事也。"沈提學，指沈鍾（1436—1518），字仲律，晚號休翁、休齋，明南直應天（今江蘇南京）人，原籍長洲，後徙居上元。天順四年（1460）進士，歷官山西、湖廣、山東提學副使，致仕後定居江夏，著有《休齋集》《晋陽稿》《休翁詩集》《思古齋文集》等。

③郵籤，杜甫《宿青草湖》詩："宿槳依農事，郵籤報水程。"仇兆鰲注："漏籌，謂之郵簽。"指驛館、驛船等夜間報時的更籌。

④象郡，治所在今廣西崇左縣境。

⑤紫極，《文選·潘岳〈西征賦〉》："厭紫極之閑敞，甘微行以游盤。"李善《注》："紫極，星名，王者爲宫以象之。"

⑥摶沙，語出蘇軾《二公再和亦再答之》："親友如摶沙，放手還復散。"感嘆親友難聚易散，如沙無黏性般，無法長期交會。

龍陽次壁間韵

武陵溪水帶龍陽[1]，三涉誰云一葦杭[2]。南下郊原方廣衍，古來風景不尋常。

勝游足迹憐司馬[3]，奉使聲華憶解揚[4]。似有山靈苦留客，夜來新雨又浪浪。

楓　樹

風霜摇落時，丹楓葉如茜。如何暮年人，多覺朱顔變。

見途人棄踪有感

行人着踪竟日行，敝來棄擲不少顧。古人棄官與此同，此事難望今人做。

龍陽道中

百里龍陽路，穿林曲更斜。橋亭施旅榻，竹澗隱人家。

岩鳥丹爲羽，山茶玉作花。客邊詩況味，得此亦稱嘉。

倦宿軍山鋪

偶宿軍山[5]下，殘垣傍竹林。敝廬仍敝榻，無席況無衾。

---

① 龍陽，古地名，在今湖南漢壽縣。

② 一葦杭，多指小船。《詩經·衛風·河廣》："誰謂河廣，一葦杭之。誰謂宋遠，跂予望之。"孔穎達《正義》曰："言一葦者，謂一束也，可以浮之水上而渡，若桴筏然，非一根葦也。"

③ 司馬，指司馬遷（前145—？），《史記·太史公自序》："二十而南游江、淮，上會稽，探禹穴，窺九疑，浮於沅、湘；北涉汶、泗，講業齊、魯之都，觀孔子之遺風，鄉射鄒、嶧；戹困鄱、薛、彭城，過梁、楚以歸。"因此有"勝游足迹憐司馬"之句。

④ 聲華，美好的聲譽。解揚，字子虎，春秋時期晋國霍邑（今山西霍州）人，生卒年不詳，武藝高强，能言善辯；以出使途中信守承諾、絶不折節而著稱，因此魯鐸稱："奉使聲華憶解揚。"解揚事迹見《史記》卷42《鄭世家》。

⑤ 軍山鋪，明代驛站名，地點約在今湖南省常德市漢壽縣。

短燭供深坐，長更助苦吟。寒飢方滿野，高枕亦何心。

民　瘼

官僚紛送逆[①]，庖廩美供需。不有謀於野[②]，寧知泣向隅。
死前仍赴役，灾後却徵租。聖主憂勤在，吾曹體悉無。

方橋用韓昌黎韵仍衍其意

似屋不久居，如船祇行過。千古有方橋，應仿韓公作[③]。

益陽道中

益陽南下山岧嶢[④]，益陽道傍風物饒。翠竹丹楓映茅屋，清泉白石臨溪橋。
異禽時出語歷歷，寒花自任[⑤]風蕭蕭。詩中有畫見眼底，右丞[⑥]往矣誰能招。

午飯暮雲鋪[⑦]

善化[⑧]南行五十里，等閑遇事良異哉。午飯却向暮雲裏，冬日宛如春風回。

---

①送逆，迎送，《周禮·秋官·訝士》：“邦有賓客，則與行人送逆之。”鄭玄注：“送逆，謂始來及去也。”

②謀於野，典出《漢書》卷30《藝文志》：“仲尼有言：‘禮失而求諸野。’方今去聖久遠，道術缺廢，無所更索，彼九家者，不猶愈於野乎？”顔師古注：“言都邑失禮，則於外野求之，亦將有獲。”

③“仿”，甘本作“效”，兩可。韓公，指韓愈（768—824）。本詩所言：“應仿韓公作”，指韓愈《奉和虢州劉給事使君三堂新題二十一咏·方橋》：“非閣復非船，可居兼可過。君欲問方橋，方橋如此作。”

④“岧嶢”，國圖本作“苕蕘”，應誤，據甘本改。

⑤“任”，甘本作“在”。

⑥右丞，指王維。

⑦暮雲鋪，明代驛站名，地點約在今長沙與湘潭交界處。

⑧善化，舊縣名，在今湖南長沙。

溪上竹林樵子入，山頭官路道人開。愧無奇句可模[①]寫，莞然失笑長風來。

湘潭察院次諸公題桂韵

柏臺[②]老桂欲干雲，占悋[③]秋光到十分。天下是花難比擬，月中遺子[④]舊傳聞。

坤輿[⑤]獨爲鍾真色，宵漢還應有異芬。却喜紫薇池上月，天涯隨我更陪君。

茶園鋪[⑥]午飯

茶園徙倚[⑦]問山靈，乞取春英入夜瓶。我本陸家同里閈，袖中新注有《茶經》[⑧]。

望衡嶽次沈提學韵

衡山地擅天南勝，風物無邊可盡題。也欲尋真凌紫蓋，詎能飛步躡丹梯[⑨]。

---

①“模”，甘本作“摹”，兩可。

②柏臺，《漢書·朱博傳》：“是時，御史府吏舍百余區井水皆竭，又其府中列柏樹，常有野烏數千栖宿其上。”故稱御史臺爲“柏臺”。

③“悋”，甘本作“領”，兩可。

④月中遺子，（唐）白居易《東城桂三首》其一：“子墮本從天竺寺，根盤今在闔閭城。當時應逐南風落，落向人間取次生。”作者自注：“舊説，杭州天竺寺每歲秋中有月，桂子墮。”因此用月中遺子代指掉落的桂花。

⑤坤輿，《周易·説卦》：“坤爲地……爲大輿。”孔穎達疏：“爲大輿，取其能載萬物也。”後因以“坤輿”爲地的代稱。

⑥茶園鋪，明代驛站名，地點在今湖南省湘潭縣附近。

⑦徙倚，《楚辭·遠游》：“步徙倚而遥思兮，怊惝怳而乖懷。”王逸《注》：“徙倚，彷徨東西，意愁憤也。”

⑧《茶經》，唐陸羽撰。成書於唐至德、乾元（756—760）前後。全書三卷，分爲十篇。書中論述茶的性狀、品質、産地、采製、烹飲方法及用具等，是中國第一部關於茶的專門著作。因陸羽是湖北天門人，與魯鐸爲同鄉，因此魯鐸稱“我本陸家同里閈”。

⑨紫蓋，衡山七十二峰之一。明時在衡州府衡陽境内，即今湖南衡陽。《太平御覽》卷39引盛弘之《荆州記》曰：“衡山有三峰，其一名紫蓋，每見有雙白鶴徊翔其上。”丹梯，紅色的臺階。謝靈運《擬魏太子鄴中集詩·阮瑀》：“躧步陵丹梯，并坐侍君子。”黄節注：“丹梯，丹墀也。”

孤雲時送三湘雨，靈氣長成五色霓。會向晴空登絶頂，八荒一望未應迷。

姜湖南邀游石鼓書院二首

古亭臨合水，書院此重修[1]。山色襟裾上，波光几案頭。

一尊逢地主，半日坐江樓。爲借東岩石，題詩紀勝游。

其　二

良會寧常得，清時不易逢。江山復招引，賓主合從容。

换艪呼魚艇，停杯説雁峰[2]。暮鐘催短景[3]，臨去意重重。

衡陽值家君誕日寫懷

秋槎乘便過庭闈[4]，天府程期可暫違。壽日又逢仍是别，故園衹似未曾歸。初鷄聲裏聞寒雨，回雁峰[5]頭送落暉。家遠書遲心緒亂，篋中慚[6]愧老萊衣。

早發排山

排山[7]東北是衡陽，南去炎荒道路長。見説峰頭回雁盡，幾時音耗達高堂。

---

①石鼓書院，建於唐代衡州石鼓山（今湖南省衡陽市石鼓區石鼓山），故名。《文獻通考·學校》列爲宋初四大書院之一。南宋末書院毁於戰火，元明時興時廢。古亭，指合江亭，爲唐人宴餞題咏之所，在今湖南衡陽縣北。唐韓愈有《合江亭》詩。孫汝聽題解："亭在衡州負郭，今之石鼓頭，即其地也。地形特異，巋然崛起於二水之間。"

②"峰"，國圖本作"峯"，據甘本改。

③短景，白晝不長或將盡。

④庭闈，《文選·束晳〈補亡〉詩》："眷戀庭闈，心不遑安。"李善《注》："庭闈，親之所居。"

⑤回雁峰，又名雁回峰。在湖南衡陽市南，爲衡山七十二峰之一。章潢《圖書編》："回雁峰，城南。雁至衡陽不過，遇春而回。"

⑥"慚"，國圖本作"漸"，據甘本改。

⑦排山，古驛站名，位於明祁陽縣（今湖南永州祁陽縣）東北百里處。

熊羆嶺

登登漸上熊羆嶺[①]，嶺樹陰森路轉平。忽見溪雲生脚底，始驚身在半空行。

祁陽烏符觀次無上宫主韵

弱流萬里隔三山[②]，塵世何從訪大丹[③]。却怪遇仙終不識，烏符詩在玉碑寒[④]。

看古詩有感

尋常看古詩，謾誦離别嘆。如何客邊心，不比尋常看。

晝眉鋪[⑤]

郵亭名晝眉，行人發孤笑。豈是古零陵，曾屬張京兆[⑥]？

---

① 熊羆嶺，又名黄羆嶺。李賢《明一統志》卷 63："黄羆嶺，在祁陽縣北三十里，岩壑深邃，舊傳有羆居之。"

② 弱流萬里隔三山，據王之道《相山集》記："夫鍾吕之流，雖方壺、員嶠、蓬萊遠在海上，隔弱水三萬里。"

③ 塵世何從訪大丹，相傳吕洞賓爲道家丹鼎派祖師，可煉製所謂"三元大丹"。

④ 烏符觀，位於今湖南省祁陽縣烏符山，邁柱《湖廣通志·祁陽縣》："烏符山，在縣北六十里。宋逸士蔣暉所居。有吕岩題壁詩、白玉蟾鎮蛟符。"無上宫主，指吕洞賓。祝誠《蓮堂詩話·訪蔣居士》："蓋宫無上者，吕也，其吕仙洞賓乎。後人刻詩於石，今存。"祁陽縣曾保存有無上宫主吕岩訪蔣暉詩碑，碑上詩爲《題全州道士蔣暉壁》："醉舞高歌海上山，天瓢承露結金丹。夜深鶴透秋空碧，萬里西風一劍寒。"此詩應爲魯鐸所言"烏符詩"。

⑤ 晝眉鋪，明代驛站名，地點約在今湖南省永州市零陵區。

⑥ 張敞（？—前 47），字子高，西漢京兆杜陵（今陝西西安東南）人，昭帝時爲太僕丞，宣帝時任太中大夫，後任京兆尹，故稱"張京兆"，《漢書》卷 76 有傳。該詩典出《漢書·張敞傳》："敞爲京兆……然敞無威儀……又爲婦畫眉，長安中傳張京兆眉憮。有司以奏敞。上問之，對曰：'臣聞閨房之内，夫婦之私，有過於畫眉者。'上愛其能，弗備責也。然終不得大位。"

零陵道中

曉出零陵[①]道，烟光滿薜蘿[②]。寒溪泉脉細，霜樹葉聲多。
楚國山將盡，交州路幾何。肩輿坐來倦，殘日下岩阿[③]。

安道鋪[④]

安道郵亭獨倚闌，好山無數夕陽殘。何因更借明朝住[⑤]，黎杖延緣[⑥]盡意看。

全州引路松三首

萬松官道傍，莫知所從始。吁嗟松下鶴，閲人亦多矣。

其　二

我欲撫長松，前驅忽相警。自笑乘槎游，亦解殺風景。

其　三

終日聽松風，仿佛[⑦]連天浪。却疑奉使身，真坐浮槎上。

---

①零陵，古地名，在今湖南永州零陵區，相傳舜帝葬於此。

②薜蘿，薜荔和女蘿。兩者皆野生植物，常攀緣於山野林木或屋壁之上。《楚辭·九歌·山鬼》："若有人兮山之阿，被薜荔兮帶女蘿。"王逸《注》："女蘿，兔絲也。言山鬼仿佛若人，見於山之阿，被薜荔之衣，以兔絲爲帶也。"

③岩阿，山的曲折處，《文選·潘岳〈河陽縣作〉詩之二》："川氣冒山嶺，驚湍激岩阿。"吕良注："岩阿，山曲也。"

④安道鋪，位於明廣西桂林府全州縣（今廣西桂林市全州縣），《（康熙）全州志》卷2："安道鋪，去城北五十里，接永州界。"

⑤"住"，甘本作"上"。

⑥延緣，緩慢移行。

⑦仿佛，隱約、依稀，《楚辭·遠游》："時仿佛以遥見兮，精晈晈以往來。"洪興祖《補注》："《説文》云：仿佛，見不諟也。"

又以偶來松樹下爲韵五首

平生愛松風，耳中不常有。於今終日聽，清緣諒非偶。

其　二

我欲哦松下，官程①苦見催。幸聞歸去路，還向此中來。

其　三

常常多異夢，矯矯見群龍②。歲晚誰原破，全州引路松。

其　四

國初章太守③，手澤尚如故。道傍十萬松，个个甘棠樹④。

其　五

我有讀書堂，宜冬不宜夏。縮地⑤如可傳，安此虬枝下。

興安道中雨行

軺車衝雨⑥重垂幰，百里官程若夜行。澗底新泉聞急響，松間餘瀝辨清聲。

---

①官程，官吏因公外出的時間期限。

②群龍，指松樹。老松盤根錯節，樹皮層層疊疊，遥望有如龍鱗一般，古人有“松老欲成龍”之説。

③章太守，指章復，字彦復，明江西鄱陽人，洪武元年（1368）任廣西全州知府。據曹學佺《廣西名勝志》載：“（章復）嘗植松亘百餘里，勢若參天，大者至五十圍，廣蔭道路，人謂之‘引路松’。”

④《詩經·召南》有《甘棠》篇，朱熹傳：“召伯循行南國，以布文王之政，或舍甘棠之下，其後人思其德，故愛其樹而不忍傷也。”後世因用“甘棠”稱頌地方官吏之有惠政於民者。

⑤縮地，即將地縮短。葛洪《神仙傳·壺公》：“（費長）房有神術，能縮地脉，千里存在，目前宛然，放之復舒如舊也。”

⑥軺車，亦作“軺軒”。《文選·陸機〈漢高祖功臣頌〉》：“紀信誑項，軺軒是乘。”李周翰注：“軺軒，輕車也。”衝雨，指冒雨。

時更郵卒聊通語，數過山峰失問名。遥想九龍張館長①，灘江②蘭棹坐空明。

靈川道中雨行次前韵

夜來雨滿興安路，今日靈川未輟行③。泉底蟄龍何與事，樹頭寒鳥不成聲。
僕夫沾濕能無憾，甲士銜泥出有名。萬里王程催使節，豈容安坐待晴明。

看　雲

片雲起山頂，如氣生甑中。相看莫相玩，霖雨④是誰功。

見囮鳥⑤者有感

深樹林頭淺水邊，虞人⑥機事巧相先。因風寄語靈川鳥，能解高飛即是仙⑦。

---

①九龍，指今廣西省宜州市九龍山；九龍張館長，指張自明。傳説宋代宜州知州張自明因在九龍山爲民求雨有功，病逝時，其棺被龍含吞於此。李賢《明一統志》卷84：“靈潛廟，在九龍山。宋守張自明於廟禱雨有應，請賜今額。本朝封爲九龍之神。”

②灘江，河流名，位於今廣西壯族自治區東北部。

③興安，今廣西省桂林市興安縣，宋太平興國二年（977）始名興安，取“興旺安定”之意。靈川，今屬廣西省桂林市靈川縣，唐龍朔二年（662）始置。因處靈渠以南，以此名縣。

④霖雨，《尚書・商書・説命上》：“爰立作相，王置諸其左右，命之曰：‘朝夕納誨，以輔臺德。若金，用汝作礪。若濟巨川，用汝作舟楫，若歲大旱，用汝作霖雨。’”孔安國《傳》：“霖，三日雨。霖以救旱。”

⑤囮鳥，誘捕鳥獸用的真鳥或假鳥。

⑥虞人，《左傳・昭公二十年》：“十二月，齊侯田於沛，招虞人以弓，不進。”杜預注：“虞人，掌山澤之官。”

⑦“因風”句，國圖本有注：“諺云：‘鳥過靈川，不死是神仙。’”

蘇橋驛次韵九龍山史

駐節[①]灘江驛，寒燈共夜深。一年長至日[②]，萬里故園心。
客路妨清賞，夷風入短吟。君才吾避地，行復重鷄林[③]。

白沙灘壁嶂奇絶殆不可畫次九龍韵

丹崖翠嶂映清流，天趣無窮到客舟。他日畫圖逢馬夏[④]，也應無足注雙眸。

古塔灘

古塔灘，注山窪，飛湍屈曲如奔蛇。中流惡石故激怒，跳珠濺雪紛交加。
鏘鏘争走萬甲士，剌剌倒露千狼牙。官舟一葉百夫挽，安危衹與毫釐差。
我時攀岩過絶壁，四顧莫非猿所家。倦來坐石却俯看，握拳吐舌生咨嗟。
九龍山史好奇甚，哦詩但道山水嘉。更嗔來日捨舟去，磨崖不及親鎸撾[⑤]。

蓬萊灘

蓬萊何處此名灘，小島中流激怒湍。若道仙舟通弱水，從今脱踪未應難。

---

①駐節，高級官員駐在京外執行公務。

②長至日，《禮記・月令》："（仲夏之月）是月也，日長至。陰陽争，死生分。"孔穎達疏："長至者，謂此月之時日長之至極，大史漏刻，夏至晝漏六十五刻，夜漏三十五刻，是日長至也。"

③鷄林，指佛寺。王勃《晚秋游武擔山寺序》："鷄林俊賞，蕭蕭鷲嶺之居。"蔣清翊注引《佛爾雅》："鷄頭摩寺，謂之鷄園……昔有野火燒林，林中有雉，入水漬羽，以救其焚。"

④馬夏，古代著名畫家馬遠與夏珪的并稱。馬遠（？—約1225），宋臨安府錢塘（今浙江杭州）人，字遥父，號欽山。工畫山水、樓閣、人物、花鳥。夏珪，生卒年不詳，字禹玉，南宋錢塘人，寧宗朝爲畫院待詔，工畫山水人物。

⑤鎸，《淮南子・本經訓》："鎸山石。"高誘注："鎸，猶鑿也。"撾，擊，敲打。

賭命灘

迢迢行路不辭難，萬里還過賭命灘①。不爲簡書②催使節，肯將身向此中拼。

遷江縣次韵九龍

山鄉足烟雲，陰晴殊叵測。行人畏王程③，欲止不可得。
朝來到遷江④，河異入空壁。公署闃無人，軒楹共岑寂。
徙倚天畔山，亭亭日向昃⑤。縣吏謁上官，開城恣遐適。
狐鼠方跳梁，顧不念疆域。客懷鎮憂時，遥夜屢兢惕。
同袍有佳篇，珠玉真在側。倚和復長歌，終然愧疏僻。

過大關

大關惟綫路，躡磴上崔嵬⑥。雲觸車檐起，泉從樹杪來。
寒輕花繼續，濕積蘚毰毸⑦。遠道逢奇⑧勝，奚囊⑨取次開。

---

① 賭命灘，古地名，位於今廣西來賓市忻城縣。

② 簡書，《詩經・小雅・出車》："豈不懷歸，畏此簡書。"毛傳："簡書，戒命也。鄰國有急，以簡書相告，則奔命救之。"孔穎達疏："古者無紙，有事書之於簡，謂之簡書。"朱熹《集注》："或曰：簡書，策命臨遣之詞也。"

③ 王程，奉公命差遣的行程期限。

④ 遷江縣，今位於廣西壯族自治區來賓市。

⑤ "昃"字國圖本疑貳，據甘本補。

⑥ 崔嵬，高俊的山。《楚辭・七諫》："高山崔巍兮，水流湯湯。"王逸《注》："崔巍，高貌。"

⑦ 毰毸，羽毛張開貌，此處喻苔蘚蔓生。

⑧ "奇"，國圖本、甘本皆作"符"，據《粤西詩文載》改。

⑨ 奚囊，指詩囊，貯詩之袋。典出李商隱《李賀小傳》："京兆杜牧爲李長吉集序，狀長吉之奇甚盡，世傳之。長吉姊嫁王氏者，語長吉之事尤備。長吉細瘦，通眉，長指爪，能苦吟疾書。最先爲昌黎韓愈所知，所與游者，王參元、楊敬之、權璩、崔植輩爲密。每旦日出與諸公游，未嘗得題，然後爲詩，如他人思量牽合，以及程限爲意。恒從小奚奴，騎疲驢，背一古破錦囊，遇有所得，即書投囊中。及暮歸，太夫人使婢受囊出之，見所書多，輒曰：'是兒要當嘔出心始已耳！'上燈與食，長吉從婢取書，研墨疊紙足成之。投他囊中。非大醉及吊喪日，率如此，過亦不復省。"

思籠驛[①]見螢

不省南荒地，窮冬[②]尚有螢。草中初訝火，山外復疑星。
寒暑今難信，乖常自合經。少陵如見汝，愁思益難勝。

上林道中

山路奇還險，肩輿阻復通。有時疑墮井，忽地欲凌空。
襟袖雲中氣，旌旗樹裏風。獨憐寒暖候，不與故園同。

昆侖關

路出昆侖[③]上，中林不見天。巢卑幽鳥護，樹老怪藤纏。
空翠[④]疑成滴，陰崖[⑤]戒近邊。前驅知不遠，觱葉隔蒼烟[⑥]。

左　江[⑦]

舟行百里幾重灘，几案攲傾坐不安。謾掩蓬窗終日卧，好山無數未成看。

---

①思籠驛，又稱東津驛，今屬廣西貴港市。

②窮冬，指隆冬，深冬。

③昆侖關，在明南寧府宣化縣，位於今廣西南寧市興寧區。相傳昆侖關是漢代伏波將軍馬援（前14—49）所建，是南寧市門户和屏障，地勢險要，易守難攻，有“南方天險”之稱。

④空翠，青色的潮濕的霧氣。

⑤陰崖，背陽的山崖。

⑥觱，風寒冷。《詩經·豳風·七月》：“一之日觱發，二之日栗烈，無衣無褐，何以卒歲。”毛傳：“觱發，風寒也。”蒼烟，蒼茫的雲霧。

⑦左江，亦名左溪，在今廣西西南部。

馱泊驛聽蘆笙與張九山限韻同賦

緱山别派亦仙靈[①]，吹徹滄州俗夢醒。羞逐胡腔鳴絶塞，直通春意到幽囹。歌傳楚澤千[②]年鳳，暖入堯階幾葉蓂[③]。淺水釣船聽正好，秋風瑟瑟奈飄零。

入南交關[④]

寒雨黄昏漸有聲，停驂坡壘欲三更。使臣分得天瓢水，一洗南交瘴癘清。

交南道中五絶

皂幟朱矛擁轡驂，金輿黄屋載琅函[⑤]。使臣真是從天降，一日陽和[⑥]遍越南。

其　二

紫詔[⑦]遥頒聖澤寬，交州士女盡騰歡。青衫黄笠群趨走，争得天朝使節看。

---

①緱山，即緱氏山，在今河南省偃師縣。“緱山”句，典出劉向《列仙傳·王子喬》：“王子喬者，周靈王太子晋也。好吹笙，作鳳凰鳴。游伊洛之間，道士浮丘公接以上嵩高山。三十餘年後，求之於山上，見桓良曰：‘告我家：七月七日待我於緱氏山巔。’至時，果乘白鶴駐山頭，望之不得到，舉手謝時人，數日而去。”緱山别派，指馱泊驛的吹蘆笙者。

②“千”，國圖本作“十”，據甘本改。

③蓂，即蓂莢。班固《白虎通議·封禪》：“王者……德至地則嘉禾生，蓂莢起。……蓂莢，樹名也，月一日生一莢，十五日畢；至十六日去莢，故莢階生似日月也。”堯階蓂，據（西晋）皇甫謐《帝王世紀》載：“堯時有草夾階而生，每月朔日生一莢，至月半則生十五莢。至十六日後，日落一莢，至月晦而盡。”

④南交關，位於明安南諒山省七源州（今越南諒山省七溪附近）。《（嘉靖）南寧府志·地理志》：“七源州有南交關、通龍州。”

⑤黄屋，《史記·秦始皇本紀》：“子嬰度次得嗣，冠玉冠，佩華紱，車黄屋。”裴駰《集解》引蔡邕曰：“黄屋者，蓋以黄爲裏。”指帝王的車駕。琅函，指書匣。

⑥陽和，《史記·秦始皇本紀》：“維二十九年，時在中春，陽和方起。”指春天的暖氣。

⑦紫詔，紫泥詔，多指詔書。典出衛宏《舊漢儀》：“皇帝六璽，皆白玉螭虎劍文曰：‘皇帝行璽、皇帝之璽、皇帝信璽、天子行璽、天子之璽、天子信璽。’凡六璽……皆以武都紫泥封，青布囊，白素裹。”

其　三

萬衆争看擁道周，賫糧逐伴不知休。回頭笑問張公子，君是天星自信不。

其　四

士女如雲撥不開，東村西落總周回。暮歸父媪都應問，曾見天朝使者來。

其　五

笆棚茅苫[1]稍如樓，上處居民下圈牛。繞屋試看何障蔽，十尋剌竹蝟毛稠。

丙寅除夜次安博驛[2]用杜韵寫懷二首

我生亦有涯，我心亦匪石[3]。不爲簡書相督迫，底事南交寄踪迹。

今夕何夕歲云徂，蠻驛疏燈照空壁。去年今夕長安東，萬家簫鼓聲交通，嚴裝待漏瞻飛龍。

口銜鷄舌試嵩祝[4]，金門月澹迴香風。今夕今年非昨比，矯首長安萬餘里。

引杯賴對張九山，醉看匣中三尺水[5]。

其　二

乘槎南斗復南邊，爲問何如漢使賢。安博忽驚先看曆，屠蘇聊遣博開筵。

野觀舞服傞傞[6]態，詩紀殊方短短篇。共是玉皇香案吏，夜深遥憶九重天。

丁卯元旦仍用[7]前韵

春回異域已無邊，痛飲誰論酒聖賢。仗節來因頒紫詔，看花歸擬及瓊筵。

---

①茅苫，用茅草覆蓋，代指茅舍、草屋。

②安博驛，位於明代安南諒山省安博州。

③匪石，《詩經·邶風·柏舟》："我心匪石，不可轉也。"孔穎達疏："言我心非如石然，石雖堅尚可轉，我心堅，不可轉也。"

④鷄舌，指鷄舌香。《漢官儀》："尚書郎含鷄舌香奏事。"嵩祝，指祝他人壽比嵩山的賀辭。

⑤三尺水，喻劍。

⑥傞傞，《詩經·小雅·賓之初筵》："側弁之俄，屢舞傞傞。"晏子辭曰："《詩》云：側弁之俄，言失德也；屢舞傞傞，言失容也。"

⑦國圖本無"用"字，據甘本補。

舊傳王會誇千載，新爲交南賦一篇。却想履端[①]同日慶，聖恩洪闊正如天。

山　行

南下支陵[②]石徑開，可堪傾側更迂回。陰崖漏日微如綫，顛木經年自作灰。
藤蔓隔溪攀樹去，泉流乘架過山來。爲憐一叚[③]新詩料，閑倚肩輿取次裁。

新春道中用前韵

天書須向越南開，萬里星槎且未回。正怪野梅全墮地，豈知陽管未飛灰[④]。
風雲紫極馳心去，桑梓青郊入夢來。歸擬故鄉花正好，城南春服[⑤]試新裁。

過稻田

元日田苗上膝長，交州四月稻登場。立冬時節重收穫，端午人家落種忙。

元　宵

上元幾載住金華，燈火笙歌十萬家。今歲上元何處所，瘴[⑥]村蠻驛雨如麻。

立　春

此日春初至，南荒暖氣偏。野田將秀稻，溪樹已鳴蟬。

---

①履端，《左傳·文公元年》："先王之正時也，履端於始，舉正於中，歸餘於終。"孔穎達疏："履，步也，謂推步曆之初始，以爲術曆之端首……曆之上元，必以日月全數爲始，於前更無餘分，以此日爲術之端首，故言履端於始也。"年曆的推算始於正月朔日（初一），謂之"履端"。

②支陵，在今越南諒山省支陵縣。

③"叚"，甘本作"段"，兩可。

④陽管，代表春夏節气的律管，與"陰管"相對，皆是用作測季節變化的工具。飛灰，律管中飛動的葭灰，古代以此候測節氣。《後漢書·律曆上·候氣》："夫五音生於陰陽……陰陽和則景至，律氣應則灰除。……冬至陽氣應，則樂均清，景長極，黄鐘通，土灰輕而衡仰。"

⑤春服，春日所穿之衣。《論語·先進》："暮春者，春服既成。"何晏《注》："春服，既成者衣單袷之時也。"

⑥"瘴"，甘本作"瘴"。

軒蓋晴交轍，衾裯[①]夜褪綿。故鄉清夢裹，冰雪遍山川。

重宿安博驛次九山韵

來逢除夕去逢春，安博山中[②]識故人。莫把飛鴻比踪迹，四方元屬丈夫身。

與大頭目黎能讓[③]

萬方臣妾屬重華，仗節交南道路賒。滄海不波元有證，青春作伴任無涯。喜因季子談《周禮》[④]，何負張騫坐漢槎[⑤]？收拾賢聲歸史局，大書行看墨如鴉。

坡壘道中

坡壘村西路，新春興味嘉。雨鳴將解籜[⑥]，風裊半開花。
山色青螺潤，溪紋翠簟斜。題詩紀踪迹，回首欲成嗟。

别侍送諸頭目次韵九山[⑦]

嶺樹嵐深草露零，經旬馳送眼還青。旆旌花柳春相媚，尊俎笙簧夜未寧。

---

① 衾裯，《詩經·召南·摽有梅》："抱衾與裯，寔命不猶。"毛傳："衾，被也；裯，禪被也。"

② "中"，國圖本作"二"，據甘本改。

③ 黎能讓，爲安南國王黎灝陪臣，曾於成化二十三年（1487）入北京朝覲。

④ 季子談《周禮》，典出《禮記·檀弓》："延陵季子適齊，於其反也，其長子死，葬於嬴博之間。孔子曰：'延陵季子，吴之習於禮者也。往而觀其葬焉。'其坎深不至於泉，其斂以時服。既葬而封，廣輪掩坎，其高可隱也。既封，左袒，右還其封且號者三，曰：'骨肉歸復於土，命也。若魂則無不之也，無不之也。'而遂行。孔子曰：'延陵季子之於禮也，其合矣乎。'"

⑤ 張騫坐漢槎，典出陳元靚《歲時廣記》引《荆楚歲時記》："漢武帝令張騫窮河源，乘槎經月而去，至一處，見城郭如官府，室内有一女織，又見一丈夫牽牛飲河，騫問云：'此是何處？'答曰：'可問嚴君平。'織女取楮機石與騫而還。"

⑥ 解籜，謂竹笋脱殼。

⑦ "次韵九山"，甘本作"次九山韵"。

問訊每勞傳國語，品題須[1]爲謝山靈。三湘歸思君應識，芳芷蘼蘭緑滿汀。

出關用《山行》韵

金鑰層關破曉開，使臣今向越南回。清風先路袪嵐氣，疏雨隨車净燒灰。
殊域自憐能遠去，此生誰道却重來。書成五物[2]慚粗淺，持獻應勞聖主裁。

思　父

嚴君幸無恙，八十四回春。試聽論同輩，於今得幾人。
天應憐積善[3]，家不厭清貧。憶昨交州去，相將祖席[4]陳。
聞鷄催曉爨，騎馬送征輪。是事知還説，臨歧拜却嗔。
看看鄉土異，忽忽歲華新。每念趨庭日，虚過上壽辰。
夢歸心定喜，買卜[5]意須頻。檐鵲通槎道，檣烏識漢津。
升堂堪計日，春動彩衣塵。

憶幼兒

阿嘉方就傅[6]，誦説已琅琅。昔我治行李，憐渠病在床。
啼知心獨苦，疑爲夢殊常。隔歲無音耗，時時欲斷腸。

---

①“須”，甘本作“聊”。

②五物，指五種地形上的物産。《周禮·地官·大司徒》：“以土會之灋，辨五地之物生。一曰山林，其動物宜毛物，其植物宜皂物，其民毛而方。二曰川澤，其動物宜鱗物，其植物宜膏物，其民黑而津。三曰丘陵，其動物宜羽物，其植物宜核物，其民專而長。四曰墳衍，其動物宜介物，其植物宜莢物，其民晳而瘠。五曰原隰，其動物宜贏物，其植物宜叢物，其民豐肉而庳。因此五物者民之常，而施十有二教焉。”

③積善，累積善行。《周易·坤》：“積善之家，必有餘慶；積不善之家，必有餘殃。”

④祖席，杜甫《送許八拾遺歸江寧覲省》詩：“聖朝新孝理，祖席倍輝光。”仇兆鰲注：“祖席，飲餞也。”

⑤買卜，請人占卜以問凶吉。

⑥就傅，從師。《禮記·由則》：“十年，出就外傅，居宿於外，學書記。”鄭玄注：“外傅，教學之師也。”

永淳縣[①]

孤城倚江山，居然擅清爽。瘴鄉眼初明，肩輿雨中止[②]。

橫　州

來迎官吏説橫州[③]，遥立蒼崖石上頭。也欲乘[④]高閒縱目，黄昏風雨暗江樓。

烏蠻灘

溯風衝雨下烏蠻[⑤]，千里江行説此灘。自信灘神能識我，水工舟子[⑥]合相安。

府江[⑦]舟中四首

急雨翻盆下，危灘倒海來。篙師須戮力，虎穴正堪猜。

其　二

花底瓊泉落，雲中碧樹交。祇疑仙所宅，誰遣賊爲巢。

其　三

灘從雷劈過，膽落骨還驚。浪打船窗上，真成動地聲。

---

① 永淳縣，古縣名，治所在今廣西橫縣西北。

② “止”，甘本作“上”，雨中肩輿應停歇，國圖本爲佳。

③ 橫州，古地名，治所在今廣西橫縣西南。

④ “乘”，甘本作“登”。但因前文有“遥立蒼崖石上頭”，應以“登高”爲佳。

⑤ “溯風”，甘本作“朔風”，根據後文“衝雨”，應以“溯風”爲確。烏蠻灘，在今廣西橫縣東六十里鬱江中。

⑥ 舟子，《詩經・邶風・匏有苦葉》：“招招舟子，人涉卬否。”毛傳：“舟子，舟人，主濟渡者。”

⑦ 府江，灕江從桂林到平樂的一段。曹學佺《廣西名勝志》：“灕江發源陽海，自桂林府來至平樂，乃名府江……平樂至元時始得自稱府，而府江之名本於此。”

其　四

野堡明弓刀，風船激笳鼓[①]。畏塗[②]不成眠，更聽江邊雨。

陽朔道中志喜三首

府江憂賊復驚灘，十日真成行路難。一笑開蓬望南朔，緣江况得好山寒。

其　二

夾岸青山映碧灘，灘清山好畫應難。斜陽盤礡掀蓬坐，目駭神驚不盡看。

其　三

輟飯支頤看翠薇，人間應見此山稀[③]。無從學得王維手，畫取千峰萬壑歸。

千秋峽[④]阻風

無風還覺風，有風安可過。况當大風時，自分終日坐。

臨桂道中漁者[⑤]

危灘若奔雷，江魚正貪上。順水飛漁船，斜下攔江網。

孀子山

千秋峽口山，宛然露雙乳。却怪山中雲，白衣在何許。

---

①笳鼓，笳聲與鼓聲，借指軍樂，此處指風浪聲如同笳鼓。

②畏塗，《莊子·達生》："夫畏塗者，十殺一人，則父子兄弟相戒也，必盛卒徒而後敢出焉。"成玄英疏："塗，道路也。夫路有劫賊，險難可畏。"

③翠薇，翠微，郭璞《爾雅注疏》："翠微，一說山氣青縹色，故曰'翠微'也。""山"字，國圖本作"由"，據甘本改。

④千秋峽，在今廣西靈川縣東北，李賢《明一統志》："千秋峰，靈川縣東北。獨立聳秀，俗呼爲'文筆峰'。"

⑤此詩甘本作"臨桂道中"。

分水嶺①

一道原泉②却兩支，右爲湘水左爲灕。誰知萬里分流去，到海還應有會時。

石期驛

路入三湘第一程，春江滚滚畫船輕。行人自是憐鄉土，望水看山總有情。

浯　溪

溪在祁陽③上流五里，碑既重刻，且復剥落矣。前人題咏鎸刻崖石遍满④，雖竇中上下皆然。碑傍有鏡石⑤，謂昔可鑑其鏡内⑥，今不甚明。崖上有峿臺⑦、唐亭。亭前石四裂，直透崖下，見水瞰之驚神。中有污尊⑧，深圓如凾，八隸字曰："方子爲元子作污尊。"皆次山⑨經略此土時物，亭則後人重立者。崖旁今有顔、元⑩二公祠像，復有大寺，僧主其祠香火。崖高數丈，本一方奇

---

①據"右爲湘水左爲灕"句及前文孀子山（在今廣西桂林市靈川縣）、後文石期驛（在今湖南永州市東安縣）推測，詩題所言"分水嶺"應爲靈渠。

②原泉，即源泉。《孟子·離婁下》："原泉混混，不捨晝夜，盈科而後進，放乎四海。"焦循《正義》："阮氏元校勘記云：'源泉混混……宋九經本、岳本、咸淳衢州本、廖本、孔本、韓本，源作原，原正字，源俗字。'"

③國圖本無"溪"字，據甘本補。祁陽，今祁陽縣，隸屬於湖南省永州市。

④"遍滿"，甘本作"殆遍"，兩可。

⑤鏡石，何金堂《古今游名山記》："（祁陽浯溪）有鏡石，高尺五寸，闊二尺五寸……色黟黑如漆，光瑩如鏡。"

⑥"謂昔可鑑其鏡内"，甘本作"相傳可鑑毛髮"。

⑦峿臺，臺名，在湖南祁陽縣西南浯溪上，唐代元結（719—772）任道州刺史時築，并撰有《峿臺銘》："湘淵清新，峿臺峭峻。登臺長望，無遠不盡。"

⑧污尊，掘地爲坑當酒尊。《禮記·禮運》："污尊而抔飲。"鄭玄注："污尊，鑿地爲尊也。"孔穎達疏："鑿地污下而盛酒，故云'污尊'。"

⑨元結，字次山，自稱元子，又號猗玗子，唐河南（今河南洛陽）人，天寶十三年（754）登進士第，乾元二年（759）以右金吾兵曹參軍攝監察御史，充山南東道節度參謀，一度代攝荆南節度使事，有戰功。歷任道州（治今湖南道縣）、容州（治今廣西北流）刺史，政績甚著。病逝長安，贈禮部侍郎。著有《篋中集》，《新唐書》卷143有傳。

⑩顔、元，指顔真卿、元結。

觀，況復有二公文翰，照耀千古，則雖五嶽之尊，不當以高下論也。

水足春江欲向西，風船不覺過浯溪。羸騌[①]衝雨晚還去，大刻與天真欲齊。鏡石暗來猶晃耀，污尊奇甚更攀躋。新詩擬托群公後，壁滿岩交何處題。

盆桃初放，佳甚，恐開速，詩以勒之

盆裏緋桃烈火新，湘江舟次值芳辰。一坏[②]多土幾何地，徑寸重花無限春。比擬誰堪將醉頰，護持吾欲倩花神。故園親舊須同賞，好爲含章更浹旬[③]。

南寧道中與張時行[④]司諫聯句

策馬南寧道，凉風起夕陽。路盤山脊險，泉帶壑聲長。
巢鳥驚還定，湍魚隱復揚。軍容森候騎[⑤]，詩札富奚囊。
客久知蠻語，村遥見野妝。肩夫花抹額，款長綉迴裳。
樹翳牛羊徑，岩開黍稷場。遠青新燒茁，疏白老梅芳。
行急常兼傳，眠安每憶航。素餐慚共爨[⑥]，清話愜連床。
歲逼寒猶靳，時侵意自强。理琴鳴鶴調，倚劍發龍光。
宵夢關王事，鄉心入壽觴。會教施澁吏，傳檄過憑祥。

---

① 羸騌，瘦弱的馬。

② “坏”字疑貳，或爲“抔”字。

③ 浹旬，《資治通鑒》卷 289：“比皇帝到闕，動涉浹旬，請太后臨朝聽政。”胡三省注：“十日爲浹旬。”

④ 張弘至，字時行，號龍山，明松江府華亭（今上海松江）人，張弼（1425—1487）季子，弘治九年（1496）進士，改庶吉士，武宗時以户科右給事中奉使安南，還遷都給事中，因母憂歸。《明史》卷 180 有傳。

⑤ 候騎，指擔任偵察巡邏任務的騎兵。

⑥ 素餐，《詩經・魏風・伐檀》：“彼君子兮，不素餐兮。”毛傳：“素，空也。”意爲不勞而食。爨，燒火煮飯。《左傳・宣公十五年》：“易子而食，析骸以爨。”杜預注：“爨，炊也。”

曉行宣化道中聯句縣爲南寧附郭

曉離施溢驛[①]，隱隱發前旌[②]。薄靄衿裾潤，初暾[③]騎從明。
山椒嵐自冪[④]，樹杪露猶盈。蓐食[⑤]狼兵過，戎裝虎士迎。
危橋經野水，敗竈識荒營。飯葉墟人棄，衣花寨守榮。
照升雲晻騣，原燎石支撑。健翮鷩雕擊，雄姿控驥征。
行行日逾午，望望路兼程。一徑緣深竹，邕州[⑥]見古城。

左江聯句二十韵

左江晴日泝輕舠，風物撩人興益豪。山好衹疑行畫裏，灘危真覺泛槎高。
清尊小共掀蓬[⑦]坐，側枕頻驚舉楫號。岩集飲猿連曉樹，案羅羹鷵雜溪毛。
踏青歌陋聞蠻团，浮白[⑧]杯香醉洞醪。波漾鴨頭衣借色，茗翻蟹眼[⑨]鼎生濤。
誰云石窟藏銀瓮，自愛泉者度上璈。雨釀薄寒襟袖爽，櫂迴新漲水雲勞。

---

①施溢驛，古驛站名，舊屬南寧府宣化縣（今廣西南寧市興寧區）。

②前旌，帝王或官吏仪仗隊伍中靠前的旗幟。

③初暾，剛升起的太陽。《楚辭·九歌·東君》：“暾將出兮東方，照吾檻兮扶桑。”王逸《注》：“日出，下浴於湯谷，上拂其扶桑，爰始而登，照曜四方。”

④嵐，山林中的霧氣。冪，覆蓋，遮掩。《儀禮·既夕禮》：“瓮三，醯醢屑，冪用疏布。”鄭玄注：“冪，覆也。”

⑤蓐食，《左傳·文公七年》：“訓卒，利兵，秣馬，蓐食，潛師夜起。”杜預注：“蓐食，早食於寢蓐也。”

⑥邕州，即今廣西南寧市。

⑦“蓬”，甘本作“篷”。清尊，酒器。亦借指清酒。

⑧浮白，滿飲或暢飲。劉向《説苑·善説》：“魏文侯與大夫飲酒，使公乘不仁爲觴政，曰：‘飲不釂者，浮以大白。’文侯飲而不盡釂，公乘不仁舉白浮君，君視而不應。侍者曰：‘不仁退，君已醉矣。’公乘不仁曰：‘《周書》曰：前車覆，後車戒。蓋言其危。爲人臣者不易，爲君亦不易。今君已設令，令不行，可乎？’君曰：‘善！’舉白而飲，飲畢，曰：‘以公乘不仁爲上客。’”

⑨蟹眼，螃蟹的眼睛。因水初沸時泛起的小氣泡狀如蟹眼，故而指初沸的水。（宋）龐元英《談藪》：“俗以湯之未滚者爲盲湯，初滚者曰‘蟹眼’，漸大者曰‘魚眼’，其未滚者‘無眼’，所語盲也。”

子長寧盡天涯味，韓老猶焚晷後膏[①]。每厭魚腥過竹栅，生憎鷗迹占蘅皋[②]。

木綿花發霞殷岸，馱板津虚月滿艚。學得蘆笙[③]僮僕喜，聯催鉢韵鬼神麈。

時看落紙行鴉墨，却憶當筵奪綉袍。取次算程憐歲月，峥嶸承命幸逢遭。

虚誇博望星河迴，仍鄙終軍節鉞叨[④]。鄉夢直隨芳草遍，游踪還紀翠崖牢。

聲傳觱篥[⑤]來空谷，光露干將泣巨鼇。沙驛泊遲常列炬，絲桐[⑥]乘夜輒鳴猱。

悠悠歸思彌南極，赳赳前驅屬右櫜[⑦]。明到京華春正好，紫宸[⑧]風暖拂旌旄。

---

①子長，指司馬遷。“韓老”句，語出韓愈《進學解》：“焚膏油以繼晷，恒兀兀以窮年。”膏，油脂之屬，指燈燭。晷，日光。後以“焚膏繼晷”形容夜以繼日地勤奮學習、工作等。

②蘅皋，《文選·曹植〈洛神賦〉》：“爾乃税駕乎蘅皋，秣駟乎芝田。”劉良注：“蘅皋，香草之澤也。”

③蘆笙，一種簧管樂器。

④博望，指張騫；博望星河迴，指張騫乘槎至天宫事。終軍請纓，見《漢書·終軍傳》：“南越與漢和親，乃遣（終）軍使南越，説其王，欲令入朝，比内諸侯。軍自請：‘願受長纓，必羈南越王而致之闕下。’……越相吕嘉不欲内屬，發兵攻殺其王，及漢使者皆死。語在《南越傳》。軍死時年二十餘，故世謂之‘終童’。”

⑤觱篥，古簧管樂器名。以竹爲管，管口插有蘆製哨子，有九孔。又稱“笳管”“頭管”。由西域龜兹傳入内地，爲隋唐燕樂及唐宋教坊樂的重要樂器。

⑥絲桐，指琴。古人削桐爲琴，以絲爲弦，故稱。

⑦櫜，收藏盔甲弓矢的器具。

⑧紫宸，原爲天子所居的宫殿名，後泛指宫廷。

卷　六

記十七首

羅氏重建敦本堂記

吉水[①]之白沙橋南，凡三百餘户，皆羅姓。羅之家橋南，始於濟民、濟川，今十有七世矣。其先世系，載在信史，稱諸大方[②]，自弘信[③]而下，可考也。

橋南舊有祠堂曰“敦本”，在族聚之東北向，蓋建於其六世祖榮漸[④]之手。元之壬辰[⑤]，爲鄉寇所燬，時祀[⑥]各舉於廳事。國朝天順間，族衆謀欲興復，以故址隘，弗足同事，既嘗拓地，而中復多故。弘治辛酉[⑦]，其曰堯民者暨性本十餘輩，協志合力，率其衆垣所拓地而屋之。乃參酌《家禮》之制，後一室爲内寢，中爲堂三楹若正寢然，前則爲拜臺。其外齋宿有所，宴會有廳，省牲瘞

---

① 吉水，縣名，今屬江西省吉安市。

② 甘本無“稱諸大方”四字。

③ 此處“弘信”，指羅氏先祖羅弘信（836—898），字南助，唐魏州貴鄉（今河北大名縣）人，歷任魏博節度使、工部尚書等職，獲封豫章郡公，因此魯鐸認爲其爲吉水羅氏可考的始祖。《舊唐書》卷181、《新唐書》卷210有傳。

④ 甘本稱“榮漸”，國圖本稱“榮軿”，據甘本改。

⑤ 考元朝壬辰年，有1292及1352年。文中提及祠堂爲“鄉寇所燬”，應指1351年開始的紅巾軍起義，據此推測此處的壬辰年爲1352年。

⑥ 時祀，見《周禮・地官・牧人》：“凡時祀之牲，必用牷物。”鄭玄注：“時祀，四時所常祀，謂山川以下，至四方百物。”

⑦ 弘治辛酉，時爲弘治十四年（1501）。

埋，疱湢[①]庫貯，百爾具備，考於舊貫，蓋三倍矣。越明年，壬戌[②]落成。奉其主之得祀者於室中，惟六世祖之主不祧，表厥功也。每歲旦合族屬詣祠參謁，已乃序群昭穆，團拜時節必以薦。冬至，則齊明事事，遷主於堂以祭；祭畢，會宴如禮事。如冠昏，必告而後行；有紛争，則與衆質而決焉。大江之西，欲觀禮者，必之羅氏。

正德乙亥[③]，鐸得告歸掃先隴。堯民遣其侄孫朝賓、進升，寓書將幣走數千里，求予記之。嗚呼！斯亦勤矣！

夫人本乎祖，猶萬物之本乎天，其可忘耶？苟如天之不可忘，其可無祀？祀其可無所乎？此古之君子所以將營宫室，而先立祠堂也。今之爲高堂深室者，祇爲燕賓客、貯妻妾、遺子孫計耳。至於奉先，率苟簡便易，取具故事。嗟乎！是甚不知類矣。

橋南自有羅氏，遂有此祠。羅益蕃，則祠益大，累世弗替。其家法視世俗何如哉？吾又見族蕃者易疏，疏[④]則有所謂"其初一人，至爲塗人[⑤]"者矣。以一人分而至爲塗人，豈人之情哉？聯屬無道，以至是耳。橋南之户三百，人至以千計，而恩禮若出一庭者，實以同此祠也。蓋祠同則人聚，人聚則情親，情親則雖欲其疏不可得矣。故羅之户版雖異，而猶統於十二堂，教於六館，不自給者，賑之義倉。故其子弟未游於庠，而已爲佳士；不煩於官，而自爲友民[⑥]。鄉與善俗，世獲良材，胥於兹祠焉是關[⑦]。《詩》曰："孝子不匱，永錫爾

---

① 疱湢，應爲"庖湢"，指厨房和浴室。

② 弘治壬戌，時爲弘治十五年（1502）。

③ 正德乙亥，時爲正德十年（1515）。

④ 甘本無"疏"字。

⑤ 塗人，蘇洵《蘇氏族譜》："情盡則喜不慶，憂不吊。喜不慶，憂不吊，則'塗人'也。"

⑥ 友民，《尚書·召誥》："予小臣敢以王之讎民百君子，越友民，保受王威命明德。"蔡沉《集傳》："友民，周之友順民也。"

⑦ 甘本無"焉"字。"關"，甘本作"賴"，兩可。

類"[①]，羅氏之謂也。或曰："十七世其衆如此，世復倍蓰[②]，祠終可同乎？"曰："序於各宗，更番時至，雖百世可同也。"

予爲記之，將以告夫世之君子，而觀風[③]者亦或得焉。

陳侯重建景陵城記

景陵舊有衛，蓋據襄、荆以東，漢、沔以北，隨、郢以南，最廣衍。足牲鮮、絲卉、稻粱之利，自古四方有事所争趨也。衣食[④]招徠，備九州之人，雖平時不無蘖芽其間者，是故宜有城。

國朝調衛金州，城猶無恙，民所恃如故。洪武己巳[⑤]，水决堤，城壞。以予所聞見，景泰二年[⑥]，盗入劫縣庫；弘治四年[⑦]，既劫庫，復斫獄，取劇盗去。正德庚午[⑧]，盗自獄出，因嘯聚屠掠村鄉，虜女婦[⑨]，劫丁壯爲徒。晝踏闞呼官府，示將直入狀，以挾取所怨。三司長、副，集官民宣慰。兵數閱[⑩]月，僅乃殲之，此皆城壞以後事也。

陳侯以辛未進士，下車之明年，適河北盗起。詔："有司不得無城。"侯慨然欲爲永久計，屬父老語之。父老曰："所願也，第如勞費何？"時府庾皆

---

①"孝子不匱，永錫爾類"，句出《詩經·大雅·既醉》，朱熹《集傳》："類善也……孝子之孝誠而不竭，則宜永錫爾以善矣。"

②倍蓰，《孟子·滕文公上》："夫物之不齊，物之情也。或相倍蓰，或相什百，或相千萬。"朱熹《四書集注》："倍，一倍也。蓰，五倍也。"

③觀風，《禮記·王制》："命大師陳詩以觀民風。"孔穎達疏："此謂王巡守見諸侯畢，乃命其方諸侯大師是掌樂之官，各陳其國風之詩，以觀其政令之善惡。"

④"食"，國圖甘本作"倉"，甘本是，據甘本改。

⑤洪武己巳，時爲洪武二十二年（1389）。

⑥景泰二年，時爲景泰辛未年（1451）。

⑦弘治四年，時爲弘治辛亥年（1491）。

⑧正德庚午，時爲正德五年（1510）。

⑨"女婦"，甘本作"婦女"，兩可。

⑩"數閱"，甘本作"閱數"，兩可。

如懸罄[①]。侯乃召富民、大賈曰："城爲汝蓋藏也。財没於盜，孰與出十一以助吾築？"召丁壯曰："城實汝保障也。身没於盜，孰與分力以助吾築？"皆應曰："惟命。"

侯既捐俸若干，僚屬所捐又各若干，四境之内翕然響應。富民以緡錢至，丁壯以畚鍤至，樵荻爲薪、烈石爲灰者以舟車至。侯悉以籍登記，令公實具役司之。既乃闞堤涸湖，覆[②]舊築爲城趾，甃於縣周，凡百一十有二。烟縷四合，上糾爲雲霧者數月。百爾云具，人匠既集，乃署爲十有四工，象以散聚之節。負者蟻升，築者鱗積，甃則衡從適均，灌則燥濕得所。萬手繽紛，歌謡隱[③]耳，知事事而不知勞也。

侯旦暮臨視，有慰無亟。蓋若父兄率子弟治其垣墉室廬，而意及其曾云者也。戒事於九年之七月，以十年之八月告成，所需以白金計之爲兩者，三千六百七十有八。民所赴工，積五十一萬二千九百四十有二。城高二丈有奇，厚加於高者五尺，周回六百八十五丈，四門高二丈四尺，其深倍之。樓高不及城者二尺。門扉皆以鐵衣，門之内各爲屋三楹於傍，以居門者。闢城内、外地各丈許，責所居訶禁污踐。增築外堤，舍民其上，伺不虞也。於南樓則置鐘鼓，以警昏曉。城成，襟湖帶河，儼天設隍塹，鄉邑民大和。會陟降諦觀，舉手加額，乃嘆曰："今而後，有吾所家，而定吾所歸矣。"其嘗罹盜者則泣且曰："向使侯來不莫[④]，吾寧有疇昔[⑤]。"蓋不啻家室成而父子相慶也。

夫天下之事，備害防患以衛民者，莫如爲城。其勞費，鮮弗病且怨者。景

---

①"府庚"，國圖本、甘本皆作"庚府"，考諸本卷後文《沔陽州重建廟學記》，應爲"府庚"，徑改。"懸罄"，國圖本作"懸磬"，兩可。《左傳·僖公二十六年》："齊侯曰：'室如懸罄，野無青草，何恃而不恐？'"陸德明《經典釋文》："罄，亦作磬。"形容空無所有。

②"覆"，甘本作"復"。

③"隱"，甘本作"殷"。

④"莫"，甘本作"暮"，兩可。來暮之謡，出自漢代循吏廉范之典，據《後漢書·廉范傳》："廉范，字叔度，京兆杜陵人……建初中，遷蜀郡太守……百姓爲便，乃歌之曰：'廉叔度，來何暮？不禁火，民安作。平生無襦今五絝。'"

⑤疇昔，《禮記·檀弓上》："予疇昔之夜，夢坐奠於兩楹之間。"鄭玄注："疇，發聲也；昔，猶前也。"

陵城廢，百三十年來，失所恃者知凡幾？今[①]侯至纔三載，而千百年之功成於期月。人惟樂有所恃，而不知勞與費焉，非其賢遠於人有是乎？是年，朝廷以臺員之缺召侯，縣人士攀卧不得留。既去，而思之益深，斲石爲碑，屬汪淵、曾明輩來求予記之。

嗚呼！吾行天下，見所謂賢守令多矣。求其誠心爲民如侯，不多見也。侯之政，廉公明恕爲吾人所思者，豈勝紀述？建城，其遠且大者也。姑書而鐫之石，用慰所思。

侯名良玉，字德夫，蜀之富順人。與侯協志者，嚴君輔、胡君洪、孫君炫、蔡君德器、劉君翹，其一時僚佐師賓也。凡預是役者，於碑陰勒之。

沔陽修城記

沔故有衛，與州治同城。城不知起何時，由今自沔而觀，寔不可以一日無城也。城之盛民猶舟焉。舟任萬斛，而釁及分寸則不得爲舟，同濟者共命殆矣。然則有城不繕治，又尚得爲城哉？矧一日不可無城之地，而乃坐視其圮以壞，不待智者視，猶殆舟矣。

沔間江、漢以爲州，江實受湘江。湘以上，爲荆、岳，爲巴、蜀，爲辰、沅、長沙、衡、永。漢以上，爲安陸，爲襄、郧，爲南、鄧、漢中。由沔而下，則漢陽、武、黄、九江諸郡，不勝計也。是故海内之人，水陸交集；寇賊奸宄[②]，恒發平時。若屬有潢池之孽，遠相根蔓，則喉襟重輕，實兹焉是繫。故曰：“不可一日無城也。”

正德丙子[③]，祥符李川甫以奉訓大夫[④]來守沔。未三月，屬江、漢合漲，没城趾二尺，風雨彌月，助爲崩嚙患。大夫憂之，列栅以守，重民饑，未遑治也。明年水復大至，城壞四百丈。大夫曰：“民連饑，雖賜租與賑，未蘇

---

①“今”，國圖本作“令”，據甘本徑改。

②“賊”，甘本作“盜”，兩可。奸宄，《尚書·舜典》：“蠻夷猾夏，寇賊奸宄。”孔穎達疏：“又有强寇劫賊，外奸内宄者，爲害甚大。”

③正德丙子，時爲正德十一年（1516）。

④奉訓大夫，文散官名，明爲從五品初授之階。

也。城今大壞，完之，則民方病；不完，是以殆舟共濟，如之何則可？”出而謀之寮友，寮友曰：“財力在民，今某若民何？”謀之衛使，衛使曰：“吾士之病久矣。”大夫入而復自度焉，曰：“患吾城者，水也。吾誰謀，其殆謀之水乎？”乃移書諸當路，曰：“沔多陂澤，水傷農，陂澤滋利矣。請以徵魚之羨，爲城費。”許焉。時都御史吳公獻臣①，奉命以便宜行荒政。至，聞之，曰：“之爲民也。”助其費幾三之一。於是白金以鍰計，得凡百八有奇。

故事，城有役，軍民同之。大夫乃使度城三分壞之二於民，自餘以遺軍士，并以兩計。白②金八十給之，約日即工，出納、敦事，咸選擇人使之，遂庀財用。募丁壯，執鍤、荷杵、負土石就事者，足相躡以至。大夫既受之方法，時復乘城視，勸犒徒匠，胥勤績用，以瞬而異。肇手③於戊寅三月之丙寅，爲日二百二十有八而訖工。樓櫓竿幟，奂焉改。

觀使巡撫都御史秦公國聲、僉事孟公望之④按沔，問民隱於諸里居暨諸生者，諸里居暨諸生述大夫所以裕民。及之二公登視焉，有歌於其野者，曰：“瞻彼新城，乃忘厥舊。安吾爲宗，急吾知所，走胡不吾聞？吾於力是助。”復有和之者，曰：“新城有嚴，奄失故所。雖有奸虣⑤，孰敢予侮。而今而後，釋予斨、釋予斧，爰肆力於畦畝。”秦公顧孟公曰：“子聽之。歲大侵久矣，吾宜怨咨⑥之聞也。乃今舉大役而民有不知者，顧庇及於卒伍，政可知矣。守人不當如是乎？有官吾郡縣皆令若兹，吾豈其復犯風露，是不可不丕視厥類，使繼今有聞也。”諸里居介其學之師賓走諸生，有東岡魯鐸，請記諸樂石。鐸雖

①吴廷舉（1459—1528），字獻臣，號東湖，明廣西梧州人，成化二十三年（1487）進士，《明史》卷201有傳。查《明實録》，正德十二年（1517）八月癸亥，“升廣東左布政使吴廷舉爲都察院右副都御史，往湖廣賑濟”。可推知本文的寫作時間應在正德十二年。

②“白”，國圖本作“百”，據甘本改。

③甘本無“手”字。

④孟洋（1483—1534），字望之，明河南信陽人，弘治十八年（1505）進士，歷任御史、桂林府教授、僉都御史等職，官至大理寺卿，有《孟有涯集》傳世。

⑤虣，通“暴”，《周禮·地官·司虣》：“禁其門囂者，與其虣亂者。”李善《注》：“虣，古文暴字，蒲到切。虣或爲虥，《爾雅》曰：‘虥，白虎。’”

⑥怨咨，亦作“怨訾”，《尚書·君牙》：“夏暑雨，小民惟曰怨咨。冬祁寒，小民亦惟曰怨咨。厥惟艱哉！”孔晁注：“訾，嘆恨也。”

病僨，嘗攝筆從紀事之後，其得謂在家不知爲記之？

大夫名濂，舉中土爲第一人，出身進士，有文學顯名。今名復顯於有政，修城其一也。自公之暇，輒留意書史，爲文章蔚然成家。孔子曰："學而優則仕，仕而優則學。"又曰："有文事者，必有武備[①]。"其大夫之謂也[②]。時正德，歲在[③]庚辰[④]，五月七日立石。

雲南府修拓廟學記

雲南府學在府治東南，創修代年，考諸志可知也。其地，南局通衢，故廟制重門，萃於尋丈。自餘諸合[⑤]，有至無所爲之。而所謂尊經閣者，乃復庭峙以翳列戟。學，則門墻崇不及仞，舍宇歷年所[⑥]，亦多就敝。

正德戊寅[⑦]，御史中丞何公孟春始至謁視。嘆曰："孔子之道與天地同幬，載以成物者，博厚、高明、悠久也[⑧]。國家師用之，以唐虞域中。滇今爲南服鄒魯[⑨]，而兹廟與學淺隘，庳闇以敝，大非所稱。矧儲毓學孔子者，於是乎瞻依[⑩]游息，其所關非細。吾有司漫視不屬之意，無乃其是過與。"

維時，知府事邵君鏞[⑪]由方伯方公璘[⑫]請所以開拓改治之謀於公。公曰：

---

① "有文事者，必有武備"句出《史記·孔子世家》："臣聞有文事者必有武備，有武事者必有文備。"

② "也"，甘本作"輿"，應以"也"字爲確。

③ 甘本無"歲在"二字。

④ 正德庚辰，時爲正德十五年（1520）。

⑤ "合"字疑貳，疑爲"舍"字之誤。

⑥ 歷年所，語出《尚書·君奭》："率惟兹有陳，保乂有殷，故殷禮陟配天，多歷年所。"指經歷的時間較久。

⑦ 正德戊寅，時爲正德十三年（1518）。

⑧ "載以成物者，博厚、高明、悠久也。"典出《中庸》："博厚，所以載物也；高明，所以覆物也；悠久，所以成物也。"

⑨ 鄒，孟子故鄉；魯，孔子故鄉。後因以"鄒魯"指文化昌盛之地，禮義之邦。

⑩ 瞻依，《詩經·小雅·小弁》："靡瞻匪父，靡依匪母。"鄭玄箋："此言人無不瞻仰其父取法則者，無不依恃其母以長大者。"表示對尊長的敬意。

⑪ 邵鏞，生卒年不詳，明南直江寧（今江蘇南京）人，正德三年（1508）進士。

⑫ 方璘（1458—？），字文玉，號鑒湖，明福建莆田人，弘治六年（1493）進士，歷任户部主事、郎中、湖廣布政司左參議、湖廣右布政使等職，官至雲南左布政使。

"無或使勞費及吾民。"乃閱府實，得省革浮費，爲白金二百鍰有奇。購地跨合前衢，續舊繚之得垣，增深爲丈三十有五。需材傭力，亦既取給。遂攻石，臨衢爲"櫺星門"，其舊趾以"趾戟門"。長兩廡，令東西回抱焉。移寘尊經閣於廟後，像設[1]加之章施，配哲位次因亦釐正。戟門之前，始爲碑亭，又前爲頖池，旁相向爲庖、湢舍，而廟制乃備。改建學門，倍舊爲高，廣其堂、齋、號、廨。會食、遷坐之所，皆補敝易陋，以求於合度，覆甃塗繪，廟學相映一新。卒乃據坊署三表，曰"大成""崇文""立教"者，鼎足以立。

工始己卯[2]冬十一月，訖以庚辰之十月，公及方伯、群僚從師生達觀厥成。規制閎豁，既深既閴；易地爲心，有嚴有適。公乃顧謂諸生曰："孔子參前倚衡[3]之訓，欲隨所在見道也。况專業其地者乎？繼自今入其門者，如見宗廟之美、百官之富，趨隅仰止，進德修業，庶其升堂入室，用而行之，中牟、攝相之政可推也。若乃從以身之教事，大夫之賢，則吾與有官君子所當念也。"僉應曰："諾。"

於時，環圜橋觀者，退而皆若有得焉。乃方伯謂是足以振今作後也。寓書加幣[4]，勤騎使三月而至，請記於竟陵魯鐸。鐸嘗濫史職，兹實宜書，爲詮次其説與事如此。

公字子元，號燕泉，郴[5]人，今爲兵部侍郎，文學德政，名中外舊矣。作人固其所先也。

---

① 像設，《楚辭·招魂》："天地四方，多賊奸些，像設君室，静閑安些。"朱熹《集注》："像，蓋楚俗，人死則設其形貌於室而祠之也。"

② 正德己卯，指正德十四年（1519）。

③ 參前倚衡，典出《論語·衛靈公》："子張問行，子曰：'言忠信，行篤敬，雖蠻貊之邦，行矣。言不忠信，行不篤敬，雖州里，行乎哉？立則見其參於前也，在輿則見其倚於衡也，夫然後行也。'子張書諸紳。"《正義》曰："輿是車輿也。衡，軛也。言常思念忠信篤敬，立則想見，參然在目前。在輿則若倚車軛。夫能如是，而後可行。'子張書諸紳者'，紳，大帶也。子張以孔子之言書之紳帶，意其佩服無忽忘也。"

④"幣"，甘本作"常"，應以"幣"字爲確。

⑤ 郴，即今湖南郴州。

沔陽州重建廟學記

惟正德甲戌[①]，沔大夫徐子正[②]大新廟學。越二年，績用成；三年，學政興；六年，士人楙達取上第。楚由之益名有材。

初，大夫以壬申秋莅沔。及期月，政平民服，乃遂鋭意於教。嘗臨學顧瞻，興嗟曰："夫教人學孔子，此其瞻依居養之地，豈容敝陋如是哉？且域中惟道爲至，大道傳於聖人，古今惟孔子爲至大。是道也，自天地至昆虫草木，所以位育者，壹是賴之。是故爲政者，似之猶理，假之猶興，况純用之者乎？戾之而禍敗，叛之而死亡，棄之而覆且絶，是雖么麼不能離，呼吸不得間者也。我國家舉帝王之政，其養士取人純用是道。沔爲江、漢間大州，聖化所先，而廟與學略不爲稱，如興道何？"

既而謀之府庾，無儲也。或曰："待諸。"大夫曰："事常廢於待，即待之，有爲潜輸者乎？"遂捐俸，爲金若干，登役書，曰："我姑圖[③]覆實之效耳。"四境感激生義，富民大賈相語於道，曰："吾屬小人各得其所，大夫政理之由也。大夫之政，孔子之道之由也。大夫今爲道謀，吾屬守廪實藏賄，相視如秦越[④]，可令日飲漢、江水以長我乎？"於是化所居，競相舉助，後至則訾嫚以爲耻。旬日，白金輸公篋以千數計，凡木石、黝丹、髹堊、傭募，咸取足焉。

乃命工師作[⑤]圖式示敦事者，務極於弘壯。士徒胥勤，效職事事，故成功不爽其素。廟自大成殿以下，爲楹凡四十有五；學自明倫堂以下，爲間凡七十有一。殿高七丈有五尺，堂高不及殿者二丈，而兩廡、重門、齋號、官署、門庖各稱焉。其戟門爲六楹，如殿數，重等威也。景賢祠、齋宿所附於兩廡，便從事也。既乃據坊爲表，署其東曰"儲俊"、西曰"啓文"，又西近通衢者，特

---

① 正德甲戌，時爲正德九年（1514）。

② 徐咸，字子正，號東濱，浙江海鹽人，正德六年(1511)進士，歷任沔陽知縣、襄陽知府，嘉靖五年（1526）罷官歸。

③ "圖"字，據甘本補。

④ 秦越，春秋時的兩个國家，秦在東、越在西，其間相隔較遠，後比喻雙方疏遠。

⑤ "作"，國圖本作"杰"，據甘本改。

曰“學宫”，別里巷也。

是役也。公不紀費而民不知勞，甍[①]棟杰出，迥見城表。故危若仰山，夷若履水，漢沔之上，巋然改觀。一時師氏弟子，咸勃焉興起，駸駸而向道，君子曰“居肆成事[②]”之喻，夫豈誣哉？故居是邦，樂有賢大夫也。

大夫既郎駕部[③]，學訓導某、從諸生某某數輩走東岡，請記於予。予病未能應，歲必二三至，蓋五六年於兹矣。所請益勤，人之思大夫不能忘可知也，故勉爲記之。時嘉靖改元壬午五月也。

大夫名咸，海鹽[④]人。在正德辛未進士中最以文名，其政一發於誠，州自稱治興學，乃其所先。人謂爲謀道者，亦知言矣哉。

霽庵記

予同年友方濟甫，名天雨，嘗自號“霽庵”，間過予請記之。

予曰：“何謂也？”濟甫曰：“吾初名天與，東海張先生[⑤]爲改今名。一二同志既有以字我矣，復自思之，濟物固資乎雨？非霽無以全厥功。故《洪範・休徵》曰：‘時雨若，時暘[⑥]若。’《大易・説卦》曰：‘雨以潤之，日以晅之。’皆兼言以示人。吾取以名吾庵，將以是道勉焉。”

予曰：“子誠善求道矣哉。予嘗即《易》與《書》而驗之。逾十日不雨，則旱苗者枯，立華者萎，欲就實者秕矣。雨過三日則灾，下者没，秀者稃，强露積者牙出，失暴者腐且蛾幻矣。時雨暘則無是也，惟人之道亦然。忤而怒，怒既而釋然；善而賞，反是則復黜罰之矣。若其大者，道有升降，政由俗革，

① “甍”，國圖本作“甍”，據甘本改。

② “事”，甘本作“市”，顯誤。居肆成事，典出《論語・子張》：“子夏曰：‘百工居肆以成其事，君子學以致其道。’”何晏《正義》曰：“此章亦勉人學，舉百工以爲喻也。審曲面勢以飭五材，以辨民器，謂之百工。五材各有工，言百，衆言之也。肆，謂官府造作之處也。致，至也。言百工處其肆，則能成其事，猶君子勤於學，則能至於道也。”

③ 駕部，指兵部車駕司。《明史・職官一》：“車駕掌鹵簿、儀仗、禁衛、驛傳、廄牧之事。”

④ 海鹽，今浙江省海鹽縣。

⑤ 東海張先生，即張璧。

⑥ “暘”，國圖本誤作“腸”，顯誤，徑改。

正直剛柔，三德[①]撫世，亦莫不然。蓋無慘不舒，無張不弛，陰陽之用，文武之道也。”

濟甫名雨，而以霽名其庵，蓋能自顧而思者，誠善求道矣哉。今之郎冬官，臨事即政，足以自試其所求。他日柄用，輔吾明天子，因時撫世，尚得大用其道，予行且見之矣。若徒事一室，以偃仰嘯歌而資美談，其非濟甫之志，亦非予所以望吾濟甫者矣。

思齋記

永順宣慰使[②]彭君天祥，性穎敏好學，至稱博洽。其儀觀論説，儼然一書生。湖南當路超常數禮之，殊不覺其爲門蔭也。世家以忠武聞，至君益懋節行，所居堂室，各有扁以自示，廳事之西扁曰“思齋”者，君别號也。間遣使者來京師，求予記之。

予曰：“思之爲義，大矣哉。《書》之思永，《詩》之思無邪[③]，孟子之思，則得之皆思也，天祥之思云何？”

使者攝辭以對，曰：“某也荷朝家厚恩，世守壤地，夙夜兢惕[④]，惟墮於不類是憂。嘗聞之，爲惡者未嘗有思，有思則爲善矣。故以‘思齋’自號。蓋上思忠於君，下思仁於民，思前以紹其祖若考，後以啓其子若孫，此其大凡。而行身處物之間，無往不思[⑤]也。故有堂若‘世忠’‘籌邊’，若‘懷忠’，若

① 三德，《荀子·富國》：“三德者，誠乎上則下應之如景嚮。”楊倞注：“三德，謂調和解累、忠信均辨、正己而後責人也。”

② 永順，即今湖南永順縣，明朝設置永順軍民宣慰使司。宣慰使，官名。唐元和十四年（819），平淄青節度留後李師道，分其地爲三鎮，以楊於陵充淄青十二州宣慰使，此是臨時差遣，不爲常制。元代爲宣慰使司長官，管理軍民事務，分道掌管郡縣。明、清時不設於内地，而專設於西南少數民族地區，爲土司世襲之官。

③《書》之思永，典出《尚書·皋陶謨》：“皋陶曰：‘都！慎厥身修，思永。惇叙九族，庶明勵翼，邇可遠、在兹。’”《詩》之思無邪，典出《論語·爲政》：“子曰：‘《詩》三百，一言以蔽之。曰：思無邪。’”

④ 即朝兢夕惕，《周易·乾》：“君子終日乾乾，夕惕若厲，無咎。”形容朝夕戒懼。

⑤ 即“思”，甘本作“利”，應以“思”爲確。

‘思親’‘寶仁’；有樓若‘思恩’、若‘永鎮’；軒若‘友人’[1]、若‘君子’；亭若‘清心’，若‘觀瀾’‘濯纓’；閣曰‘一清’，窩曰‘冰雪’。諸凡燕息[2]游望，爲扁者尚多有之，其名與義皆涉於思。是齋也，蓋總攬諸篇之義，而斂之一心者也。惟執事[3]其賜一言記之，庶幾有所持循也。”

曰：“思則誠，善矣。然吾聞人必勞則思[4]，思則善心生。古之人自上以下，必勞於其事而後即安，非無謂也。天祥專鎮而居，有欲斯遂，將亦無從而勞乎？”

曰：“夫子朝閱武備，暮治書史，殆與部卒、經生校勤怠。爰自受蔭，累平大寇，每奉敕諭，則感激思奮，至終夜不寢，故輒有成功。夫子之勞甚矣，勞誠致思，則其思當無窮也。惟執事其終教之。”

予忝史職，聞事在藩方可書者，皆思有以章之。况賢如天祥，而又請之勤如此者乎？雖然“宣慰”云者，“宣諭而慰安”之謂也。以天祥之賢，無事則奠境土以育善衆，有警則宣德意以化悖亂。不事殄戮而邊徼寧宇[5]，以求如置官之意，以廣聖明好生之德，以示法他藩，其終以無愧於古之所謂思者，以垂無疆之聞，斯至矣。天祥亦嘗思及，是與庸并書，以爲齋記。

---

①“人”，甘本作“仁”。

②燕息，《詩經·小雅·北山》：“或燕燕居息。”毛傳：“燕燕，安息貌。”

③執事，《尚書·盤庚下》：“嗚呼！邦伯師長百執事之人，尚皆隱哉。”孔穎達疏：“其百執事謂大夫以下，諸有職事之官皆是也。”

④勞則思，《春秋左傳正義》孔穎達疏引《正義》：“《魯語》：‘敬姜云：昔者聖王之處民也，擇瘠土而居之，勞其民而用之，故長王天下。夫民勞則思，思則善心生；逸則淫，淫則忘善，忘善則惡心生。沃土之民不材，逸也；瘠土之民莫不向義，勞也。’”

⑤邊徼，猶邊境；寧宇，安定的區域。

襄陽府鎮南樓記[①]

嘉靖三年秋[②]，湖廣副察使南充王公朝鳴[③]，撫襄及三[④]載。公既作鎮南樓成，襄守海鹽徐公子正相厥志，乃以公命，命宜城訓導夏時亨持書、幣至，以記請。

予曰："樓之知名海内者亦多矣。厥有大繫，不容無作者，不知有幾。今樓於襄，而以'鎮南'名，將所謂有大繫焉者歟[⑤]。"

余[⑥]嘗閲地圖，又於襄嘗取道上京師[⑦]。襄實中於土[⑧]，阻山陵[⑨]，帶江漢，言地爲形勝，言郡爲雄。蓋[⑩]宛、許、關、洛、晋、衛、鄭、陳、齊、宋之交，漢、沔、巴蜀、吴越之際，舟車所適[⑪]，貨賄[⑫]遷化，漆絲羽革，菽麥布縷，沾被原野、湖海無邇遠，是誠水陸之會，南北所控扼也。地饒財殷，士文而悦道，俗重義而有勇。天下無事，聲教繇以四漸，緩急則恃以固南北。故晋守以羊祜、杜預[⑬]，卒以取吴。南宋播迫嶺海，實在元人窺襄六年之後。

---

①該篇於雍正四年（1726）版《古今圖書集成》卷1155亦有收録，篇名作"鎮南樓記"。

②嘉靖三年，時爲嘉靖甲申年（1524）。《古今圖書集成》本無"秋"字。

③王珮，字朝鳴，明四川南充人，正德三年（1508）進士，曾任南京都察院湖廣道御史、湖廣副使等職。

④"三"，國圖本、甘本均作"二"，據《古今圖書集成》本改。考《明世宗實録》卷8，王珮於正德十六年（1521）十一月初一日任湖廣按察司副使，此記作於嘉靖三年，因此"及三載"爲確。

⑤《古今圖書集成》本，無"將""焉"二字。

⑥"余"，《古今圖書集成》本作"予"，兩可。

⑦《古今圖書集成》本於"上京師"後多"諦觀焉"三字。

⑧《古今圖書集成》本無"於"字。

⑨"陵"，《古今圖書集成》本作"林"。

⑩《古今圖書集成》本無"蓋"字。

⑪"舟車所適"，《古今圖書集成》本作"舟車惟其所適"。

⑫貨賄，《左傳·文公十八年》："貪於飲食，冒於貨賄。"鄭玄注："金玉曰'貨'，布帛曰'賄'。"

⑬羊祜（221—278）。杜預（222—285），字元凱，西晋京兆杜陵（今陝西西安東南）人，任鎮南大將軍，都督荆州諸軍事，以滅吴功封當陽縣侯。多謀略，當時號稱"杜武庫"。博學多通，參加制定《晋律》，撰《春秋左氏經傳集解》《春秋釋例》《春秋長曆》等，《晋書》卷34有傳。

我國家特命中丞撫治，又專任副察使莅之，有以也。表奠[①]威容，占望[②]之典，苟不可缺，則斯樓豈容無作乎？

樓舊趾，相傳梁作文選樓[③]於此，唐因以[④]建山南東道樓。宋修之。入國朝，改鐘鼓樓，經燬，未復舊觀。趾今葺治，根以距石，門闕增崇廣焉。樓翼三檐，巋乎壯杰，稱其地上揭月令。貯鐘鼓漏刻，仍譙之制[⑤]，據今名，所爲固當不止是也。或以爲樓填東北之虚，儷西南山以護風氣，此雖古人陟覲景象之遺意，亦"鎮"之一義耳，而實則猶有大焉者。

王公撫襄之政，嚴從恕出，恩流而善勸。深山窮隩，附隸而野心者，悉爲友民[⑥]。而守以徐公良平之理，人熙氣祥，歲用豊樂。故斯樓之作，襄里居人士、從吏寔[⑦]勤，撫、巡諸公咨誠野協，落成[⑧]之日，耆稚和會，觀厥成以爲要事，亦若知公之志者。

夫樓以臨觀爲功，嗣自今登斯樓者，霏靄時霽，山川開朗，如向所謂南北交際者，皆近出履舄。至於察灾祥，閲封守[⑨]，望隆中、峴首、鹿門之墟[⑩]，民胞物與，舉在目中，而吊古觀風，高出異代。吏玆土者，能無有感乎哉？若其警昏曉，時作息，順辰以興事，則齊民邦本之職也。嗚呼！其無以仁而負斯樓

①表奠，指營表奠基。營表，古代建造宫室測量地基時立表以確定位置，《詩經·大雅·靈臺》："經始靈臺，經之營之。"鄭玄箋："文王應天命，度始靈臺之基趾，營表其位。"孔穎達疏："營表其位，謂以繩度立表，以定其位處也。"奠基，建房奠定地基時所舉行的典禮儀式。

②占望，指占風、望氣，古時以天氣情况判斷吉凶的方式。

③文選樓，南朝樓名，位於湖北襄陽，相傳爲南朝梁昭明太子蕭統（501—531）所建。蕭統召集當時文人於此編纂《文選》，故名。

④《古今圖書集成》本無"因以"二字。

⑤"入國朝……仍譙之制"句，《古今圖書集成》本作"國朝，改鐘鼓樓，經燬，今葺治門闕增崇焉。三檐壯杰，上揭月令，貯漏刻"。

⑥"王公……友民"兩句，《古今圖書集成》本作"王公撫襄恩流善勸"。

⑦"吏"，國圖本、甘本均作"臾"，顯誤，據《古今圖書集成》本改；"寔"，《古今圖書集成》本作"實"，兩可。

⑧"成"字，國圖本、《古今圖書集成》本皆缺，據甘本補。

⑨封守，《尚書·畢命》："申畫郊圻，慎固封守，以康四海。"孔安國《傳》："謹慎堅固封疆之守備。"

⑩峴首，山名。即湖北襄陽縣南的峴山。鹿門，即鹿門山，在湖北襄陽。隆中、峴首、鹿門，皆爲湖北襄陽之名勝。

也夫？用記作者之志，永以爲詔[①]。

高唐州知州陳君去思碑

陳君子珍[②]守高唐之四年，事無遺便，民有頌聲。乃弘治乙丑[③]夏四月，擢南京工部員外郎。去之日，吏民扶擁，老稚遮留，曰："何物郎秩，能以我公去邪？"遂駢卧捧馬足，不可前。郡中大夫士以法制開諭，至恐以危言，君始得行。争取君靴，揭之州門，涕泣攀送者若干人。

君既去，凡君所經由，見之輒嗟咏徘徊，不能自已。鄉進士殷佐等述州人之意，走千有餘里來京師，請予文爲去思碑。予既重違斯人之情，又忝史職，於凡就列福民，可以風吾人者，皆所宜書焉。

夫高唐之爲州也，其郊四達，又當兩都南北之衝，民力困憊，生理孔艱[④]，故在諸州中亦稱難治。君既視事，慨然以裕民爲任，曰："是不在吾長吏乎？"凡故所供需，皆自裁損，所居出必扃鑰，外門肅清，非公事者不敢窺首。日出坐廳事，日入乃罷。簿書填委，披决不少休，一如家事治之。公暇，巡阡陌間，召齊民與語農蠶，民用丕作，禾黍桑麻，連望無曠土。廣學舍以處生徒，自復[⑤]戾止，詔以文藝器識之先後，科目賴以得人。平時籍人户爲三等，臨徭役一準之，里書[⑥]莫緣以爲重輕。民有糧，歲起運視存留難數倍，貧不能賄

---

①此段國圖本與《古今圖書集成》本出入較大，《古今圖書集成》本作"夫樓以臨觀爲功，繼自今登是樓者，憑虚徙倚而四望焉，霏靄朝收，穹宇夕霽，遥樹畔天，山川疏朗。四境之内，暨向所謂南北交際者，近出履舄，遠係攘紛，列而前陳，臆况得無有感乎？俯閭閻，則思加之富教；閱封守，則慎固於無虞。人心求之峴碑，天威不咫尺違顔。吏兹土者，能無事乎？望隆中，慕武侯；見鹿門，思德公。民胞物與，舉在目中，士之弘毅謀出處者，能無是乎？若其警昏曉，時作息，順辰興事，則齊民邦本之職也。卑尊窮達，皆於是乎受益而收功，則斯樓非過情之名矣。嗚呼！其無以人而負斯樓也夫？用繼作者之志，永以爲告。"

②陳良珊，字子珍，明南直華亭（今上海）人，弘治十二年（1499）進士，歷任高唐知州，南京工部員外郎，湖廣按察司僉事、副使，四川右布政使等職。

③弘治乙丑，時爲弘治十八年（1505）。

④孔艱，《詩經・小雅・何人斯》："彼何人斯，其心孔艱。"鄭玄箋："孔，甚；艱，難。"孔穎達疏："其持心甚難知也。"

⑤"自復"，甘本作"以時"，兩可。

⑥里書，里正所掌握的用作徵收賦税依據的文書。

吏者，率任其難，君一視力之厚薄定之。丁夫往往身繫二役，財力足乏，君使驗行李相當之數給之。裁節重役傭價，亦歲省銀千有餘兩。群吏非有召，不得輒升堂階。鄉村無隸卒之迹，斷獄罔有停繫，深情者[①]莫或得售其奸。

先是，民多流亡。聞君至，復業就養者，其户以千數計。苑馬歲苦販[②]買，君教民生牧足數，無妄費焉。定里甲供應之則，惡客不得逾分求取。民有善，雖甚煢弱，必給米帛獎異之；苟有惡，雖豪右無所貸。俗尚佛事，又以奢麗相高，懲其甚者而譬曉之，遂歸於正。雨雪或失期，禱輒立應，歲未嘗不熟，人以爲積誠所孚。舊嘗協濟臨清，爲船夫二百七十，歲輸銀千七百兩，民甚苦之，經四十年莫能蘇其困者。况易州廠、裴家圈、臨清州又多柴夫、弓兵、倉斗之役，君具不均狀抵當路，悉蠲除之。君恤民隱，若痛在厥躬；惜民財，不啻若自己出。見利與害興除之，不自顧忌。嘗曰："苟利百姓，他不足計也。"

始，君之在高唐也，吾固已聞其賢，而吾友徐君珪實爲其州判官，夏津令張君璥又於予莫逆，皆嘗爲言陳君之賢之詳。况今其士夫父老，不遠千里以請於予，其賢益可知矣。

夫是非愛憎，必久而後定。方其面目相及，是，未必甚愛；非，未必甚憎。何也？非玩於常，則劫於勢也。及其迹遷境異，則凡昔之利害損益僅如毛髮，皆將追談憶數，而愛憎之語隨之矣。况於臨乎其上，嘗有恩怨相加，足以飽暖凍餒，佚樂勞苦，生活死亡之者，則其追談憶數而爲愛憎之語，不有甚焉者乎？此去後之思，所以出於真情，非可徼而致也。

陳君之於高唐，其恩惠如向所云，則其所以飽暖佚樂，而生活之者多矣。是宜其去此，而民之遮留攀送，見所經由而思之不置也。然君行且大用，以究其惠於四方，尚亦可謂斯人也已[③]。昔人如何武、羊祜、宋璟、吕諲之輩[④]，既

---

①"者"，國圖本作"耆"，據甘本改。

②"販"，甘本作"販"，兩可。

③甘本無"然君行且大用，以究其惠於四方，尚亦可謂斯人也已"一句。

④何武（？—3），字君公，西漢蜀郡郫縣（今四川郫縣）人，著名循吏，《漢書》卷 86 有傳。吕諲（712—762），字子敬，唐浦州河東（今山西永濟）人，進士，官至丞相，政行卓異，《舊唐書》卷 185、《新唐書》卷 140 有傳。

去而人思之，至於墮泪，創生祠、起遺愛碑[①]，史氏皆爲立傳，至於今人猷歆慕，況在當時爲其民者乎？然則書陳君之賢，使垂不朽，亦吾職也。

君名良珊，松江華亭人，由[②]己未進士，其同官同知則開州李君麒，判官則應城徐君珪、無錫周君祥，皆冰檗同心，以贊政理，而徐君今遷涿州同知云。

積善堂記

予友崔崇徽者，世爲豐城人。曾大父諱庸，字時中，勝國時業《易》，屢困試席。尋值兵亂，徙他郡。洪武初，始復舊業，竟以病坐廢。平生汲汲[③]爲善，方易簀[④]，作《績善箴》示子孫曰："世世誦此，勿爲不善事。"其孫讓，以鄉進士爲魯府紀善[⑤]，王嘗賜題其堂曰"積善"，表先志也。善鳴者歌咏成卷。

弘治癸亥[⑥]，崇徽以潛江教諭考績來京師，求予題其卷首，且以記相屬。因得讀其所謂《積善箴》者，其略以積善不息，自當食報。如樹桃李榛栗，培其根，必食其實，不於其身，必於其子孫。予三復其辭而景慕之。《易》曰："積善之家，必有餘慶。"積之云者，非一朝一夕之謂也；餘之云者，非一世一事之謂也，然此亦道其常耳。昔于公嘗自高大其門閭，曰："令他日可容駟

---

①遺愛碑，即頌德碑，舊時爲頌揚官員德政而所立的碑。封演《封氏聞見記·頌德》："在官有異政，考秩已終，吏人立碑頌德者，皆須審詳事實，州司以狀聞奏，恩敕聽許，然後得建之，故謂之'頌德碑'，亦曰'遺愛碑'。"

②甘本無"由"字。

③汲汲，《禮記·問喪》："其往送也，望望然，汲汲然，如有追而弗及也。"孔穎達疏："汲汲然者，促急之情也。"

④易簀，更換床席，指人將死。《禮記·檀弓上》："曾子寢疾，病，樂正子春坐於床下，曾元、曾申坐於足，童子隅坐而執燭。童子曰：'華而睆，大夫之簀與？'子春曰：'止。'曾子聞之，瞿然曰：'呼？'曰：'華而睆，大夫之簀與？'曾子曰：'然，斯季孫之賜也，我未之能易也。元，起易簀。'曾元曰：'夫子之病革矣，不可以變。幸而至於旦，請敬易之。'曾子曰：'爾之愛我也不如彼。君子之愛人也以德，細人之愛人也以姑息。吾何求哉？吾得正而斃焉，斯已矣！'舉扶而易之。反席未安而没。"

⑤紀善，爲明代藩王府屬員，正八品。

⑥弘治癸亥，時爲弘治十六年（1503）。

馬車。”王晋公不得相，乃手植三槐於庭，曰：“吾子孫必有爲三公者[①]。”其後定國爲丞相封侯，且爲相封公，實如二公之言。予竊以爲爲善食報者固也。但教子孫者，猷當勉其繼述，不宜自我取必也。脱使事失其常，不駟馬、不三公，則子孫爲善之意怠矣。二公之言，無乃有激而然歟。人之稱述之者，亦重其言之有中耳，否則後世亦無聞矣。

崇徽之祖時中，績學礪行，身經亂離，不獲一命之寄，其爲箴以勉其子孫者，雖其垂絶之言，而培根食實之喻，一以其常言之，且欲世世守之不取必焉，真遺後之法也。其後子姓振振[②]。孫有諱也達[③]者，崇徽父也，以忠信見重州閭，年九十，遇恩例爲壽官。崇徽領己酉[④]鄉薦，中乙榜，授今官。有子曰詔美、文美，質皆秀發。崔自時中以來，世守家範。凡爲子孫者，必以善聞，雖未至顯赫，然蕃衍壽考，科目相望，則其慶蓋已如桃李榛栗，小試其實者矣。予又見崇徽盡心學職，雖不獲近效以取遷秩，其意猶惕然無少怠。吾用是占崔氏之繼述於斯善者未艾也。積之久，其慶必大，亦其時矣。夫庸知所謂駟馬三公，不於其子若孫見之乎？崔氏不自取必，予不容不道其常，以爲世之爲善者勸。

素行齋記

素行云者，江陰薛公成霖之别號。義取孔氏所謂“素其位而行[⑤]”也。公没之八年，其子户科給事中子純[⑥]，既得贈公如己官，將歸展公墓，乃以公所號請

---

①“吾子孫必有爲三公者”，用王祐（923—987）之典，其子王旦（957—1017）後爲相。蘇軾《三槐堂銘》：“故兵部侍郎晋國王公……卒以直道不容於時。蓋嘗手植三槐於庭，曰：‘吾子孫必有爲三公者。’已而其子魏國文正公，相真宗皇帝於景德、祥符之間，朝廷清明，天下無事之時，享其福禄榮名者十有八年。”

②振振，《詩經·周南·螽斯》：“螽斯羽，詵詵兮；宜爾子孫，振振兮。”杜預注：“振振，盛也。”

③“也達”，甘本作“達”。

④弘治二年己酉，時爲1489年。

⑤素其位而行，典出《禮記·中庸》：“君子素其位而行，不願乎其外。”朱熹注：“素，猶見在也。”

⑥薛金，字子純，明南直江陰（今江蘇江陰）人，弘治十五年（1502）進士，官至廣東僉事。

記於予。

予曰："嗟夫！鐸雖不敏，然於人亦既多所紀述，豈嘗有請如子者哉？人凡有所題扁，而欲以托諸文墨者，必其身所起處、所藏修、所燕游，觀望而憩息也。未聞前人之墓木交蔭，而於其題扁之舊，尚欲有所表章者也。子是之請也，蓋發於終慕之誠，而前人之賢蓋可知矣。今夫朝令夕申，口及耳語，猶不必其子之從也。況於身後之遺，能使其子愈達不忘，謂不賢而能之乎？是誠可書也已。"

座客有知公曰張允敬[①]者，謂予曰："公少敏悟兼人，在邑學有才名。中以家多故，輟不就仕，課僮奴，日事耕織。暇則與所善相從山水間，飲酒賦詩以樂。既以夙[②]志未償，一意教子，意將於子乎取之。及子純領鄉薦，試禮部累[③]不利，歸有歉色。公迎，笑曰："富貴有定，分在天，何自苦爲？"公行身教子，無位外之願，故嘗有是號也。先生厚子純，其爲追而記之。

鐸以弘治壬戌與子純同舉進士，改庶吉士入翰林，既而子純爲今官，而鐸具元[④]史局，凡五閲年於兹矣，辱深分，得以朝夕相從。初，子純方其[⑤]自禮部將試大庭也，人皆魁倫望之。子純曰："吾知持所知待對耳，不知其他。"在翰林三載，種學勵行，其器局已若無不可受者。及其爲諫官也，屢出意見，爲天子言天下事，人遂陰受其福。予循而觀之，所在必行其志，固意其有所受也。今乃幸攝筆於公從事，而又得徵其平生於允敬者如此，是於嚮意子純者，固已得公之影響矣。"不知其人觀其子[⑥]"，是宜古之人有是言也。公世出唐晋國公稷[⑦]之後，祖兼善翁爲國初徵士；父守静，以善人稱於州里。公所受於上

---

①張簡（1465—1536），字允敬，號可齋，明南直江陰（今江蘇江陰）人，弘治十八年（1505）進士，官至廣東布政司左參政。

②"夙"，甘本作"宿"，兩可。

③"累"，甘本作"屢"，兩可。

④"具元"，甘本作"濫竽"；"元"字疑貳，應爲"員"。

⑤甘本無"方其"二字，兩可。

⑥"不知其人觀其子"，典出《孔子家語》："不知其子視其父，不知其人視其友。"

⑦薛稷（649—713），字嗣通，唐蒲州汾陰（今山西萬榮）人，隋代名臣薛道衡（535—604）曾孫，武周朝進士。歷任中書舍人、諫議大夫、昭文館學士、中書侍郎、户部、工部、禮部尚書等職，封晋國公。爲初唐書法名家，《舊唐書》卷73、《新唐書》卷33有傳。

世[①]，猶子純之受於公也。公没既久，而子純猶有是請者，蓋又將以示其家範於子若孫也。薛氏之澤，尚復有既乎？聞其風者，將亦勸於爲父與[②]子矣。

子純名金，公中子；允敬名簡，乙丑進士，公同鄉人；忠實名能文，蓋嘗狀公之行云。

已有園記

敝廬之東鄰有地焉，由委巷[③]隆然深入城中，自平地視之，高丈許，其上有古臺。自其地視之，又高丈許，臺曰“夢野”，志謂於此登望可盡雲夢之野，故名。臺東下爲平地，稍南漸下而瀦水，以其在委巷，又其半甚下，故静且野而易致。

予緣病得請，買而治之，以爲休養之所。於臺之西爲屋數楹，兒輩及族子弟讀書其中，閣老西涯翁題爲“夢野臺書院”。於臺東平地植花木，以其色與開之後先相間，蓋終歲未有一日不見花者。又蟠水[④]築而垣之以爲池，池頗曲，故以“磬”名之。林中向池爲草亭，吴東湖中丞扁曰“秀芳”，芳言花木，秀言池水也。池中有州如鳧，而鳧又嘗栖止，故名曰“鳧洲”，作草堂其上，堂名遂亦因之。堂西有紅梅，下覆鈞石，仿李賀詩意，名“紅雪”。磯洲之南有磯樹間曰“午陰”，貴其蔭也。洲北復有小洲，曰“中臺”，樹冬青梧梓，以桃杏夾之，下罫乎石，可據而坐且弈也。又其北復有小池，界以甬而橋其中，橋東、西分種紅、白蓮，將漁大池，登草堂，則小舟東西通焉。舟貯以屋水，立池東北隅。古臺之東，徇地勢爲闌，行松竹間，凡數折而下，迤邐出池上，菰蒲蘋蓼，芙蓉楊柳，魚鳧水蟲，色色不種畜而有，蓋具江湖之體而微耳。日未下舂，則臺周竹樹便復蔽虧，池水皆陰。矯首西望，不得徑路，忽不知其非山林也。

---

①上世，指先代、前輩。《史記·太史公自序》：“余先周室之太史也。自上世嘗顯功名於虞夏，典天官事。後世中衰，絶於予乎？”

②“與”，甘本作“若”，兩可。

③委巷，《禮記·檀弓上》：“小功不爲位也者，是委巷之禮也。”鄭玄注：“委巷，猶街里，委曲所爲也。”

④“水”，甘本作“木”，考諸後文，似以“水”爲佳。

予病廢，幸從聖明，得殘息歸就水土，雖未即愈，已可無憂怖。每風日晴美，扶杖起行藥，時復陟降，倦則倚樹而立，藉草而坐。間聞好鳥語，取琴弄膝上和之，或從童子釣池上。月至，則泛舟緑凫洲，泊蓮渚，烹鮮舟中，屈碧筒以自飲。兒輩時以楚聲歌遠游佐之，醉輒就草堂卧，歸不歸皆得。臨池宜蔬，近畦宜魚，客卒至，水陸味具，不待謀諸婦，可留也。自書院以東，别設垣鐍。凡予入，則童子反扃焉。人莫敢呼，雖呼亦復不聞，故池臺林亭諸處，自爲一區。總名曰“已有園”，扁則吾友景前溪所題也。蓋吾材類樗[①]，而今復病，是加之朽也。樗而朽，益無所用之。無用，則吾其屬吾，而吾園始爲已有也。苟藥物能吾扶，孰使吾不樂。

大椿洞記

芳秀亭西坡有坳，土色正赤，嘗欲因之爲洞。客有以陰淫[②]爲説沮之者，聽焉。既逾年，初志横胸中不能除，一日登夢野臺，適書院，庭水出東墻石竇。徑臺北溝中，趍磬池，雜樹交翳其上，但聞直折高下，爲聲有異。喜曰：“曩使南交，道群山，往往聞洞中泉出，兹頗類之。吾作洞乃舍是乎？”遂比板跨溝屋而茨覆之，門其端，東向以爲洞。近門，木多椿，删冗黜惡，特大而奇者留焉。楝[③]一株，蔭小臺如蓋。臺前則桃、竹、佛桑蒙密[④]，不剪伐，貴障蔽也。洞之脊，重組蘿薜[⑤]，不異坡陀藂薄，然自洞視臺，顔仰欲墮績[⑥]。及俯瞰園池諸處，相高下亦稱是。樹間竈罍[⑦]，茶具略備，有涉園者，洞中見之，歷歷如隔簾，其外乃莫知有洞者。

每客款外户，童子必辭焉，非所識不至入書院；客或及廳事，童子必辭

① 樗，臭椿樹，本指無用之才，亦作自謙之辭。

② 陰淫，《左傳·昭公元年》：“六氣，曰陰、陽、風、雨、晦、明也。分爲四時，序爲五節，過則爲灾。陰淫寒疾，陽淫熱疾。”杜預注：“寒過則爲冷。”

③ “楝”，國圖本作“練”，據甘本改。

④ 佛桑，植物名，即扶桑花。

⑤ 蘿薜，《楚辭·九歌·山鬼》：“若有人兮山之阿，被薜荔兮帶女蘿。”指女蘿和薜荔。

⑥ “績”字疑貳，或爲“幘”之誤。

⑦ 竈罍，竈臺和盛酒器。罍，一種腹大口小的盛酒器。

焉，非素稔不至入已有園。既入，則登林亭，坐弈石，渡鳧洲，以入草堂，試釣紅雪、午陰之磯，啓東塢、北軒，以閱群花。登臺縱遠望，皆得與童子俱，苟非深誼分，實不復知有吾洞。洞粗如六一之所謂舫者[①]，旦迎旭日，暮延霽景，塵氛所不至，喧囂所不聞，讀書哦詩，鳴琴瑟，諸無不宜。吾病夫，則静坐熟眠爲至要也。

洞未定名。一日，客有古貌野冠服入者，童子不得辭。請刺，曰："第入報，吾無名氏也。"入曰："子誠静者，有園如是；而復爲此洞。子誠静者。"已復環視，修辭曰："吾聞静者壽，爲子名洞以'大椿'可乎？"

余曰："大椿以萬六千歲爲春秋，斯不已駭聞矣乎？雖然，吾餘四十而登進士，改庶吉士，受史職，以及於今。同年三百人，而今死者幾三之一；庶吉士凡二十，死者今至七八人；同官凡八人，死者今亦三人矣。於同年，吾預長；列於庶吉同官，吾最長。今雖病，幸生逾下壽，故嘗種橘，有悴及期而復生者，人謂兆永年[②]也。因别號'蘇橘山人'，此殆可名洞矣。"

曰："孰與探洞之有？子以爲駭，則《詩》所謂'萬壽無疆'[③]者非與？"

辭去，懇其姓名。曰："吾無名氏，吾無名氏，子奚以名爲？"徑去，不復顧。或者以爲異人之有道者，竟從之，扁洞曰"大椿"。

止林記

邑城之東，東行四十里而至[④]，有地曰"蠟林"，舊余同庠友何汝節氏所居也。余卜地，從其子志遠、孫新購得之。有爲堪輿[⑤]之説者，曰："此地踪迹所

① 六一，指歐陽修（1007—1072）。歐陽修有《畫舫齋記》傳世，故魯鐸稱"如六一之所謂舫者"。

② 永年，《尚書·畢命》："資富能訓，惟以永年。"孔安國《傳》："以富資而能順義，則惟可以長年命矣。"

③ 萬壽無疆，語出《詩經·小雅·天保》："君曰卜爾，萬壽無疆。"

④ 甘本無"而至"二字。

⑤ 堪輿，《漢書·揚雄傳上》："屬堪輿以壁壘兮，梢夔魖而抶獝狂。"顔師古注："張晏曰：'堪輿，天地總名也。'孟康曰：'堪輿，神名，造圖宅書者。'……張説是也。"

自起伏，迤邐而來，其山水形氣，皆翕止於是。吉，可壽藏[①]公。”

余曰：“余少而學道，蚤有志世務，晚得一第。爲禁近官十年，及疾，得請歸又十年。大司寇林見素[②]、諸名公暨兩都臺諫諸賢，皆論薦稱與過情。部檄緣詔屢至，皆莫能起應。今疾與年益侵，余殆亦止於此矣。”

夫因以“止”易“蠟”字，號曰“止林”。門外小湖，舊恒涸水以漁，每淤入爲洲灘，翳堂局。乃固築，不令如舊，所爲湖亦以“止”名。凡海内知舊暨同年，咸知有所謂止林者，鄉里差[③]少，共以老稱，故又號“止林老人”云。

老人病眩暈，逾八九月未愈。故備遺忘，勉興搦筆，述其概以爲《止林記》。

棠陵記

方子思道，世家開化，所居地多棠，里人習呼曰“棠林”。然本大阜也，方子疑焉。忽有神稱仙者[④]降於其鄉，機筆告人有徵，又善據書史道古今事物，方子因問之。作字几上，曰：“嗚呼！此棠陵也，受誣於方言久矣！子亦有疑乎，夫物之顯晦有時，使玆地不遇子，將無以自白；子不過遇[⑤]，亦何所取信耶？”

里人見聞者同聲嘩曰：“是也，陵之受誣也久也。吾黨語訛至是哉。”由是自遠方來問訊方子者，里人必指且示曰“棠陵，棠陵”云，思道因以自號。今棠陵之名之在天下，蓋已如所謂鹿洞、龜山、蛟峰[⑥]等云者矣。地之於人，其皆有待歟？

---

① 壽藏，《後漢書·趙岐傳》：“年九十餘，建安六年卒，先自爲壽藏。”李賢注：“壽藏，謂冢壙也。”

② 林俊（1427—1527），字待用，號見素，明福建莆田人，成化十四年（1478）進士，官至刑部尚書，卒謚貞肅，《明史》卷194有傳。

③ “差”，甘本作“年”。

④ “神稱仙者”，疑爲“稱神仙者”。

⑤ “過遇”，甘本作“遇予”，結合上下文，應以甘本爲確。

⑥ 鹿洞，指白鹿洞書院，相傳爲朱熹講學處。龜山，指爲宋儒楊時（1053—1135）所建之龜山書院，楊時號龜山，學者稱爲“龜山先生”。蛟峰，指南宋儒者方逢辰（1221—1291），字君錫，號蛟峰，浙江淳安人，學者稱“蛟峰先生”，曾在石峽書院講學。

蘇橘山人記。

重建巡按湖廣監察御史察院記

武昌，爲湖藩附郭[①]。郡舊爲察院者凡三，其在藩垣之左者，人以東别之。蓋御史之按治者所居也。其址甚下，棟宇日益就敝。

正德癸酉[②]，羅山胡公仲善按治於兹，顧瞻興嘆，乃屬三司諸公議改作之。增築舊址，高及尋。前爲重門，其北爲廳事，又其北爲退食、寢處之所，皆視舊加崇廣焉。又其北爲池，而亭其中，至凡庖厨、浴圊，各備其制。周繚高垣，出亘砥道，蓋百五十年來所未有也。始工於是年之三月，以八月落成，而公有陜右之遷矣。又四年，爲丁丑[③]，西蜀王公惟貞以夙望戾止，下僚震肅事事。時運水，民大饑以疫。公憂之忌[④]食寢，煦摩[⑤]之餘，悉問民所便否罷行之。既乃請殄徹賊之肆亂者，全楚大治。甫代一日，顧所居，謂方伯周公公儀[⑥]曰："維兹建治，非徒侈觀求安，其所繫亦重且大，是可以無紀乎？"方伯乃以書攝公之辭，命某爲之記。

夫今[⑦]之都察院，即古御史臺；則今察院者，御史之行臺也。御史自天子左右被旨而來以綱紀百司，則其所居亢爽[⑧]雄邃，非内臺之制不可也。况岳屬之候集，人士之瞻望，訟獄者之推詰辨治，胥兹焉。在其地分等威，自有不容以不重者。又况居養所繫，隨寓有得，其高明之用，訏遠之謨，升堂睹奥，若或啓

①附郭，行政區劃用語，指縣政府治所與州、府、省等上級政府機構治所設置於同一城池内的特殊形態。

②正德癸酉，時爲正德八年（1513）。

③"丑"，甘本作"酉"。查明正德年間無丁酉年，國圖本爲確。正德丁丑，時爲正德十二年（1517）。

④"忌"，甘本作"忘"，兩可。

⑤煦摩，撫育，照顧。

⑥周季鳳（1464—1528），字公儀，明江西南昌府寧縣（今江西九江修水縣）人，弘治六年（1493）進士，官至南京刑部右侍郎。其於正德十年（1515）至十六年（1521）間，任職湖廣右、左布政使，故稱"方伯周公"。

⑦"今"，國圖本作"令"，顯誤，徑改。

⑧亢爽，謂地勢高曠。

之，真足以厲風裁，振綱紀焉者。然則公所謂不徒侈觀求安，而所繫重大者，其謂斯與。公其身履之，而有得者與。

是用書公意，以紀胡公之功，將以告夫來者。

潛江縣敖侯新開恩江記[①]

潛之爲縣以水名，地本下，是故水易爲灾也。夫漢水至瀘洑，支出爲潛，自排沙流經縣治之比[②]，西向南折，以達荆通沔。天順間，北流淤填，乃决高家腦，流經治東。孝廟時受决處，又漸淤爲洲，可田以畀興邸。正德中，洲益廣，水益擠，而西齧縣治危若亡脣矣。前政一諉諸無所爲力，民病焉。

嘉靖改元之八月，敖侯知潛。甫三日，漢水大至，四境艤舟，縣衙翹灾，市人騎屋以居，公私廨宇盡壞。向齧處復善崩，侯禱之尋已，遂發庾賑民。憑高望淤洲激水，曰："此不河之，乃使河我縣治，魚鼈我民乎？"父老曰："洲屬官家，奈何？"侯曰："吾爲若請之。"乃上疏。其略曰："捐官莊一洲租，以永除一縣之患，惟聖明圖之。"時又有疏，乞以減免窪地蕪荒逋負[③]，及蠲本歲灾租，道氓情甚哀。上悉可之，下藩、憲臣議行。

於是逋人歸者相望於塗，聞開河之役，争持畚鍤而至。侯復從父老源委[④]水道，得爲淤、爲齧之繇，乃旁洲劃黄漢之礙。爲河七百丈，直亘排沙，因土爲堤趁之。肇工於明年二月廿四[⑤]，以四月四日[⑥]訖工，水乃帖然安流。近治無復崩齧，百壞修治，復厥舊，民用生生。乃相與歌曰："轉危爲安兮，敖公有江。公如可借兮，我終無殃。"蓋欲以敖名江也。侯聞而論之曰："恩若屬自朝廷，宜名'恩江'，以志不忘，吾於是乎何與？"

---

①該文亦收入邁柱《湖廣通志·藝文志》，題名爲《恩江河記》。

②"比"，甘本作"北"。瀘洑河，《漢書地理志補注》："潛水在今湖北安陸府潛江縣東，東南流經漢陽府沔陽州西北，合夏水今名蘆洑河。《府志》云：'蘆洑河自漢江分流爲排沙渡，又南經潛江縣城東爲縣河。'"

③逋負，指拖欠。"乞以減免窪地"，國圖本作"乞以衆輕帶辦"，似誤，據甘本改。

④源委，《禮記·學記》："三王之祭川也，皆先河而後海，或源也，或委也，此之謂務本。"鄭玄注："源，泉所出也；委，流所聚也。"

⑤甘本無"廿四"二字。

⑥甘本無"四日"二字。

未幾，以外艱去潛，人莫能留。復相與介其里居，洎諸夫庠之師若弟者，於予請記。夫儒之爲貴，貴其學有用也。學識[①]有用，則獲上治民，大至裁輔[②]贊參，皆此在也。否則雖多亦奚以爲？今敖侯之救敝興理，其敷奏中務，當寧矜從，獲上也；窮迫舒蘇，亡逋親附，得民也。水從其道，邑固人恬，裁輔贊參之功也，非夫有用之學，望[③]至是哉？余嘗謂治理莫先乎擇守令而重之，今天下郡邑敝瘵[④]，豈獨潛哉？使盡得如侯者分布焉，豈以不即大治爲憂？然吾聞始侯之來，白岩太宰[⑤]實擇使乳保潛人，則愚意白岩蓋先得之，但復周且重焉，斯至矣。

侯名鉞，字秉之，高安人，其學以《詩》，領鄉薦，教績溪。嘗典文順天，擢宿松令，所至名在薦剡。在潛之政，惟民是務安[⑥]，不知其他，潛人均之。爲其民也，或呼父母，或稱神明，惡有悛心[⑦]，孱無抑志。去之日，皆攀卧涕漣，不能已。遠慕之而詢諸其境者，則無異聞。君子曰："此在[⑧]古所謂循良吏，其由守令擬臺省者，皆此類也。當有爲立傳者能詳之。"

---

①"識"，國圖本作"誠"，兩可。

②裁輔，《周易·泰》曰："天地交，泰；后以財成天地之道，輔相天地之宜，以左右民。"

③"望"，甘本作"能"，似以"能"爲確。

④瘵，《詩經·小雅·角弓》："上帝甚蹈，無自瘵焉。"毛傳："瘵，病也。"

⑤白岩太宰，即喬宇（1464—1531）。

⑥"民是務安"，疑爲"民務是安"。

⑦悛心，《尚書·泰誓上》："惟受罔有悛心，乃夷居弗事上帝神祇，遺厥先宗廟弗祀。"孔穎達疏："言紂縱惡無改悔之心。"

⑧"在"，甘本作"殆"，兩可。

卷　七

序十八首

玉華雜咏詩序

玉華子嘗得告歸潮之饒平，垂十年，召入官翰林。未幾，復以疾請。瀕歸，謂館僚諸公曰："何以贈我？"乃自述玉華之勝爲題，求寓意於咏歌也。衆莫詳其所謂。

玉華子取杖，畫地作狀。先爲山曰："玉華家世所居也。"玉華東北爲大山，曰鳳皇[①]山，别業在焉；又其南爲張仙，斜爲羊山、爲飛鵝山，世有葬域。謂玉華爲潮名山，抱西湖，帶韓江。江之東爲韓山，湖之西爲西湖，山又其南爲金山，潮負之而城。自玉華而南，山脉夾江，伏復起餘二十里。其東若鳳栖，若玉筍，若立珪、海陽、筆格；其西若翠屏，若迎仙、釣臺，若胡盧，若越王走馬埒，凡爲峰以十數，而莫不勝者焉。自先世所居與玉華子所游止，爲莊者一，爲樓居者四，爲窩者二，倚松爲一廬[②]，爲洞者二，爲庵近先隴者二，爲亭者七，爲堂者二，祠一、齋一、塾一。一軒曰小瀛洲。爲井、爲泉、爲塘、爲石渠者各一。一臺以月名，一橋以虎溪名。凡爲所三十有一，而莫不勝者焉。且曰："是吾將有所老矣。"

---

① "皇"，甘本作"凰"。

② "倚松爲一廬"，甘本作"倚松爲廬者一"，兩可。

趙子在座曰："子所業，子得而有之。山川如許，子不已遂據人所有乎？"

玉華子曰："有是哉！方吾之居吾廬，升吾堂，翳吾庵，敞吾軒，齋課吾塾，登吾樓臺，憩吾窩洞亭榭，往來吾溪橋，臨吾塘渠而漱吾泉，坐吾石也。吾所有也，吾樂之。及吾陟鳳皇之絶頂，則南盡海島，北盡陰羅，東過蓮華，西盡牛峰，目所往而境與心會。或舟韓江，與鶴同載，順流而南下，泊韓山諸峰而游焉。客有榼酒相從，亦與之偕，此雖人所有也，吾亦得而樂之。或終日而留，或信宿[①]而返，將不復知有所謂人間世者。蓋人所有者，山也；吾所樂者，景也。人所有者有限，吾所取者無窮也。色於吾目，聲於吾耳，瑰奇幻變於吾前，皆吾所取適。則其滯於無限者，雖畀以吾貺[②]，不必取也。充吾樂之類，則夫人亦無供以取適者也，况夫人所有，非吾有乎？且吾自偕計以至入官，由粤而吴，而青、齊，而燕、冀，山川奇觀，吾凡[③]若固有之，未始知其不吾屬也。况臨吾户牖門畿者，能吾外乎？"

趙子曰："前言戲之耳。"既相率爲歌詩，而復屬鐸序之。

始玉華子以首解[④]登進士，入翰林，爲庶吉士，吾屬與同館舍。清揚而美髯，神爽秀發，容觀超逸。談論述作，人莫得以胸臆擬之者，故皆有遇異人得異書之疑。既别去，而思之不置，不獨同館而然。及復入翰林，談論述作益奇變浩渺，無津岸、無端倪。人皆曰："玉華子，其即異人矣哉！"

乃今聞玉華諸山之勝與其游攬之弘廓，因憶司馬子長之事[⑤]，然後知玉華子之所自在是也。史稱子長生龍門，南游江、淮，上會稽，探禹穴，窺九疑，浮沅、湘，北涉汶、泗，講業觀射於齊、魯、鄒、嶧，過梁、楚以歸，又交游燕、趙間豪俠，故其文疏宕有奇氣，豈不以所産之地奇，而所游所與之勝且廣歟。玉華子所以異於人者，何以異是哉。然子長之文，其奇氣實多見於紀載，

① 信宿，《詩經·豳風·九罭》："公歸不復，于女信宿。"毛傳："宿，猶處也。"

② 貺，《説文》："貺，賜也。"

③ "凡"，甘本作"幾"。

④ 首解，即解首，會試解元。

⑤ 司馬子長之事，指司馬遷撰述《史記》時曾遍覽名山大川，此處指盛端明（玉華子）游歷之廣遠。

示勸戒，歷百世不磨滅。玉華子，史官也，乃亟求休歸，得無溺於玉華諸山之勝耶？子之文，非徒岩鎸野録而已者，尚終無使子長之專美也。

玉華子姓盛，名端明，字希道。人高之，衹多稱其號云。

送少宗伯焦公奉使册封襄邸詩序

弘治壬戌[①]，襄邸棗陽王當襲封。成憲[②]，必[③]以季冬下册封之命。偶聖躬有不安節，乃展期於癸亥二月。先是，廷議德望近臣充使，具姓名以取擇於上，而正使則少宗伯泌陽焦公[④]爲之。至期，朝廷告廟即事，降册與節。制曰："惟是棗陽王，襄邸懿裔，汝往哉。授册節，告之朕意，俾篤棐[⑤]王室。"公受命惟謹，即日持節就道。

維時，同朝縉紳重公之行，相屬爲詩以歌之。既各以官聯[⑥]入會，而公昔提學湖湘，故嘗及公之門如給舍楊介福[⑦]、職方郎何子元、進士鍾用楚者，乃復集同鄉諸作成卷，而屬鐸序之。且曰："公既得錫封誥，將焚黄[⑧]先隴。今襄邸密邇泌陽，兹行實乘其便矣。"

鐸曰："公此行也，天子以大典屬之，儀數騶從甚盛，况將歸賁於桑梓，事亦大榮矣哉。然此在他人則爲榮，而未足以榮公，公之所榮，必於人、國大有關係者也。蓋公蚤有大名，尋復登進士，官翰林，以文學侍從至今。官間嘗出柄學政，華要寵彰，不待今而後炫駭也。若夫公以德望掌邦之禮樂，治

① 弘治壬戌，時爲弘治十五年（1502）。

② 成憲，《尚書·説命下》："監於先王成憲，其永無愆。"孔安國《傳》："視先王成法，其長無過，其惟學乎！"

③ "必"，甘本作"率"。

④ 焦芳（1434—1517），字孟陽，明河南泌陽（今河南駐馬店市泌陽縣）人，天順八年（1464）進士，歷任侍講學士、霍州知州、四川提學副使、禮部侍郎、吏部尚書等職，官至内閣首輔，《明史》卷306有傳。因焦芳曾任禮部右侍郎，故稱"少宗伯"。

⑤ 篤棐，忠誠輔助。典出《尚書·君奭》："篤棐時二人，我式克至於今日休。"

⑥ 官聯，《周禮·天官·大宰》："以八灋治官府……三曰官聯，以會官治。"鄭玄注："官聯，謂國有大事，一官不能獨共，則六官共舉之。"

⑦ 楊褫，字介福，明湖廣武陵（今湖南常德）人，弘治五年(1492)中鄉試第一名解元，弘治九年(1496)進士，歷任吏科給事中、通政使、太僕寺卿等職。

⑧ 焚黄，品官新受恩典，祭告家廟祖墓，告文用黄紙書寫，祭完即焚去，謂之"焚黄"。

神人，和上下，雖微至昆蟲草木，使序而和者，皆公事也，況於建國樹屏，爲世大典者乎？《書》曰：'雖爾身在外，乃心罔不在王室[1]。'我國家藩封之制，雖使吏治國、納貢税，然其土田、場牧與齊民之業，皆犬牙相麗。而諸凡員役之隸藩籍者，假威怙勢以肆侵暴，往往是也。使非其王之賢有以制之，則民之受擾亦多矣，況恃怙富强、縱欲肆志者容亦有之。兹欲告之上意，使慎厥初而祛其弊，非屬之公，吾未見其必然也。今公訖事，坐行部受謁群牧，教詔之，使皆敬事愛人，則同姓展親，異姓亦無替服，實公弘王保民之本心，苟局於使事而置之不問，豈公體國之意哉？至於乘便展墓，則孝子慈孫之意，固可想見，然必不辱君命，乃公顯揚之至願也。況湖湘舊業之士，與公州里後來之秀，其瞻風概、聞論説，興起者亦當不少，是皆德望之重而所至感人。故凡時俗所共誇耀者，人自不以爲公榮，而將自榮其獲見於公也。公此行也，其關係不既大矣乎？鐸忝諸公之命，又以弘王保民之説爲公誦之，亦公之所樂聞者也。"

於是乎書。

作養人材詩序

聖朝取士，至進士之科爲最重，而間復亦[2]庶吉之選。蓋自我太宗文皇帝始定此制，取成周"庶常吉士"之義也。每選率二十人，時復上下其數，既又簡命文學重臣二員領其事，并與及第三人，皆令就館受業。俸給之外，大官出餼廩供需，諸司之所職備焉。則以三載而授職翰林者，率五七輩，餘亦不失爲臺諫之官，待之不既厚矣乎。

皇上御天之十有五年，是科爲壬戌，取進士凡二百九十七人，在是選者

---

① 此句出於《尚書·康王之誥》。

② "亦"，甘本作"有"，兩可。

二十人。以上命領是事者，則番禺梁公、姚江王公也[①]。四月己酉入館，自内閣相臣洎翰林諸先生，皆禮送之。環門巷觀者蟻附，咸相語爲盛事；六卿而下諸搢紳，作爲詩若歌，相與屬和，以爲一時得人之慶。京師事文墨者，又皆傳録成卷，至家有之。時以序屬予。

予惟國家稽古右文，用弘治理，而翰林之選爲尤重，蓋以榮命講學，其機務圖惟，胥是焉屬。故宰相之任非此不預，則今日作養之典不其重哉。夫士以一介[②]舉於鄉，升於禮部，至登進士，則已得夫科目之最重者。又選而以吉士名之，其榮幸亦至矣，預是選者，能不惕然而懼乎？學之道，非徒小成而已者。

仰惟我文皇帝嘗謂：“學者必先立志，學造道德之微，具體用之全，文必并駕班、馬、韓、歐[③]，期於遠到而後可也。”今兩公者，受命司教，實皆德行文學之選，諸君得出其門，其真有所[④]依歸矣。又況鈞軸元老，若晦奄劉公、西涯李公、木齋謝公、匏庵吴公者[⑤]，皆海内人望。其相業炳炳當世，諸君既嘗在其津潤[⑥]之中，今復得迹其庭，望其風采，又時聽其訓教箴規，何幸之甚邪！

---

①番禺梁公，指梁儲（1451—1527），明廣東順德人，字叔厚，號厚齋，晚號鬱洲居士。成化十四年（1478）狀元，授編修。正德時任吏部尚書、華蓋殿大學士、内閣首輔，卒謚文康，《明史》卷190有傳。姚江王公，指王華（1446—1522），明浙江餘姚人，字德輝，號實庵，晚號海日翁，學者稱龍山先生。明代大儒王守仁之父。成化十七年（1481）狀元，授編修。弘治中任官學士、少詹事，在講幄最久，太監李廣貴幸時，講《大學衍義》，指陳甚切，官終南京吏部尚書，其傳記附於《明史》卷195《王守仁傳》。

②一介，《國語·吴語》：“勾踐請盟，一介嫡女，執箕箒，以晐姓於王宫；一介嫡男，奉槃匜，以隨諸御。”韋昭注：“一介，一人。”

③班、馬、韓、歐，指班固、司馬遷、韓愈、歐陽修，皆爲文有大成之人。

④甘本無“所”字。

⑤晦奄劉公、木齋謝公、匏奄吴公，分别指劉健、謝遷、吴寬。劉健（1433—1526），字希賢，號晦庵，明河南洛陽人。天順四年（1460）進士，官至内閣首輔，卒謚文靖，《明史》卷181有傳。謝遷（1450—1531），明浙江餘姚人，字于喬，號木齋，成化十一年（1475）狀元，歷任修撰、庶子、詹事等職，後任内閣閣臣，卒謚文正，《明史》卷181有傳。吴寬（1435—1504），字原博，號匏庵，明代南直長州（今江蘇蘇州）人，成化八年（1472）狀元，官至禮部尚書、内閣學士，卒謚文定，世稱匏庵先生，有《匏庵集》傳世，《明史》卷184有傳。

⑥津潤，《文選·左思〈蜀都賦〉》：“紫梨津潤，樼栗罅發。”劉良注：“津潤，梨中含水也。”

古之人若伊尹、傅説[①]，起於犁鉏板築之間，一旦付之大任，成王道若履熟路，然則古人所自養者果誠何如？諸君素被聖朝教養，以次陟進，耳目濡染亦既多矣。况復預兹妙選，而又得賢師，承明宰相，有所依歸景仰。如是而不思所以自修於今日、遠到於將來，以負朝家[②]作養之典，則不惟有愧於古人，而清議所在，亦不能無責於今人[③]矣。能無懼哉！能無懼哉！

送康德涵奉母還武功詩序

武功康德涵舉壬戌進士第一人，授修撰。明年，母夫人張餘七十，思歸武功，或勸德涵以貤封爲歸期。德涵不忍傷母，志請於明天子，許之。侍行有日，館閣諸公洎一時縉紳之善鳴者，咸贈之以詩。而同館庶吉士則别爲一卷，鐸齒少長，僉以序屬焉。

德涵冠裳舊族。曾祖爵爲太常卿[④]，祖繼通政司知事。父鏞，博雅有大志，官止爲府知事，常以其所自望者望諸德涵。德涵未冠而孤，嗣父志，奉母夫人之教，卓然以第一等事[⑤]自期待，有識者亦盛以望之。既而領鄉薦書，尋入國子，母[⑥]夫人偕之來京師，以至有今日而歸。於戲，其亦榮甚矣哉。

然人之榮之者有三。其鄉人之榮之也，必曰："見其生，又見其幼以長，其去以一孤奉寡母，其歸御君命以捧板輿[⑦]，夫非盡人之子與？"其士大夫之族之榮之也，必曰："束書出關，取大魁以歸。破荒關陝，山水若增而高深，

---

①"傅"，國圖本作"傳"，顯誤，徑改。伊尹，商湯大臣。尹是官名，相傳生於伊水，故名伊。是湯妻陪嫁的奴隸，後助湯伐夏桀，湯去世後歷佐卜丙、仲壬二王。後太甲即位，因荒淫失度，被伊尹放逐到桐宫，三年後迎之復位。傅説，名或作兑，商代人，商王武丁時大臣。傅説爲傅岩築墻之奴隸。武丁夢得聖人，名曰説，求於野。乃於傅岩得之，舉以爲相，國大治。

②"家"，甘本作"廷"，兩可。

③國圖本無"人"字，據甘本補。

④太常卿，明太常寺長官，正三品。明南、北京各置太常寺，按《明史·職官志》："太常，掌祭祀禮樂之事，總其官屬，籍其政令，以聽於禮部。凡天神、地祇、人鬼，歲祭有常。"康海曾祖康爵，於正德八年（1513）以官生身份任南京太常寺少卿。

⑤第一等事，指立德。《左傳·襄公二十四年》："太上有立德，其次有立功，其次有立言。"

⑥國圖本無"母"字，據甘本補。

⑦"捧"，甘本作"奉"，兩可。板輿，古代一種用人抬的代步工具。

書生之事極矣。生子若張夫人，尚未可以止乎？”若夫有識者之榮之也，則異於是。蓋以德涵之家世與其材器，則享大名、爲顯官，皆其常事。特以其少負大志，而今得處近密之地，不偏用其才於一隅，將由此秉鈞以流澤於天下。譬之水，其爲河之在；積石龍門，而不止爲一匯耳。矧其承志母氏，則推是心於民，其福未有既也。人而至於流澤以福天下，則其聲稱將與金石竹帛爲久近，其爲榮不既大矣乎！榮於鄉人，榮於士大夫之族者，在他人則已榮矣，未足以榮吾德涵也。至於有識者之所榮，則德涵父子之大志，得毋[①]有在乎，吾屬當亦爲吾德涵榮之也。

馮憲副輓詩序

某同年顧君順中[②]，信古凝道，重許可，僉憲湖南。間以前憲副馮公輓歌詩一册，求序於余，曰：“是不可使無稱也。”予素聞馮公賢，嘗惜所施未究，不可復作也，而君適以此命予，故不敢辭。

公狷直，一任所性，其嫉惡莫與爲比者。當成化、弘治間，爲湖南僉憲。湖南地廣，實衣食四方人，故群聚釀奸，喜争而健訟。繩以刑而投之罪，所苟不至於死，率猶就啗飲，歸里閭也。之公，公必得其情，釋鞭械前坐，開諭而罵之，極嫚而後已。則皆愧懼感悟，汗涕俱下，自怨曰：“夫非盡人之子，而終犬豕臭腐之從乎？”吏有受直息事，而苟且盜者之公，公必得其素[③]，褫冠服前坐，開諭而罵之，極嫚而後已，則亦愧懼感悟，汗涕俱下，自怨曰：“夫非盡人之子，而終蛇虎猛毒之從乎？”廣筵大坐，窮核弊源，至卿輔不少貸。雖其親故，弗恤也。或以禍恐之。公曰：“吾以行吾志，中傷非所悔也。”時人爲之語曰：“寧入雷叢，莫遇罵馮。”

故當公時，僚采敬畏，罔不同心先事。蓋自是良民不齒於閭閻，污吏不齒於縉紳，民之蒙福多矣。夫以口舌至威於鐵鉞者，誠故也。誠之有益於至理

---

① “毋”，國圖本作“吾”，據甘本改。

② 顧英，字順中，明浙江慈溪人，弘治六年（1493）進士，歷任萬載知縣、南京御史、四川建昌兵備副使等職，著有《南臺奏稿》《發齋集》等。

③ “公得其素”，甘本作“公必得其素”，衍“必”字，兩可。

也，如此哉！然公竟坐此止爲副憲，嗚呼！惜哉！熟軟依違[①]逐時好者，或以此少公，顧不愧歟？夫去古滋遠，中行[②]不聞，使孔子復興，公其有與乎？

昔顧虎頭寫裴楷[③]像，加頰上三毛[④]，神明殊勝[⑤]，得其最要也。公之善行非一，予茲舉其大，俟立傳者采之，亦物色之意也。詩歌至若干首，蓋知公而思者，不止楚越之人耳。

南湖翁得告休致詩序

婦翁號南湖，姓向氏，字應奎，世爲景陵茂族，蚤承福州別駕。公家訓，游邑庠，領弘治壬子[⑥]歲薦，卒業國子。庚申，就選銓部，得思明府照磨。人曰："思明夷方，足瘴癘，子奚往爲。"翁曰："設官所以理人，以夷，固將用夏變之，死生亦自有命。吾誠避之，將復屬之誰哉！"既往。

既至任，御史陳公策[⑦]方按廣右，知翁能官，委署篆永淳[⑧]。既又署恭城[⑨]，所至集事，凡逋賦疑獄，皆於翁手辨[⑩]之。居歲餘，無恙。癸亥[⑪]，方伯鄧公[⑫]委進歲表，事訖，遂以疾請。人曰："年力未憊，當路方見委重，盍姑衰

---

①依違，《漢書・律曆志》："依違以惟，未能修明。"顔師古曰："依違，不決之意也。"

②中行，《論語・子路》："不得中行而與之，必也狂狷乎！"何晏注引包氏曰："中行，行能得其中者也。"（清）凌鳴喈《論語解義》："中行者，依《中庸》而行者也。"

③顧愷之（348—409），字長康，小字虎頭，東晋晋陵無錫（今江蘇無錫）人，著名畫家、詩人，《晋書》卷92有傳。裴楷（237—291），字叔則，西晋河東聞喜（今山西聞喜）人，三國時期曹魏及西晋大臣，《晋書》卷35有傳。

④"毛"，甘本作"毫"，兩可。

⑤神明殊勝，典出《晋書・顧愷之傳》："嘗圖裴楷象，頰上加三毛，觀者覺神明殊勝。"

⑥弘治壬子，指弘治五年（1492）；其後弘治庚申，爲弘治十三年（1500）。

⑦陈策，字嘉言，號蓉湖，明常州府無錫（今江蘇無錫）人，弘治六年（1493）進士，歷任户部主事、饒州知府、江西左布政使等職，嘉靖初致仕。

⑧永淳，明代縣名，明屬廣西南寧府，在今廣西南寧市。

⑨恭城，明代縣名，明屬廣西平樂府，在今廣西桂林市。

⑩"手"字，國圖本、中央黨校本皆作"乎"，顯誤。"辨"，甘本作"辦"，應以"辦"爲佳。

⑪弘治癸亥，時爲弘治十六年（1503）。

⑫鄧庠（1447—1524），字宗周，號東溪，明湖廣宜章（今湖南宜章）人，成化八年（1472）進士，歷任御史、河南巡撫、南京户部尚書等職，有《東溪稿》傳世。

俸入爲老計？”翁笑[①]而已。大司馬劉公東山[②]嘗巡撫兩廣，翁實受知焉。及聞翁得告，嘆羡久之。銓部以事聞，爲優老檄付之。時鐸謬從翰林庶吉士之後，館僚諸君榮翁之歸也，相屬爲詩，書諸卷，贈之。

翁以鐸能悉其家世，命爲序。義不得以不敏辭，乃仰而嘆曰："翁其賢，遠於人哉，是何守家學之堅也！始别駕公判福州，適鄧賊狷[③]亂，至竊名字。大兵方加，而賊爲巨綆絶河，以空[④]餉道。尚書薛公希璉[⑤]募能必至餽餫[⑥]且開阻隘者，人争辭避，而公毅然以爲已事，事不遺算。賊既授首，功議未下，而公已引身矣。時年未及艾[⑦]。既歸，而園田無尺寸增益，至今里閈稱“鄉先生”，而閩人亦往往有能道之者。今翁出處大抵似[⑧]之。

夫見害而避，見利而趨，苟足吾求，不計其餘，人情也。而翁則不然。盡吾力之可爲而安吾命，夫既行吾志焉，何去留之足恡！識者論翁家世，謂其明達如兩疏[⑨]而清白如關西楊氏[⑩]，要之雖官秩有崇庳，而其心迹實未始異也。

翁舊廬在城南南湖之上，湖水抱城，貫係諸橋，通東、西兩湖。東湖之東，有田在焉。翁歸老其間，時復剌小舟，以詩筒酒榼自隨，出没於湖山烟寺

---

①“笑”，甘本作“微笑”，兩可。

②劉大夏（1437—1516），字時雍，號東山，明湖廣華容（今湖南華容縣）人，天順八年（1464）進士，歷官兵部主事、郎中、廣東布政使、户部侍郎、右都御史等職，卒謚忠宣，《明史》卷 182 有傳。

③鄧賊，指鄧茂七（？—1449），明江西建昌（今江西南城縣）人，初名鄧雲，因殺人逃亡入閩而改名茂七，在沙縣爲總甲。正統十三年（1448），率佃户拒絶繳租，殺知縣、巡檢并擊敗往捕官兵，遂聚衆起事，號“鏟平王”。起義軍達數萬人，克二十餘縣。次年，攻延平，中伏死。“狷”，甘本作“倡”，兩可。

④“空”，甘本作“遏”，兩可，以“遏”爲佳。

⑤薛希璉（？—1458），字廷器，號缶庵，明浙江麗水人，宣德五年（1430）進士，歷任御史、河南巡按、江西巡撫、刑部侍郎、刑部尚書等職，《明史》卷 213 有傳。

⑥“必至”，甘本作“通”，兩可；結合後文“開阻隘”，以“通”爲佳。餽餫，運送糧餉。

⑦艾，《禮記·曲禮上》：“五十曰艾，服官政。”鄭玄注：“艾，老也。”

⑧“似”，國圖本作“有”，據甘本改。

⑨兩疏，漢代名臣疏廣（？—前 45）與其侄疏受的合稱。疏廣爲太傅，疏受爲少傅，因年老同時主動辭官而受到廣泛尊重，《漢書》卷 71 有傳。

⑩關西楊氏，指楊震。典出《後漢書·楊震傳》：“後轉涿郡太守。性公廉，不受私謁。子孫常蔬食步行，故舊長者或欲令爲開産業，震不肯，曰：‘使後世稱爲清白吏子孫，以此遺之，不亦厚乎！’”

之間，與芰荷魚鳥相周折，晴雨具美，耕釣兩宜。林下先翁而歸，則復有如何湖東諸公者，足同此樂，翁亦有可恃爲歸者矣。況有孫曰星與晴者，皆質美可教，躬自課之，已足娱老。又況世有厚施，而未食報，安知他日不有復興如王晋公[①]子孫者哉？翁歸，盍亦於庭植槐，以徵吾言。”

送常貫道襲蔭歸夷陵詩序

常貫道者，名經，夷陵守禦正千户也，其先爲沛人。七世祖清，洪武初隸戎籍，累功至今，職守浙之金鄉[②]，永樂間移守夷陵，至貫道，蓋四世於兹矣。夷陵爲楚、蜀喉襟，常之先世皆名有武略，州恃以爲固。

貫道自少器識不凡，性孝友，博雅好古，補州學弟子員。甫冠，請於父曰："冠有古體也，願三加焉[③]。"從之。甫昏，則又請曰："昏有古禮也，願親迎焉[④]。"從之。諸凡懿行類是。時山陰薛公[⑤]、金陵沈公[⑥]相繼提學，皆待之出常，數曰："不圖武族乃有子如是也。"鄖陽鎮守都憲黎公[⑦]、都閫黄公每按夷陵，以騎射試練。貫道實應襲在籍，儒冠衣[⑧]往見。既而挾矢鳴弓，馬步皆奇中，公每嘉賞之曰："不圖書生中乃有人如是也。"一時名響全楚，貫道日益謙下檢省，無幾微盈氣。

---

①王祐（927—987），字景叔，宋代大名府莘縣（今山東莘縣）人，北宋名臣，因其死後追封晋國公，故稱"王晋公"，《宋史》卷269有傳。

②金鄉，明洪武二十年（1387）置，治所約在今浙江蒼南縣東南四十六里金鄉鎮。

③冠禮，古代男子二十歲舉行的加冠之禮，表示其成人。初加緇布冠，次加皮弁，次加爵弁，稱爲"三加"。《禮記·冠義》："故冠於阼，以著代也。醮於客位，三加彌尊，加有成也。"

④"昏有古禮"，指婚禮。古時婚禮於黄昏時舉行，故稱。古代婚禮有六個重要儀式：納采、問名、納吉、納徵、請期、親迎。

⑤薛綱，字之綱，明浙江山陰（今浙江紹興）人，天順八年（1464）進士，歷任監察御史、山西巡按、提督湖廣學政、廣東按察使，官至雲南布政使。

⑥沈鐘（1436—1518），字鐘律，晚號休齋，明南直長洲（今江苏苏州）人。天順四年（1460）進士，曾提學山西、湖廣、山東等地。因其出生於南直應天府上元縣（今南京江寧區），因此又被稱爲"金陵沈鐘"。

⑦黎福（1435—1494），字天與，明江西樂平人，成化二年（1466）進士，歷任監察御史、襄陽知府、寧國知府、廣東右布政使，鄖陽巡撫等職。

⑧"冠衣"，甘本作"衣冠"，兩可。

弘治庚申[①]，母宜人李卒；辛酉，庶母卒；壬戌，厥考又卒；貫道率諸弟喪各如禮，哀毁幾不能生。既葬，廬墓左，不復歸，將如是終喪焉。或曰："武臣襲蔭，制不得以喪廢。"貫道不謂之然。其諸親知往語之，弗聽；朋友往語之，弗聽；至聞於當路，以不至之法[②]往語之，至再至三，不得已而起赴大司馬。一日，偕吾友王明遇過予，予即其容觀，聽其論説，心竊賢之。既授蔭，將歸夷陵，縉紳贈之詩歌成卷，明遇乃復狀其鄉行如右，求予序之。

予曰："聽言觀行，雖孔子所慎[③]，然有所試者，未嘗無譽也。況當道諸公，皆文武才賢，不輕許與者，其所見稱道如是，則貫道之爲全材固可知矣。方今天子聖神，雖太平全盛，而張師詰戎[④]實所加意。貫道以文武材，豈終汨没而已哉？吾將見其大究所有矣，貫道其亦無自負也。"

送嵩尹鄧守方之任序

靈壁[⑤]鄧守方，以弘治壬戌夏四月，將令河南之嵩縣。其同邑友張君鉉、俞君文興來請於予，强授簡，願於其行有説焉。時予初就館，雖許以諾，未暇也。明年春，守方自嵩走一介寓書，曰："願奉教久矣！"

予曰："成化丙午[⑥]，鐸偕計北上，遂與守方同就禮闈。距今壬戌，罔不以高第期守方者。不謂鐸乃有望外之幸，而守方終負屈稱也。雖然文章之利否有命，而爲政在人。百里之令，古人以爲上應列宿，其任亦既重矣。自今計之，

---

① 弘治庚申，時爲弘治十三年（1500）。

② 不至之法，指襲替官員按期赴有關部門報到的限令。據《大明會典·銓選三·武職襲替》："凡襲替期限。正統二年，令應襲子孫，十年之内，人、文到部者，准襲。若止文移往來，人不到部，雖稱患病事故，而月日在十年之外者，不准襲。若原籍行移回報，雖出十年，曾於限内告者，亦准襲。弘治二年題准，應替舍人，選充儀賓，父亡，别無子孫承襲者，許令儀賓生子之日，保送赴部承襲。不拘十年之例。十三年令，軍職應襲，十年之外，人、文不曾到部者，發回原籍爲民。其經管官司查勘明白，過違二年，不與保送，并勒措財物者，俱問發帶俸差操。"

③ 此句典出《論語·公冶長》："始吾於人也，聽其言而信其行；今吾於人也，聽其言而觀其行。"

④ 詰戎，《尚書·立政》："其克詰爾戎兵。"孔安國《傳》："其當能治汝戎服兵器。"

⑤ 靈壁，地名，今爲安徽省宿州市轄縣。

⑥ 成化丙午，時爲成化二十二年（1486）。

令於民甚近且狎，而所當服事者實衆。獲上治民，必欲兼盡，寔有未易言者。苟非其人，雖進士不可以一朝居；得其人，又何名之足徇哉。況嵩爲古都邑地，又嘗爲陸渾[①]遷所，今其地周回猶且千里，編户、賦税、獄訟視他邑自當有加，尤不可以易言治也。雖然，守方素博學、有奇見，居家孝友，終喪一盡古道，族黨游從，舉無間言。理其家，則移於官者可知。昔皇甫湜[②]諸公之官陸渾，皆嘗知名。嵩，即古陸渾也。我朝永樂間有吴祥[③]者，令嵩，爲政寬和，流民自歸者數百户。時有猛虎、群盜之害，祥禱神礪政，一時獲虎數十，盜亦自解去，民用安輯。時雖難爲，而得人之效自不可誣也。今幸際承平之日，人物熙洽，既非祥之時可比。而河南守實吾鄉王公公濟[④]，爲一時才賢之擇。以吾守方之賢，其政理必皆當於人情土俗。而當路又賢而易事，郡邑相承，化理浹洽，則所謂獲上、治民將兩得之，又何令之負哉！況今以縣令而擢臺寺部署者，每以人，而不徒惟名之徇，則守方之賢行且盡用於世，而嵩人將不得專其惠矣。予於守方有朋友箴規之義，終不敢以易言相侈。《書》云：‘罔曰弗克，惟既厥心。罔曰民寡，惟慎厥事[⑤]。’請爲三復誦之。”

送蕭宗器主合江簿序

嘗聞士之就銓選者，既授之官，其相與語，必曰：“某與某，其才與質皆敵也，今所受乃獨不類焉；某與某，相高下遠甚也，今所受乃獨類焉。”又曰：“某才質與某敵也，其所受，今不啻不類焉爾矣；某才質與某甚高下也，其所受今不啻類焉爾矣[⑥]。”在所與游則惜之，在所厚[⑦]則不平之，在其身則

---

① 陸渾，古地名，故城在今河南省嵩縣東北。

② 皇甫湜（777—835），唐睦州新安（今浙江淳安）人，字持正，憲宗元和元年（806）進士，官至工部郎中。

③ 吴祥，明代北直蠡縣（今屬河北保定）人，永樂時知嵩縣，在任三十二年，宣德中卒，《明史》卷281有傳。

④ 王溱，字公濟，明北直大名府開州（今河南濮陽縣）人，正德六年（1511）進士，歷任山西沁水知縣、廣西道監察御史、平陽知府、鹽運使等職。

⑤ “罔曰弗克，惟既厥心。罔曰民寡，惟慎厥事。”語出《尚書・畢命》。

⑥ 甘本無“又曰……”一句。

⑦ “在所厚”，國圖本作“所在厚”，顯誤，據甘本改。

怨且尤，而謗詈隨之。及考其所職，則未必一一稱焉。故予未嘗不竊自嘆曰：“委吏、乘田[①]，孔子不耻爲之。”人至孔子，可謂極矣。若欲所得必如其人，則將處以何地哉？故在孔子，則惟會計牛羊焉，求盡其職耳。其所以處我者，固已付之命也。夫以庸衆人，不求如孔子之盡職；而於所受，乃必求過於孔子，不知君子取之乎？否也。

吾友蕭宗器，以成化丙申[②]游邑庠，於予實同期。日承尊甫蘇州二守公家訓，博學能文，實予所畏伏者。自爲弟子員至游國子，每舉必就試席，竟不得志於有司。弘治癸亥[③]夏四月，選及期，試於冢宰，既而得合江簿，人乃嘩焉。宗器不爲之聽曰：“吾惟不職之憂耳。”戒行過予，且别，且曰：“子於行也，能無言乎？”

予曰：“以子之才質，求之人情，則負子亦既多矣。然簿領之職，勾較符籍、糾正非違以佐理縣務，必得其人乃可言治。故古人於簿，獨以‘主’言，斯亦不爲不重矣。在君子必求盡職如設官之意，而自不移於人情也。况近代以來，往往任此官以進士。而宋之大儒，若明道兄弟之於上元、鄠縣[④]，紫陽[⑤]之於同安，民到於今稱之，以爲能繼斯道於孔子也。今子之職此也，游於子者，惜焉；厚於子者，不平焉。而子獨無幾微見於言面，乃復爲[⑥]不職之憂，誠學聖賢之道知所重，而不奪於世俗者也。子之自待，不以世俗移易，則人自不得以世俗待子矣。簡拔之任行復見之，而才不盡用者未之有也。昔人有謂仇香者，

① 委吏，古代收掌糧草材料的官。《孟子·萬章下》：“孔子嘗爲委吏矣，曰：‘會計當而已矣。’”乘田，春秋魯國主管畜牧的官吏，後多指小吏。

② 成化丙申，時爲成化十二年（1476）。

③ 弘治癸亥，時爲弘治十六年（1503）。

④ 明道兄弟，指北宋程顥（1032—1085）與程頤（1033—1107）兄弟。程顥，北宋洛陽人，字伯淳，世稱明道先生，仁宗嘉祐間中進士，歷任鄠縣、上元主簿、太子中允、監察御史等職。程頤，北宋洛陽人，字正叔，世稱伊川先生，程顥弟。程頤與其兄程顥同爲北宋理學之奠基人，合稱“二程”。因程顥曾任鄠縣、上元主簿，故稱“明道兄弟之於上元、鄠縣”。

⑤ 紫陽，即朱熹（1130—1200），字元晦，號晦庵，南宋徽州婺源（今江西婺源）人，著名哲學家、儒學家、教育家。在哲學上發展了二程（顥、頤）關於理氣關係的學説，世稱“程朱學派”。因其曾任南宋泉州同安縣主簿，故稱“紫陽之於同安”。

⑥ “復爲”二字，甘本作“惟”，兩可。

曰‘枳棘非鸞鳳所集[①]’，而香之名，終以大振。請試書之，以取徵於他日。”

王愚庵先生輓詩序

襄城王愚庵先生歿既十有三載。其子拱之，既爲行人，於予同年進士，間持一卷，拜且泣，請於予曰：“此諸縉紳哭先人詩也，子其無惜一言序之。”

予取而卒讀焉，辭甚悲惋，乃置卷而嘆曰：“是何致夫人之哀至是哉！”《禮》云：“知生而不知死。”古之人吊而不傷。爲此詩者，豈皆知愚庵者哉？乃追慕其賢，而有終不見之恨歟？昔人有曠百世相感，而至於欷歔[②]不自禁者，其有以也。否則司馬之墳，有鼓琴而歌者矣。

成化間，予偕計北行，即識拱之於道。時年尚少，而拱之復少予一年，觀其器識，已若老成人。然予固意其有所自也，後益聞愚庵家世之賢。及予過襄城，則愚庵以[③]物故矣。入其境而問之，則田夫野老能道之曰：“此地爲王公休致時，所嘗食力也。吾屬亦贍衣食者，視勸於公也，所恨今不復可見矣。”入其郭而問之，則大夫里居、庠校之士能道之曰：“吾愚庵所嘗教詔也，幸而齒於君子者，視善於公也，所恨今不復可見矣。”入其家，則書、史之外無長物。子姓種學而僮僕解禮，予於是乃詳愚庵家世之所以賢，而證前聞之不吾誣也。

初，公以正統乙丑[④]進士，授户部主事，尋擢郎中，以廉能稱於時。年甫逾四十，遂乞歸。歸之日，澹然一書生，日[⑤]惟讀書著文，課其子。督農人作於世業，於族黨以爲善相勸誘，老益不倦。其卒也，距得告蓋三十餘年矣。二子，長絅之，自翰林庶吉士授監察御史，至按察副使；拱之，其仲也。

夫愚庵方仕而人稱之，末路而名不衰。既歸也，鄉里化之，已歿而猶不忘，壽餘七十而人猶以爲恨。父子顯仕，而貲産如故，其賢可想見矣。是宜縉

---

①仇香，原爲東漢仇覽的别名，典出《後漢紀》：“（王）奂謝遣曰：‘枳棘之林非鸞所集，百里非大賢之路。’”

②“歔”，國圖本作“戲”，據甘本改。

③“以”字疑貳，或爲“已”之誤。

④正統乙丑，時爲正統十年（1445）。

⑤甘本無“日”字，兩可，但按句意，以甘本爲佳。

紳之追慕而哀傷者，無擇於平生之知與不知也。予又聞《憲廟實録》收退隱之士，而河之南得公焉，則後世咏是詩者，於國史亦復有徵矣。予言或幸托之以不泯與。

送周治中序

弘治甲子[①]秋八月，順天府治中周敬之先生，以老請致厥事，得許歸永明[②]。湖南大夫士在朝著者[③]出餞之，欲有以識别，强於予授簡焉。

始先生通守順天時，予爲國子生。後此，每三載一就試禮部，以至於今，蓋十有六年矣，用是知先生爲詳。順天在圻内，凡民所病利纔如銖兩，天子輒及知聞，故佐理是地者每難其人。初冢宰王公[④]知先生賢，故薦以授之。

先生性本仁厚，又以天子方尚德化，既視事，一不依倚勢法。政必稽諸和易，與其民如家人父子然。然民自不忍欺之，而事亦易集。戊午[⑤]，滿九載，書上考，以擢今職，民益德之。每出，人必祝曰："願天壽我公！罔有疾戾。"又曰："願天子久任公，其終無以公歸。"及聞有歸老之請，遮留之不得，乃相與泣曰："臨吾民者，吾求其德我而已，吾庸擇其年之老壯爲哉。"嗚呼！德之感人，其賢遠於勢與法可徵矣。夫然幼而學、壯而行、老而休者，道也，豈終得以徇民哉。先生之休，尚有樂於道未央也。

蓋先生本出濂溪[⑥]之裔，家世業儒，以進士入政者代不乏人。今其從子萬里[⑦]以大參致政，子姓秀群於庠校，衿佩相摩。斯歸也，其相與逍遥春陵、濂溪之間，以吟弄風月，暇則子姓之考問德業者，亦復爲之可否其論。且以其所徵

---

① 弘治甲子，時爲弘治十七年（1504）。

② 永明，古縣名，治所在今湖南江永縣西白塔山附近。

③ "在朝著者"，甘本作"在朝者"，兩可。

④ 本文寫作時間爲弘治甲子年（1504），魯鐸稱與周敬之過從"十有六年"。據此推測時任"冢宰王公"者爲王恕（1416—1508）。

⑤ 弘治戊午，時爲弘治十一年（1498）。

⑥ 周敦頤（1017—1073），字茂叔，北宋道州（今湖南道縣）人，理學家，學者稱"濂溪先生"，《宋史》卷 427 有傳。

⑦ 周鵬，字萬里，號簡庵，明湖廣永州府永明縣（今湖南江永）人，成化十四年（1478）進士，歷任刑部主事、潮州知府、雲南參政等職。

諸民者之使有型於他日，州里後生亦復得於鄉先生就正焉。夫世守前人之道，出則行之以澤民，入則斂之以淑[①]其身，以教其子姓，以濡涵薰炙[②]其州里，君子之事畢矣。云胡其不樂哉！

僉曰："是足以傳先生也。"書諸簡贈之。

送貴溪尹楊一廉先生之任序

弘治甲子夏六月，選部以天下守令缺員狀聞。制若曰："其慎簡哉！"於是考閱四事[③]具優者十數人補之。吾景陵楊一廉先生得貴溪令，乘檄戒行李。士大夫厚先生者，授簡於余，以贈言委焉。余曰："知先生者宜莫余，若敢復此辭哉？"

先生在邑庠，余方髫年，既又濫爲同門。始，提學憲副莆田嚴公[④]閱試卷，得先生之文，亟嘉賞之，歷吴、薛諸公，待之率如是。況其爲人剛潔慎重，動作不苟，雖一介取予，必於道義稱量。人小有不義[⑤]事，必相戒曰："勿令一廉知也！"以先生名清，又別號冰軒，故人之稱之者，謂其於名字題顔皆無愧也。凡八舉，竟不售於有司。人曰："使斯人不遇，天道豈真無知哉？"及就選試，冢宰馬公洎亞卿焦公、梁公咸器重之[⑥]，故有是任。人乃曰："是足以伸吾一廉矣。"

夫百里之宰，其上與列宿應。今進士初仕亦重是選，苟非其人，不之授

---

①"淑"，甘本作"善"，兩可。

②濡涵，應爲"涵濡"，滋潤；薰炙，猶熏陶。

③四事，即身、言、書、判，唐代選官時考核的内容。唐代進士及第後不直接授官，須再通過吏部"釋褐試"，身、言、書、判即釋褐試考查的内容。

④嚴淦，號純庵，明福建莆田人，景泰五年（1454）進士，庶吉士，歷任江西道、雲南道監察御史，浙江、湖廣提學副使，廣東按察使、湖廣右布政使等職。

⑤"義"，甘本作"善"，兩可。

⑥冢宰馬公，指馬文升（1426—1510），字負圖，明河南鈞州（今河南禹州）人，景泰二年（1451）進士，歷任監察御史、南京大理寺卿、都御史、兵部尚書、吏部尚書等職，卒謚端肅，有《馬端肅奏議》等傳世，《明史》卷182有傳。亞卿焦公，指焦芳（1434—1517）。亞卿梁公，指梁儲，字叔厚，號厚齋，晚號鬱洲，明廣東順德人，成化十四年（1478）庶吉士。歷官編修、侍講學士、洗馬、翰林學士、吏部侍郎、尚書等職，後入閣，直至擔任内閣首輔，卒謚文康，《明史》卷190有傳。

也。况貴溪爲江右劇邑[①]，未易言治，司銓衡者尤加意焉。今舉以付之先生，豈偶然者哉？然以先生之德、之才，加之老成諳練，兹所謂用於既足之後者，必無負於是職與是邑也。超擢之階，其肇是與。

雖然，吾嘗怪世俗之見，其禮人也，或視所從來以異其數，在先生固宜有目者所見重也。然先生素不善下人，脱有臨以世俗之見者，何以待之。曰："不激不隨，恭以事人者，貴溪令也。素志必行，不因俗以遷者，我也如斯而已矣。"

予於先生，有道誼之雅，敢以是言贈。

送車咏賢便道省親序

車咏賢者，太原石州人。由太學生以能書薦入翰林，授八品官。儒雅敬慎，用獲重語於館閣諸公，一時名人樂與之游。其兄茂賢、弟進賢，皆以清才舉進士，有聲。進賢蚤世，茂賢今爲監察御史，珂笏[②]聯翩，爲時人所榮。性皆孝友，其尊甫震卿[③]先生，以辛丑進士，由秋官正郎[④]擢陜右大參，尋遷苑馬卿。而咏賢[⑤]兄弟皆遠違，滫瀡燠寒[⑥]，寔切夢寐，每音問懇慕，尊府翁輒諭之曰："慎爾職，斯無異在吾側；否則雖在側同朝夕，非吾意也。"

弘治甲子夏四月，適朝廷以布告孝肅太皇太后[⑦]尊謚，制當遣近臣，而咏賢

---

①"江右劇邑"，國圖本作"江左右邑"，考貴溪爲江西屬縣，古代以西爲右，古亦稱江西爲"江右"，徑改。

②珂，馬勒上的飾物，代指顯貴之人；笏，古代大臣上朝拿着的手板，用玉、象牙或竹片製成。後常用珂笏比喻官員或官職。

③車霆（1437—？），字震卿，明山西離石人，成化十七年（1481）進士，歷任平凉知州、宣府巡撫等職。

④"正郎"，甘本作"郎中"，兩可。

⑤"咏賢"，國圖本作"用賢"，顯誤，徑改。

⑥燠寒，温暖與寒冷。《禮記·内則》："下氣怡聲，問衣燠寒。"孔穎達疏："燠，本又作奥……暖也。"滫瀡，古時調和食物的一種方法。用植物澱粉拌和食物，使柔軟滑爽。《禮記·内則》："堇、荁、枌榆，免薧滫瀡以滑之，脂膏以膏之。"鄭玄箋："秦人溲曰滫，齊人滑曰瀡也。"孔穎達疏："謂用堇、用荁、及枌榆、及新生乾薧相和滫瀡之，令柔滑之。"

⑦孝肅皇后（1430—1504），周姓，明英宗朱祁鎮貴妃，明憲宗朱見深生母，明代北直昌平（今北京市昌平區）人。

實領使事於山西，遂得便道觀省。翰林孔目[①]劉邦問先生，其親知也，喜咏賢夙志得償，請於予，願有説以彰之。予素[②]聞咏賢伯仲之賢，又重邦問之請，故不得辭以不敏。

夫士之仕也，必遠去其親。既仕矣，孰不欲覲其親者？然有制焉，不得以自遂。親之於子，必欲其仕。既仕矣，孰不欲見其子者？然亦不欲無處而輒去其職。是人子之與其親，皆有難以爲心者。古人謂忠孝不兩盡，良有以哉！

咏賢以家學才良，效職禁近之地，而尊府翁[③]掌馬政於關陝，相去動數千里，揆厥心事，實有如向所云者。今乃以國家大典，禮銜重命，得便道省親，公不私妨，孝以忠盡，是在人所難爲心者，而車氏兩遂焉。其天倫至樂，將謂宇宙間何事物可復易哉！予又聞，咏賢有器識，能軫念世務。方今山陝間閭閻邊鄙之情，容有足廑廟謨者。兹行也，耳目所逮與庭闈論説而有切於軍國者，歸其以質諸當路諸公，俾以達諸明天子。次第行之，予將與咏賢其樂觀無虞之化。

送成載芳之任新化

吾友成君載芳，舉會試，凡七不利。弘治乙丑[④]夏六月，赴銓部試，居三人，曰："載芳久抱屈，今必得守大州，庶幾行其志，以舒其鬱矣。"已而得新化，皆大失意，爲載芳不樂。載芳曰："嘻！無庸，新化豈真夷狄[⑤]而不可化哉？孔子曰：'言忠信，行篤敬，雖蠻貊之邦行矣[⑥]。'又嘗欲居九夷。吾孔氏之徒也，吾獨陋新化爲哉。"

---

①孔目，官名，《明史·職官志》："孔目一人，未入流。"掌管文書檔案、收貯圖書等事。
②甘本無"素"字。
③"尊府翁"，甘本作"尊甫翁"，兩可。
④弘治乙丑，時爲弘治十八年（1505）。
⑤"狄"，甘本作"貉"，兩可。
⑥此句語出《論語·衛靈公》。

新化舊爲長官司[①]，其名曰“馬龍他郎”。辛酉[②]歲，應城陳公汝礪[③]巡撫雲南，以其俗頗開通易諭，以德意請於朝，得[④]改印篆爲今治。先是，嘗有守矣，以悍且自私，故僨事[⑤]，非新化之罪也。今得爲載芳所守，民其將蒙福澤矣乎！是地古爲阿僰[⑥]，自有郡縣以來，不在稱數。至陳公而始以爲州，去今四五載，未見化理，今乃以屈吾載芳焉。自楚人開之，卒以楚人治之，若稽田既敷菑[⑦]矣。而疆畎以終畝[⑧]，其終待若類乎，吾固知載芳之足有爲於是行矣。

載芳方在邑庠，受知於提學薛公。成化丙午[⑨]，巡按湖廣汪公敬夫[⑩]，欲評品十三郡士子，薛乃籍其高第名氏，凡四十人，載芳名在籍中，而鐸亦濫厠，自是吾蓋已納交於載芳矣。及偕計北上，會禮部，歷南、北國子，試事、候選，還往京師垂二十年。朝夕過逢[⑪]，同業共事，器識文藝，知載芳益深。識者期以大發而望其遠到，而載芳竟於不利，豈非命哉？玆其於新化也，譬之猶處大賈於十室之市，發其敝篋足以貨斯人矣，尚何不給之憂哉。

或曰：“土人思復其故治，難以華理理也。”是大不然。方今文教衣被蠻貊，凡有血氣者，莫不面内向化，人惟治之無道耳。苟有道焉，合其情，無太[⑫]

---

① 長官司，地方官署名。元朝於西南少數民族地區置，又稱“蠻夷長官司”。明、清沿元舊稱，是土官世襲的地方政權。

② 弘治辛酉，時爲弘治十四年（1501）。

③ 陈金（1446—1529），字汝礪，號西軒，明湖廣武昌（今湖北武漢）人，成化八年（1472）進士。歷任婺源知縣、南京御史、浙江巡按、山西副使、雲南左布政使、南京户部尚書、都御史等職。《明史》卷187有傳。

④ 甘本無“得”字。

⑤ 僨事，敗事。《禮記·大學》：“一家仁，一國興仁；一家讓，一國興讓；一人貪戾，一國作亂，其機如此。此謂一言僨事，一人定國。”鄭玄注：“僨，猶覆敗也。”

⑥ 阿僰，中國古代西南地區的少數民族。

⑦ 敷菑，耕種。《尚書·梓材》：“若稽田，既勤敷菑，惟其陳修，爲厥疆畎。”

⑧ 疆畎，指田地。《尚書·梓材》：“惟其陳修，爲厥疆畎。”孔《傳》：“惟其陳列修治，爲其疆畔畎壟，然後功成，以喻教化。”終畝，《國語·周語上》：“王耕一墢，班三之，庶民終於千畝。”韋昭注：“終，盡耕之也。”

⑨ 成化丙午，時爲成化二十二年（1486）。

⑩ 汪宗禮，字敬夫，明南直繁昌（今安徽繁昌）人，成化十四年（1478）進士，歷任浚縣知縣、監察御史、壽昌（今浙江建德）縣令等職。

⑪ “逢”，甘本作“從”，應以“從”爲佳。

⑫ “太”，甘本作“大”，兩可。

戾其俗，而漸以銷其鄙野悍勁之氣。奈之何彼不吾從，而甘於夷狄[①]之爲哉？

吾之告載芳止於此，孔氏之道豈遠是也。他日新化稱治，不異鄒魯，人將逆數功德以求作郡之人，吾載芳可以若祖言矣。遠到之期，其亦於今乎發軔也，慎勿以旦暮責效，而自弛其志。

送南京刑部員外郎李君序

法官，人之司命也。唐虞以還，雖商周之君，其命士師已不能無憂於其間。今讀其書，有足徵者。秦漢而下，抑又可知。

予嘗約其弊而言之，大略有四。曰："移於貨，撓於人，深於疾惡之太甚，而縱於姑息之無制也。"夫貨移之則不公，人撓之則不果，疾惡太甚則其深或至於逮善，姑息無制則其縱或至於遺奸，訟獄何由而可平也？爲之君者，苟有志於治安，奈之何？其不憂哉。禹之稱皋陶曰："邁種德[②]。"刑，凶器也。而曰"種德"云者，是蓋訖威訖富、不深不縱。去一惡，則害者就利；釋一無辜，則死者復生。故下則民協於中，上則從欲以治，刑之關係豈細故哉？

我國家稽古制刑，祖宗以來，好生之德行乎法中。凡在法家，皆期無刑，百三十年於兹矣。然承平熙洽之餘，亦若不能無可憂也。若所謂移於貨者，則不惟國有常刑，而清議所在嚴於鈇鉞，故小[③]知自愛者不爲也。至於所謂撓於人，失之深且縱者，則予不敢知[④]其皆無也。

李君[⑤]以鄉進士爲工部司務，九載，書上考，擢南京刑部員外郎。行有日，鄉之縉紳重其别，乃以贈言屬予。予聞其素以剛介平慎稱於州里，既入官，大

①"狄"，甘本作"貉"，兩可。

②皋陶，傳説虞舜時的司法官。《尚書·舜典》："帝曰：'皋陶，蠻夷猾夏，寇賊奸宄，汝作士。'"種德，猶布德，施恩德於人。《尚書·大禹謨》："皋陶邁種德，德乃降，黎民懷之。"

③"小"，甘本作"稍"，兩可。

④"知"，甘本作"必"。

⑤"李君"，國圖本作"某"，據甘本改。

司空曾公、亞卿張公[①]雖與可罔輕，而於君獨致重語，已足占其爲人。若向所謂法家之弊，可以信其必無矣。於其行也，以皋陶之事爲一誦之。

送河南按察司照磨曾希哲之任序[②]

世之業儒者，其自爲説，皆曰："吾將行吾學也，吾適未仕焉耳。"仕矣，則又曰："吾將行吾學也，吾適未得自遂而專耳。"嗚呼！聖賢之道，豈必專而自遂而後行哉？夫道無小無大，隨物與事而在，行於小，不害其爲大也。天地間事物，必待天地間人并力治之，固非一二人可辦也。必皆專而自遂而後爲之，則吾道終無可行之時。而事物在天地間者，皆將任其自隳自廢矣，謂理與勢有若是者哉。

自生民以來，人至於孔子，其道可謂極矣，其志豈不欲舉一世皆屬吾爲也。視其理與勢，有固不可者，故亦嘗爲委吏、爲乘田，其道亦惟於會計之當、牛羊之長而已耳。及爲魯司寇[③]攝相事，夫然後隳三都、誅少正卯，而其行稍大。如必欲自遂而專而後行之，借使不爲司寇，則孔子之道，終無所試之[④]。後雖有所删述，人將不信且重，至於今遵行不已矣[⑤]？世之人學孔氏之道，吾不知其得乎否也。至自爲説，輒欲自遂且專，將不屑爲孔子之所嘗爲。謂不如是不足以行其志，無乃諉是以欺人，而將自遂其私者歟？

曾君希哲於吾同學爲先輩，少力學，有大志，志在必行其學也。挾舉子業，屢困試席，凡今自吾鄉起而顯者皆知其屈也。弘治乙丑冬十月謁選，得河

---

①大司空曾公，指曾鑑（1434—1507），字克明，明湖廣桂陽（今湖南郴州桂陽縣）人，天順八年（1464）進士，授刑部主事，歷官通政司右通政、工部左侍郎、工部尚書等職，《明史》卷185有傳。亞卿張公，指張達（1432—1505），字時達，明江西泰和人，天順八年進士，授工部都水司主事，歷任應天府丞、南京光禄寺卿、工部右侍郎等職。

②"序"，國圖本無此字，據甘本補。

③魯司寇，指孔子。《史記·孔子世家》："其後定公以孔子爲中都宰，一年，四方皆則之。由中都宰爲司空，由司空爲大司寇。"

④"終無所試之"，甘本作"遂終無所試之耶"，衍"遂""耶"二字。

⑤甘本無"後雖有所……遵行不已矣"一句。

南按察司照磨[①]。時冢宰馬公、亞卿焦公[②]皆河南人，其亦皆有擇於希哲也已。夫照磨主文移、磨勘而止耳，以希哲所志，而自世俗觀之，亦所謂不得自遂而專者矣。

希哲之言曰："河南，土中也，而按察實挈其法綱。吾得執文史從諸公後，足矣。何所非吾學之行乎？"鐸聞而喜，往候之，曰："先生其真孔氏之徒歟？何其志之大而施無不可也。況今掌憲河南爲弋陽姜公[③]，蓋學孔氏得其道，而行之力者也。昔嘗宰吾景陵，吾與希哲實皆與聞其緒論。希哲茲行也，相從朝夕，不異疇昔之在門也。其於憲理，公實總之，希哲之志，將不亦由之而遂乎？"

其爲我執向所云於公，以訂其何如。

送許君朝相歸海陽序

許朝相者，其先本閩人。以宦浙，家海陽之龍湖。厥考橘莊翁嘗訓導永春，朝相受家學，富舉子業，遂雄於士林。橘莊即世，家政屬朝相，業以中廢，事母曲盡孝誠，處諸伯仲以友恭，宗族鄉黨化其敦睦。弘治戊午，應例入粟，補散官。屋所居之東偏，讀書其中。暇則灌蔬種樹以自娱，因號"東園居士"。尤精於醫，務濟人，不意報也。

厥妹歸於館友盛希道。希道以壬戌[④]登進士，朝相爲將其家，且群僮僕以助之，貲糧必以自給。既至，凡同館於希道者，皆通刺相往復。每風日晴明，則遍游城外内諸勝地。未幾，言歸。理其裝，計不及什二三，衣佩澌渝；觀其意氣，乃充然若大有所得者。予異焉，問之故，其言曰："親親，吾分也。然茲行，吾實多所得矣。夫人，孰不欲游者？歷都閲邑，宜莫盛於京師。曩嘗聞諸

---

①照磨，元代以後設置的掌管宗卷、錢穀的屬吏。《元史·百官一》："照磨，一員，正八品，掌磨勘左右司錢穀出納、營繕料例，凡數計文牘簿籍之事。"

②冢宰馬公、亞卿焦公指馬文升、焦芳。

③姜綰，字玉卿，明江西弋陽人，成化十四年（1478）進士，歷任景陵知縣、南京御史。弘治二年（1489），因劾南京守備中官蔣琮而被貶爲桂陽通判，後任慶遠知府、右江兵備副使、河南按察使等職，《明史》卷180有傳。

④弘治壬戌，時爲弘治十五年（1502）。

人，猶傾耳無倦，况身親履之乎？道莫貴於儒，極世之選而究圖無輟息者，宜莫若翰林。曩嘗得片紙隻言猶以爲榮，况詣其地而日聞其論説乎？兹二者，予一行而兼有之，斯不亦多所得矣乎！”

鐸聞而嘉嘆久之。夫今人候所戚於仕邸者，必富其囊箱、華其冠服、賚及其奴隸人，則躍躍以喜；否則爲失望，至終以爲憾者，往往而是。今朝相自東南浮萬餘里，破風濤、犯霜雪而來，且復捆載以自給，歸之日，行李索然。吾希道力不足以贍之，而其所自以爲有得者，乃惟登望之娱、道德之樂也，視世俗人情何如哉！

館僚諸君道其美，皆賦詩送之。予兹檃括而序①，今而後聞朝相之風者，當亦有所興起哉！

張氏《椿萱同壽圖序》

嘗有問於予者，曰："壽可知乎？"予曰："可。"曰："子何以知之？"曰："自其人與事知之耳。子未觀於物理乎？木之生，一也。其或植於國門、狎於牛羊、瘁於斧斤之旦旦，雖其性爲天下易生之物，未有能生者矣。苟植諸深山幽谷，雨露風日之外，百不及焉，則所謂貫四時、閱千歲而不改者，其理也。惟人亦然。其賦性静、志於仁、不妄思作，又其誼足以裕後，得賢子若孫，有可樂，無焦勞其心思者，是猶植深山幽谷、足雨露風日，而百不相及者也。其壽也固宜，反是者，不亦可知矣乎？"

吾友張廷和，京山世家也。尊府②益齋翁，讀書以道義自信，性鯁介，於人無所求，不投足公府。居常課子，視耕之餘，閉門静坐而已。母温孺人，性柔嘉寡言，歸張氏，事繼姑餘三十年，庭無間言，室家咸宜，族黨取則。翁與孺人性行實類，故教子一以古道。有子三人③，而廷和最長，名璥；次琉，游邑庠；次琮。廷和領成化丙午鄉薦，屢舉南宫不售，時論稱屈。弘治壬戌得夏津④

---

① "兹"，甘本作"乃"，兩可；"予兹檃括而序"，甘本作"予兹檃括而序之"，衍"之"字。

② "府"，甘本作"甫"，兩可。

③ "有子三人"，據甘本補。

④ 夏津，古縣名，在今山東省德州市。

令，未期月，事集人安，流逋四歸，民以父母戴之，當路稱守令之賢者，必首舉焉。

癸亥九月十二日，翁壽躋八十；七月二日，孺人壽八十有一，皆康寧，皓髮清顔，輝映樽俎，而子孫復賢且貴顯，服貤封又可計日，天下至樂孰復有加此者？然則觀諸物理，而以人與事求之，則翁與孺人其壽可復量哉？廷和繫於官守，誕辰不能登堂稱壽，繪圖寓書，自夏津來求予叙其端，將令捧歸，以申遥祝之悃。予諦觀之，誠如所謂椿萱、蘭桂①等云者，此雖畫史意之所寓，而於予疇昔以答問者，殆有符也。

遂檃括其義②，書而歸之。

---

① 蘭桂，芝蘭和丹桂，指代子孙一辈皆爲賢能者。芝蘭之典，見《晋書・謝玄傳》。丹桂之典，見《晋書・郤詵傳》："累遷雍州刺史。武帝於東堂會送，問詵曰：'卿自以爲何如？'詵對曰：'臣舉賢良對策，爲天下第一，猶桂林之一枝，昆山之片玉。'"

② 國圖本無"其義"二字，據甘本補。

卷　八

序十四首

東岡魯氏譜序

魯之得姓爲吾祖者，吾不知其何所自也，若其顯而見於史傳者多矣。其苗裔則始於伯禽[①]之封。後以國爲氏，蔓衍滋蕃，今吾敢曰："吾必同所從來乎？"

荆楚之地，自古起事者所必争。戎馬蹂踐，不知更變凡幾，譜牒誰復有可考者？吾宗自吾所知，則元末紅巾之亂。府君諱思旻者，自長林避兵相失，止景陵之東岡，娶於陳氏，遂爲東岡魯矣。東岡府君而下，以至吾先人，中間多蚤世，其詳不相授受，耳熟者長林而已。

至鐸占畢[②]，粗解事，乃考《湖廣總志》[③]，知昔之長林已復省入荆門，水木源本無從而得。正德改元，鐸自翰林被旨，充正使於安南，道出荆門之後港，試訪焉。後港即長林舊治，得魯姓遂[④]凡數家，招致相問訊。因得魯之在荆

①苗裔，《楚辭·離騷》："帝高陽之苗裔兮，朕皇考曰伯庸。"王逸《注》："苗，胤也。裔，末也。"指子孫後代。伯禽，生卒年不詳，姬姓，名禽，周文王姬昌之孫，周公旦長子，周武王姬發之侄，周朝諸侯國魯國第一任國君。

②占畢，亦作"占嗶"。《禮記·學記》："今之教者，呻其占畢，多其訊，言及於數，進而不顧其安。"鄭玄注："呻，吟也。占，視也。簡謂之畢。"原指經師不解經義，但視簡册文字誦讀以教人，後亦泛稱誦讀。

③《湖廣總志》，國圖本作《湖南總志》，據甘本改。

④甘本無"遂"字。

門者甚夥，皆土著，其先亦多詩書仕宦，爲里正籍者[①]不下十數。嗚呼！吾祖之徙，自是也無疑。

蓋魯本希姓，詢之景陵，纔三二家，又或托籍於近歲。長林之境，相去不窮日力，是何魯之多耶！吾祖之徙自是也無疑。但兵火之餘，亦皆亡其世系，不敢必指其一爲吾祖之所從出，以起一髮不真之差。今特斷自東岡府君以下，次爲譜圖以示將來，但使子孫知有長林耳。嗚呼！長林之徙未二百載，世系不幸已不可考，則得姓之所從來，吾復敢知乎？

正德六年[②]辛未三月二十日，鐸序於夢野臺之看鶴亭。

送大巡王公惟貞奉敕紀功還京序

天所覆稱藩者，語大，莫湖湘若也。蓋其地與他藩爲際凡八九，其間深山大澤、溪洞岩谷、家猿狖而居蛇龍者，不知其幾也。夫地大則物富，多深山大澤，溪洞[③]岩谷，則凡奸宄逋亡之相倚者，易逃且匿也。郴、桂諸縣，其地際江、廣，故其傜[④]賊與所謂奸宄逋亡者，往往嘯聚，民甚苦之。舊嘗出師，然其屯合解散，互有巢穴。我常[⑤]羈旅，彼自室家，非巨手大斤痛斷根株[⑥]，祇徒益民病。故雖時復竊發，當事者每憚於役。上下一談，濟爲姑息，則自昔然爾。

正德丁丑[⑦]，溪洞[⑧]蠻獠其渠魁若龔福全[⑨]者十數輩，以其衆出肆屠掠，燒

① “爲里正籍者”，甘本作“籍里正者”，兩可。

② 正德六年，即正德辛未年（1511）。

③ “洞”，甘本作“峒”。

④ “傜”，甘本作“猺”。

⑤ “常”，甘本作“嘗”。

⑥ “株”，國圖本作“秼”，據甘本改。

⑦ 正德丁丑，即正德十二年（1517）。

⑧ 溪洞，《宋史·蠻夷傳二·西南溪峒蠻下》：“湖南州縣多鄰溪峒，省民往往交通傜人，擅自易田，豪猾大姓或詐匿其産傜人，以避科差。”

⑨ 龔福全，生卒年不詳，明代湖廣郴州府宜章（今湖南郴州宜章縣）人，是當時的瑶族首領。

安仁、破攸縣[①]，執辱長吏，民騷然莫知走所。巡撫中丞秦公行縣[②]，得報於潭，方欲請合江、廣兵，爲薙獮[③]之計。時巡按侍御王公惟貞[④]，乃相與决曰："蛇豕梟獍[⑤]，無悛理，苟視猶故常，如吾民何？"於是三司諸公叶謀[⑥]生氣，請上兵餉、期會、方略之狀。既得請，則方伯方公督餉，憲副惲公贊畫，守巡爲少參王公、僉憲顧公，兵備爲憲副陳公，則各自其地以分督營哨。僉謂兵慎俱焚，戒飭紀驗非自王公不可，乃具名上之，遂得敕如請，且以在江、廣者并付之。

師旅既集，漢土和會。公乃下令曰："臨敵前却，妄殺以希功、以贗混真者，一繩[⑦]以軍法。"十一月二日發衡陽[⑧]，由桂東、臨武、桂陽、郴州，分道并進，期日而舉。我師扼其要害，江、廣填其奔逸，餉督交臨，將和士奮，千里響應，若發一機。既乃渠魁俘致，黨羽馘獻[⑨]。每捷至，公必身臨勘核，恩法并行，奸殲勞慰，雖五溪部衆莫不感服而效死者。積歲之害殄於期月，奏凱之聲雜於民謡，惟公之靈也。兹及代僉，以公按治功百疇，曩乃貌其事爲圖録，璽書其上，而欲某有言以贈。

夫人有疾痛在一指股，則頭目心臆爲之不寧，以其同體也。全楚爲藩，猶人之一體，則郴、桂諸縣，其害可置而不問乎？王公憲體重廟廊，而聖天子視

---

①安仁縣，位於湖南省東南部，郴州最北端，素有"八縣通衢"之稱。攸縣，西漢置，屬長沙國，治所在今湖南攸縣東攸水南，以北有攸溪爲名。

②秦公，指秦金（1467—1544），其於正德九年（1514）十一月至正德十五年（1520）十一月爲湖廣巡撫。行縣，官制用語。漢代郡守到所轄縣勸農桑，訪民俗，檢察工作，稱爲"行縣"，因其在春天，故又稱"行春"。

③薙獮，謂如刈割野草般殲滅。

④王度，字惟貞，明四川南充人，正德三年（1508）進士，正德十年（1515）任巡按御史，歷官湖廣巡按御史、監察御史、江西兵備副使等職。

⑤蛇豕，指長蛇、封豕。《左傳·定公四年》"吴爲封豕、長蛇，以薦食上國"。杜預注："言吴貪害如蛇豕。"梟獍，亦作"梟鏡"。舊説梟爲惡鳥，生而食母；獍爲惡獸，生而食父。比喻忘恩負義之徒或狠毒的人。

⑥叶謀，即合謀，共同謀劃。

⑦國圖本無"繩"字，據甘本補。

⑧衡陽，明屬衡陽郡，在今湖南衡山縣附近。

⑨馘獻，《詩經·魯頌·泮水》："矯矯虎臣，在泮獻馘。"鄭玄箋："馘，所格者之左耳。"古時出戰殺敵時割取左耳，以獻上論功，後亦泛指奏凱報捷。

天下，若恫瘝[①]在身，故按治之命，公得湖湘焉。今兹大舉合謀以決是役，至於紀驗則又罔有欺蔽[②]，非仰體上心而以全楚視之一體，能有是乎？予得告里居，獲安枕而卧者，寔公之賜也。方、惲諸公有贈言之命，故爲之黽俯搦筆，亦因以致私頌云。

送向汝葵太守序[③]

向君汝葵[④]，蜀成都人，實貫楚之巴陵。弘治乙丑舉進士，以南京户部郎擢守泉州。泉大郡，須君畀焉。君既就道，其僚友及楚、蜀人之爲大夫、士者，出餞之行。乃相與請言於予，以予亦楚人，非謂其文也。

或曰："君之爲人也剛，然而不虐，於爲泉也，足乎。"或又曰："君之爲人也明，然而不察，於爲泉也，足乎。"其爲舊僚者曰："君於吾屬也嘗同事，事苟當爲，人莫能撓之者，於爲泉也，足乎。"

予喜，起觴曰："諸君子所稱，古之所爲循良吏者也。而謂汝葵兼有之，尚復何贈哉？守之任誠重矣，況守大郡者乎！勢權峙其前、貨賄出其後，非剛不可者，至於虐則不可也。位高而民遠、事隱而情深，非明不可者，至於察則不可也。然剛與明也，苟缺其一，人猶得以撓其所爲，亦未見其可也。今汝葵剛且明矣，又復不虐與不察矣，其孰得而撓諸？是故同鄉者得其體，同事者得其用，諸君子所稱尚未足以贈乎？他日有聞太史傳循良者，必吾汝葵矣。"

於是以予觴觴焉，而申之辭曰："願卒如昔之所得與今所望也。"汝葵唯唯而别。

---

① 恫瘝，《尚書·康誥》："嗚呼，小子封，恫瘝乃身，敬哉。"孔安國《傳》："恫，痛；瘝，病。"

② "蔽"，甘本作"蔽"。

③ 甘本此篇題爲"送向汝葵太守之任泉州序"。

④ 向一陽（1470—1529），字汝葵，明湖廣巴陵（今湖南岳陽）人，弘治十八年（1505）進士，正德十一年（1516）任泉州府知府。據此可推知本文作於1516年。

壽陳夫人七十詩序

監察御史常熟陳君原習①，母夫人譚在堂。其弟原大②，今爲翰林檢討，原習乃以疾請家居侍養。譚今年壽七十，八月十七其誕辰也。兵科給事中周君行之③手自爲圖，屬同年之官留都者各爲歌、詩以致祝，而命予序之。

予曰："玆甚盛舉也！在天道，夫人宜壽；在人理，宜壽夫人；在吾屬，尤宜爲夫人壽。玆誠甚盛舉也！"

夫人性孝謹勤儉，始歸陳氏復清居士，時已失怙，而姑亦垂老矣。夫人躬内④政，事之曲盡愛敬，姑安焉。常曰："願以吾孫若婦，報新婦耳。"屬分異，人挾厚貲以去，居士不校⑤，夫人實成其志，拮据節縮致饒足，令不内顧。居士既捐館⑥，教原習兄弟，至次第取進士。既而致服食物於官所，且戒曰："第先爾事，毋復⑦以我故累爾志。"又使謂原習曰："察汝持法，毋庸次⑧汝意以枉一夫。"謂原大曰："寰汝史官，汝毋易一言以文汝詞。"至不公是非人，其在州里賙貧恤苦者，常常事也。孔子以壽歸仁者⑨，夫人仁若是，使福善者不誣，繼自今壽當無疆。

予故曰："在天道，夫人宜壽也。爲陳之里閭族姻者，夫孰非舅姑也。夫

---

①陳察（1478—？），字原習，明南直常熟（今江蘇常熟）人，弘治十五年（1502）進士，歷任山西左布政使、光祿卿、僉都御史等職，《明史》卷203有傳，作"元習"，實誤。

②陳寰（1477—1539），字原大，明南直常熟（今江蘇常熟）人，正德六年（1511）進士，歷任翰林院檢討、南京國子監司業等職，官至南京國子監祭酒。

③周用（1476—1547），字行之，明南直吴江（今江蘇吴江）人，弘治十五年（1502）進士，官至太子少保、吏部尚書，卒謚恭肅，《明史》卷202有傳。

④"内"，甘本作"丙"，國圖本爲確。

⑤不校，《論語・泰伯》："有若無，實若虛，犯而不校。"朱熹注："校，計校也。"

⑥捐館，即"捐館舍"，《戰國策・趙策二》："蘇秦從燕之趙，始合從，説趙王曰：'……今奉陽君捐館舍，大王乃今然後得與士民相親，臣故敢獻其愚，效愚忠。'"鮑彪注："婦人死曰捐'館舍'，蓋亦通稱。"

⑦"毋"，國圖本作"母"，兩字古字相通。甘本無"復"字。

⑧"庸次"，甘本作"固執"。

⑨壽歸仁者，語出《中庸》："子曰：'舜其大孝也與？……故大德必得其位，必得其祿，必得其名，必得其壽。'"

孰非夫，孰不婦賴也；夫孰非子，孰不母[①]賴也。今其事舅姑若夫者，法其爲婦；有子者，法其爲母。則凡望陳氏之廬，長幼卑尊，其不刺刺語夫而祈夫人之永年者，無人心矣。”

予故曰：“在人理，宜壽夫人也。友道之不講也，久矣。善無相師，過無相戒，喜戚不關，信義不聯屬者，皆是也。古之人，期三年走千里外，拜人之母而曾不少爽者，豈徒然哉！吾屬於原習爲同年友，其合又若非偶然者。譚之賢，原習兄弟之孝友，皆於風俗大有關係，今日之舉，非直爲觀美而已者。”

予故曰：“吾屬尤宜爲夫人壽也。請以此爲序。”

僉曰：“可。”於是乎書。

守正保全卷序

崧庵陳先生，永豐[②]人，以古學勝行，蚤知名大江之西。嘗職教光澤[③]，又教景陵，鐸亦幸出其門。既遷陟壽昌邸[④]，乃撮取聖祖高皇帝訓飭之語書諸簡，曰：“守正保全。”居常出入袖中，鎮遠侯顧公[⑤]繕一卷，爲大書其首，求名卿巨儒文若詩以張之，重其人也。

湖南提學安城歐陽子爲之序，辭旨謹嚴，殆無遺義。然愚聞“知之非艱，行之惟艱”[⑥]，箴於堂、銘於室，而終不逮言也，天下皆是也。且古之爲王相者，賈生[⑦]在漢，其才氣度世，觀其論説自許與當成何等事業，而畢竟乃爾。大儒如董子[⑧]亦僅以疾免，行之不已難乎？今先生謹所輔道，俾享爲善之樂，朝廷

① “母”，國圖本作“毋”，兩可。

② 永豐縣，今屬江西省吉安市。

③ 光澤，地名，治所在今福建南平市光澤縣。

④ 壽昌縣，治所在今浙江省杭州市建德市。

⑤ 鎮遠侯顧公，明代鎮遠侯自顧成（1330—1414）起襲爵，此時鎮遠侯爲顧仕隆（1484—1528），於弘治十七年（1504）襲爵。

⑥ “知之非艱，行之惟艱。”語出《尚書·説命中》。

⑦ 賈生，指賈誼。

⑧ 董子，指董仲舒（前 179—前 104），西漢廣川（今河北景縣）人，儒學大家，著有《天人三策》《春秋繁露》等書，《史記》卷 121、《漢書》卷 56 有傳。

厚之、天下稱之，不啻漢之東平[①]。先生累疏[②]乞休，而終被勉留，皓髮豐顔，福履優贍，實無負於聖祖之訓，有董、賈所不可望者。嗚呼！其賢矣哉！其賢矣哉！

鐸不佞，他日將有爲先生立傳者，令後世與漢史并觀之，以爲何如？

送張文卿學士歸省詩序

弘治十有六年[③]秋八月，學士張文卿先生以母夫人年七十，將乞歸省。或曰："先生文學近臣，朝夕在經幄，不宜輒爲歸計。"或曰："借使得請，則考陟或至失期，如增秩、貤封何？"先生曰："吾皇春秋鼎盛，聖德日隆，而元老巨人布在左右，是予委質[④]之日長，承顔之日短，以情，予可歸也。若曰翼遷秩以榮親，孰若在側多一日之爲愈，以義，予當歸也。"遂上疏懇請。聖天子察其志，許之，降恩禮出常數焉。於是自元老以暨諸僚從咸重其事，相屬爲歌、詩以贈，成卷軸，命某序之。

夫人有恒言，皆曰："忠與孝，惟所在以致力，不兩全也。"予則以爲視[⑤]所遭之時與其地何如耳。使吾於此有可圖之日，則雖去以求吾志亦可也，何恒言之足泥哉[⑥]？文卿之歸，其自謀於道也熟矣。

我聖明立愛之化，自達孝始，而賢宰輔之所以將順[⑦]啓沃者，又皆正己躬行之實。是宜文卿之請，其情與義卒得以自遂也。然兹行也，其關於世教爲大。蓋文卿以近密重臣，負雅望，其家世顯顒，聲實光赫，兹復篤於孝思，固足以風動乎人人。又況吾君吾相并見許重，而贈之言者皆天下聞人，足以揮揚其美

---

①東平，指漢代東平王劉蒼（？—83）。因劉蒼逝世後葬禮規格極高，後世諸王病逝，多引用"漢東平王故事"來形容葬禮規格之高。

②"疏"，國圖本作"嘗"，據甘本改。

③弘治十有六年，時爲弘治癸亥年（1503）。

④委質，亦作"委摯"。《禮記·曲禮下》："卿羔，大夫雁，士雉，庶人之摯匹，童子委摯而退。"孔穎達疏："童子見先生或尋朋友，既未成人，不敢與主人相授受拜伉之儀，但奠委其摯於地而自退辟之。"

⑤"視"，國圖本作"是"，據甘本改。

⑥甘本無"哉"字。

⑦將順，《孝經·事君》："將順其美，匡救其惡，故上下能相親也。"指順勢促成。

行。且播諸聲樂、奏於郊廟，則夫感慕興起者，豈徒一鄉邑[①]而已哉！雖勒金石、垂竹帛，傳爲當代故實，以方法後世不異矣，豈不足徵我聖明化理之盛哉！若其圖報將來，勛業又有未可量者，則忠與孝亦未始不兩全矣。

予於文卿有同年之雅，請以是爲贈，或亦足以風世教云。

送李宗乾守德安序

今之守，即古二千石刺史之職，其任亦重大矣哉！漢宣帝常曰："與我共治者，惟良二千石。"唐太宗亦曰："爲朕養民，惟在都督、刺史。"故或璽書勉勵，增秩賜金；或疏名屏風，俯仰諦觀。其後官不歷州縣，不擬臺省[②]，蓋以其職親民，福澤易及人，故見重類[③]如是也。漢二千石，龔遂、黄霸最顯；唐刺史韓昌黎、狄梁公[④]最顯，後世想望其風，莫敢比擬。古之人，其才力豈皆絶於今之人哉？要在其志焉耳。志誠在於愛民，雖寡才力，未必無福於民也，况其優者乎？一命之士，尚有所濟，况其職重大如守者乎？今以重大之職，而復優於才力者比肩而立，求其志往往不類古人，非用於爲利，則爲名耳。爲名與爲利，將自不暇於爲民矣，又何怪乎人不蒙福、治不逮古哉？蘇子曰："君者，父母也；民，赤子也；郡守者，乳保也。"父母育其子於乳保，乳保不才，則驚之、痼之、飢渴之。父母雖慈，不能幸其子以生也。然則今之爲利爲名，而不暇爲民者，不已愧於才乳保乎？

弘治乙丑，李君宗乾將守德安，吾友[⑤]劉用賓[⑥]以其僚友贈言之意請於予，重其行也。宗乾，永平之遷安人，以癸丑[⑦]進士拜中書舍人，擢民部員外郎，尋擢正郎。君性警敏剛介，事至能早見，言必中倫。方其在中書，以詞翰稱妙；

---

①“一鄉邑”，甘本作“一鄉一邑”。

②“不歷州縣，不擬臺省”，唐代中期以後官員選拔的重要原則。起自宰相張九齡（673—740）向唐玄宗的上疏，事見《新唐書·張九齡傳》。

③甘本無“類”字。

④狄仁杰（630—700），字懷英，唐并州太原（今山西太原）人，武周時期名臣，封梁國公，故稱“狄梁公”，《舊唐書》卷 89、《新唐書》卷 115 有傳。

⑤“友”，國圖本作“友”，應誤，據甘本改。

⑥劉思賢，字用賓，明湖廣石首（今湖北石首）人，弘治九年（1496）進士，官至工部右侍郎。

⑦弘治癸丑，指弘治六年（1493）。

在民部，又清謹有聲。嘗奉命核勘勛貴土田，特受寶鏹之賜於先帝，旌持正也。司銓衡者重之，薦擢今官。由今而觀宗乾，其才其志，蓋可見矣，其於爲守以福民也何有？雖然德安，吾景陵接壤郡也，比年旱澇薦臻[①]，寇盜相望，民以窮而澤未流。吾君之赤子，亦既驚矣、痡矣、飢且渴矣，雖龔、黄、韓、狄，將不得以易視矣。爲才乳保，救而育之，吾不能不重望於宗乾也。若夫臺省之遷，則固子他日事耳。

送張汝諧令六合序

弘治壬戌冬十二月，同年張汝諧將令六合[②]。行李既戒，朝士大夫善汝諧者，具供張，餞之城南。酒半，有起言於坐者曰："汝諧裔出世族，方總髮[③]，已獲重於巨人。今既登進士，日益有聲，銓部又嘗薦爲諫官，朝廷適欲儲待，未即用耳。今乃使令六合，六合小邑也，以處汝諧，不亦枉其材乎？"

余曰："是吾汝諧之福也。子不觀於楩梓豫章[④]乎？當其始生也，倏然向成，日復改觀。及其歷風霆、犯霜雪，至於成且定，則拔地[⑤]干雲，莫復可摇撼矣。用之以梁明堂、棟清廟，歷世代而不虞[⑥]顛壓。苟方其成而遂材之，其用雖無不可者，然不蝎則朽[⑦]，終不免於棟撓[⑧]矣。故人以盛氣居盈者必覆，而重任遠道者每在厲抑諳練之後。其始雖於人情有快與否，在君子則取舍自當有擇也。汝諧本梁國[⑨]之後，歷宋而元，代有顯仕。入國朝，則自曾祖至其父若叔，

---

① 薦臻，《詩經·大雅·雲漢》："天降喪亂，饑饉薦臻。"毛亨傳："薦，重；臻，至也。"

② 張諧，字汝諧，明福建閩縣（今福建閩侯）人，弘治壬戌（1502）年進士。六合，今南京市六合區。

③ 總髮，即束髮。《禮記·玉藻》："童子之節也，緇布衣，錦緣，錦紳并紐，錦束髮。"孔穎達疏："錦束髮者，以錦爲總而束髮也。"指童年或少年。

④ 楩梓豫章，植物名。《戰國策·宋衛策》："荆有長松、文梓、楩、柟、豫樟。"

⑤ "拔地"，國圖本作"出合"，其意不明，應以甘本爲確。

⑥ "虞"，國圖本無此字，據甘本補。

⑦ 不蝎則朽，典出嵇康《答向子期難養生論》："蝎盛則木朽，欲勝則身枯。"

⑧ 棟撓，《周易·大過》："棟橈，本末弱也。"

⑨ "梁國"，指張睦，五代時光州固始（今河南固始）人。唐末從王審知入閩，授三品官，領榷貨務。雍容下士，招徠蠻裔商賈，斂不加暴，國用日以富饒，累封梁國公，卒後閩人立社祀之。

以進士入官者，凡四世；自伯兄及其弟若侄，分試席於禮部者，又凡數輩。汝諧輝映後先，其材亦既成矣，以爲要官，固其所優。然當盛满之際，或將卒然有以加之，如所謂‘震撼擊撞’等云者，恐非其所堪也。今乃必使爲縣令，天其或者欲用於既定之後耳，余故以爲汝諧之福也。夫仕而親民者，莫如縣令；事之難爲者，亦莫如縣令。蓋在吾上者，皆得以臧否於我；而在吾下者，又皆以其所欲與惡望我焉。一失其心，則上尤下怨，雖欲一日安於其位，有不可得。拂亂其所爲，思愁其心，是亦歷風霆、犯霜雪之類也。自是而往，則天下之事不以勝，當爲憂矣[①]。古者不由守令，不擬臺省，非無謂也。行矣，汝諧！今往，其子成矣而定之時乎[②]。從容廟堂，行復見子矣。”

予夙知[③]子器識之雅，故不敢以世情相附和，而以遠到相語，且以賀六合之人將蒙子之福也。當文林公諸君子，謂予言可以贈汝諧，强授簡焉[④]。於是乎書。

送憲副林君孚可之湖湘序

正德七年[⑤]秋八月，湖廣按察副使員缺，太宰邃庵楊公、亞卿劉公、蔣公，首薦監察御史林君孚可[⑥]。上即日擢用，將敕遣之。於是湖湘大夫士之在朝者皆走相告問，至相賀以爲喜，喜湖湘之民之將蒙其休也。

君，閩之莆田人。閩以文學才良稱多者，莆田爲最；稱諸莆田，則林氏爲

① 此句甘本作“自是而往，則天下之事可以勝任愉快，胡憂覆餗者”。

② “今往，其子成矣而定之時乎”，甘本作“其子成而定之時乎”。

③ “知”，國圖本作“之”，據甘本改。

④ 此句甘本作“聞者以予言爲然，謂可贈汝諧，强授簡焉”。

⑤ 正德七年，時爲正德壬申年（1512）。

⑥ 太宰邃庵楊公，指楊一清（1454—1530）。亞卿劉公、蔣公，指劉春、蔣冕。劉春（1459—1521），字仁仲，號東川，明四川巴縣（今重庆）人，成化二十三年（1487）進士，《明史》卷184有傳。蔣冕（1462—1532），字敬之，號湘皋，明廣西全州人，《明史》卷190有傳。林孚可，指林茂達（1462—1547），字孚可，明福建莆田人，弘治十五年（1502）進士，歷官御史、湖廣副使、貴州左参政、四川左布政使，以右副都御史致仕。

最。林氏莫盛於後塘九牧[①]之後，而君又其最也。君伯祖崇璧[②]，永樂四年進士第一人，終翰林侍講，負材氣，曉暢世務，以結知於文皇。祖崇信於侍講[③]，實爲難兄弟，嘗司訓泉州府，人才肇興。尊人静齋翁[④]，景泰甲戌進士，選御史不就，知冀州九載，遷淮安府同知。所至知裕其民，不知其他，以[⑤]故訖無爲之地者，未六十，謝其事而歸，人稱爲"廉退君子"。

君蚤承家教，弘治壬戌登進士，除行人，以使事名於四方。尋擢監察御史，人凜凜然望其風裁。嘗巡按真定等府，時逆瑾竊弄威柄，莫不覘其頤爲可否以從事者，君獨不爲動，時論高之。既以才識老成，簡領諸道章奏，譽望日隆，乃今而有是命。夫以若人也，而湖湘得之以持憲。湖湘之人，奈之何其不喜也！

副使，法官也。奉天子璽書，凡官吏臧否、軍民利病，皆所當察者。峻急則人不堪，姑息則法易廢，斯二人者，求於其職謂能舉乎？否也。禹之稱皋陶曰："邁種德。"豈不以釋一無辜，則死者生；戮一多罪，則善者安乎？今之持憲者，官不必同，皆士師之類也，不得其人可乎？湖湘視諸藩，地最廣，況經積灾、大盜之餘，則所以煦濡善良，獮剔豪滑，民之望之若望父母也。以父母見望於人，得不舉其職乎哉？

君之學行，出於家教。其爲御史也，湖湘實其當道。而又嘗領諸道章奏，則是天下吏民之臧否利病備嘗知之，而湖湘則其益加詳焉者也。以備知天下之明，斂而用之於素所加詳之地，其於休澤斯人[⑥]也何有？然則君是之擢也，苟有志於當世之務者，皆當爲斯人喜。奈之何湖湘之人不喜而相賀邪？

---

①九牧，莆田西天尾鎮烏石村有林氏祠，祠門上嵌有一塊古石刻"九牧祖祠"四個字。一般認爲九牧林是指唐代林披（733—802）所生的九個兒子都擔任刺史，故名。

②林環（1375—1415），字崇璧，號絅齋，明福建莆田人，永樂四年（1406）狀元。

③"講"，國圖本作"讀"，據甘本改，因前文已明言"崇璧……終翰林侍講"。

④静齋翁，指林統（1412—？），字思承，别號静齋，明福建莆田人，景泰五年（1454）進士，歷任冀州知州、淮安同知，彭韶《彭惠安集》卷4有《林思承同知墓志銘》，記其事甚詳。

⑤"以"，國圖本作"日"，據甘本改。

⑥"人"，甘本作"民"，兩可。

某本楚[①]人，又於君爲同年進士，方自謂無以志吾喜也。而君之同道，羅君薦卿、丁君汝正[②]道諸公意，請言以贈。遂樂爲書此，將以徵諸他日。

送韓韶州序

官建自邃古，凡以爲民也，必近於民者，於民爲親也。近民而親於民，宜莫若守令。古之所謂監郡、部使者、巡察、監司，非不尊且貴也，然其去民則以遠矣。去民遠，則雖尊且貴，未有不待守、令而自理者也。今之鎮、巡、布、按使，即古監郡、部使者、巡察、監司之類也。然則守、令雖不若鎮、巡、布、按使之尊且貴，其責不既重大矣乎？至於令，則又奉守以爲政者也。是近民而其責尤重且大，宜莫如守。

蓋守既近民，其秩又較[③]崇。近民則其澤易流，秩已崇則威令[④]易行。以易行之威令，布易流之澤，一郡之内，吾志得以專行，所及亦廣矣。有志於行道者，不欲於守之爲，而誰待乎？但今之仕者，其視人與自視，往往重内官而輕外任，如馬周所云者[⑤]。而外任之中，又以遠近論美惡。則其視守也，將亦不見其重且大矣，此世俗情也。夫誠有志於行道者，則自視將不類於俗，而人亦不得以外内異視矣。

今之守，與古豈誠異哉？古今人，豈誠不相及哉？龔遂，古稱循良也，考其政，則曰："勞來巡行，獄訟止息耳。"吾行其政焉，則亦龔遂而已矣。黄

---

①"楚"，國圖本作"湘"，據甘本改。魯鐸爲楚人無疑，然結合前句"湖湘之人不喜而相賀耶"，此處應脱一"湖"字，"湘"改爲"楚"無誤，但作"湖湘"似更合句意。

②羅君薦卿、丁君汝正，指羅縉、丁楷。羅縉，字薦卿，明浙江慈溪人，弘治十五年（1502）進士，歷任雲南巡按、浙江副使等職。丁楷，字汝正，明南直懷寧（今安徽懷寧）人，弘治十二年（1499）進士，歷任金溪知縣、廣東巡按等職。

③"較"，國圖本作"以"，據甘本改。

④甘本無"令"字。

⑤馬周（601—648），唐清河茌平（今山東茌平縣）人，唐太宗時期宰相，《舊唐書》卷78、《新唐書》卷98皆有傳。馬周所云，指其上疏之事："臨天下者，以人爲本。欲令百姓安樂，唯在刺史、縣令。……今朝廷獨重内官，縣令、刺史，頗輕其選。刺史多是武夫勛人，或京官不稱職，方始外出。而折衝果毅之内，身材强者，先入爲中郎將，其次始補州任。邊遠之處，用人更輕，其材堪宰位，以德行見稱擢者，十不能一。"

霸，古稱循良也，考其政，則曰："力教化，後誅罰耳。"吾行其政焉，則亦黃霸而已矣。而今之名爲循良者，我知之矣，持小廉以繩下，曰："吾於汝無負也。"徇世好以奉上，曰："吾於人無負也。"嗚呼！能繩下或有稱焉，能奉上或有稱焉，至於所謂行吾志、澤吾民，將亦誠有乎？否也。苟爲名[①]守者，不過是焉，則人之以内、外異視，而不見其重且大者，不亦宜乎？

吾友韓本中[②]，以虞衡郎[③]出守於韶。命始下，人皆嘩之曰[④]："以子而外補，屈矣。而韶復遠在嶺表，則愈屈矣。"本中曰："官而皆内，民將孰親？仕而皆近，遠將孰委？吾憂吾職之負耳，而暇内、外之計乎？憂吾民之負耳，而暇遠、近之計乎？"即日，鬻所居，取别於所識，問韶所嘗經歷、諳其風土民俗者，而爲期戒行李。

其同年僚友曹仲玉[⑤]述其事告予，且以諸公贈言之意請焉。本中與予同鄉薦，既而爲同朝，至相莫逆，故相知爲詳。方其爲諸生，已名全楚；既舉游太學，有名京師；既又舉於禮部至爲郎，而名日益顯。今其於韶也，適世俗宦情所薄者，而其心無少累，豈不誠有志於道者哉！兹别也，固將行其志而流其澤矣。將有古人之美，而不蹈今弊矣。將自見重於人，而不知爲外且遠矣。則吾又何言之贈乎？昔劉元城[⑥]嘗述司馬公之言曰："寓嶺南者，其調攝，惟節飲寡欲爲要。"吾贈本中，有此而已矣。夫以諸公之請，而所贈不過調攝之説，則其人固可知矣，庸書之以徵吾言。

---

①甘本無"名"字。

②韓大章，字本中，明浙江會稽（今浙江紹興）人，弘治六年（1493）進士，曾任工部都水司員外郎，後轉工部虞衡司，爲刑部尚書韓邦問（1442—1530）之弟。

③"衡"，甘本作"部"，兩可。據《明史・職官志》載："工部……營繕、虞衡、都水、屯田四清吏司，各郎中一人，正五品。……虞衡，典山澤采捕、陶冶之事。"

④"人皆嘩之曰"，國圖本作"人之嘩曰"，誤，據甘本改。

⑤曹琚（1457—？），字仲玉，號桂山，明湖廣桂陽（今湖南郴州汝城縣）人，弘治九年（1497）進士，歷任工部都水司主事、虞衡司員外郎、廣州知府、梧州知府等職。

⑥劉元城，即劉安世（1048—1125），北宋大名（今河北大名）人，字器之，號元城，爲太僕卿劉航子，熙寧六年（1073）進士，歷官左諫議大夫、中書舍人、寶文閣待制、樞密都承旨等職，《宋史》卷345有傳。

賀徐君良貴營室落成序

徐君良貴[①]，自弱冠見畏於士林，予猶在邑庠，同之游者數載。每舉人，必望之先鳴，數不得志於有司，輿論稱屈。尊人訓術翁既捐館，里中故産悉委之二弟。既以治生亦吾儒事，乃自爲别業。經史之罅，即課耕穫以爲常，親舊難之。及其校文藝，則同輩詘服；計歲入，則家用殷餘。問學日益有聲，人莫知其何能爾也。族人有地數畝，在夢野臺之南偏，弘治間將鬻諸人。良貴曰："是殆非也"，倍價留之。已而西鄰亦以所居求售者，乃增築居焉。

時友人張世禎走蓮北，請予言賀之。予適赴禮闈[②]，未暇也。正德己巳[③]，良貴得美材[④]，乃即其舊第新之。堂宇高杰，井里改觀，庠友但德純十數輩復欲有以賀之，請曰："願修舊事。"予時以國子司業得告歸養，尋疚在草土，未能爲也。辛未[⑤]，良貴以歲薦起，將領省書北上。二月之吉，德純復過予，曰："良貴行且别，先生亦既從吉[⑥]，能終無一言乎哉！"予謝曰："久矣，吾之負良貴也。雖然是亦若有待焉，不及今日，無以備吾説於良貴也。"

昔韓昌黎《示兒》詩曰："辛勤三十年，以有此屋廬。"[⑦]蓋爲士者欲有所營治，恒待於俸給之人，未其有成於諸生之手者；間有之，則必隳[⑧]志廢學，

---

①徐貴（1425—？），字良貴，明江西浮梁人，天順元年（1457）進士。

②禮闈，指古代科舉考試之會試，因其爲禮部主辦，故稱。

③正德己巳，即正德四年（1509）。

④"材"，國圖本作"村"，據甘本改。

⑤正德辛未，時爲正德六年（1511）。

⑥從吉，舊時居喪期内參與他人慶賀之禮，多在書簡上寫"從吉"二字。

⑦韓愈《示兒》詩："始我來京師，止携一束書。辛勤三十年，以有此屋廬。此屋豈爲華，於我自有餘。中堂高且新，四時登牢蔬。前榮饌賓親，冠婚之所於。庭内無所有，高樹八九株。有藤婁絡之，春華夏陰敷。東堂坐見山，雲風相吹嘘。松果連南亭，外有瓜芋區。西偏屋不多，槐榆翳空虚。山鳥旦夕鳴，有類澗谷居。主婦治北堂，膳服適戚疏。恩封高平君，子孫從朝裾。開門問誰來，無非卿大夫。不知官高卑，玉帶懸金魚。問客之所爲，峨冠講唐虞。酒食罷無爲，棋槊以相娱。凡此座中人，十九持鈞樞。又問誰與頻，莫與張樊如。來過亦無事，考評道精粗。躍躍媚學子，墻屏日有徒。以能問不能，其蔽豈可祛。嗟我不修飾，事與庸人俱。安能坐如此，比肩於朝儒。詩以示兒曹，其無迷厥初。"

⑧"隳"，國圖本作"徒"，據甘本改，或爲"徙"字之誤。

莫復能進取之决矣。今良貴盛業於戴經懷槧[①]之時，而自無負於賢能之薦。人或終世莫能專治者，乃兼而有之，謂非才賢大過人，能有是乎？兹將由太學取解京闈，以伸所學、行厥志，無復有内顧之牽矣，則將何事不可爲，何任不可勝也哉！吾之久負良貴，而今得備説以持賀者，其在兹乎！况良貴之子行今爲訓彬，孫復秀發不群，濟美[②]肯構，乃其餘事，是尤可賀也。

送李大夫川父貳守寧波序

京職由進士恒十九，姻連宗藩者例不得預，吾汭之有李大夫由是也。大夫名濂，字川父，祥符人。弱冠首解中州，尋出身進士，以文學知名域中。其先族[③]兄嘗作賓周邸，而郡君時無恙，大夫故應外補，知急内輔者惜焉。既視汭篆，凡守所宜爲與不宜爲，前是[④]所宜遵宜革，民所謂利與害，不俟時興罷之。是故吏勸民嬉，郡邑大治。暇輒閉門[⑤]讀古書，爲文章，滿家生徒獲薰炙，多爲名士取高第。當路稱文學、政事論薦者，交使人之迹於道。兩預試場，號得人，坐是書考逾期。

時則郡君已逝，且無出。或勸之自白，例可内轉，大夫不聽，嫌干進也。汭人知其將遷，皆相向莫知[⑥]所出。民曰："其將復守巡[⑦]我。"士曰："其將由學政，復我誨也。"既乃與桑華州溥[⑧]，郭廣平鳳翔[⑨]同遷今秩。二人者，姻

①懷槧，槧爲木簡、木版。西漢揚雄經常隨身携帶書寫用的石墨和木簡，采訪各地方言異語，以著《方言》。後常用"懷鉛提槧""懷鉛握槧"表示勤於采訪、寫作或學習。

②濟美，《左傳・文公十八年》："世濟其美，不隕其名。"孔穎達疏："世濟其美，後世承前世之美。"

③"族"，國圖本作"旅"，顯誤，據甘本改。

④"是"，甘本作"此"。

⑤"閉門"，國圖本作"過筭"，含義不明，據甘本改。

⑥"知"，國圖本作"之"，據甘本改。

⑦"守巡"，甘本作"父母"，兩可。

⑧桑溥，字汝公，明山東濮州（今山東鄄城）人，正德九年（1514）進士，歷任雷澤知縣、華州知府等職，故稱"桑華州溥"。

⑨郭鳳翔，明河南祥符人，正德甲戌（1514）進士，嘉靖四年（1525）由楊一清薦舉，由延綏管糧僉事升任陝西按察司僉事。嘉靖六年（1527）由王憲薦舉，任固原兵備，十年考滿回籍，病逝。因其曾任職廣平知府，故稱"郭廣平鳳翔"。

親實同，然彼以例局，此則以恬静自限，寧波又由[①]是有李大夫矣。

沔人大失望，求其由不得，相與問於余，乃語之由。曰："昔也局於例，猶桑[②]華州、郭廣平也；今也限於恬静，實吾大夫之由耳。不然，吾沔於寧波，其尚能致[③]有之哉？若屬無憾也。大夫之賢道行，吾黨、當路知之；著[④]在薦書，朝野知之。孔門賢科纔四[⑤]，大夫有二焉。是行也，道日以通，聲日以大，惜且賢之者，人人是也。苟當國者急内輔之人，將必能踪迹求之，且大受矣，豈令久斂惠一郡耶？若屬何憂，膏澤[⑥]行復及矣。"

於時祖大夫者，請次其説，以爲贈云。

劉母太安人七十四壽序

弘治十六年癸亥[⑦]，劉母太安人[⑧]年七十有四，十二月二十有五日，其誕辰也。安人子鄉進士用章，稽勛副郎[⑨]用熙，將稱觴上壽。朝之搢紳同鄉曲者，若中舍陳君弘道凡二十輩，相肅往賀之，而以致辭屬之鐸。鐸於用章同歌《鹿鳴》，其何説之辭？乃言曰："仁者之壽，古有明徵，若安人蓋可占矣！"

安人性静而慧以慈，敬老恤貧，急患難疾苦。市嘗有貧病寒餓而危者，人雖[⑩]忌不敢近，安人必令給藥食，或衣且燠之[⑪]，所活頗衆。嘗偕閑適先生教什

---

①"由"，國圖本作"猶"，揆諸句意，據甘本改。

②"桑"，國圖本作"乘"，顯誤，徑改。

③甘本無"致"字。

④"著"，甘本作"名"，兩可。

⑤"孔門四科"有兩種解釋：一種是孔子教導弟子的"文、行、忠、信"；另外一種是儒家所倡導的"德行、政事、文學、語言"。

⑥膏澤，《孟子·離婁下》："諫行言聽，膏澤下於民。"趙岐注："爲臣之時，諫行言從，德澤加民。"

⑦弘治十六年癸亥，時爲1503年。

⑧太安人，命婦名號。明、清置。以封正、從六品官員之母。

⑨稽勛司員外郎，明清吏部稽勛清吏司副長官，佐郎中掌司事。按《明史·職官一》："稽勛，掌勛級、名籍、喪養之事。"

⑩"雖"，甘本作"多"，兩可。

⑪衣且燠之，《詩經·秦風·無衣》："不如子之衣，安且燠兮。"鄭玄箋："燠，暖也。"

邡、綏德[①]，見生徒貧甚者，至解其子衣衣之，惟所欲副焉。卒多成就。先生即世，用章時未及冠，用熙猶髫年，安人繼先生志教之，有不止爲舉子業者。故其器識才藝，足追古人。成化丙午[②]，用章領湖藩薦書；弘治己酉，復薦。用熙登庚戌進士，授主事，用貤安人封，尋至今官。著書凡數家言，賢聲寔雄銓部。用章雖六舉未利，而人以倫魁[③]期之，益信伯仲師師[④]，同底仁賢，原所自者，賢安人焉。

夫安人之仁施於平生，而復成教於其子；其子之仁，行且施諸天下，要之皆安人之仁也。使孔子之言終效，安人之壽可復涯哉？吾又聞"凡人無所思愁，其心以勞形灼精者亦壽"。安人以静慧之性，有以濟物，其心有樂而已。其子之賢且貴又如此，則其樂當未央也。夫惟賢斯樂，樂斯壽，其樂未央，則其壽寧有既乎？衆有爲楚聲而歌者，歌曰："巍巍壽域開八荒，天壽仁者斯其常，仁如安人壽無疆！"

新亭逸老八十壽詩序

封君劉翁原善，别號新亭逸老，予同年户部郎中邦直之父也。其先華陰人，國初，曾大父積戰功，至爲[⑤]南京錦衣百户。翁少穎敏，蚤讀書，既得大義，遂復究老、佛、陰陽、星命之説，復善卜，有奇驗。孝友勤儉，出於天性，性尤寡欲，年逾五十，即異寢處。其安人梅既没，遂不復繼室，所居爲晋之新亭故址[⑥]。

入國朝，其里未嘗有甲科，鄉人惑焉，至不以業舉願其子者。翁不謂然，

---

① 什邡，地名，治所在今四川省德陽市西部；綏德，地名，治所在今陝西清澗縣。

② 成化丙午，即成化二十二年（1486），本句後文中的弘治己酉、庚戌，分别指弘治二年（1489）、弘治三年（1490）。

③ 倫魁，指科舉考試中奪魁爲榜首。

④ 師師，《尚書·臯陶謨》："百僚師師，百工惟時。"孔安國《傳》："師師，相師法。"孔穎達疏："百官各師其師，轉相教誨。"

⑤ "至爲"，甘本作"官至"，兩可。

⑥ "爲"，國圖本作"退"，顯誤，徑改。新亭，亭名，故址在今江蘇省江寧縣南。三國吴建，名臨滄觀；晋安帝隆安中丹陽尹司馬恢之重修，名新亭。

教邦直，竟舉弘治壬戌[①]進士。自縣令擢武選主事[②]，乞便養，改南京駕部，封翁如其官。邦直擢今職，其子亦既襲廕翁。子孫皆貴且賢，晨昏不違膝下，燠寒滫瀡，承翁歡無怠。去城才里許，翁歲不數入，居常野服，從田翁溪叟出游，逍遥於林皋溪谷間，故以“逸老”自號。

翁今年壽八十，十二月十日，其初度也。考功郎中林君從學，屬同年之官都下者各爲歌、詩往賀而祝之，而其序則以命之某也[③]。

夫爲人子者，孰不欲顯揚其親也？至其所大欲，則惟親之壽康耳。親而壽，則雖菽水亦盡其歡[④]。若夫顯揚矣，其親乃復壽且康，子之心當何如哉！爲人之親者，孰不欲其子之在側[⑤]？至其所大欲，則惟其貴顯耳。子而貴，雖有所睽離，亦樂也。若夫其子既貴顯矣，乃復在側，而日享其養，親之心當何如哉！是子之於親與夫親之於其子，其欲豈有極哉！然有命焉，不可以必得也，故苟有所得，則所不得者亦可以自慰矣，况其所欲皆無所不得者乎？

今翁既壽且[⑥]康，而復膺封秩；邦直既貴顯，而復在左右。是親得極所欲於其子，子亦得極所欲於其親[⑦]。夫極所欲，將極所樂矣。况翁又有所自樂者乎，蓋樂斯逸，逸斯忘老，翁之壽其有量乎！翁之壽其有量乎！

---

①弘治壬戌，即弘治十五年（1502）。

②“縣令”，國圖本作“令縣”，據甘本改。武選司，明代兵部所屬四司之一。《明史·職官一》記：“掌衛所土官選授、升調、襲替、功賞之事。”

③“命之某也”，甘本作“命之鐸”，兩可。

④菽水，《禮記·檀弓下》：“啜菽飲水，盡其歡，斯之謂孝。”鄭玄注：“王云：‘熬豆而食曰啜菽。’”孔穎達疏：“謂使親盡其歡樂，此之謂孝。”

⑤“孰不欲其子之在側”，甘本作“孰不欲其子之在側也”。

⑥國圖本無“且”字，據甘本補。

⑦“子亦得極於其親”，甘本作“子亦得極所欲於其親”。

卷　九

志銘十二首

山東按察司副使沈公墓志銘

公諱鍾，字仲律，姓沈氏，其先長洲甫里人。國史端木孝思[①]謂："沈自既濟、傳師[②]父子顯於唐，逮宋多聞人。"譜逸，今莫能詳。高祖興宗、曾祖以成、祖孟新，以人材徵，不就。洪武中，徙閭右[③]實京師，始占籍上元。父原本，敦德循理，以公貴，贈禮部主事，母舒氏封太安人。公昆弟凡五人，兄鑑，長山知縣；洎、鐸、鏞[④]皆出前母；母弟鎧[⑤]，兵部主事。

---

①國史，《詩經·周南·關雎序》："國史明乎得失之迹。"後用作史官的代稱。端木孝思（生卒年待考），明南直溧水（今江蘇南京）人，曾任史官。

②沈既濟（約750—797），唐代吴興德清（今浙江德清）人。歷任左拾遺、史館修撰、禮部員外郎等職，相傳爲唐傳奇《枕中記》的作者。沈傳師（769—827），字子言，唐代吴興德清（今浙江德清）人。唐德宗年間考中進士，歷任翰林學士、中書舍人等職，官至吏部侍郎。沈傳師、沈既濟，《舊唐書》卷149、《新唐書》卷132皆有傳，父子同傳。

③閭，古代以二十五家爲一閭，秦時遷移平民居閭左，豪强居閭右，故以"閭右"代指鄉里富豪所居之地。

④沈鏞，南直長洲（今江蘇蘇州）國子生，弘治年間由太學授上林苑署丞。

⑤沈鎧（1438—？），字仲威，明南直蘇州（今江蘇蘇州）人，成化八年（1472）進士，曾於兵部及江西任職。

公生岐嶷[①]絶群，童時得長山君題紙於棘院[②]，見星有好風好雨，即悟天道當究。從雲間夏公正夫[③]學，閲所爲文，竄訂數言，喜爲作吴語曰："是即文矣。"爲諸生應天，惟堂鼓鳴乃一出舍。古聖賢書諸史無不讀者，所業不苟徇舉子時好。天順庚辰登進士，會選科道不赴，曰："恐吾言未足利天下。"授驗封主事[④]，請便母養，改南主客司[⑤]，扁所齋[⑥]曰"思古"，日劬書其中。倭人入貢，嘗奪人市物。公給賞，至禁之無敢登岸。署司儀制，值萬壽聖節，六卿例一人奉表賀，時章恭毅公[⑦]爲禮部侍郎，有所執論，莫肯行，同官無可否者。公從容一言，即爲趣裝。崔莊敏公[⑧]爲冢宰時，知公名，欲見之，屢使從公借書。公檢付而已，卒未嘗往見，益重公。公道誼友，有若章公懋、羅公倫者[⑨]，凡九人，故時有"十君子"之號。升山西僉事提學[⑩]，莊敏實薦之。内艱，起仍舊秩，除湖廣理刑，秩滿，遂擢副使提學。尋以山東學政不舉，特改公往。歲餘，上書乞休致，不許，因號"休齋"以見志。書再上，乃得報，即

①岐嶷，《詩經·大雅·生民》："誕實匍匐，克岐克嶷。"朱熹《集傳》："岐嶷，峻茂之狀。"

②棘院，科舉時代的試院。古代試士，用棘圍試院以防止弊端，故稱。

③夏寅，原字時正，後改字正夫，明南直松江（今上海市松江區）人，正統十三年（1488）進士，官至山東右布政使，弘治初年致仕。

④驗封主事，官職名。"驗封"全稱爲吏部驗封清吏司，明代吏部四司之一。《明史·職官一》記："掌封爵、襲蔭、褒贈、吏算之事，以贊尚書。"

⑤主客司，官署名，明初置爲禮部四屬部之一。《明史·職官一》記："分掌諸蕃朝貢接待給賜之事。"

⑥"齋"字國圖本疑貳，據甘本補。

⑦章綸（1413—1483），字大經，明浙江樂清人，正統四年（1439）進士，官至禮部侍郎，卒謚恭毅，《明史》卷162有傳。

⑧崔恭（1409—1479），字克讓，明北直廣宗縣（今河北廣宗）人，正統元年（1436）進士，歷官湖廣、江西布政使，官至南京吏部尚書、參贊機務，卒謚莊敏，《明史》卷159有傳。

⑨章懋（1436—1521），字德懋，號闇然居士、瀫濱遺老，明浙江蘭溪人，成化二年（1466）進士，官至南京禮部尚書，卒謚文懿，學者稱楓山先生，《明史》卷179有傳。羅倫（1431—1478），字應魁，號一峰，明江西吉安人，成化二年（1466）狀元，官翰林，後辭官，明代著名理學家，《明史》卷179有傳。

⑩僉事提學，明代職官名，一般由各省提刑按察使司副使擔任。

日南歸，年五十七。冢宰致仕尹公[①]出餞，贈[②]有“平生負正氣”之句。既至上元，以其子寶迎奉，居江夏。

公坦易，不事表襮，心不留毫髮私。家之有，無不省。孝友天至，官貲入，必跪進太安人，不實私篋。弟未舉時，朔望謁文廟，必徒行赴部，而以所乘馬送之。長山君有二子，不能養，日三餽食，逮終其身，仕餘三十年，無所干謁。西涯李公嘗謂：“今之不識相門者，公一人耳。”直道性成，至接人則和氣藹然，聞人善，稱道不置。雖不解飲酒，燕會未嘗不終。提學三省，身教大行，故一時多實材。所至，詩成輒大書，遒勁盈咫，竟壁無傾斜。在江夏居閑，校古今名集，時有批評。客至，語世務，憂形於色。忌辰齋祭，老猶號泣如嬰兒。

初娶同里趙氏，贈安人；繼建安徐氏，封安人；父盛，爲户部員外郎。今夫人嘉禾周氏，頤庵先生希節女，三男子皆周出。長即寶，甥於楚靖王[③]，爲宗人府儀賓[④]；次賁，舉人；次貢，猶未第。女一人，前南京錦衣指揮黄琳[⑤]婿也。孫男子五人，時登、時益、時正、時望、時瑩。公素不病，晚益徢[⑥]。戊寅三月下旬，覺少憊。又數日，起坐北牖，誨子姓語如平生，既又改正諸孫名曰：“吾事畢矣。”反席，語寤寐中。寶問何云，答曰：“用行舍藏，朱子引

---

①尹旻（1423—1505），字同仁，明山東歷城（今山東濟南歷城區）人，正統十三年（1448）進士，歷官給事中、通政司參議、吏部侍郎、尚書等職，卒謚恭簡。

②“贈”字，據甘本補。

③楚靖王，指朱均鈋（？—1510），明東安恭定王庶子，於成化元年（1465）嗣封。

④宗人府，明代官署名。《明史·職官一》記：“掌皇九族之屬籍，以時修其玉牒，書宗室子女適庶、名封、嗣襲、生卒、婚嫁、謚葬之事。”儀賓，《明史·職官五》記：“其尚郡主、縣主、郡君、縣君、鄉君者，并曰儀賓。”

⑤黄琳（1450—1520），字美之，号蘊真、休伯、國器，明安徽休寧人，官至錦衣衛指揮，明弘治、正德年間著名藏書家。

⑥“徢”，甘本作“健”。

用謝氏説非是。”[1]有頃，忽曰：“吴匏庵在外舍。”竇究所謂，曰：“吴已過世人，神游江湖，陳玉汝[2]亦在。”頃復若咏詩狀，竇因誦山東餞贈句，即曰：“此尹老之作。”竇方卒誦，公已含笑瞑矣，是爲正德十三年[3]四月十日也。

江夏沈世昌、徐燁者，公門生也，時在南雍[4]。是日卓午，聞同舍生謂公歸老故廬，行李升岸矣，二生亟走候之，無有也。蓋公自少篤志誠身[5]之學，故雖垂絶，心猶在理道。既歿而靈爽[6]不遽散，其故里如或見之，誠之不可揜如此。匏翁公道德莫逆，所謂神游者，其相與爲侶與。昔柳子，文人耳，死猶有神，况公等乎哉！公生正統丙辰六月二十九日，享年八十有三，所著文有《思古齋集》詩，有《晋陽》《楚游》等集。門生李參政天賦[7]復并刻之，總謂之《休翁集》云。

竇等將以公卒之年十二月十七日，葬公江夏中洲九山之陽。以公門生徐知府用礪[8]所述狀來乞銘。鐸憶偕計時幸獲識公，辱公知厚舊矣，故不得以不文辭。

---

①“朱子引用謝氏説”，典出朱熹《論語集注》：“子謂顔淵曰：‘用之則行，捨之則藏，惟我與爾有是夫！’子路曰：‘子行三軍，則誰與？’子曰：‘暴虎馮河，死而無悔者，吾不與也。必也臨事而懼，好謀而成者也。’……謝氏曰：‘聖人於行藏之間，無意無必。其行非貪位，其藏非獨善也。若有欲心，則不用而求行，舍之而不藏矣，是以惟顔子爲可以與於此。子路雖非有欲心者，然未能無固必也，至以行三軍爲問，則其論益卑矣。夫子之言，蓋因其失而救之。夫不謀無成，不懼必敗，小事尚然，而况於行三軍乎？’”

②陳璚（1440—1506），字玉汝，號成齋，明南直長洲（今江蘇蘇州）人，成化十四年（1478）進士，官至南京左副都御史。

③正德十三年，時爲正德戊寅（1518）。

④雍，即辟雍，古之大學。南雍，明代稱設在南京的國子監。

⑤誠身，《禮記·中庸》：“順乎親有道，反諸身不誠，不順乎親矣；誠身有道，不明乎善，不誠乎身矣。”孔穎達疏：“言明乎善行，始能至誠乎身。”指以至誠立身行事。

⑥靈爽，指精氣。《文選·郭璞〈江賦〉》：“奇相得道而宅神，乃協靈爽於湘娥。”劉良注：“奇相者，人也，得道於江，故居江爲神，乃合其精爽，與湘娥俱爲神也。”

⑦李天賦，明山西太原府交城縣（今山西吕梁交城縣）人，弘治六年（1493）進士，歷任御史、尚寶司少卿、兵部郎中、湖廣布政司右參政、遼東苑馬寺卿等職。

⑧徐鈺，字用礪，明湖廣江夏（今湖北武漢）人。弘治九年（1496）進士，官御史，有直聲，官終四川左布政使，《明史》卷188有傳。

銘曰："沈有顯人，唐宋寔繁。中吴之裔[①]，施於上元。具區淵瀹[②]，鍾陵[③]蟠結。發精降神，爰生賢哲。猗與休翁，罔擬其倫。安所求之，曰惟古人。孝友肫肫[④]，恩至禮盡。孔門高踪，躡於曾閔[⑤]。儒者之道，務達當世。稽於漢廷，仲舒[⑥]其似。直道正氣，接人則和。方之明道，人其謂何。孰謂相門，青[⑦]眼未識。曰劉元城，繫其比迹。安定之徒，不問可知。南北名卿，謂公我師。詩發豪邁，椽翰大書。出世之懷，洛中堯夫[⑧]。宜公獨樂，乃恒憂世。謂杜祈公，公無乃是。乘化堂堂，其從諸公。神游有侣，莫逆匏翁。九山之陽，是惟中洲。山水清勝，爲公之丘。"

東泉居士廖公墓志銘

公諱添祉，字元徵。李唐初，其遠祖伯三郎者，自泰和避亂南嶽之南，遂世爲衡陽人。由唐迄趙宋，其間有諱知遠者，嘗爲招討使[⑨]；號梅軒者，爲判官，自餘仕版世有其人。葬城土田舊在東荆，去城可百里。其地有糧積而焦

---

① 中吴，蘇州府舊稱。因墓主沈鍾其祖先爲長州人，因此被稱爲是"中吴之裔"。

② 具區，太湖（震澤）之古稱。《爾雅·釋地》："吴越之間有具區。"《周禮·夏官·職方氏》："東南曰揚州，其山鎮曰會稽，其澤藪曰具區。"賈公彦《周禮注疏》："具區，五湖在吴南者。吴南，郡名，依《地理志》，南江自吴南，震澤在西。通而言之，亦得在吴南，具區即震澤，一也。"淵瀹，指潭中微波。

③ 鍾陵，即南京鍾山，位於今南京市玄武區紫金山。

④ 肫肫，《禮記·中庸》："肫肫其仁，淵淵其淵，浩浩其天。"朱熹《四書章句集注》："肫肫，懇至貌，以經綸而言也。"

⑤ "曾閔"，國圖本作"閔曾"，據甘本改。閔曾，即閔子、曾子。曾子（前505—前435），即曾參，字子輿，春秋時魯國南武城（今山東平邑）人，孔子晚年弟子之一，儒學大家；閔子（前536—前487），字子騫春秋時期魯國人，孔子弟子，以孝聞名。曾參與閔子騫，同爲"孔門七十二賢"。

⑥ 仲舒，即董仲舒。

⑦ "青"，國圖本作"蓄"，據甘本改。

⑧ 堯夫，指邵雍（1012—1077），字堯夫，北宋林縣（今河南林州）人，著名理學家，追謚康節，代表著作有《皇極經世》《觀物内外篇》《先天圖》《漁樵問對》《伊川擊壤集》《梅花詩》等，《宋史》卷427有傳。

⑨ 招討使，職官名，《宋史·職官志七》："掌收招討殺盗賊之事，不常置。"遼、金、元三朝爲軍事行政機構招討司之長官。遼招討使負責統領編入軍籍之俘降軍兵，金招討使掌招撫征討及接受貢納、頒給賞賜等事，元招討使掌招撫征討事。明朝沿元舊稱，始作爲土官名號之一，爲武職。

者，是其兵燹之先廪庾也。入國朝，曾祖嗣華、祖志英皆有隱德，伯祖瓚領永樂十三年[①]鄉薦。

公生而敏慧强記，幼善屬文，兄添裓蚤世，遂服家政，廢舉子業。然志以中正自持，雖細行不苟，舉止未嘗少懈，與人有容，忤之，不遽形言面。至聞人論事理有關是非，必辯之；不從，必反覆折之無假貸[②]。人謂公和而不流，不吝改過失。嘗困於酒，題詩壁間以自警，終其身不貳。父病累年，朝夕必在側，湯藥不經嘗不進，又擇僕之馴順者給使令。父卒，僕因盗貨器逃去，公曰："此兒常善事吾親，勿追也。"居喪盡禮，諸凡喪具塋墓，皆極誠信。兄子生五歲而孤，撫之至受室[③]而愛不衰。族人數待公無禮，訖無校也。水有雙江者，病涉，公倡爲橋而屋其上，往來便之。嫉惡好善，不失所性。性尤喜施予，見人若飢寒，輒顰蹙若在其躬，必分布粟賑之。晚嗜山水，别業在東泉，距東荆三里許。地皆多勝築舍，起亭榭其間，時往來吟咏，徜徉以自樂，因號"東泉居士"。

公以壯志未果遂，故教子取於必成，不知計所費也。弘治辛酉，子珊湖廣鄉試第一，戊辰舉進士，除行人司行人，進司副。嘗因使事，得便道省公，且及公壽辰，持諸縉紳詩歌以侑觴。公樂甚，感激謂珊曰："爾書生至銜命，過臨桑梓，以賁於我，復多致名言相及，父子榮慶，此何自？自我聖天子之恩，予田野人何以得此，汝其終世勉圖報稱。"珊受命惟謹。

正德壬申歲[④]除夕，以疾終，享年六十有七，生正統丙寅[⑤]之七月二十六日也。公娶曾氏，前鄉進士保寧推官璣之妹，繼張氏、胡氏。子男四，長即珊，次珙，邑庠生，次瑜，并女一，皆曾出；次瓊，胡出。孫男四，正价、正僑，餘幼。孫女四。珊將以某年月日葬公於東荆坪之原，自爲狀，介其僚友范以

① 永樂十三年，時爲永樂乙未年（1415）。

② 假貸，《後漢書·安帝紀》："今方盛夏，且復假貸，以觀厥後。"李賢注："假貸，猶寬容也。盛夏不可即加刑罰，故且寬容。"

③ 受室，《左傳·桓公六年》："今以君命奔齊之急，而受室以歸，是以師昏也。"指娶妻。

④ 正德壬申，時爲正德七年（1512）。

⑤ 正統丙寅，時爲正德十一年（1446）。

載、吴子賡[①]、中書舍人史道存，詣予請銘。嗚呼！如公者，尚可使無傳乎？

銘曰："代有聞人，顯隱不異。粤紹隱德，無乎不類。教於後昆，有方曰義。乃紹厥顯，實行我志。維述有光，維作有懿。銘於所歸，以詔千祀。"

封淑人劉母王氏墓志銘[②]

淑人諱玉，姓王氏，故中大夫光禄卿劉翁[③]之妻，今大宗伯樂忘公[④]之繼母。以正德戊辰三月五日卒，將葬合大夫翁之壙。宗伯公以鐸[⑤]從弟子之後，嘗與聞淑人之懿也，授翟編修仲鳴[⑥]所述狀，使爲之銘。以微陋辭，不獲。謹按狀。

淑人世爲山後人。永樂間，其祖率衆内屬，得錫姓，藹然爲望族。淑人生而秀慧異常，善女紅中饋[⑦]。方幼，有知[⑧]相者見之，曰："此女畨貴，當享成福，至老如一日，莫與比者。"性謹密，衹一弟，幼弱，教之有兄道焉。鍾愛於母氏，凡服御食飲，必勉致精好，嘗曰："玉也福人，宜不任疏惡，勿傷其意也。"

---

①范以載，即范輅（1474—1536）。吴子賡，即吴天倖，字子賡，明湖廣宜都（今湖北宜都）人。正德三年（1508）進士，歷官臺州知府。

②甘本作"劉母王淑人墓志銘"。

③劉璉，明正統年間户部尚書劉中敷（？—1453）之子。考諸《明代職官年表》，其於成化四年（1468）由右通政改任光禄卿，成化八年（1472）改任遼東苑馬寺卿，成化十年（1474）卒於任上。

④指大宗伯樂志公，即劉機（？—1522），字世衡，明北直大興（今北京大興）人，成化十四年（1478）進士，累官至吏部尚書、南京兵部尚書參預機務。時任禮部尚書，《明史》卷157有傳。

⑤"鐸"，國圖本作"鑑"，顯誤，據甘本改。

⑥翟鑾（1477—1546），字仲鳴，號石門，明北直順天（今北京市）人，弘治十八年（1505）進士，官至内閣首輔，卒謚文懿，《明史》卷193有傳。

⑦中饋，《周易·家人》："無攸遂，在中饋，貞吉。"孔穎達疏："婦人之道，巽順爲常，無所必遂。其所職主，在於家中饋食供祭而已，得婦人之正吉，故曰'無攸遂在中饋貞吉'也。"

⑧"知"，甘本作"善"，兩可。

始，大夫翁爲光禄少卿時失耦，淑人方笄，以昌黎張通政文質[①]執伐[②]聘焉。既歸繼劉室，時相祀事，綜内政若素習者，娣姒[③]敬從。子侄以下凡幾室，雖垂白者，亦執婦事無前却。既而公進光禄卿，成化壬辰[④]，以三載績陟階，淑人遂受誥封。未幾，從翁左遷遼東苑馬卿，娣姒爲[⑤]有難色，淑人安焉。甲午，翁卒於官，淑人殷憂[⑥]痛疚，奉公柩歸京師，事喪葬如禮。時宗伯公方業舉有名，淑人曰："汝父以直道齟齬，有未終之志，庶幾於汝乎取之，亦以爲榮於未亡也。"宗伯公受命唯謹。丁酉，領順天鄉薦，明年登進士，官翰林，歷學士，至今官，餘三十年，譽望功業日盛。淑人受禄養，福履[⑦]亨裕，每見宗伯公偕諸弟上堂，輒喜曰："吾足以告汝父地下矣。"弘治癸亥[⑧]，病痰劇，亟藥，小愈，終痿，久不去床席。一日呼宗伯公長少具至，曰："我生而席蔭，始作婦，便服三品冠帔，立見若屬華要，未嘗一日不享大官之入。今年幾七十，孫子滿眼，人所難期者，吾兼有之，死無恨矣。將附吾身者，其亟治之。"尋卒。

淑人生正統壬戌[⑨]六月二十四日，距卒享年六十有七。考諱友，寬河衛指揮同知，贈昭勇將軍[⑩]；妣祁氏，封淑人。子男四人，長機，即宗伯公；次相，

---

①張文質（1420—1492），字允中，明北直昌黎（今河北樂亭）人，正統七年（1442）進士，歷官都給事中、通政司參議、通政使、兵部左侍郎、工部尚書、禮部尚書等職。

②執伐，又稱"執柯作伐"，謂爲人作媒。典出《詩經·豳風·伐柯》："伐柯如何？匪斧不克。取妻如何？匪媒不得。"毛傳："柯，斧柄也。"鄭玄箋："伐柯之道，唯斧乃能之，此以類求其類也。"

③娣姒，《爾雅·釋親》："女子同出，謂先生爲姒，後生爲娣。"郭璞注："同出，謂俱嫁事一夫。"

④成化壬辰，時爲成化八年（1472）。

⑤"爲"，甘本作"如"。

⑥"憂"，國圖本作"田"，據甘本改。

⑦福履，《詩經·周南·樛木》："樂只君子，福履綏之。"毛傳："履，禄；綏，安也。"

⑧弘治癸亥，時爲弘治十六年（1503）。

⑨正統壬戌，時爲正統七年（1442）。

⑩寬河衛，爲明代北直隸附近衛所；指揮同知，爲衛指揮使司副官，從三品；昭勇將軍，爲正三品武官散階。

順天府醫學正科；次栻，侯門訓導；次木，增廣生[①]，先卒。女一，適錦衣衛指揮僉事王壽，亦卒。栻、木，淑人出也。孫男十人，長燧，蚤卒；次爟、焯、煐、燾、照，餘未名。孫女九，長適留守後衛指揮使李洪，次適天文生延忠，次適翰林編修翟鑾，即仲鳴，次適朱天叙儒士[②]，次許聘留守中衛指揮僉事薛丞裕，餘在室。曾孫男女各一。葬以四月十八日，墓在都城東之安德鄉。

銘曰："內子之身，亦大厥受。方笄而歸，乃若固有。孰遣轗軻[③]，爰及遐荒。韡韡[④]冠帔，安如故常。先志攸終，徵於八座[⑤]。曰及黄泉，足相慰賀。肅肅[⑥]淑人，丈夫器識。福履維終，寔宜緊得。安德之鄉，都城之東。粤千萬年，從大夫官。"

恒庵黎先生夫婦墓志銘

恒庵黎先生[⑦]葬既三十有一年，其配楊氏宜人卒，仲子鄉貢進士奭將謀祔葬。遣告刑部員外郎周時敏[⑧]於京師，求爲狀，并紀其實，將以乞銘於予。蓋先生捐館，奭生纔七年，未備事，故今告時敏者，辭甚哀也。使持狀，且攝奭辭，抵余以請。鐸於奭爲友，又素慕先生與宜人之懿，故無説以辭。時正德改

---

①增廣生，科舉制度中生員名目之一。明代生員都有月廩，并有一定名額，稱廩膳生員；後又於正額之外，增加名額，稱爲增廣生員，簡稱"增生"。無月米，地位次於廩生。

②"朱天叙儒士"，甘本作"儒士朱天叙"，兩可。

③轗軻，亦作"輡軻"，典出《楚辭·東方朔》："年既已過太半兮，然輡軻而留滯。"王逸《注》："輡軻，不遇也。言己年已過五十，而輡軻沈滯，卒無所逢遇也。埳，一作轗，一作輡。"洪興祖《補注》："轗，音坎。埳坷，不平也。輡軻，車行不平。一曰不得志。"

④韡韡，《詩經·小雅·常棣》："常棣之華，鄂不韡韡。"朱熹《詩集傳》："韡韡，光明貌。"

⑤八座，東漢以六曹尚書并尚書令、尚書僕射二人，謂之"八座"。魏以五曹尚書、尚書令及尚書左、右僕射爲"八座"，宋、齊八座與魏同。後多以"八座"指稱尚書之類的高官。

⑥肅肅，《詩經·周南·兔罝》："肅肅兔罝，施於中逵。"毛傳："肅肅，敬也。"

⑦黎永明（1428—1487），字光亨，明湖廣京山（今湖北京山）人。景泰甲戌（1454）進士，歷南户部郎中，遷順德知府，卒於夔州同知任上。根據文中"葬既三十有一年"推算，此銘文應作於正德十三年（戊寅年，1518）。

⑧周憲（1460—1512），字時敏，明湖廣安陸（今湖北安陸）人，弘治六年（1493）進士，歷官刑部主事、員外郎、江西副使，平定地方叛亂時被俘殉職，卒謚節愍，附祀於忠烈祠，《明史》卷289有傳。

元，被命使南交，未暇爲也。戊辰，爽猶未去喪，以其子遵義當會試禮部，憐其少，携之以來，且復請於予曰："爽既葬母氏於先人墓側，兩冢之間，礱石可監，幸執事其終銘之。"余愧謝，謹按狀。

先生姓黎，諱永明，字光亨。五世祖安政，仕元爲湖廣行省平章[①]，遂世爲京山人。高祖諱文旺，曾祖興福，祖添壽，皆潛德弗售。考諱璜，封户部員外郎；母田氏，封太宜人。先生生而剛毅，精敏兼人。讀書過目，輒盡得其旨[②]要；論議出，必屈服其儕輩。景泰庚午[③]，湖廣鄉薦名在第七，甲戌登進士，授户部主事，升員外郎、郎中。日益有名，擢守順德府。臨事嚴公，吏民莫敢欺，至稱神明焉。創清風樓於府治前，自書扁其上，至於今望之，猶可想見其人[④]。嘗有中貴人過所治，頗恣横於民，先生杖之，家人以禍爲憂，先生曰："吾知爲吾民，他非所計也。"竟坐此貶夔州府同知，當道知公名，多委任之。孝友天成。員外公性嚴甚，自少事之，無不當其意者；官次俸給，不先賫致，不敢輒用。員外公卒，廬於墓，哀毁屢危。在夔時，太宜人[⑤]在堂，得便歸省，瀕行，悲泣累日，不能去，留宜人侍養，食口日蕃。兄弟有欲分異者，先生聞之，罄俸入，使拓舊産，爲同居計。既謝事，生理作業，終無所問。長於詩文，所著有《三餘雜纂》，人多傳誦。易簀之日，語不他及，惟以不克終養太宜人與教其子爲恨。屬之宜人，惓惓焉。

宜人出大姓，幼貞淑，女紅中饋皆極精巧。歸黎氏，盡婦道。先生性嚴急，能濟以柔緩，故家人咸宜之。從先生官京師，織紝無異荆布[⑥]。先生遇鄉人特厚，往來饋遺，實取給焉。其事太宜人，曲盡愛敬，衣服飲食必手製以進，至老不衰。太宜人卒，治喪葬，竭力事事，不令娣姒分治，蓋欲終先生志也。族有貧者，潛給之，嘗曰："親戚當共有無，况貧者乎？"先生没三十餘年，

---

①平章，元代職官名。據《元史・百官七》："每省丞相一員，從一品；平章二員，從一品。"
②"旨"，甘本作"指"，兩可。
③景泰庚午，時爲景泰元年（1450）。
④"其人"，甘本作"其爲人"。
⑤太宜人，明清時五品官之母或祖母的封號。
⑥荆布，用梁鴻、孟光"舉案齊眉"之典。

宜人理家政如一日。課耕稼，躬紡績[①]，以給服食，教其子力學，期於不墮先業，每至夜分不寢。故家用優裕，而[②]子用成立也。長子爽，性淳雅，補郡庠生[③]，先宜人卒；次即奭，博學多才藝，弘治乙卯[④]鄉試第六人。女二，義官李介[⑤]、庠生周寅，婿也。孫男六人，遵義、遵道、遵路、遵教、遵化、遵業。遵義，正德丁卯[⑥]薦書録之首簡。孫女二。

先生生宣德戊申[⑦]三月二十七日，卒於成化甲午[⑧]十月十四日乙未冬，某月日葬白雲窩之原，從先塋也。宜人以[⑨]弘治乙丑[⑩]十二月十七日卒，其祔葬，則丁卯十二月九日也。夫以先生之才、之行，既於世有述，位與壽雖非其[⑪]所，不足恨也[⑫]。宜人獨壽考[⑬]，婦道母儀，兼舉盡善，先生未畢之志，皆於宜人乎取之，天道若亦有乘除也。

銘曰："嗚呼！此恒庵先生與楊宜人之所藏也。先生之撰，嫉彼熟軟，德實用剛也。獨行寡逢，位罔於崇，靡德之傷也。名則孔熾[⑭]，稱於没世，何修短之商也。厥貽有謀，天壽[⑮]好述，乃作之襄也。孝思攸屬，世德攸續，宜孫子之昌也。我銘在阡，繄千萬年，維此白雲之鄉也。"

---

① 紡績，把絲麻等纖維紡成紗或綫。古代紡指紡絲，績指績麻。

② 甘本無"而"字。

③ 庠生，科舉時代稱府、州、縣學的生員。明清時爲秀才的别稱。

④ 宣德戊申，時爲宣德三年（1428）。

⑤ 李介（1445—1498），字守貞，明山東高密人，成化五年（1469）進士，歷官御史、大理寺少卿、右僉都御史，卒於兵部左侍郎任上，《明史》卷185有傳。

⑥ 弘治乙卯，時爲弘治八年（1495）。

⑦ 宣德戊申，時爲宣德三年（1428）。

⑧ 成化甲午，時爲成化十年（1474）。

⑨ "宜人以"三字，國圖本作"宜人先先生二年"七字，據甘本改，因爲楊宜人過世在黎永明之後。

⑩ 弘治乙丑，時爲弘治十八年（1505）。

⑪ "非其"，甘本作"缺然有"，甘本應誤。

⑫ "不足恨也"，甘本作"不足無恨也"。

⑬ 壽考，《詩經·大雅·棫樸》："周王壽考，遐不作人。"鄭玄箋："文王是時九十餘矣，故云'壽考'。"

⑭ 孔熾，《詩經·小雅·六月》："玁狁孔熾，我是用急。"毛傳："熾，盛也。"

⑮ 天壽，《史記·楚世家》："今乃得以天壽終，孤之幸也。"謂高壽。

封太孺人朱母劉氏墓志銘①

太孺人②姓劉氏，贈監察御史節庵朱公之配，今雲南按察副使衮③之母也。世爲零陵官族。父諱俊，亢爽任義，羸貲賄，以能去俗習重於州閭。太孺人夙稔其教，婉娩持《女誡》④，性質貞淑，蚤孚於戚黨。

初，節庵嘗娶劉氏，既薦於鄉，以文行稱高。劉卒，而難其繼也，故太孺人歸焉。時厥考杏逸翁、母黄夫人方無恙，太孺人事之，備舅姑之宜，用能得其歡心。節庵試禮部不第，去游太學，再試復不第。歸，則呱呱子衮五期矣。能久不爲滫瀡慮，實⑤惟太孺人之毗，而太孺人固亦無怨咨也。是後杏逸翁、黄夫人漸老，節庵雖重違左右，而志在顯揚，試期近，必以色養⑥屬太孺人。如是又二往返，終不第。太孺人曰："君平生種學名，能文章，人擬君取進士如拾芥，今數不利，命也。命，君其奈何？"

遭杏逸翁喪，既襄事⑦，而節庵遂病，病再期，太孺人侍藥如一日，竟不起。當是時，黄夫人益老憊，無從與太孺人相持俯仰視，訖無聊賴。雖名具孫，子衮猶未志學，表適在抱，太孺人給事，育以能致安懷。甫去喪，而黄復棄養，拮据營度，卒合喪葬，禮如節庵之素。既乃殫心畢力，誨厥子每曰："乃公齎志，目今其當未瞑，吾將爲於若屬酹之⑧。"

---

① 甘本作"朱母劉太孺人墓志序"。

② 太孺人，命婦名號。明、清置，以封正、從七品官員之母。

③ 朱衮，字子文，號石北，明湖廣零陵（今湖南永州）人，弘治十五年（1502）進士，歷任江西新淦知縣、江西道監察御史、永州知府、雲南按察副使等職。

④ 婉娩，《禮記·内則》："女子十年不出，姆教婉娩聽從。"鄭玄注："婉，謂言語也；娩之言媚也，媚謂容貌也。"《女誡》，書名。東漢班昭撰。一卷。分爲《卑弱》《夫婦》《敬順》《婦行》《專心》《曲從》《和叔妹》七篇，告誡婦女遵循男尊女卑、三從四德等傳統。

⑤ 甘本無"實"字。

⑥ 色養，和顔悦色地孝養父母，与"色難"相對。典出《論語·爲政》："子游問孝。子曰：'今之孝者，是謂能養。'……子夏問孝。子曰：'色難。'"朱熹《集注》："色難，謂事親之際，惟色爲難也。"

⑦ 襄事，《左傳·定公十五年》："葬定公，雨，不克襄事。"杜預注："襄，成也。"

⑧ "乃公"句，"目今其當未瞑"，甘本作"没目不瞑矣"；"吾"，甘本作"固"。甘本無"爲"字。齎志，謂懷抱志願。

弘治戊午[①]，衮領鄉薦書，名在第二，壬戌舉進士，還改翰林庶吉士，知名卒如節庵志。衮爲監察御史，太孺人曰："執法，汝職也。第無太峻，憂我。"逆瑾既肆，名士多逮禍，衮坐忤外遷。太孺人曰："兒固常有是，是不爲吾憂。"自丞縣、歷宰，起爲考功郎，太孺人皆在養。衮所至，舉職有聲，太孺人稱"可""不可"，猶教誡有加。至副憲雲南，則曰："吾乃今不能汝俱，汝其往殉簡書，無吾以也。"

正德丁丑[②]七月二十七日，以疾卒於家。衮匍匐萬里歸，卜既得地，將以己卯[③]孟春，葬太孺人零陵西南七十亭咸陽里中。使二人持狀，北走四十日而至，且攝辭曰："不肖孤衮自計，知吾母最悉惟執事，敢以銘乞。"

惟凡書題能終勞知厚，不益慰泉壤乎？鐸與副使君同舉進士，入讀書翰林，實[④]道義相許與，已復比邸以居。時太孺人被錫命，受養甚歡。鐸既久失恃，婦亦傷姑之不待養也。而太孺人又柔嘉慈易，固嘗婦姑子母相視，童稚亦復爲通家，而今末由見矣。嗚呼！忍復避勤事也哉？

太孺人生正統乙丑[⑤]七月一日，享年七十有三。二男子，長即副使君，其季表。女一，鸞，前太孺人劉出，嫁爲士人康時妻。孫男子二，惇復、惇仁。孫女子一，尚幼。節庵葬從祖阡間，不復容咫，故不祔。

銘曰："爲女則令，爲婦孝。妻成夫志，母成子教。錫命之光榮，緊食其報。銘於其藏，垂萬世而有曜[⑥]。"

汪安人李氏墓志銘

安人姓李氏，諱妙静，崇陽穆林隱翁鑑之女，城東處士汪氏震龍之妻，户

---

① 弘治戊午，時爲弘治十一年（1498）。
② 正德丁丑，時爲正德十二年（1517）。
③ 正德己卯，時爲正德十四年（1519）。
④ "實"，甘本作"用"，兩可。
⑤ 正統乙丑，時爲正統十年（1445）。
⑥ "曜"，甘本作"耀"，兩可。

部主事必東[①]之母。幼婉秀而慧，聞諸兄夜讀，輒亦成誦，解書義。翁鍾愛，慎擇所歸，故安人歸處士。

既入門，盡道稱其家。婦事舅姑善甚，服勤[②]，事至薪、水，亦躬先之。力致甘㬉，得養老體，舅姑安焉。既而喪死盡禮。處士凡物不經薦不先食，或他出，安人必令諸子攝其事。攻織紡罔夜晝，布成輒自施色，衣尊少合宜。所衣殆千指[③]，每冬則手失膚色。處士好客，客至必食飲，見其子，冀以求益。安人供具，日一再不厭。

處士家范嚴，子髫年，率令出百里就傅，安人愛不姑息，雖閱歲不令歸。但時齎果核，給之助勤。且曰："汝務學，無念歸。我啇啖汝。不者，弗汝啖矣。"以爲常，用是諸子皆至成立。必登有學行，以務内稱於當路；必東辛未進士，爲今官。女皆以身教，待諸婦如其女，未嘗至怒，而亦無違教者。御臧獲傭賃[④]，適苦樂，致無携貳[⑤]。好施予，無倦，親族鄉黨多賴焉。處士每置産，或自計前却。安人必曰："第爲之"，尋皆就券。蓋其儉勤[⑥]裒益，有以助之。處士性剛直疏豁，安人濟以柔婉縝密，故家道之成大異尋常，非但富有而已也。處士常語人曰："吾平生無他福，敢自謂得[⑦]良妻耳。"

生正統癸亥[⑧]十一月十九日，卒以正德癸酉[⑨]正月之十有七日。方疾革[⑩]，

---

①汪必東，字希魯，明湖廣崇陽縣（今湖北崇陽）人，正德六年（1511）進士，歷官户部主事、廣西左參議，累官雲南參政，有《南雋集文類》傳世。

②服勤，《禮記·檀弓上》："事親有隱而無犯，左右就養無方，服勤至死，致喪三年。"孔穎達疏："言服勤者，謂服持勤苦勞辱之事。"

③千指，《漢書·貨殖傳》："童手指千。"孟康曰："童，奴婢也。古者無空手游口，皆有作務，作務須手指，故曰手指以別馬牛蹏角也。"顔師古曰："手指謂有巧技者，指千，則人百。"

④臧獲，《荀子·王霸》："大有天下，小有一國，必自爲之然後可，則勞苦秏顇莫甚焉；如是，則雖臧獲不肯與天子易埶業。"楊倞注："臧獲，奴婢也。"傭賃，謂受雇於人。

⑤携貳，《國語·周語上》："其刑矯誣，百姓携貳，明神不蠲。"韋昭注："携，離；貳，二心也。"指離心，有二心。

⑥"儉勤"，甘本作"勤儉"，兩可。

⑦"敢自謂得"，甘本作"但得"。

⑧正統癸亥，時爲正統八年（1443）。

⑨正德癸酉，時爲正德八年（1513）。

⑩疾革，《禮記·檀弓下》："衛有大史曰柳莊，寢疾。公曰：'若疾革，雖當祭必告。'"鄭玄箋："革，急也。"

沐浴冠衣，坐正寢，與處士訣，眂諸子婦畢拜，乃瞑而逝，享年七十有一。子男七[①]，長必浩，次必登邑庠生，次必洋，次即必東，次必行、必亨、必廉。女二，長適散官宋六經，次適庠生王寶。孫男十[②]，琓、琮、珂、璜、瑭、瑾、珮、瑗，餘未名。孫[③]女七，曾孫[④]男、女今各一。先是，主事被命監税[⑤]江西，謀取便覲省，未及門而訃[⑥]至，既復命將歸。

以某年月日葬安人於某之[⑦]原。持所叙狀，衰絰詣予，泣且拜，請曰："必東等罪惡，延禍先母，不即殞滅，念母以孝慈勤儉畢世。家既成，而不享一日之逸；子甫貴，而不待一日之養。誠復使懿德[⑧]泯没，則罪益甚矣。吾子其亦憫諸，敢乞銘於墓石。"

予夙聞安人爲婦則其族法之，爲母則其鄉師之，賢如是，銘其可辭?

銘曰："維孝且慈，舅姑安只，亦以成其子。維儉與勤，良人之助，家用昌以富。爲婦之法，爲母之師，大歸不亂，其素亦可知。我銘厥幽，永奠於兹。"

封孺人易氏墓志銘

孺人姓易氏，封吏科給事中龍溪鄒公之妻，兵科左給事中文盛[⑨]之母，易世爲公安名族。孺人性柔静謹密，蚤知勤儉，十九歸於鄒。既廟見[⑩]，姑胡氏喜曰："吾今乃釋負矣。"遂舉内政屬之。孺人事舅姑、待宗族、御臧獲，咸中

---

① "男七"，國圖本作"子男七"，根據前後文，"子"應爲衍字。

② "孫男十"，國圖本作"孫男今十"，根據前後文，"今"應爲衍字。

③ "孫"字，據甘本補。

④ "孫"字，據甘本補。

⑤ "税"，國圖本作"兑"，據甘本改。

⑥ "訃"，國圖本作"計"，顯誤，據甘本改。

⑦ 甘本無"之"字。

⑧ 懿德，《詩經·大雅·烝民》："天生烝民，有物有則。民之秉彝，好是懿德。"毛傳："懿，美也。"

⑨ 鄒文盛（1458—1536），字時鳴，明湖廣公安（今湖北公安）人，弘治六年（1493）進士，官至户部尚書，卒謚莊簡，《明史》卷194有傳。

⑩ 廟見，古代婚禮習俗。《禮記·曾子問》："三月而廟見，稱來婦也。"孔穎達疏："此謂舅姑亡者，婦入三月之後，而於廟中以禮見於舅姑。"

禮度，中外稱宜焉。猶逮事祖舅仕旻翁，翁嚴甚，然愛龍溪加諸孫一等，見孺人曰："是與是兒齊，吾宗其興乎！"未幾，胡卒，執喪哀毀。

時龍溪諸弟皆幼，孺人撫視不減於胡，聘娶皆由之。及長，求分異，孺人勸龍溪悉讓世業。每伏臘[①]相祀事，必盡哀敬；得佳味，不薦不敢食。中歲造産漸裕，然費出，能以禮裁節，至得肆意以賙宗族。事龍溪相視如賓，一日謂曰："吾多見鄉黨辛苦起家者，死未肉寒，子率以財産致讎怨，是皆父母未有以處之也。君其念及之，毋令兒輩效尤。"龍溪感其言，指畫所業，授諸子各掌治，卒以付之，終莫見離析之迹。

給事君游邑學，百里走僮僕，時爲餉遺，至必攝辭以申戒飭。弘治癸丑[②]，給事君舉進士，授職吏科。既三載，孺人與龍溪同被敕，封如子貴。而給事君適以使事得便道歸省，孺人服冠帔，喜見眉睫。既而曰："吾以汝與沾國恩，圖報亦汝以也。汝不舉汝職，此祇爲吾累耳。"給事簡識之，爲諫官有聲。龍溪既捐館，給事君猶未育子，孺人每齋沭致禱，後果得孫名祖生。甲子，給事君再使兩廣，得展限復覲孺人於邑舍，頗盡歡愛。乙丑七月二十六日，偶疾作，端坐而逝。生永樂甲辰[③]十一月六日，距卒享年八十有二。

子四，長文杰，先卒；次文紀；次文盛，即給事君；次文獻。女三，適黄思清、李貫、李廷莊，皆士族。孫男七，廷桂、廷臣、廷佐、廷卿、廷相、廷禄、廷澤，即祖生。孫女八。曾孫男六、曾[④]女二。將以某年月日葬魯陂里白馬橋之南，啓龍溪窆祔焉。

給事君以鄉進士劉用章狀，請銘於某。某與用章於給事君實同鄉薦，皆相莫逆，爲通家，知孺人之德爲詳，然亦識其大者耳。

銘曰："女自盛宗，乃儉而勤。婦於重闈，乃孝以聞。夫裕乎家，子恭乎君。内則之功，其施外溢。命服之蕃，延於幽密。樂石載銘，千古有述。"

---

①伏臘，古代兩種祭祀的名稱。《史記·留侯世家》："留侯死，并葬黄石冢，每上冢伏臘，祠黄石。""伏"在夏季伏日，"臘"在農曆十二月。

②弘治癸丑，時爲弘治六年（1493）。

③永樂甲辰，即永樂二十二年（1424），據此推算，易孺人卒年爲弘治十八年（乙丑年，1505）。

④國圖本缺"曾"字，據甘本補。

松坡郁公墓志銘

上海松坡郁公既卒之三十三年，其配太孺人周，壽八十有一，卒於南都官舍，蓋正德乙亥[①]冬十一月之十四日也。其子刑部郎中侃，偕其弟以明年十一月某日，將啓松坡之封祔焉。以鐸嘗同舉進士，遣其子夢麒持所述狀來曰："侃於先君，生不能盡其養；於太孺人，養不能致其安。天子方推恩臣下，凡爲父母者皆及焉，侃又忤逆豎怒，致不預。罪惡情事，莫道莫伸，使於潛德復無所發揚，雖即殞滅無益也。子其爲[②]銘焉。"

公諱瓊，字文佩。松坡，别號也。其先汴人，高祖德達，始居上海之烏泥涇。曾祖文富，號菊隱，隱居談道，前輩稱其如淵明，其有謂與。祖愷，號筠軒，愛唐人詩，至記數千篇，歌吟不輟以自樂。父諱蒙，號月坡，家故甲於鄉，推領厥賦，有長厚風。

公幼岐嶷異凡兒，稍長，治毛氏《詩》，得其肯綮[③]。爲諸生，每獲重於當路。早食廩餼，從之受經者輒有名。喪父，誠信殫勩，不以煩昆季，哀毁幾不起。宗族鄉黨多其孝行，每舉論士當首録，必曰："文佩，文佩。"然數奇，卒不得志於有司。既歲薦，將上京師，丁母憂，以暑月哭慟，致暴病浹旬，噤不能語。時侃方以童子業舉，忽張目大聲呼，令讀書者再，遂卒。是爲成化癸卯七月二十九日，以明年十二月二十四日葬邑之榆林涇，兆其自卜也。公狷介，不苟交納，與善如嗜欲，至人有過，則面折不少貸。尤樂施予，友人嘗空乏，從質數金，歸其質副之，不責所償。文體好爲連珠，書如趙文敏[④]，而遒勁有加焉。

太孺人諱端静，隱君子怡善翁女也。翁博史傳，能陳述無遺。太孺人性慧，翁授之《孝經》《列女傳》，能悉通曉。處其室，終歲不越户限，言弗外

① 正德乙亥，時爲正德十年（1515）。

② 甘本無"爲"字。

③ 肯綮，《莊子·養生主》："技經肯綮之未嘗，而況大軱乎？"陸德明《釋文》："肯，著骨肉，司馬云：'綮，猶結處也。'"

④ 趙孟頫（1254—1322），字子昂，號松雪道人，吴興（今浙江湖州）人，南宋末至元初著名書法家、畫家、詩人，卒謚文敏，被稱作"元人冠冕"，《元史》卷 172 有傳。

聞。翁擇所宜歸，歸郁氏。室家咸宜，尊少交賀。姑嘗病疽，侍藥躬浣，逾月無怠色。既愈，姑鍾愛，至以女呼之。喪葬賓祭，人於松坡觀禮，太孺人之助實多。孀居厭飫冰蘗，教子若婦，治耕讀織紝有方，故中更婚喪，以克有濟。侃游邑庠，爲文會無虚日，躬爲治具不倦，期以成父志也。弘治壬戌[①]，侃舉進士，授行人，尋擢監察御史，迎致京邸。會内竪劉瑾[②]者竊權，播毒縉紳。太孺人曰："汝言官，勿吾爲，以怵於時。"侃按兩廣，竟以直觸忌，謫安吉[③]判官，復迎致太孺人。太孺人喜且慰之，無少怨悔。未幾，守開州[④]，至擢今職，所至致警策。卒之日，遺命戒作佛事，此又人[⑤]所難者。

子男四，長倫、次儒、次僑，侃又其次也。女二，長適王泰，江西參議[⑥]；次適吴方。孫男四，夢麒太學生，夢龍先殤，次夢周、夢説。孫女六，唐斆、陳溢、戴憇、談萬全、唐襴喬，其婿也。曾孫男二，恪、性。曾孫女一，許聘瞿學伊。

銘曰："性鍾其孝，以傷厥生。可復詰之，殁賷其志。以取諸子，亦其得之。人之未亡，天投以艱。使畢之竁之，終同史合其事以筆之。有石在阡，千萬祀其尚質之。"

封孺人李氏墓志銘

孺人姓李氏，歸江陵劉氏，爲僉憲崇德公[⑦]之配，今進士悦[⑧]之母，其先吉

---

①弘治壬戌，時爲弘治十五年（1502）。

②劉瑾（1451—1510），明陝西興平人，明代擅權亂政最嚴重的權宦之一，《明史》卷304有傳。

③安吉，地名，治所在今浙江安吉縣西南孝豐鎮。

④開州，地名，治所在今貴州開陽縣。

⑤"人"，國圖本作"其"，據甘本改。

⑥"王泰，江西參議"，甘本作"江西參議王泰"。王泰，字時暘，明南直上海（今上海市）人，弘治十二年（1499）進士，歷任禮部主客司員外郎、江西參議等職。

⑦僉憲崇德公，指劉懋，字勉之，明湖廣江陵（今湖北荆州）人，成化八年（1472）進士，歷任刑科給事中、浙江按察司僉事等職，以憂歸。

⑧進士悦，指劉悦，字以貞，明湖廣江陵（今湖北荆州）人，弘治十五年（1502）進士，歷任刑部郎中、蘇州知府等職。

州[①]人。祖諱某，爲遼府教授，遂家江陵。生子三，長諱晟，爲平江令；季諱昺，浙江僉憲，孺人則平江仲女也。性端静敏慧，方七歲，能誦《孝經》《論語》；稍長，遇[②]《列女傳》。善女工，服御雅不喜文綉，事父母曲盡愛敬。平江與其弟僉憲嘗相謂曰："安得兒輩盡如此女也。"甚奇愛之。

初，平江陟自常熟教諭，既而歸江陵，所至擇婿，難其匹，未許聘也。平江卒，常熟錢公昕[③]守荆。始下車，聞孺人尚在室，嘆曰："吾師目尚未瞑也。"時崇德公年十九，角藝每首郡縣諸生。一日錢莅[④]學，見其容觀、占對不凡，心許之。既又詢知其善狀，喜曰："吾爲吾師得婿矣。"遂以婚議。崇德之父諱濬，其家法："子弟業舉者，期名成而後受室。"然習知孺人之懿，又重違錢志，勉從之。孺人既歸，寔備婦道，故室家咸宜，舅姑交賀。

崇德公方劬書，孺人雖夜分猶事織紝，以助其勤。提學王公度按荆，崇德偶以言忤之，被黜。孺人泣謂曰："嘗聞太剛則折，子今其坐是矣，尚圖改之。"崇德公赴闕上書，得辨，復學。乙酉，遂領鄉薦，尋卒業太學。孺人偕往勸助，不怠初志。壬辰，崇德公登進士，授刑科給事中。丁父憂，孺人終喪如禮。其後公屢以直諫忤旨，孺人曰："孔子從諷諫[⑤]，君豈不聞之乎？"公以爲然，故卒以諫顯。既上考[⑥]，孺人遂受今封。公擢浙江僉憲，有冰蘗聲，官舍蕭然，而孺人甚適也。然公猶以剛方難合，孺人曰："共政者，激而無益，孰與孚而相成。"公爲稍釋。既而以母憂歸，遂謝事。與二兄居，兄求分異，不能止。惟所欲致，悉讓之，孺人無難色，遂去城别創田舍。

時公已倦事，諸凡園田[⑦]畜養，孺人躬自料理，僅以成業勉諸子力學。悦至

---

① 吉州，地名，治所在今江西省吉安市吉州區。

② "遇"字疑貳，疑爲"誦"之誤。

③ 錢昕，字景寅，明南直常熟（今江蘇常熟）人，正統十年（1445）進士，歷任御史、浙江巡按、荆州知府等職。

④ "莅"，國圖本作"戾"，據甘本改。

⑤ 諷諫，《孔子家語·辨政》："忠臣之諫君，有五義焉：一曰譎諫，二曰戇諫，三曰降諫，四曰直諫，五曰風諫。唯度主而行之，吾從其風諫乎。"指用委婉的言語進行規勸。

⑥ 上考，謂官吏考績列爲上等。《新唐書·百官志四下》："歲以八月考其治否……觀察使以豐稔爲上考，省刑爲中考，辦稅爲下考。團練使以安民爲上考，懲奸爲中考，得情爲下考。"

⑦ "園田"，甘本作"田園"，兩可。

博洽，名能詩文，器識[①]尤宏遠。弘治己酉[②]領鄉薦，光游鄉校，亦駸駸而成。甲寅，公卒，孺人哀仆之餘，謂諸子曰："吾猶能爲未亡人者，欲及見汝曹繼父志耳，否則予雖生何益。"悦等尤砥礪無怠。壬戌，悦登進士，孺人乃喜，遺書曰："汝既得科第，行有責守，毋自負以取棄於世。"悦佩服惟謹。適銓部選補給事中，悦與焉。擬授兵科，以聞，上猶欲儲待，未即授。悦方思償孺人之志，圖迎養，而訃音遽至，且謂"臨絶語，猶如遺書云"。

孺人生正統丙辰[③]閏六月六日，卒以弘治壬戌[④]八月二十七日，壽六十有七。生雖宦族，歸名家，身被命服，然勤儉簡淡，若素生白屋然者。雖家無餘畜，而賙人賑族，至脱簪珥，無悔悋[⑤]心。喪舅姑如喪父母，側室臧獲，悉被惠慈。晚益喜誦佛書不輟，悦恐勞勩，每婉辭屈之。孺人曰："此雖異汝所學，要亦欲人爲善，且予欲汝曹學不中廢，亦以示恒於汝耳。"諸子或念郊居，奉乏甘鮮。孺人曰："汝曹脱受一命，先乎君事，而禄將吾逮。吾食乃下咽，今何足少也。"平生志向類是。

子三[⑥]，長即悦，次光，庶子業，早世。女一，適庠生趙定。孫男二，山、岩。孫女一，俱幼。

悦歸，將以某年月日葬孺人於邑之某原。以鐸舊相深分，今復爲同年，持所述母德詣予，拜且泣，請銘其壙石。狀則進士馬質夫，同年，亦同鄉里[⑦]，所叙甚悉，皆孺人内行之實，亦予所習聞也。

銘曰："處爲令女，歸爲佳婦。夫顯於良妻，而子成於賢母。是以銘所藏，以詔於永久。"

---

①"識"，國圖本作"械"，應誤，據甘本改。

②弘治己酉，時爲弘治二年（1489）。

③正統丙辰，時爲正統元年（1436）。

④弘治壬戌，時爲弘治十五年（1502）。

⑤悔悋，即"悔吝"。《周易·繫辭上》："悔吝者，憂虞之象也。"王弼注："失得之微者，足以致憂虞而已。故曰'悔吝'。"

⑥"三"，國圖本作"四"，顯誤，徑改。

⑦"狀則進士馬質夫，同年，亦同鄉里"，甘本作"狀則同年進士馬質夫爲之"。

贈承德郎户部主事林公安人沈氏合葬墓表

公諱機，字叔諾，别號慎齋。幼敏悟，弱冠補縣學生，有聲。以不得志於有司，乃成化癸卯[①]，應例爲太學生[②]。方北上時，中道附官舟至京口，風暴不得渡，同行有羅生者，遇疾斃焉。時盛暑，公以舟人素悍，恐爲所委棄，故陽進藥物，坐卧尸側，信宿抵瓜洲，殮而厝之。乙巳，臺江大水，居民多爲流尸，公令人爲大桴，載糗糧[③]往救之，全活甚衆。己酉，畢方[④]爲灾，且風，比屋灰燼。有王姓者，僅以身免，倉卒遺二幼，君不恤頭額，毅然往，出之。平生於義，其邁往多類是者。性樂易易親，好施與。事父母，生必得其歡心，喪不違禮，族黨化之。

安人姓沈氏，字守中，迪功郎聰女也。性慈惠，既歸林，事姑陳氏，愛敬無所不至。陳常曰："汝行且爲人姑，善苟有徵，願於汝婦乎報之。"每伏臘、忌辰，相祀事惟謹。嘗有賈裹珠求售，直未定而歸邸，暴卒，時無與知者。後其子來負喪，安人令召至，悉還其珠，人驚嘆焉。治家謹密，親知諸凡慶吊，必記憶料理，禮無遺數。鄉人稱内助之賢，必曰："沈氏，沈氏。"

公始祖伯魁，曾祖芝，祖琰，父滔。贈承德郎、户部主事[⑤]。公生景泰乙亥四月十六日，卒以弘治乙丑十一月二日，享年五十有一。安人生天順丁丑[⑥]七月二十日，其卒也，先公五十四日，蓋九月之八日也，享年四十有九。子五人，長曰烶，以弘治壬戌進士，擢户部廣東司主事。初，今上御天，推恩臣工，烶例得封所自生如已貴，而公且向用，自將有待，未即受也。烶意方輾轉，而訃已至，哀毁之餘，請如近例，得今贈。烶歸，將以遺命合葬。持工科右給事中

---

①甘本無"乃成化癸卯"五字。成化癸卯，時爲成化十九年（1483）。

②"應例爲太學生"，甘本作"乃應例爲太學生"。

③糗糧，《尚書・費誓》："峙乃糗糧，無敢不逮。"孔安國《傳》："皆當儲峙汝糗糒之糧，使足食。"

④畢方，《山海經・西山經》載："有鳥焉，其狀如鶴，一足，赤文青質而白喙，名曰'畢方'。其鳴自叫也，見則其邑有訛火。"後以"畢方"代指大火。

⑤國圖本作"公始祖伯魁，曾祖芝，祖琰，贈承德郎、户部主事。父滔"。考諸禮制爲誤，據甘本改。

⑥天順丁丑，時爲天順元年（1457）。

許啓中[①]狀，立請於予[②]表其墓道。予以[③]主事君同舉進士，且深分，不得辭。况濫厠史局，凡人之善，皆當有以章之。賢如公與安人，事事足映照時[④]俗，移易其薄惡[⑤]，顧可使泯而不列哉？謹按狀，爲書之，然吾復聞諸其鄉人曰："啓中所識，亦特其大者云。"

楊本仁墓志銘

本仁名榮，蘄州人。童年敏悟，文思兼人，舉動不苟。蘄長老有識者，已以成人禮待之。既游州學，遂盛以名聞。弘治辛酉[⑥]，以《書》經領湖南鄉薦。壬戌游太學，六館[⑦]之士，莫不愛道其名字者。時予從庶吉士之後，亟欲識本仁。一日抵予，延之陟階即席，一不處客禮，自是再三至，亦如之。予每數四辭乃可，遂定交。性嗜學，不捨寒暑。時用大司成命，六館以經業立文會，各争收知名士，本仁凡二三赴會。癸亥六月，程益[⑧]劇病内外傷，小愈復作者三四。革[⑨]，予往問之，猶力攬衣，語如平生。十二日，卒於太僕巷邸。

本仁有志古道，見善輒趨，又不激於好惡，無少年習氣。觀其志意，蓋不止欲取科第、官秩而已者。故其居家，則父母安之，兄弟宜之，宗族鄰里稱道之；在外，則士大夫器重而朋友信之。卒之日，既屬纊[⑩]正寢，獨其妻與幼女哭

---

①許天錫（？—1508），字啓衷，明福建閩縣（今福建福州）人，弘治六年（1493）進士，歷官吏科給事中、工科都給事中等職，正德三年（1508）不惜以死彈劾宦官劉瑾，《明史》卷188有傳。

②"請於予"，甘本作"請予"。

③"以"，甘本作"與"，兩可。

④"時"，甘本作"薄"。

⑤甘本無"移易其薄惡"五字。

⑥弘治辛酉，時爲弘治十四年（1501）。

⑦六館，國子監之别稱。唐制，國子監領國子學、太學、四門、律學、書學、算學，統稱"六館"。

⑧"程益"二字疑貳。

⑨革，通"亟"。《禮記·檀弓上》："夫子之病革矣。"鄭玄注："革，急也。"

⑩屬纊，古代漢族喪禮儀式之一。即病人臨終之前，要用新的絲絮（纊）放在其口鼻上，試看是否還存在氣息。《禮記·喪大記》："屬纊以俟絶氣。"鄭玄注："纊，今之新綿，易動摇，置口鼻之上，以爲候。"

於室。其同榜友茶陵李惟一、武昌胡永齡實主喪事。斂既，居位哭，又與凡[①]游從者會哭，又爲經紀其家，令僮僕外内如禮。

本仁嘗索予書一卷，既又索題其端，予偶未遑也。吊之日，予哭止，其僕某拜，即長跪持卷，攝本仁未亂之辭曰："願此卷有顛末也。遺腹雖未卜，將以貽吾弟杲耳。"予曰："是吾荒辭也。何足勤[②]吾本仁至是哉？生以嗜學致疾，而瀕死猶不倦。嗚呼！痛哉！"予既爲於邑，援翰復許爲之銘。惟一、永齡即爲輿櫬即舟，遂來速銘。予曰："本仁已矣，然是宜有後，以紹厥志，銘莫此重也。姑待之。"

歸之歲，冬十一月一日，生子曰慶壽。未幾，蘄大病痘，十八九死者，慶壽十二日而愈，獨無恐也。十二月十有二日，杲葬本仁於負郭七里之蟠龍山麓。祖曰欽，父曰溥，母龔氏，配百户王佐女，弟曰杲、植、楷，杲方業舉有聲，男一即慶壽，女許聘千户朱佐子。本仁生成化丙申[③]正月，距卒，爲歲二十有八。

銘曰："賢而夭，孰非其壽；客而斃，實歸其友。志未畢，殆昌其後；銘諸幽，徵於不朽。"

壽官魏公墓志銘

公諱敬，字汝敬，别號嗜静，世爲江西新建之杉林官[④]族。考諱文禮，始出贅豐城石塘熊氏，因家焉。公頗以世業涉書史，然絶意進取。間游楚入郢，憩於京山。爲人長身而豐下[⑤]，不苟言笑，居常以禮自閒[⑥]。邑里人士，樂與游從。公喜曰："是足以居我矣。"既厚貲儲，乃立産占籍，娶於水峽程氏，生

---

① 甘本無"凡"字。

② "勤"，疑爲"勸"之誤。

③ "丙申"，國圖本作"丙辰"。查成化年間并無丙辰年，考諸楊榮（本仁）卒年爲弘治癸亥（十六年，1503），時年28歲，據此推算，其生年應爲成化丙申（十二年，1476），因此"丙辰"實誤，應以"丙申"爲確，徑改。

④ "官"，甘本作"宦"，兩可。

⑤ 豐下，《左傳・文公元年》："穀也豐下，必有後於魯國。"杜預注："豐下，蓋面方。"

⑥ "閒"，甘本作"閑"。

理日興，遂成巨家，石塘之業，因以益阜。居家秩有程度，雖在閨門無狎語，與人無衆寡小大，愉愉[①]如也。性好施予，不責報，鄉鄰忿相持者質於公，得片言而平。以耕讀屬諸子，各究所成，常曰："我夙遭不造[②]，間關[③]拮据，以能有此業。若等當永終之圖，無自速覆墜，以遺予憾。"諸子奉教惟謹。暮齒，有司奉恩例，以耆壽加公冠帶，州里稱宜焉。

程孺人，諱妙清，性貞淑，精女紅饋膳，蚤御澹素，迥秀於閨壺[④]。既歸公，雅相愛，敬若賓客，語聲不聞户外。御臧獲有條序，贊事順而不阿，處家約而不嗇，教子姓愛而知勞。賙貧拯急，尤出所性，無倦也。公先娶豐城譚氏，有三子，雖親舊不知非出孺人也。凡公所以致殷盛，振立以裕於後人，孺人之助居多焉。

公生永樂癸巳[⑤]十二月三十日，卒於弘治壬子[⑥]二月十九日，享年八十。孺人壽六十有五，卒以弘治丙辰[⑦]九月十八日，泝其生，實宣德壬子[⑧]之十二月十六日也。公之子男六人，瑞、環、琦、珍、瓊、琇。瑞、環、瓊，譚出；琦輸粟爲散官，珍國子生，琇醫學訓科，皆程出。譚有女二人，長適傅列[⑨]章，次黄祖[⑩]。孫男十七人，鴻、鵾、鵬、鶴、鸞、鵰、鸛、鳳、鶚、鵷、鵬、鵜、鸛、鶯，餘未名。鵬國子生，鵾、鸞、鵰、鳳，皆縣學弟子，鵾、鵰早卒。孫

① 愉愉，《論語·鄉黨》："私覿，愉愉如也。"何晏《集解》引鄭玄曰："愉愉，顔色和。"

② 不造，《詩經·周頌·閔予小子》："閔予小子，遭家不造。"鄭玄箋："閔，悼傷之言也；造，猶成也。可悼傷乎，我小子耳！遭武王崩，家道未成。"孔穎達疏："往日遭此家道之不爲，言先王既崩，家事無人爲之。"

③ 間關，《漢書·王莽傳》："士死傷略盡，馳入宫，間關至漸臺。"顔師古曰："間關，猶言崎嶇展轉也。"

④ 閨壺，《舊唐書·列女傳序》："末代風靡，貞行寂寥，聊播椒蘭，以貽閨壺。"後代指女子所處的内室。

⑤ 永樂癸巳，時爲永樂十一年（1413）。

⑥ 弘治壬子，時爲弘治五年（1492）。

⑦ 弘治丙辰，時爲弘治九年（1496）。

⑧ 宣德壬子，時爲宣德七年（1432）。

⑨ "列"，甘本作"烈"。

⑩ "次黄祖"，甘本作"次適黄祖"。

女五，皆嫁聘[①]士人。曾孫男三，長良金，餘幼。曾孫女三人。

公以弘治癸丑十一月十日，葬京山余社長山之陽，以公治命，虛穴右以待程。程卒之明年十一月六日，琦等奉以祔葬，禮也。

初，予在翰林時，琦以南昌令杜源潔所爲狀，因監察御史袁國佐[②]，丐予爲銘。予適奉使安南國歸，乃以國子司業乞終養，尋嬰草土之疚，未及爲也。正德辛未[③]，予被旨復任，珍方在館下，復泣拜以請。負所諾垂十年矣，予愧謝焉。蓋公蚤失怙恃[④]，崛立致厚產，抵耆耋，訖有可述，貽後有方，以膺優典。孺人婦道母儀，皆足稱説，家業成立，實相表裏，此而可無銘乎？

銘曰："爲佳伉儷兮，開業孔昌。爲賢父母兮，貽世以方。生榮歿寧兮，同所藏。我銘其阡兮，山阜與長。"

---

①甘本無"聘"字。

②袁佐，字國佐，明湖廣京山（今湖北京山）人，成化二十三年（1487）進士，歷任内鄉知縣、廣西巡按，官至陝西按察僉事。

③正德辛未，時爲正德六年（1511）。

④怙恃，《詩經·小雅·蓼莪》："無父何怙，無母何恃！"朱熹《集傳》："蓋無父則無所怙，無母則無所恃。"

卷　十

書十一首

與執政論時政書

某[①]相公閣下：某聞學聖人之道者，下自[②]爲士，上至爲宰相，雖貴賤甚不相侔，至以道言之，則亦所謂太山丘垤之類也。凡天地間道理事物，在士所當知，在宰相所當慮，匪徒慮也，且求所以處之。士之於宰相，使有因緣得相信也。凡道理事物，吾誠有見焉，當無不言，宰相當無不聽。蓋道同自相爲謀，不以貴賤相扞格也[③]。至於屑屑言之，而欲其一一行之，斯不亦漫無統紀，而非救世之急務乎？苟以其要者言之，則聽之不厭，行之不勞，而於天下之事，可以操約制博[④]，一舉百順，而宰相之道得矣。

當今之時，其大壞極敝者，莫若士氣。故如救焚拯溺，不可少緩者，莫如養士氣。天下之事，必得天下之才以分理之。以唐虞人才之盛，而胄子[⑤]之教猶惓惓焉，況於士氣大壞極敝之時，而遑他事之圖乎？閣下之慮亦豈少此，而某

---

① 甘本無“某”字。

② “自”字疑貳，疑爲“至”之誤。

③ “不以貴賤相扞格”，甘本作“不以貴賤相扞格也”。

④ 操約制博，即“守約施博”，《孟子·盡心下》：“言近而指遠者，善言也；守約而施博者，善道也。”朱熹注：“君子之守，修其身而天下平，此所謂守約而施博也。”

⑤ 胄子，《尚書·舜典》：“夔！命汝典樂，教胄子。”孔安國《傳》：“胄，長也，謂元子以下至卿大夫子弟。”

乃汲汲於此者，誠慮夫閣下深居禁密，與天子鄰，朝出善政，暮有成功。而於窮鄉下邑之俗，未必聞其至於此極也，請爲閣下言之。

國家養士之法至善至備，在鄉閭有社學，在郡縣有儒學，在兩京有國學，立之師儒。凡群之學者，由小學之事，以入大學之道[①]。美其冠衣，復其身，又至豐其餼廩。材成者，計歲貢之；才異者，三載舉之；又其異者，由甲科而以進士名之。科貢有歷事，進士有辦事[②]，入仕則重其禄，致事[③]猶優其禮。教之不爲不詳，待之不爲不厚矣。故由是路者，雖治底格天，俗臻時雍[④]，不以爲異也。奈何承平既久，奉行者不加之意，是以[⑤]任其自敗自壞，俗頹風靡，竟至掃地，是可太息也已。

蓋士者，未任之官；官者，已任[⑥]之士。方未任時，氣習已壞；至於既任，則挾其羽翼，靡所不至。上既無以令其下，下適得以效其上。二者之間，相觀習非。雖有豪杰之士起於其間，而一齊衆楚[⑦]，一凰衆鶚，不擠而敗，則薰而化矣。天地之間袛有此人，而皆淪胥[⑧]以至於此，欲世道之古，若不可得矣。嗚呼！國家造士[⑨]之意，固使然哉。

---

①小學之事，大學之道，朱熹《小學輯説》："小學之事，知之淺而行之小者也；大學之道，知之深而行之大者也。"

②歷事，明代官吏實習制度。明初定制，國子監生學習至一定年限，分撥到政府各部門實習吏事，稱"歷事"。實習三月，經考核後，上等者報吏部候補，但須回監再學習一年，始正式授官。辦事，明代設置觀政進士，讓新科進士在具體政務部門處理一段時間工作後，再正式授予官職，從而加强其處理政務的實際能力。

③"事"，甘本作"仕"，兩可。

④格天，典出《尚書·君奭》："在昔成湯既受命，時則有若伊尹，格於皇天。"時雍，典出《尚書·堯典》："百姓昭明，協和萬邦，黎民於變時雍。"孔安國《傳》："時，是；雍，和也。"

⑤甘本無"是以"二字。

⑥"任"，甘本作"仕"，考諸文意，國圖本爲確。

⑦一齊衆楚，《孟子·滕文公下》："有楚大夫於此，欲其子之齊語也，則使齊人傅諸？使楚人傅諸？曰：'使齊人傅之。'曰：'一齊人傅之，衆楚人咻之，雖日撻而求其齊也，不可得矣。'"朱熹注："戴不勝，宋臣也。齊語，齊人語也。傅，教也。咻，讙也。齊，齊語也。莊嶽，齊街里名也。楚，楚語也。此先設譬以曉之也。"

⑧淪胥，《詩經·小雅·雨無正》："若此無罪，淪胥以鋪。"毛傳："淪，率也。"鄭玄箋："胥，相鋪遍也。言王使此無罪者見牽率相引，而遍得罪也。"

⑨造士，《禮記·王制》："順先王《詩》《書》《禮》《樂》以造士。"鄭玄注："順此四術而教以成，是士也。"

且士氣之所以頽者，何也？方其幼時，在鄉學也，耳目濡染，已無美事。及爲郡縣弟子，則識與年進，機以類從，見聞愈多，則私智[①]愈熾；閲歷愈久，則機械[②]愈熟。食廩膳也，則取賄於膳夫；司祭事也，則索錢於里甲[③]。鄉飲則受賂於賓僎，户役則射免於官府。甚至餌挾公私，興滅訟獄。其於師長，强者則誘之，弱者則玩之，猥下者則制之，尚何有所謂嚴憚者？至於尋常細微，無所不容其私，又何望其居家孝友，由本達末之云乎？

若夫處乎其上，得而考校之者，大抵皆從此出，故其所見略同。美容觀、善辭説，則曰"佳士"；博學善屬文，則曰"佳士"；多藝能善奉事，則曰"佳士"，雖行如狗鼠鴞獍[④]不問也。反此者，雖有善有長，必見黜落矣。逢迎有禁，如所禁，則怪隨之；稱謂有禁，如所禁，則怒隨之。鳴鼓説書，一字可忌者置之；揭書擬題，意有不雅者置之。讀書愈多，則飾詐愈甚。自是分路入於彼之所欲，而叛去乎聖賢之正道矣。

至於得科貢，取進士，往往出於純[⑤]樸既壞之餘。雖游國學，至歷事、至辦事，能復如之何哉？及其仕也，則貪利如昔，諂諛如昔，雖致仕亦復如昔。壞於身，未有能善其政；壞於始，未有能善其終。舉世一律，如飲狂泉[⑥]；有不狂者，則群聚笑之，而反以爲狂矣。故小有正氣不逐流者，在上則上笑之，在下則下笑之，小異則小笑，大異則大笑，不嘲之曰"道學"，則斥之曰"妄

①私智，《管子·禁藏》："故國多私勇者，其兵弱；吏多私智者，其法亂。"尹知章注："私智則營己而背公，故多亂。"

②機械，《淮南子·原道訓》："故機械之心，藏於胸中，則純白不粹，神德不全。"許慎注："機械，巧詐也。"

③里甲，明州縣統治的基層單位。《明史·食貨志一》："洪武十四年，詔天下編賦役黄册，以一百十户爲一里，推丁糧多者十户爲長，餘百户爲十甲，甲凡十人。歲役里長一人，甲首一人，董一里一甲之事。"

④鴞，《詩經·陳風·墓門》："墓門有梅，有鴞萃止。"毛傳："鴞，惡聲之鳥也。"獍，《述異記》卷上："獍之爲獸，狀如虎豹而小，始生，還食其母。"

⑤"純"，國圖本作"紕"，據甘本改。

⑥狂泉，《宋書·袁粲傳》："昔有一國，國中一水，號曰'狂泉'。國人飲此水，無不狂。"

人”。强者必昌言[①]，弱者亦耳語，雖[②]使皋、夔、稷、契[③]介乎其間，吾不知其能不壞乎否也；吾不知其何以自處，何以處人也。如是而欲官得其人，政得其平，民得受其福，世得如唐虞三代，豈不難哉？况其勢靡靡，未有紀極，吾不知其終將何似，殆恐自屨而至於爲蕢者矣。

當今論時務者，類曰：“財用匱矣，邊備弛矣，近習肆而權豪盛矣。”其説誠是也。然吾以爲至要且急者，在於士氣之不振之數者，特其餘事焉耳。士苟得養，則官必得人。故大僚得人，庶位亦得人；方面得人，有司亦得人[④]。有一如韓、范[⑤]，則邊備無憂；有一如蕭、曹[⑥]，則財用無憂；有一如張綱、李膺、朱雲[⑦]，則近習權豪無憂。又况有不止如之數子者在君左右，將順匡救皆得

---

①昌言，《尚書·益稷》：“帝曰：‘來，禹！汝亦昌言。’”孔安國《傳》：“因皋陶謀九德，故呼禹使亦陳當言。”

②“雖”，國圖本作“遂”，據甘本改。

③皋、夔、稷、契，指皋陶、夔、后稷、契，上古傳説中的賢臣。傳説皋陶是虞舜時刑官，《尚書·舜典》：“帝曰：‘皋陶，蠻夷猾夏，寇賊奸宄，汝作士，五刑有服。’”夔是虞舜時樂官，《禮記·樂記》：“夔始制樂，以賞諸侯。”鄭玄注：“夔，舜時典樂者也。”稷，指后稷，相傳爲周族始祖。契，又稱“閼伯”，相傳爲商族始祖。

④庶位，《尚書·説命下》：“惟説式克欽承，旁招俊乂，列於庶位。”孔安國《傳》：“廣招俊乂，使列衆官。”方面，《後漢書·馮異傳》：“〔異〕受任方面，以立微功。”李賢注：“謂西方一面專以委之。”後指某地的長官。

⑤韓、范，即韓信、范蠡。韓信（？—前196），西漢潁川陽翟（今河南禹州）人，曾輔佐漢高祖劉邦建立西漢王朝而被封爲齊王，後被吕后設計所殺，《史記》卷92、《漢書》卷34有傳。范蠡（前536—前448），字少伯，楚國三户（今河南淅川）人，春秋末期政治家，曾輔佐勾踐滅吴，使越國成爲春秋後期的强國。

⑥蕭、曹，即蕭何、曹參。蕭何（前257—前193），西漢沛郡豐邑（今江蘇豐縣）人。輔佐漢高祖平定天下，論功第一，封酇侯，漢初律令多出其手，有《九章律》，卒謚文終。曹參（？—前190），字敬伯，西漢泗水郡沛縣（今江蘇沛縣）人。與蕭何同佐高祖定天下，封平陽侯，爲蕭何的繼任者，卒謚懿。二人傳記皆載於《史記》卷54、《漢書》卷39。

⑦張綱（108—143），字文紀，東漢犍爲郡武陽（今四川彭縣）人，任司徒府屬吏，上書指斥宦官當權。後奉使察風俗，不避權貴，因彈劾外戚梁冀放縱不法而被排擠出朝，任廣陵太守。李膺（110—169），字元禮，東漢潁川襄城（今河南襄城縣）人，桓帝時任司隸校尉。因反對宦官專權，被太學生稱爲“天下楷模”。黨錮事起，被捕下獄，釋放後禁錮終身。朱雲，字游，魯國人，家徙平陵（今陝西咸陽西北），生卒年不詳。歷任杜陵、槐里縣令，多次上書批評時任丞相韋玄成（？—前36）昏庸，因之被免官。以上三臣，皆以不懼近臣、豪强，仗義執言而著稱。張綱傳記見《後漢書》卷56，李膺、朱雲傳記見《後漢書》卷67。

其人，又何君不堯舜、世不唐虞之足[①]憂哉？

某間讀醫書，有所謂《脾胃論》[②]者。其大意謂："治病莫若先養脾胃，胃盛則病可自瘳；病雖外治，而脾胃敗者，死矣。"持此觀人，無不奇中。今人之所慮者，病也；某所慮者，脾胃也。使醫書可信，不亦爲寒心哉[③]？方今國勢尊嚴，其根本重如磐石，以有聖天子在上，得賢宰輔如閣下輩者。又有二三同志，布在要位以維持之，是猶脉之未病而可療耳，此正可喜可懼之秋也。則某何敢以不言，而閣下亦豈容不俯垂聽納哉？

某聞"往雖不諫，來猶可追[④]"。養士之道，亦惟申明憲章，而稍加潤色耳。蓋祖宗舊章，亦酌於古而制之者也。今欲養士氣，豈有他哉？在於擇守令、慎師儒而已。守令必求有志於古之爲政者，師儒必求有志於古之爲教者。是故惟求其賢，不問其類。可爲守令，雖不由科目亦用之；可爲師儒，雖進士科亦用之。凡位乎上者，必使[⑤]待之以禮。待守令，必如我以子弟而托食；待師儒，必如我以子弟而受學。辭色不得以凌厲，禮遇不得以慢易。作其氣，使志有可爲；全其望，使下有所仰。失職者，寧罷黜而不辱；稱職者，必超遷而不次。如是，則所以擇守令師儒與所以待之者，有其道矣。

夫然後選於郡縣，求子弟之秀群者，始有之鄉學，教以古人小學之法，大抵一遵朱子之書[⑥]。既入大學，使受業學官，先德行、次經義、次治事；司考校者，别高下、定陟黜[⑦]。以至起貢就試，一以是爲進退，不使一蹈宿弊如前所云。向之拔流俗而見抑塞者，使得奮迅興起，而今之耻舊惡、樂從善者，亦不

---

① 甘本無"足"字，揆諸文意，"足"應爲衍字。

②《脾胃論》，醫書，三卷，李杲（1180—1251）撰於公元1249年，依據臨床實踐，結合醫學理論，提出了"内傷脾胃，百病由生"的主張。

③ "不亦爲寒心哉"，甘本作"豈不爲之寒心哉"。

④ "往雖不諫，來猶可追"，語出《論語·微子》："楚狂接輿歌而過孔子之門曰：'鳳兮鳳兮，何德之衰！往者不可諫，來者猶可追。已而，已而！今之從政者殆而！'"朱熹注："來者可追，言及今尚可隱去。"諫，《周禮·地官·保氏》："保氏掌諫王惡。"鄭玄注："諫者，以禮義正之。"

⑤ 甘本無"使"字。

⑥ 朱子之書，即朱熹（1130—1200）所編之書。朱熹曾注《四書》，編成《四書章句集注》，是明代科舉考試所參考的規範性文本。

⑦ "陟黜"，甘本作"黜陟"，兩可。

終絶，如是則庶幾科貢可以得人矣。由是而入國學、登進士，試事入官，所以作養、考課、黜陟，亦復凖則於是，不使一蹈宿弊如前所云。期以三紀，則天下之人，老者已死，長者已老，而少者已長。老而死者，其弊與化而俱往；少而長者，其學所向而皆宜。安則可以善治，急則敢於致身[①]。是猶糞除天地，斬然一新。如是而君不堯舜、治不熙皥、世不唐虞者，未之有也。時論可憂之事，寧復有哉?

當今之時，自事勢觀之，容有急於此者? 然人所慮者，皆一職之事，末也；某所慮者，宰相之事，本也。一職之事，不妨所爲；宰相之事，當急所先，其實不相悖也。然持此論相，未有不以爲迂者，故某非閣下，亦可閉口而不談矣。閣下其勿以收功太遠而漫不加意，天壽平格[②]，行且見之。苟失今不圖，則其末流不知紀極。後有識者，必將以爲宰相如執事，可爲如今日，而坐視不問，豈不惜哉!

某本農家子，自幸頗蚤解事，呫畢[③]以來，嘗以古人自期。待自爲諸生，至隨計吏，取笑取議，如前所云者亦多矣，然猶自信不衰。既而南北奔走幾二十載，志負心灰，亦稍圓熟。循省之餘，不覺失笑，曰："嗟夫! 習俗移人，一至此哉! 苟有用我，亦將無益於世矣。將治舊業，歸爲鄉人，復樸野之氣，歲輸斗石之税，庶幾樂堯舜之道，以無愧於明時。"

既而爲親老之志未畢也，復幸得次甲科，濫竽庶吉之選。久處京師，日得容接於執事之庭，又得賢師承如某某先生者，而在廷諸老亦或得瞻望。退而竊自仰嘆曰："不圖今日復見前輩風裁，乃知天下風俗之偷薄者，良由奉行者不得其職，以致上下隔絶，中外背馳。是猶人身腹心無恙，而四肢受患耳。"故敢出位言之，惟幸執事不以爲妄、不以爲迂，倡而行之，則天下幸甚、後世幸甚。

大抵人性之善，其流爲偷薄也。始而愧，中而變，終而化矣。夫厚既可

---

①致身，《論語·學而》："事父母能竭其力，事君能致其身，與朋友交言而有信。雖曰未學，吾必謂之學矣。"朱熹注："致，猶委也。委致其身，謂不有其身也。"

②天壽平格，《尚書·君奭》："公曰：君奭! 天壽平格，保乂有殷。"孔穎達疏："殷之先王有平至之德，故能安治有殷。"

③呫畢，猶"占畢"。

薄，薄獨不可返厚乎？故其復也，始而難，中而變，終而化矣。某故以三紀[①]期之者，必世而仁[②]之意也。其或望風而化，則執事盛德事也，又豈待三紀爲哉？若夫外貌充然而中實無有，古爲冠衣，而行如市井者，執事其勿以爲已化也。

與閣老論并隸書

某伏枕久，闕起居之問，有罪！有罪！今春痰火[③]，視舊增劇，在卧數月，未出門户。兹乃有所瀆於尊聽者，甚非所得已也。

頃鄉里官保陳先生建議："以沔陽、景陵并隸漢陽。"鄉人聞之，群言所以不便者百端，擁至敝廬，抵死促迫，謂某可以其情通於執事，冀得轉移，某以病一再謝遣。其後數至，人益衆，無地容受。閉門不納，則排擊噪呼，謂某以"作官，害不及己，如秦、越人相視然者"。朝讙夕嘩，莫可奈何，不能不述其情，一爲執事言之。

夫漢陽一府，所轄止二縣，共二十餘里。視他府地方誠少，舊設官職，視他府權勢誠若稍輕。并隸之議，蓋大臣爲國籌畫經理，自是美事。但其間地里民情，非嘗經由者不[④]易通曉。我太祖高皇帝神聖肇基，明見萬里。開設之時，地雖彈丸黑子，宛在目中，漢、沔之間尤所經意，豈不知漢陽所轄縣少？乃以沔陽自作直隸，不以隸之。蓋聖慮深遠，亦嘗相地制宜，觀民取便，非直爲官府威福重輕之計者。試觀他府轄縣多者，必其土地相連、道里亦便，非有湖山隔越、夷險不常之患者也。沔陽、景陵當荆、襄下流，大抵受水之時居多。其去漢陽，中間所隔水面，若野猪、沉下、瓜子、九真諸湖，其餘河港支流派别，又不可殫述，陸行則所經津渡動涉險阻。時復水漲，則諸湖、河、港混合爲一，方五六百里渺無邊際，波濤接天，與海無異。雖商旅往來，行止自由者，時有漂溺。今以州縣并隸漢陽，其重添騷擾勞費之害，姑置勿論。若

---

① 三紀，古代一紀爲十二年，三紀即三十六年。

② 必世而仁，《論語·子路》："如有王者，必世而後仁。"朱熹注："王者謂聖人受命而興也。三十年爲一世。仁，謂教化浹也。"

③ 痰火，吴謙：《醫宗金鑒·雜病心法·中風》："痰火，内發病，心官。……心病痰火，輕則舌强難語，重則痰壅神昏。"

④ "不"，國圖本作"所"，據甘本改。

當水漲之時，民之迫於役遣，逮於訟獄者，夷險不得自擇。去岸逾里，罔測存亡；離家經旬，莫通消息。失期、誤事之罪猶可抑受，至於隕命流尸之慘，實出何辜？目擊耳聞，不待仁者而後矜憫，況爲其父母妻子兄弟者，可復安於生理乎？借使州縣一年止溺十人，積百年則千人矣。況一爲定制，不止百年；每歲所溺，不止十人乎？置府設官，本以爲民。而使至此極，其與推而納之水中者，幾何異哉？

宫保楚之人望，作縣則民立生祠，討賊則人多歌頌，謂非仁人乎哉？夫以仁人建議，不免如推人納諸水中者，豈其心哉？蓋以入仕以來，家居日少，且未嘗經行漢、沔之間，其重湖險遠之狀，目所未擊。故一時衹謂并隸之便，而不知其害誤至此極耳。且弘治十七年韓巡撫[①]嘗建此議，州縣父老陳讓等亦嘗具奏。時户部諸老詢知不便，駁謂："非惟文移擾亂，抑且有損於民。原係開設成規，擅難更改。已經咨行撫按衙門，仍照舊隸。"由此觀之，今可復爲此舉乎？

近日鄰封安陸州以所轄京山縣里分二倍於州，奏行分撥，縣民竟於不從。況沔陽、景陵，獨可使冒無窮之害，以從别府於五六百里之外乎？又況州縣自正德十一年[②]以來連遭大浸，漂溺飢餓，死者已三之一。所賴執事亟通下情，仰荷朝廷賑恤，遣大臣發帑，大蘇民困。去歲民以力薄之故，疑懼失種，以至無秋。今歲水勢漸增，西成[③]未卜，民之困苦莫此時爲甚。若復加之紛擾，吾恐智者莫能料其後矣。

病卧中神情悵惘，辭説不覺繝縷，惟亮其心而恕之。幸甚！幸甚！州縣人去陳情，伏望大施回天轉日之恩，則萬衆之命實維再造。某惶恐再拜。

---

① 弘治十七年，時爲弘治甲子年（1504）。韓巡撫，指韓重（1442—1510），字淳夫，號拙齋，明山西絳州（今山西新絳）人，成化十四年（1478）進士，歷任給事中、陝西右布政使、應天府尹等職，後遷遼陽巡撫，進南京工部尚書。

② 正德十一年，時爲正德丙子年（1516）。

③ 西成，語本《尚書·虞書·堯典》："寅餞納日，平秩西成。"孔穎達疏："秋位在西，於時萬物成熟。"

與孫九峰尚書

閣下[①]歸綉梓里，實鄉國之榮。某病憊，不能躬賀，罪過何可逭？日者乃廑教箋，至詢及兒輩，雖邸報亦經手抄，愛誘殷勤，益深感愧。來諭自道過抑，尤見雅量。夫閣下卧膺屢召，不得已而後起，拮据國計，一[②]蘇裕生靈，何負於吾人，而以悔言哉？

昔文潞公[③]年餘八十，亦以召起；歐陽文忠公[④]，亦自謂爲人描畫，古大賢類爾。伏惟以道自慰，從一内翰，奉優詔，自宜遄赴史職，敢附致此意。某病廢，百不堪事，但行藥呻吟之餘，或能歌頌太平以答聖明，了餘年耳，餘無足持告者。九峰長詩待檢《懷麓集》次韵請教，若并壽詩得諸公全稿一觀，或復黽俛[⑤]從事，授之首簡，實非病夫所能辦也。幸曲賜原亮，不宣。

與楊石齋閣老

某素辱教愛，圖報無能。丁丑[⑥]之秋以病廢乞歸，自分無復奉見之地，方以爲恨。豈謂獲拜執事於衛輝[⑦]道左，且奉教言，爲終身之誦，此天假之幸也。後

---

①“閣下”，指孫九峰。孫交（1453—1532），初名蛟，字志同，號九峰，明湖廣承天府（今湖北鍾祥）人，成化十七年（1481）進士，歷官南京兵部主事、吏部稽勛員外郎、文選郎中、太常少卿，官至户部尚書，正德八年（1513）致仕，正德十六年（1519）至嘉靖二年（1523）復任吏部尚書，卒謚榮僖，《明史》卷 194 有傳。根據“卧膺屢召，不得已而後起”，推測《與孫九峰尚書》大致作於孫交再起期間。

②“一”字疑爲衍字。

③文潞公，即文彦博（1006—1097），字寬夫，號伊叟，北宋汾州介休（今山西介休）人，宋仁宗天聖五年（1027）進士，歷任殿中侍御史、樞密副使、參知政事、同中書門下平章事等職，封潞國公，卒謚忠烈。有《文潞公集》傳世，《宋史》卷 313 有傳。

④歐陽文忠公，指歐陽修（1007—1072）。

⑤黽俛，《詩經・邶風・谷風》：“黽勉同心，不宜有怒。”毛傳：“言黽勉者，思與君子同心也。”

⑥時爲正德丁丑，正德十二年（1517）。

⑦此處“執事”，爲文題所指楊石齋閣老。楊廷和（1459—1529），字介夫，號石齋。明四川新都（今四川成都）人，成化十四年（1478）進士，歷官修撰、左春坊大學士、太子太師、華蓋殿大學士等職。卒後贈太保，謚文忠。《明史》卷 190 有傳。衛輝，爲今河南省衛輝市。

此病且憊，加之累歲大侵，是事俱廢，故於執事不能一問起居，有罪有罪。

伏諗執事昨在先朝，憂居仁里。是時，法駕北狩南巡[①]，國無居守，社稷阽危，朝野震撼，此誠何等時也？閣下徐起而鎮靖之，帖然奠定。聖皇繼統，定策正始，功復誰由？天下固已有“社稷功宗”“中興元老”之頌，雖某之病伏林莽，得安枕而卧者，亦執事之賜也。明良在上，凡有志世用者，孰不彈冠[②]嚮仕。而某獨竟爲廢人，豈非命與？蓋自得請，六年於兹[③]，舊病不除。而今歲五月，仍以濕熱之故，病疽盈咫，百五十餘日僅得斂合。九月廿四日，部檄忽至，有起廢之旨，時某猶[④]在床席，聞之驚抃[⑤]，尋復繼以涕泗。蓋既自謂其墮廢落莫之餘，猶爲吾君、吾相所存記，而復自悲其衰殘朽腐，百不堪事，莫復能爲涓埃之報也。

因憶甲戌歲[⑥]，已嘗疏乞養病，而乃得暫回祭掃。故西涯翁[⑦]留别，有“絲綸寵數偏”之句。執事愛某，欲曲全之，使有尺寸之進，非一朝一夕矣。奈何病日益深、身日益憊，雖行立任杖，時有傾仆，將復何以堪事？感德戴恩，祇付肺肝銘憶而已。今遣家人某抱本乞骸，豚子病未即，就道赴試。無由以情悃告者，故齋沐[⑧]積誠，北向稽首[⑨]奉書。幸執事憐其病，諒其心，而俯聽其言，使得少延旦莫之息。闔門感戴，其有既耶？

伏楮懇切，不啻若自口出，惟執事照察，不宣。

---

①法駕，此處代指當時皇帝明武宗。“北狩”指應州之役，正德十二年（1517），蒙古王子伯顔扣關來襲，朱厚照以“大將軍朱壽”的名義率軍親征，後勉强獲勝。“南巡”指正德年間寧王朱宸濠叛亂，朱厚照以親征宸濠爲名而進行的南征。

②彈冠，《楚辭·漁父》：“新沐者必彈冠，新浴者必振衣。”王逸《注》：“拂土芥也。”後多以喻出仕。

③據“六年於兹”，可推斷本文寫於1523年。

④甘本無“猶”字。

⑤抃，《吕氏春秋·古樂》：“帝嚳乃令人抃。”高誘注：“兩手相擊曰‘抃’。”

⑥甲戌歲，指正德九年甲戌（1514）。

⑦西涯翁，即李東陽。

⑧“沐”，國圖本作“沭”，據甘本改。

⑨稽首，《周禮·春官·大祝》：“一曰稽首，二曰頓首……”賈公彦疏：“一曰稽首，其稽，稽留之字；頭至地多時，則爲稽首也……稽首，拜中最重，臣拜君之拜。”

與濬川王憲長

別來病伏林丘，是事無足道，惟有念故舊心未了耳。執事當路於楚，楚人之福也。僕與有及，但晤語末[①]由，猶用悵悵。承賜《鄂城稿》及雜著，多多如此，焚膏窮遥夜卒業，豈獨格氣高古絶人，其器業所詣與經濟所必行，於是概見。要自坐忘中養，得又嘗試爛熟者也，嘆服嘆服。間懷《君采》《示旒》[②]等篇，宦况遽爾耶。文其在兹，當繄用世，自信自任，相知之望也。領甲申歲書，就此附謝。小稿一帙，别紙録詩數篇，幸教之。

與序庵、類庵、托齋内翰

披誦教翰，往復數四過，極知愛戀拳拳之意。又聞同館凋謝消息，不勝悲憶之至。來諭大抵欲某出徇明時，且因有會晤之地，君臣朋友之義，教之至矣。但某病深，體態[③]無復可當尊指。諸兄能移相愛以相信，使得少引餘年，則篇詩尺牘[④]時或能達，猶可萬一於面晤。若强其所不能辨，至如汝吉、子冲、志道[⑤]，雖欲一聞音響不可得矣，如何如何？家人某抱本再至，幸於諸老先生處曲

---

①“末”，甘本作“莫”。晤語，《詩經·陳風·東門之池》：“彼美淑姬，可與晤歌。”鄭玄箋：“晤，猶對也。”

②王廷相《王氏家藏集》卷 12 有《思歸行示旒》篇，全文如下。“我逐黄鵠泛江海，鄂城却駐雲霄車。洞庭雲夢秋漲闊，懊惱不得梁園書。梁園天際阻洪波，憶汝遂作《思歸歌》。著朱騎馬衆生相，讀書講道賢人科。負郭之田足糊口，季子安用黄金多。爾不聞：陶朱舊是鴟夷子，三致千金富誰比。生兒不才成禍胎，何似扁舟五湖水。爾不見梁王貴盛傾九陔，兔園鹿苑如蓬萊。樓觀熒煌照星斗，鄒枚侍從群仙才。百年生命欻奔電，早時荒冢生莓苔。梁王已去明月在，月來還照梁王臺。少年掌上運天下，於今看取皆莽野。江河曰趨九地深，萬事陵夷此非假。當權秉國縮手難，側身太息何爲者。我年五十不耐苦，今者不樂歲云暮。灌園舊有蘇公井，種果新成橐駝樹。爲余灑掃中林壇，歸去河壖弄烟霧。”

③“態”，甘本作“憊”。

④“篇詩”，甘本作“詩篇”，國圖本詞意更佳；“牘”，國圖本作“櫝”，誤，據甘本改。

⑤汝吉、子冲、志道，分别指張襘、滕霄、李貫。張襘（？—1522），字汝吉，號東盤，明順天府平谷縣（今北京平谷）人，弘治十五年（1502）進士，庶吉士，歷任給事中、監察御史、大理寺丞，官至山西巡撫。滕霄，前已有注。李貫（1478—1523），字志道，號紫崖，明福建晋江人，弘治十五年進士，歷任禮科給事中、兵科都給事中等職。

道懇情，使得必遂，方見終始以德相愛之意也。臨紙不次，尚當裁謝。

答張崇象編修

尊翁[①]書錦多福，而執事得告榮覲，天性之樂，誰復爲比？病憊鄙人，能煩記憶，致手翰遠及，可勝感著之至。聞北上有期，相知諸公處未能奉書，乞姑道少意。去歲十月五日抵家，園池荒敝。今頗除治就緒，日行藥，坐卧其間。魚鳥花木，足適病懷。敝鄉雖極灾，荷朝廷大賑，得平靖如舊。感恩無異在官裏日，敢持此慰知己耳。餘無足道也，不備。

與方思道

昨憲司忽差人至，得執事[②]與長兒彭帖，欲歸向所命卷册甚急，且云執事已往黄。王濬川既未有書，來人又不知稱説，使某莫得所謂，惘然而已。時以上冢病寒，不出門户，然諸作奉命已久，不敢使來人空返。力疾作，得《棠陵記》《迎敕軒銘》《釣石歌》《劍溪草堂詩》塞責。若林居詩，東往序，病體猝不能辦，詩帙[③]遂奉以歸，想能原恕。其向許二遺，并[④]更次韵詩數字，亦附此録上。《朋山圖》留此，待作得奉去。《夢松》《七峰》詩，亦待印章至，寄謝。執事此行何緣，臆况何似，幸因便詳示，以慰病懷。至望至望！小兒入鄉，恕其無書，到黄，見同年王大参、稚欽大守[⑤]，乞道渴戀之私。

---

①尊翁，指張崇象的父親。張崇象，即張璧（1475—1545），字崇象，號陽峰，明湖廣石首（今湖北石首）人，正德六年（1511）進士，歷任編修、左諭德、禮部尚書、東閣大學士等職，卒於官，謚文簡，有《陽峰家藏集》傳世。

②執事，此處指文題中所稱方豪（字思道）。

③帙，《説文·巾部》："帙，書衣也。"

④"并"，甘本作"口"，顯誤。

⑤王濟（？—1535），字體民，號南墩，明湖廣黄岡（今湖北黄岡）人，弘治十五年（1502）進士，歷官吏部驗封司郎中、河南参政等職。魯鐸亦爲明弘治十五年進士，因此稱其爲"同年王大参"。其子王廷陳（1493—1551），字稚欽，號夢澤，明正德十二年（1517）進士，選翰林庶吉士，官至裕州知州，故稱"稚欽大守"，有《夢澤集》傳世，《明史》卷387有傳。

與李嵩渚憲僉

執事榮擢，旋漸覺奉見無因。倏而四明，倏而河東[①]，西北東南，動在天畔，可勝企戀之私。大抵鴻漸君子[②]，天路自遠，而病夫匏繫[③]，亦自應以遠怨別也。行冀節鉞，撫臨全楚，舊諳夢野，或賜良對耳。向失候賀禮，方恃原貸。而乃辱名香古書之遺，無任百倍增愧。去歲敝郡邑旱澇各臻極處，民飢[④]之狀，故老所未逮聞。所望今秋倍登，可稍救耳。小稿一帙，藉緘附上，幸有以教之，不備。

與童内方編修

別未期月，已兩辱手翰，感眷戀意無盡。榮行不能躬送，惟珍愛當遠道重任，病夫至願也。平野爲增園池，使者一再至，又承轉諭至意，并感并感。然鄙懷已控，想終能亮察，今來使已別置柴山一區，薪米兼宜，亦一美庄矣。和得《平野》韵詩二首寄謝[⑤]，忙不能録似，惟不訝[⑥]重闈，皆望道鄙意，不具。

與紹興太守梁遷之

旌旆[⑦]南行，時以衙門去城南既遠，又監務不得輕離，用失攀送，罪過罪

---

①河東，山西省境内黄河以東的地區爲“河東”。李濂曾任寧波同知、山西僉事，因此魯鐸稱其“倏而四明，倏而河東”。

②鴻漸君子，《後漢書·蔡邕傳》：“君臣穆穆，守之以平，濟濟多士，端委縉綎，鴻漸盈階，振鷺充庭。”李賢注：“喻君子仕進於朝。”

③匏繫，《論語·陽貨》：“吾豈匏瓜也哉！焉能繫而不食？”劉寶楠《正義》：“匏瓜以不食，得繫滯一處。”謂不爲時所用。

④“飢”，國圖本作“肌”，據甘本改。

⑤《儲平野太守爲買增園池且侑以詩辭之更置別業次韵奉謝》《光樂堂壽詩爲儲平野作》兩詩，見《魯集》卷3。

⑥訝，《周禮·秋官·序官》：“掌訝，中士八人。”鄭玄注：“訝，迎也。賓客來，主迎之。”

⑦旌旆，即旌旗。《詩經·小雅·車攻》：“蕭蕭馬鳴，悠悠旆旌。”《説文》：“旌，游車載旌析羽。旆，繼旐之帛也。”因古代官員出行時常有旗幟環繞，後指代官員。

過。山陰薛方伯先生[①]入祠事，鄉嘗爲執事[②]言之，蒙許諾，甚盛心也。某恐匆遽之間，片言隻語，未悉顛末。况執事處此大郡，又當多事之日，教詔拊循[③]，或不及記憶。然而激人心、勵風俗，爲今日急[④]務者，未必不以此爲急也。故復寫書左右，惟執事裁之。

蓋先生嘗提學湖湘，湖湘之地，視他省較廣遠。先生歲必一校諸生，無不周遍，又其官久不調，故凡爲諸生者，知先生實深。先生心地光明，問學純正，制行[⑤]剛潔，識鑒精到，師道之植立、文章之雅粹、政理之公平，一時督學政者莫或及之。先生性頗嚴毅，及門之士亦多受其朴教[⑥]，然望之而畏、即之而親、少違之而思。及其既去也，無賢愚窮達，皆如子弟之失其父兄，至於今不衰。雖已被罷黜者亦無怨言，此又有莫能盡得其故者。自今徐考其人，率多因材成就，無不可觀。由是推之，則其所至爲憲使、爲方伯，皆可知矣。

某聞紹興三學同城[⑦]，豪杰之士比肩而立。其於先生蓋同疆里，豈無持評如前輩者？况諺有"前舟後航"之喻，又孰敢以自誣？惟執事其試詢之耳。其或嫌於相形，沮於相持，而諉曰："名非君子所急，吾姑置之，以任物論。"則孔子所謂"疾没世而名不稱者[⑧]"非與。至其所謂能好能惡者，則執事與諸士亦當以是自居矣。

---

①薛綱，字之綱，明浙江山陰（今浙江紹興）人，天順八年（1464）進士，歷任監察御史、山西巡按、提督湖廣學政、廣東按察使，官至雲南布政使，故稱"山陰薛方伯"。

②執事，即文題所稱紹興太守梁遷之。梁喬，字遷之，號静軒，明福建上杭人，生卒年不詳。明弘治五年（1492）中舉，十五年（1502）中進士，歷任户部員外郎、兵部郎中、紹興知府等職。

③拊循，《荀子·富國》："垂事養民，拊循之，唲嘔之。"楊倞注："拊與撫同。撫循，慰悦之也。"

④"急"，甘本作"當"。

⑤制行，《禮記·表記》："聖人之制行也，不制以己。"孔穎達疏："聖人之制法立行，不造制以己之所能，謂不將己之所能以爲制法，恐凡人不能行也。"

⑥"朴"，甘本作"扑"，國圖本爲礶。及門之士，《論語·先進》："從我於陳、蔡者，皆不及門也。"朱熹注："孔子嘗厄於陳、蔡之間，弟子多從之者，此時皆不在門。故孔子思之，蓋不忘其相從於患難之中也。"

⑦明代紹興府轄下山陰縣、會稽縣縣治都在紹興府城内，因此一府學與兩縣學同城，被稱爲"三學同城"。

⑧語本《論語·衛靈公》："子曰：'君子疾没世而名不稱焉。'"范祖禹注："君子學以爲己，不求人知。然没世而名不稱焉，則無爲善之實可知矣。"

吾景陵有陳尹者，近修鄉賢祠成，因入覲以訪於予。予曰："吾固當有評也。"尚歸而問諸吾黨之士，擇其人而聽之，勿徒視生者以爲取捨，蓋求服乎人士，且將以質諸鬼神，可不畏哉？今某雖先生弟子，然如向所云，則亦豈敢自附私意以爲説者。雖然，此執事事也，吾雖無言，固將舉而行之，况言之諄復如此乎？

且某念執事方斂大惠施一郡，恐終難借留[①]。今力[②]足以主張公道，不懇言之，而任其徐徐舉行，機會一失，將復誰望？他日無以告先生於地下矣。况夫[③]君子爲政，其所以激人勵俗者，關係實大，勸以必行，亦同年之職也，惟執事其裁之。

雜著十首

師難·送虞司訓汝厚

人之爲倫亦多矣。自其身所由生，與所同生，與其所生身；所事，與所受事；所偶，與所受偶；所游，與其所從游，實非止於五也。聖人約之而以"五"言，舉所重也。五倫[④]必由師教，而後知盡其理，則所從游不已重乎？而乃不與於五，故復直以并其君父言之，曰："惟所在，而致死焉[⑤]。"是又舉所尤重者也。故孔子與回遇難，相失，曰："予以女爲死矣。"曰："子在，回何敢死[⑥]。"是也。世變日下一日，雖於其所由生猶悖其理，况於所從游乎哉？

---

①"借"，國圖本作"偺"，據甘本改。借留，指地方百姓乞求留用深得民心的父母官。

②"力"，國圖本作"其"，據甘本改。

③"夫"，甘本作"乎"，兩可。

④五倫，《孟子·滕文公上》："使契爲司徒，教以人倫：父子有親，君臣有義，夫婦有别，長幼有序，朋友有信。"

⑤"惟所在，而致死焉"，語出《國語·晋語》："'民生於三，事之如一。'父生之，師教之，君食之。非父不生，非食不長，非教不知，生之族也，故一事之，唯其所在，則致死焉。"

⑥此句典出《論語·先進》："子畏於匡，顔淵後。子曰：'吾以汝爲死矣。'曰：'子在，回何敢死？'"

吾在國學，閱士動以千數，雖自愧無道德及之，然亦嘗約之規矩，受教詔，經罰賞，日升降興俯於側矣。終始循循執弟子禮，不相背負者雖多；而其一爲要官，遂抗顔若未嘗識面者，亦非少矣。嗚呼！是果何緣而然哉薄耶？將爲教而無道德者，不足師也。

虞君汝厚教景陵，才俊并出，今九載績成，諸生相與援守，不能捨去。已乃於予請爲説，以道其意。彼固知予之不文，而老且病也。以不文辭，不得免焉；以老且病辭，不得免焉。去城走數十里，謁予止林，更番而至，日不絶迹焉。嗚呼！厚矣！予蓋感吾黨之爲人弟子者，賢遠於人，亦益見虞君之爲教之足於道德也，作《師難》以送之。

止説・贈縣諭曾先生師聖歸清江

曾師聖先生自和州擢而掌教竟陵，蓋五載於兹矣。教立道明，見推重鄰學。每洎諸公過問已有園，壺矢觴咏[①]必盡情。衆或弈，先生起而周覽，曰："吾獨無林塘乎？"亦嘗度東湖，至訪蓮北，壺矢觴咏必盡情。諸公或散步，先生挾童子循湖曲，登衡岡，遐望曰："吾獨無山若[②]水乎？"衆往往怪曰："曾君有所思乎？何若是狀？其心口相語也。"

嘉靖四年[③]之夏，率諸生謁提學於沔。入門而趨，嘆曰："吾年及矣，復能僕僕從諸父操觚[④]，作細字語言乎？"遂以老，懇請乞休，許之。諸公暨其弟子求贈言於余，余久未得其説。瀕行，取别余於丘[⑤]林。既陟岡以降，出松栢中，刺野航，度門外小湖，又步以過方橋，所至問名，余皆以"止"對。先生啘焉

① 壺矢，《禮記・投壺》："主人奉矢，司射奉中，使人執壺。主人請曰：'某有枉矢哨壺，請以樂賓。'"陸德明《釋文》："投壺，壺，器名，以矢投其中射之類。"鄭玄注："矢，所以投者也。"孫希旦《集解》："矢用木爲之而不去皮，無羽鏃之屬，與射者之矢不同，但投壺本所以代射，故亦因名爲矢焉。"

② "若"，國圖本作"石"，揆諸句意，似以"若"爲佳。

③ 嘉靖四年，時爲嘉靖乙酉年（1525）。

④ "父"，甘本作"公"，兩可。操觚，《文選・陸機〈文賦〉》："或操觚以率爾，或含毫而邈然。"李善《注》："觚，木之方者，古人用之以書，猶今之簡也。"

⑤ "丘"，甘本作"止"，魯鐸自號"止林老人"，甘本爲確。

而笑曰："此可爲我贈矣。"余曰："吾'止'義在首丘[①]，異君意也。"請姑就君爲説。

夫事物在天地間，皆有止，所貴於知耳；皆有終，所貴於善耳。於止而能知，則其終善矣。反是者，雖亦終，終而不善，君子不謂終也。取諸物理，蝸升高，木再實，可得[②]也，人日見而不知也。雖然，博且智如張華，又兆見天戒，知而不止[③]，况庸人乎？又其上者，世無其對，不足勝，乃思超往邁來[④]，上爲神仙，而其終衹爾，他復足論邪？賢哉曾君子，歸爲人作鄉先生，毋讓也。有孫曰澄，余望其大用，君况有家教矣。

賜百官《名臣奏議》贊

天佑下民，作之元后[⑤]，承以臣鄰，于焉左右。君臣之分，股肱元首，不有謀猷，治理何有。唐虞夏商，暨周之遷，秦漢而來，以迄宋元。聖帝明王，英君誼辟，或治或亂，乃有得失。其異惟何，必[⑥]基之者，道之從違，言之用舍。

---

①首丘，《禮記·檀弓上》："太公封於營丘比及五世，皆反葬於周。君子曰：'樂，樂其所自生；禮，不忘其本。古之人有言曰：狐死正丘首，仁也。'"鄭玄注："正丘首，正首丘也。"孔穎達疏："所以正首而向丘者，丘是狐窟穴根本之處，雖狼狽而死，意猶向此丘。"

②"得"，中央黨校本作"省"。

③張華（232—300），字茂先，西晋范陽方城（今河北固安）人，初仕魏爲佐著作郎，官至中書郎；司馬炎代魏，官至中書令；惠帝即位，謀誅楚王瑋有功，加侍中、中書監。治國有方，博學善文，有《博物志》傳世，《晋書》卷36有傳。"兆見天戒，知而不止"，典出《晋書·張華傳》："初，華所封壯武郡有桑化爲柏，識者以爲不詳。又華第舍及監省數有妖怪。少子韙以中台星坼，勸華遜位。華不從，曰：'天道玄遠，惟修德以應之耳。不如静以待之，以俟天命。'及倫、秀將廢賈后，秀使司馬雅夜告華曰：'今社稷將危，趙王欲與公共匡朝廷，爲霸者之事。'華知秀等必成篡奪，乃距之。雅怒曰：'刃將加頸，而吐言如此！'不顧而出。華方晝卧，忽夢見屋壞，覺而惡之。是夜難作，詐稱詔召華，遂與裴頠俱被收。華將死，謂張林曰：'卿欲害忠臣耶？'林稱詔詰曰：'卿爲宰相，任天下事，太子之廢，不能死節，何也？'華曰：'式乾之議，臣諫事具存，非不諫也。'林曰：'諫若不從，何不去位？'華不能答。"

④超往邁來，語出張華《永懷賦》："超六列於往古，邁來今之清英。"指超越過去的賢哲，勝過如今的精英。

⑤元后，天子。《尚書·大禹謨》："天之曆數在汝躬，汝終陟元后。"孔安國《傳》："言天道在汝身，汝終當升爲天子。"

⑥"必"，甘本作"有"。

稽諸往古，可監可則，鮮齊逸駕，多蹈覆轍。明明我皇，萬邦之君，其淵其天，如日如雲。堯曰疇咨①，舜曰好問②，示我周行③，古有謨訓④。爰集奏議，率古名臣，由師尚父⑤，至趙天麟⑥。棃棗成書，凡若干卷，聿考前修，相觀爲善。責難陳善⑦，人臣之職，導之使言，尚可緘默。開卷正襟，莫匪我師，有官君子，庶幾勉之。

三一亭箴有序

司諫俞國昌⑧先生，扁其亭曰"三一"。先生之能事也，間以作箴見屬。夫箴有規無頌，古人多自爲，而先生乃以命予者，其亦以某可與言者與。乃率爾從事，亦不復知亭之爲俞也。

繄凡有立，自君親師。服勤之道，鮮克舉之。矧在所急，玆報之辰。誰能於斯，不有其身。或厚所生，薄教與食。汝長汝知，伊誰之自。豈無坐斯，而自得者。彼哉何誅，罔之生也。予創若時，載省載策。寔生之族，其何有擇。事之如一，先民有言。吾以名亭，常目在焉。

---

①疇咨，《尚書·堯典》："帝曰：'疇咨若時登庸。'"孔安國《傳》："疇，誰；庸，用也。誰能咸熙庶績，順是事者，將登用之。"

②舜曰好問，語本《禮記·中庸》："子曰：'舜其大知也與！舜好問而好察邇言，隱惡而揚善，執其兩端，用其中於民。其斯以爲舜乎！'"

③"示我周行"，國圖本作"乃不良言"，其意不明，據甘本改。周行，指至善之道。《詩經·小雅·鹿鳴》："人之好我，示我周行。"毛傳："周，至；行，道也。"

④謨訓，《尚書·胤征》："聖有謨訓，明徵定保。"孔安國《傳》："聖人所謀之教訓，爲世明證，所以定國安家。"

⑤尚父，即吕望。《詩經·大雅·大明》載："維師尚父，時維鷹揚。"毛傳："師，大師也。尚父，可尚可父。"鄭玄箋："尚父，吕望也，尊稱焉。"吕望，西周齊國國君，即姜尚（子牙）。家貧，釣於渭濱，文王遇之，與語，大悦曰："吾太公望子久矣。"故稱太公望，俗稱姜太公。輔佐文王、武王滅商，有大功。

⑥趙天麟，元代山東東平（今山東泰安）人，生卒年不詳，主要活躍於元至正年間（1341—1368），以布衣身份多次向皇帝上奏，其奏議内容後編爲《太平金鏡策》。

⑦責難陳善，《孟子·離婁上》："責難於君謂之恭，陳善閉邪謂之敬，吾君不能謂之賊。"趙岐注："人臣之道，當進君於善，責難爲之事，使君勉之。"

⑧俞國昌，即俞泰（？—1531），字國昌，號正齋，明南直無錫（今江蘇無錫）人，弘治十五年（1502）進士，歷任南京吏科給事中、山東參政等職。

書王郡推《得禄思親詩》後

漢陽郡推海州王君用之方之郡，即以明允有聲，民用無冤。他郡有疑獄不能折，當道必移君理之，人倚以爲平。間嘗出《得禄思親詩》示予，諫院胡先生既爲序之，君將以末簡見授，便嗚咽不能爲語，予受而卒業。

蓋君領鄉薦時，二親尚無恙，及入官而禄，已不逮養矣。臯魚、季路之所以爲心者不少置[①]，如之何其能爲情也。然愚[②]嘗聞之仲尼曰："啜菽飲水盡其歡，斯之謂'孝'。"而雋不疑之母聞録囚多平反，則喜笑飲食，否則怒爲不食[③]。歐陽文忠方在乳下，其父遂欲告以"爲囚求生道[④]"之説，則凡賢父母之志，皆[⑤]可知矣。君方家食時，二親安於其養，樂而忘老。及爲今官，而民自以爲無冤，則仲尼之所云，與歐陽、雋氏之家訓，皆得之矣。是其二親生則盡歡於目前，死復遂志於地下，君之心事，亦可少慰矣。況湖南重臣方以才賢薦

---

①此句用臯魚、季路（前542—前480）孝親之典。《韓詩外傳》卷9："（孔子行，見臯魚哭於道傍），孔子辟車與之言曰：'子非有喪，何哭之悲也？'臯魚曰：'吾失之三矣。少而學，游諸侯，以後吾親，失之一也；高尚吾志，間吾事君，失之二也；與友厚而小絶之，失之三也。樹欲静而風不止，子欲養而親不待也。往而不可追者，年也；去而不可見者，親也。吾請從此辭矣。'立槁而死。孔子曰：'弟子誡之，足以識矣。'於是門人辭歸而養親者十有三人。"《説苑·建本》："子路曰：'負重道遠者，不擇地而休；家貧親老者，不擇禄而仕。昔者由事二親之時，常食藜藿之實，而爲親負米百里之外。親没之後，南游於楚，從車百乘，積粟萬鍾，累茵而坐，列鼎而食，願食藜藿爲親負米之時，不可復得也。枯魚銜索，幾何不蠹；二親之壽，忽如過隙。草木欲長，霜露不使；賢者欲養，二親不待。'"

②"愚"，國圖本作"魚"，顯誤，據甘本改。

③雋不疑，字曼倩，西漢勃海（今河北滄縣）人。此句典出《漢書·雋不疑傳》："雋不疑每行縣録囚徒，還，其母輒問不疑：'有所平反？活幾何人？'即不疑多有所平反，母喜笑爲飲食，言語異於他時；或亡所出，母怒，爲之不食。故不疑爲吏，嚴而不殘。"

④甘本無"道"字。"爲囚求生"，典出歐陽修《瀧岡阡表》："汝父爲吏，常夜燭治官書，屢廢而嘆。吾問之，則曰：'此死獄也，我求其生不得爾。'吾曰：'生可求乎？'曰：'求其生而不得，則死者與我皆無恨也；矧求而有得邪，以其有得，則知不求而死者有恨也。夫常求其生，猶失之死，而世常求其死也。'"

⑤"皆"字，甘本作"蓋"，似以"皆"爲宜。

君，行復將大用。所謂立身揚名以顯其親者，君實有之。世豈無三牲五鼎[①]以奉其親者，然愧於君者多矣，事豈有盡如人意者乎？古之人稱孝如曾子亦罕矣，尚不能無南游之嘆[②]，君其亦少慰哉！

書李嘉祚萬松軒

茶陵李君惟衍，家世種松繞舍，鬱然成林。君讀書其中，名其軒曰“萬松”。松莫知幾何，萬其大數耳。得諸名人詩成卷，持以過余者數四，欲爲之記。

余昔奉使南交，行萬餘里，所過林木不知爲類凡幾，至遇松輒徘徊其下，若不能捨去，心口相語曰：“安得一株蔽我東岡草堂，聽其風，足矣。”今歸易寒暑，常往來於懷，方與松遇時，固有所謂“歲寒後凋[③]”者，先入乎胸中，至於可以愛重裨益身心，尚若不止於是者。當時似可模寫此意，而今已不能出諸口。蓋若嘗飲大羹玄酒而悦其味，及以語人，又難其辭矣。君所居松以萬計，則其境其象，當不止如吾所遇者，不履其地，可易言哉？他日過君，信宿萬松深處，一洗塵襟，當爲君記之，今姑爾爾。

初旦字啓東説

初生旦字啓東者，厥考廷貴，嘗同余試於鄉，而先余舉也。後三同春試，

---

① 三牲，《孝經·紀孝行》：“雖日用三牲之養，猶爲不孝也。”邢昺疏：“三牲，牛、羊、豕也。”五鼎，《史記·平津侯主父列傳》：“且丈夫生不五鼎食，死即五鼎烹耳。”顔師古注引張晏曰：“五鼎食，牛、羊、豕、魚，麋也。諸侯五，卿大夫三。”

② 曾子（前 505—前 435），春秋末期魯國南武城（今山東平邑）人，名參，字子輿，孔子弟子。曾爲小吏，以孝行見稱，後世尊爲“宗聖”。南游之嘆，《韓詩外傳》卷 7：“曾子曰：‘往而不可還者親也。……故吾嘗仕齊爲吏，禄不過鐘釜，尚猶欣欣而喜者，非以爲多也，樂其逮親也。既没之後，吾嘗南游於楚，得尊官焉，堂高九仞……猶北鄉而泣涕者，非爲賤也，悲不逮吾親也。故家貧親老不擇官而仕。’”

③ 歲寒後凋，語出《論語·子罕》：“歲寒，然後知松柏之後凋也。”何晏《集解》：“大寒之歲，衆木皆死，然後知松柏小凋傷；平歲則衆木亦有不死者，故須歲寒而後别之。喻凡人處治世，亦能自修整，與君子同，在濁世，然後知君子之正不苟容也。”

誼分益深。及余承乏[①]南雍，其兄啓昭又嘗在館下，啓東以父兄之好，來請余説以自勵，余固不得辭也。

夫旦從日，在一上。一，地象也，而日在木中，爲東。由地上而木中，爲日方出之漸，啓東固宜以字旦也。日行，日一繞地。七政[②]在天，莫健於日。而爲明、爲煦、爲晅、爲暴，其功亦惟日爲大耳。人之少也，實猶方出之日，得無思所法與。旦也有美賦，其尚績學植行，進進而無息。思法於日之健，致身育物，益光而益大。思法乎日之功，庶於所謂啓東者，無愧也。昔漢人陳氏兄弟，并以難稱[③]。今啓昭舉進士，爲才御史，昌言顯彰，亦既使斯人昭昭如其字之云矣。啓東其勉諸，無使陳氏專美也。况而翁未償之志，望於子伯仲者維鈞乎。啓東其勉諸。

余於啓東世舊也，故得從其父子兄弟間言之。

書《見志》卷後

存乎人，莫大於志也。蘄裁之以志於道德與功名、富貴者，分人品爲三。是三者，使皆行其志所就，當何如異也。愚嘗持此觀人，自古志富貴者十九，志功名者百之一二，志道德者千萬中一人而已。千萬中而一人，故非有遭焉，吾亦多見其志之難行也。孔、孟老於當時，志不得行。其與群弟子相答問，猶以志言，且紀之書，其亦不得已焉耳。

何君子元學孔、孟之道志焉，而無他者也。遭時重華、方童，而名能文章，弱冠[④]登進士，未及壯而爲郎，其志不爲不行矣。而乃謂所述作曰《見

① 承乏，《左傳·成公二年》：“敢告不敏，攝官承乏。”杜預注：“言欲以己不敏，攝承空乏。”多用作暫任某職的謙稱。

② 七政，《尚書·舜典》：“在璿璣玉衡，以齊七政。”孔《傳》：“七政，日、月、五星各異政。”孔穎達疏：“七政，謂日、月與五星也。”

③ 陳氏兄弟，指陳紀和陳諶。陳紀，字元方。陳諶，字季方。爲陳寔子，東漢潁川許縣（今河南許昌）人。二人俱以至德稱。“漢人陳氏兄弟，并以難稱”，典出《世説新語·德行》：“陳元方子長文有英才，與季方子孝先各論其父功德，争之不能決，咨於太丘。太丘曰：‘元方難爲兄，季方難爲弟。’”

④ 弱冠，《禮記·曲禮上》：“二十曰‘弱冠’。”孔穎達疏：“二十成人，初加冠，體猶未壯，故曰弱也。”

志》，遂以名其軒，亦若賴言以自鳴者，何也？豈所志蚤定，急於大究，而自示固如是邪，將嘗名於筮仕[①]之先邪？

昔伯牙鼓琴，志方在高山也，而子期遽曰："峨峨乎若泰山"；志方在流水也，而子期遽曰："洋洋乎若江河。"志初未之言，而夫人乃遽得之乎？空桑[②]弱絲之間，心相獲，固不待有言也。今子元在職方，政善而平，敏而達以遠，則已闇然若無自己出者。其志所在，固有如所謂"峨峨""洋洋"者矣。吾君吾相，方明良在上，苟有志臧否，必知之。志如子元，其將如泰山江河之在其前，顧不使大行於今日乎？吾與天下之有目者，將共見之也，然則見志云者，固子元自勖之辭爾。

題《世德卷》後

應城周君世榮，以名醫召至京師。其家有堂名"世德"，嘗獲重於君子之林。吾友嘉魚李東崙序之，欲予於末簡有言。

予聞之古人有志斯世者，苟不得爲良相，則思爲良醫。醫之仁吾人也，至與相比，則其道豈小小哉？惟其心與術不至於良，則小矣。世榮世其家學，受知於天子，官爲國醫。諸凡有疾，輒濟之，不意報也。其心其術，取信人人，亦既爲醫之良者矣。然吾又聞"有陰德者必有陽報[③]"。世榮有弟與子，皆業儒，夫惡知其今不得爲者，不有望於其後來者乎？世有能言周氏世德者，必將證於吾言。

書楊本仁《游從詞翰卷》後

去年夏，本仁以此卷求書拙作。予以酷熱，未能即書。既而相促益急，謂南歸之期已刻，予乃潦草書既，復以卷首四字相索，予又未暇爲也。後此，本仁歸，未果。今年六月，以劬書而病，小愈復作者三四，遂至不起。嗚呼！惜

① "將"，甘本作"抑"。筮仕，《左傳·閔公元年》："初，畢萬筮仕於晉，遇屯之比。"指卜問做官的吉凶。

② 空桑，《楚辭·大招》："魂乎歸徠，定空桑只。"王逸《注》："空桑，瑟名也。"

③ 語本《淮南子·人間訓》："有陰德者必有陽報，有陰行者必有昭名。"

哉！其家僮扶櫬即路，復持此卷，攝本仁未亂之辭來請曰："願卷首有題，以竟所求。"且曰："遺腹未卜，聊以貽吾弟也。"

嗚呼！本仁器識，予以遠到期之，而今乃止是邪？去歲以是索予，其歸，未果；而今之果歸，尚索予以是邪？好學致疾，死猶未[①]厭，志未及伸，而尚有望於其後也。嗚呼！傷哉！既爲題四字於卷首，復識其尾，庶幾生死交情也夫。

詞六首

玉燭新送李嵩渚太守考績

郊原春正好。看五馬騰驤，雙旌輝耀[②]。君侯卓異，三年政，此去帝鄉書考。梁園晝錦[③]，且暫共，親知登眺。奏最罷，喜動天顔，龍墀[④]旋承優詔。

平生道業何如，似聖藥神丹，飢寒俱療。龔黄杜召[⑤]，自合在，伯仲之間相校。都人應道，名許大，年猶英妙。行看取，作棟爲梁，明堂清廟[⑥]。

---

①"未"，甘本作"不"，兩可。

② 五馬，太守的代稱。《玉臺新咏·日出東南隅行》："使君從南來，五馬立踟躕。"古乘駟馬車，至漢時太守出則增一馬，爲五馬。因以"五馬"借指太守的車駕。雙旌，原指唐代節度使出行的儀仗，後代指高官。《新唐書·百官志四下》："節度使掌總軍旅，顓誅殺。初授，具帑抹兵仗詣兵部辭見，觀察使亦如之。辭日，賜雙旌雙節。"

③梁園，相傳戰國時期梁惠王遷都至大梁（今河南開封西北），後在開封建有梁園，李濂爲河南祥符（今河南開封）人，故用此典。

④ 龍墀，猶"丹墀"，宫殿前的紅色臺階及臺階上的空地。《漢書·外戚傳下·孝成班倢伃》："俯視兮丹墀，思君兮履綦。"顔師古注引孟康曰："丹墀，赤地也。"

⑤ 龔黄杜召，即漢朝循吏龔遂、黄霸、杜詩、召信臣，四人皆爲政績優良、不酷不貪的地方官。召信臣（生卒年不詳），字翁卿，西漢九江壽春（今安徽壽縣）人，漢元帝時的著名循吏，以在南陽太守任上的惠政而知名，《漢書》卷 89 有傳。杜詩（？—38），字君公，漢河南汲縣（今河南省衛輝市）人，光武帝時爲侍御史，後任南陽太守，《後漢書》卷 31 有傳。

⑥ 明堂，《孟子·梁惠王下》："夫明堂者，王者之堂也。"清廟，《文選·司馬相如〈上林賦〉》："登明堂，坐清廟。"郭璞注："清廟，太廟也。"

柳梢青乙酉元日[1]

乙酉重逢。前番乙酉，五歲孩童。試想當年，猶如前日，已作衰翁。

年光似啖醇醲。暗老向，沉沉夢中。常滌尊罍，但逢親舊，休廢歌鐘。

喜遷鶯送郡判李巨川尹泰和

漢津官渡。看旌旆成行，蹄輪無數。卧轍攀轅，留鞭截鐙，盡是復州旄孺[2]。今日公行何速，向日公來何暮。奈絃管，按驪駒無計，仍留公住[3]。

黎庶。明日從何地見公，倚遍甘棠樹。自是仙曹，暫來塵世，小小世緣稽誤。應宿還如逆旅，指日便登清路。説久矣，五雲中凝望，早須歸去。

謁金門送李禺山大尹入覲

朝帝里，賢令羊城仙李[4]。冉冉雙鳧霄漢裏，尚方元賜履[5]。

---

① 魯鐸五歲時爲成化元年乙酉，即 1465 年。此詩作於嘉靖乙酉（1525）正月初一，魯鐸時年 65 歲。

② 卧轍攀轅，《後漢書·侯霸傳》："更始元年，遣使徵霸，百姓老弱相携號哭，遮使者車，或當道而卧。皆曰：'願乞侯君復留期年。'"後遂以"卧轍攀轅"爲挽留或眷戀離職良吏的典故。留鞭截鐙，（唐）馮贄《雲仙雜記·截鐙留鞭》："姚崇牧荆州，受代日，闔境民泣，撫馬首截鐙留鞭，以表瞻戀。"後用爲對離職官吏表示挽留惜别的套語。復州，北宋荆湖北路轄區地名，治所在景陵縣（今湖北天門）。

③ 驪駒，《漢書·儒林傳·王式》："謂歌吹諸生曰：'歌《驪駒》。'"顔師古注："服虔曰：'逸《詩》篇名也，見《大戴禮》。客欲去歌之。'"文穎曰："其辭云：'驪駒在門，僕夫俱存；驪駒在路，僕夫整駕也。'"

④ 羊城，廣州的别名。仙李，原指老子。《老子内傳》："太上老君，姓李名耳，字伯陽，其母見日精下落如流星，飛入口中，因有娠。七十二歲，於陳渦水李樹下，剖左腋而生。"《神仙傳》："老子生而能言，指李樹曰：'以此爲我姓。'"

⑤"冉冉"句，典出（漢）應劭《風俗通·正失·葉令祠》："孝明帝時尚書郎河東王喬遷爲葉令，喬有神術，每月朔常詣臺朝，帝怪其來數而無車騎，密令太史候望，言其臨至時，常有雙鳧從東南飛來；因伏伺，見鳧舉羅，但得一雙舄耳。使尚方識視，四年中所賜尚書官屬履也。"後用"賜履"表示任京官。

金闕[1]清鐘初起，萬國衣冠如蟻。帝簡循良心獨喜，喬遷[2]看在邇。

謁金門送徐大尹入覲

雙鳳闕[3]，遥在五雲天北。試看青凫飛兩舄，玉階[4]應咫尺。

敷奏争聞殊績，喜動九重春色[5]。衣綉乘驄人共識，東風將信息。

水龍吟送周蔣幕致仕

挂冠人咏歸歟[6]，離亭海日開江霧。供張如雲，髦倪雜還，衣冠馳騖[7]。身外枯榮，夢中嗔喜，幾人還悟。問素行軒裏，琴書無恙，好風月，都如故。

渺渺舊來江路。送還迎，白鷗無數。候門稚子，壺觴引酌，林皋[8]隨步。高架牙籤，長鑱白柄，盡堪分付[9]。辦門間好待，車乘駟馬，二郎能做。

---

①金闕，道家傳説中仙人的居所，後代指天子所居宫闕。

②喬遷，《詩經·小雅·伐木》："伐木丁丁，鳥鳴嚶嚶。出自幽谷，遷於喬木。"鄭玄注："遷，徙也。謂鄉時之鳥出從深谷，今移處高木。"

③雙鳳闕，《史記·封禪書》載："（漢武帝）作建章宫，度爲千門萬户。前殿度高未央。其東則鳳闕，高二十餘丈。"因此以"雙鳳闕"代指都城。

④玉階，《文選·張衡〈思玄賦〉》："勔自强而不息兮，蹈玉階之嶢峥。"舊注："玉階，天子階也。"

⑤敷奏，語出《尚書·舜典》："敷奏以言，明試以功，車服以庸。"孔安國《傳》："敷，陳；奏，進也。"

⑥咏歸歟，典出《論語·公冶長》："子在陳曰：'歸與，歸與！'"朱熹注："此孔子周流四方，道不行而思歸之嘆也。"

⑦馳騖，疾馳，《楚辭·七諫》："駕青龍以馳騖兮，班衍衍之冥冥。"王逸《注》："言極疾也。"

⑧林皋，語出《莊子·知北游》："山林與！皋壤與！使我欣欣然而樂與！"後因以"林皋"指山林皋壤或樹林水岸。

⑨牙籤，繫在書卷上作爲標識，以便翻檢的用牙骨等製成的籤牌，代指書籍。長鑱，古踏田農具。徐光啓《農政全書·農器》："長鑱，踏田器也。鑱比犁鑱，頗狹，製爲長柄，謂之長鑱。"

附　　録

周樹模序

天門在明曰“景陵”，距縣治東六十里有市曰“乾鎮”。南□澄湖，北枕華岩、松石二湖，地氣清淑，代産巨人。明弘治時，魯文恪公崛起東岡間，由翰林起家，洊[①]升至祭酒，遂謝病歸，累徵不起，以清德著名於時。洎隆、萬之際，周少保嘉謨[②]、陳司徒所學[③]同時躋正卿，均以忤魏閹[④]，乞休歸里，名在東林黨籍中，俗所稱“一巷兩尚書”者是也。其立朝大節，百世猶在人口，冠蓋之里，爲世誇榮。抑其次，已顧砥厲修名，蟬蛻軒冕，寖成爲一鄉風氣者，實自文恪公開之。

予以不才，生諸公之後，又同居一地，其感發興起，逾越尋常。自有識以來，時欲搜訪遺文，以爲矜式，迄不可得。其散見於邑志、雜記者，不過零章斷句而已，無以知作者之大全。今年春，魯公裔孫藩抱其遺集至都下，問序於予，予受而讀之，凡詩、賦、雜文共十卷，首尾完具，編次釐然。綜觀諸作，大抵以盛德發爲雅言，異於明人之矜奇吊詭，務爲凌厲鋒發，以才氣高人者。

---

①“洊”，同“薦”。

②周嘉謨（1546—1629），字明卿，明湖廣漢川（今湖北漢川）人，世居湖北天門，隆慶五年（1571）進士，歷任户部主事、韶州知府、四川副使、吏部尚書等職，卒贈少保，《明史》卷241有傳。

③陳所學（1559—1641），明湖廣景陵（今湖北天門）人，字正甫，號志寰，萬曆十一年（1580）進士，累官至户部尚書，著有《檢身録》《會心集》《鴻蒙館集》《續鴻蒙館集》《松石園詩集》等。陳所學與文中所稱“周少保嘉謨”、本序文作者周樹模均爲今湖北省天門市幹驛鎮人。

④魏閹，指魏忠賢（1568—1627），明河間府肅寧（今河北肅寧）人，明代權宦，《明史》卷306有傳。

語淡而味長，氣華而理實，其意初不在文，而其文敻乎不可及。已獨念少保風猷彪炳史册，而其文字不傳。聞司徒有遺集鈔本，藏族之長老家，珍秘不以示人。儻能如文恪後人表章先德，急謀梓行以廣其傳，予雖老，猶樂從事校讎之役也。因序魯公集并以訊諸陳之宗人焉。

辛酉歲春三月，同里後學周樹模[①]謹序。

王鴻緒《明史稿》一則

《魯鐸傳》。鐸，字振之，景陵人，弘治十五年會試第一，改庶吉士，授編修。閉門自守，不妄交。武宗立，使安南，却其餽。還，遷國子監司業。累擢南祭酒，尋改北。鐸屢典成均，教士切實爲學，不專章句，士有假歸廢學者，訓飭之，悔過乃已。久之，謝病歸。嘉靖初，以刑部尚書林俊薦，用孝宗朝謝鐸故事[②]，起南祭酒。逾年，復請致仕，累徵不起，卒謚文恪。鐸以德望重於時。居鄉，有盗掠牛馬，或紿云："魯祭酒物也"，立捨之去。大學士李東陽生日，鐸爲司業，與祭酒趙永皆其門生也，相約以二帕爲壽。比檢笥，亡有，徐曰："鄉有饋乾魚者，盍以此往？"詢諸庖，食過半矣，以其餘詣東陽。東陽喜，爲烹魚置酒，留二人飲，極歡乃去。

鵬雲按：《明史·魯鐸傳》文與《明史稿》同。宣統《湖北通志》鐸列《文學傳》，文與《明史》同，不具録。

鄭曉《吾學編》一則

《名臣記》。祭酒魯文恪公，名鐸，字振之，景陵人，弘治十五年進士，

---

① 周樹模（1860—1925），清湖北天門人，字少樸，號沈觀，又號伯園，光緒十五年（1889）進士，官至黑龍江巡撫，兼任中俄勘界大臣，辛亥革命後任民國中央政府平政院院長，著有《諫垣奏稿》《周中丞（少樸）撫江奏稿》等。考諸周樹模生平，辛酉應指民國十年（1921）。

② 謝鐸（1435—1510），字鳴治，號方石，明浙江太平（今浙江台州）人，天順八年（1464）進士，授編修，官至禮部右侍郎，卒謚文肅，著有《桃溪净稿》《赤城新志》《伊洛淵源續録》等。謝鐸故事，見《明史》卷163《謝鐸傳》："弘治初，言者交薦，以原官召修《憲宗實録》。三年擢南京國子祭酒。……明年謝病去。家居將十年，薦者益衆。會國子缺祭酒，部議起之。帝素重鐸，擢禮部右侍郎，管祭酒事。屢辭，不許。"

庶吉士。入翰林，閉門斂迹，不事交游。爲編修，益沉潛學問，不專爲文詞。歷司業、祭酒，端飭自勵，日危坐焚香，讀《五經》《四書》，不肯言人短長及時政得失。虚心約己，清慎不渝，憂時濟世之心每惓惓焉。屢請告，屢起屢歸，群情鄉慕，益兢持名節。嘉靖初，交薦不起。卒年六十七，謚文恪。

鵬雲按：李贄《續藏書》列鐸《清正名臣傳》，文與鄭氏《吾學編》同，不具録。

耿定向《先進遺風》一則

魯文恪公鐸爲舉人時，屬遠行，遇雪雨泥濘，夜止旅舍宿。憐馬卒寒苦，即令卧之衾下，因賦詩云："半破青衫弱稚兒，馬前怎得浪驅馳。凡由父母皆爲子，小異閭閻我却誰。事在世情都可笑，恩從吾幼未能推。泥途還藉來朝力，伸縮相加莫漫疑。"又爲秀才時，曾有詩云："古樹岡頭屋數椽，主人家世衹殘編。居臨江漢東南會，運到雲龍五百年。七澤鳶魚渾道體，九州兄弟或顛連。西周老鳳雛將近，會見梧桐月影圓。"即公家食時，其志趣已如此，今富貴家子弟鞭撻童僕不知輕重，忍視骨肉疾苦殆猶秦越，獨何心哉？

鵬雲按：前一首集不載，後一首集中有之，字句微有異同。

王世貞《弇山堂别集》一則

魯鐸，湖廣景陵人，由進士，正德十年任南監祭酒。十一年，轉北。十二年，養病。嘉靖元年，再任南監祭酒。六年，卒[①]。

錢謙益《列朝詩集小傳》一則

魯鐸，字振之，景陵人，弘治十五年進士第一人，改翰林庶吉士，爲李長沙所重。以編修使安南，歷國子監司業、祭酒，請告家居。

嘉靖初，刑部尚書林俊疏薦，請如孝宗朝用謝鐸故事，推卿佐者五，皆不

---

① 王世貞《弇山堂别集》卷63《國子祭酒年表》記魯鐸"二年卒"，甘本沿用而未加考訂。魯鐸卒年實爲嘉靖六年（1527），徑改。

起。卒，贈禮部侍郎，謚文恪。振之沉潛問學，杜門斂迹，焚香危坐，日夜讀書，屢起屢歸，執持名節，爲翰苑師儒之官，誠無愧焉。有《蓮北》《使交》《東厢》諸集。

熊賜履《學統》一則

魯鐸，字振之，景陵人，弘治十五年舉進士第一，改庶吉士，授編修。謝絶交游，沈潛學問，以清節著聞。正德初，爲國子司業。李東陽生日，其僚長趙永約鐸往壽，鐸曰："公何將？"曰："兩方帕。"鐸曰："當如君。"入索帕，無有，躊躇久之，曰："記有枯魚，即取魚往。"家人曰："已食其半矣。"鐸携半魚與永俱。東陽欣然沽酒，烹魚與飲，三人大歡罷。

以父老乞歸養，尋丁艱。邑有犬而角，衆共質鐸，鐸曰："兵象也。"亡何，劇賊大起，嘯聚劫掠，顧相戒無犯魯公家，鄉里人依之存活甚衆。五年，起復職，復得告，復被命，起歷南、北祭酒。鐸莅官虚心約己，端飭自勵，清[①]慎教士，重力行，抑競進，而憂時濟世，尤爲惓切，又復請告。

嘉靖初元，起復舊官，復以疾辭，許之。刑部尚書林俊言鐸清約渾晦，志尚真純，道足鎮雅黜浮，學足訂頑[②]起懦，請如孝宗用謝鐸故事，即家敦促。一時撫按、臺省先後論薦，五推卿佐，皆不應命。作園曰"已有"居之，造臺闢洞，俯仰礙巾幘，客非稔交深誼不得而造也，而與童子俱讀書哦詩以自娱，年六十七卒，詔諭祭，賜謚文恪。

故事，四品文臣無謚，鐸以清節得之。鐸辭華耽寂，養正明恬，雖功不及康濟，而休風令節，激昂貪鄙；位不及卿相，而榮名重望，歆仰物情。

朱彝尊《静志居詩話》一則

文恪以清德稱，恒曰："人嘗齩得菜根，則百事可作。"君子以爲名言。歸田，日築已有園於宅東，賦之曰："其蔬，則有芥苜葵莧，蘆菔菠菘。芥苗

① "清"，錢謙益《列朝詩集》作"清"。

② 訂頑，訂正愚頑。北宋張載嘗題字於學堂雙牖，左書"砭愚"、右書"訂頑"。《二程遺書》卷二上："訂頑之言，極純無雜，秦漢以來學者所未到。"

嶺表，山藥土中。春間剪韭，秋高折葱，豆多豇扁，瓜備西東。瓠較五石爲劣，芋譬蹲鴟狀同。”蘇子瞻所云“我與何曾同一飽，不知何苦食鷄豚”也[①]。

又曰：“安予分之所遇兮，求予心之所好。苟没世其有稱兮，奚外身而有校。”又曰：“人生信亦有涯兮，嗟世事之莫盡；往者幸於免咎兮，來者可諉於余分。”達生之言，猶恐修名之不立。庶異乎？莊老之指矣。

鄧顯鶴《增輯楚寶真儒傳論》一則

鄧顯鶴曰：“魯鐸不以理學鳴，而自守正，訓士嚴，至於化及鄉人，感孚豪賊，殆所謂不言而躬行者。與觀其壽文正禮物，先進遺風，今人神往，非真儒能之乎？”

丁宿章《湖北詩徵傳略》三則

鐸恬静端默，於書靡不治，使安南，却餽遺。擢司業，進諸生以行，勿徒事誦習。病免，尚書林俊薦司成南雍，旋致政歸，累徵不起。築己有園，逍遥晚節，弗與外事。群盗揭竿，所過成墟，獨相戒勿犯魯祭酒村。爲文典則而軌於道，幅簡意包，神味自足。卒謚文恪。案，例四品無謚，鐸以清節得之，蓋異數也。孝感熊相國編《學統》，以鐸附焉。

振之在翰林時，館師試草堂蛛網。題句云：“草堂蛛網挂虚檐，幾度推窗似隔簾。破向虚風猶裊裊，補當明月正纖纖。燕知巧辟渾無礙，蜨爲狂飛或被粘。昨夜蚊虻不安枕，願教疏處更重添。”振之詩皆莊整，此獨秀爽可誦。《堅瓠集》鵬雲按：集中有此詩，字句微有異同。

《賞蓮次韵李貽教》云：“花神見夢作人語，云是江南水仙女。覺來却憶湖上花，接天映日連漁家。恨無神仙縮地術，坐令清水夫容出。謫仙庭院頗虚閑，華峰幻在盆池間。開花差比十丈矮，深秋未見紅衣解。憑[②]陵大叫呼謫仙，我有金龜當酒錢。共君坐花開瓊筵，君須一斗詩百篇。”

---

① 語出蘇軾《擷菜》詩：“秋來霜露滿東園，蘆菔生兒芥有孫。我與何曾同一飽，不知何苦食鷄豚。”

② “憑”，丁宿章《湖北詩徵傳略》作“馮”，兩可。

《説劍次韵劉用章》云："人間劍客何有邪，試聽説劍多浮華。繇來神物本天造，劓鐘切玉寧須嗟。鵜膏腥穢無所用，陰氣撲眼飛寒花。千年老蛟潛海底，劍芒射水蛟應死。君家古劍真龍泉，苔斑土綉須料理。床頭白日動地雷，萬金寶匣防批摧。會當提去信君手，蛟螭授首非君誰。"

《寒夜吟》云："銛風鏟地地欲裂，横磨幾許并州鐵。深窗油凍鐙不明，出袖手僵挑不得。征東甲士帶霜坐，賊群却占千家卧。營中凍死不敢嗔，衹怕河冰賊偷過。南去干戈何日止，兵賊居民皆赤子。官家詔赦明朝開，盡消殺气陽春回。"

《閑居》云："别墅成書屋，閑居愛竹籬。野山争入座，田水暗通池。鳥語花深處，魚游月上時。夜闌無客到，散步咏新詩。"

《螖磯祠》云："家世元宜廟貌雄[①]，獨憐不近永安宫。人情竟悔荆州借，天意容教漢祚窮。白浪未應銷憤气，絳幡常自動靈風。憑高感慨心何限，長立寒江夕照中。"

《九日東莊用杜牧之韵》云："丹楓零落白雲飛，别墅風長酒力微。坐待池菱炊飯出，行逢野菊戴花歸。沙鷗貪看臨秋水，林鵲從教亂夕暉。朝市久違疏散性，欲從漁父問荷衣。"

《送彭中丞獻俘後西征》云："東南京觀已岧嶤，西蜀仍傳破膽謡。匣底青萍應再試，手中白羽未全凋。材官用命思探虎，天子臨寒[②]欲賜貂。從此功高難比并，漢家麟閣在雲霄。"

《送劉[③]養和侍御案陕西》云："遥看綉斧下蘭臺，西按三秦用楚材。車後剩縣甘雨去，道傍争辟法星來。醇風漸入青箱載，弊政都从白筆裁。更爲君王作衡鑑，秋場收拾俊才回。"

《野望》云："東風吹雨宿塵輕，膴膴郇原正曉晴。遠樹有花皆辨色，好峰無數不知名。雲開雁鶩横長塞，草緑牛羊上廢城。欲向燕山還極目，夕陽時候更分明。"

---

① "貌雄"，《湖北詩徵傳略》作"兒確"，考諸甘本，以"貌雄"爲確。
② "寒"，魯鐸文集作"軒"。
③ "劉"，《湖北詩徵傳略》作"鎦"，顯誤。

《月夜園池泛舟》云："戴月乘風弄小航，橋南新水没菇蔣。迴橈更度荷花渚，凉露滿身襟袖香。"

《陽朔道中志喜》云："輟飯支頤看翠微，人間應見此山稀。無从學得王維手，畫取千峰萬壑歸。"

《横州》云："來迎官吏説横州，遥立蒼崖石上頭。也欲登高閑縱目，黄昏風雨暗江樓。"

其他佳聯如"巢卑幽鳥護，樹老怪藤纏"似《東野集》[①]中語。

"庭皋鳴落木，游人感秋風。""美人在何許，遥憶湘江陰。"再"鄉夢落江城"五字，則又駸駸乎争盛唐而上之矣。

張錫穀《天門縣志》十則

儒林傳

魯祭酒鐸，致仕歸，累徵不起，築己有園，逍遥晚節，年六十七卒。詔諭祭一壇，賜謚文恪。令有司營葬，後追贈禮部侍郎。著有《蓮北稿》《使交集》《東厢詩稿》《西厢詩稿》《己有園集》《梧亭小稿》《勸善俗言》，藏於家。

鵬雲按：傳文前半與《明史》同，不具録。

山川志

東岡，在縣東七十里，夾松石、華嚴二湖，陸羽嘗居此。宋祁《新唐書·隱逸傳》："陸羽，號竟陵子，又號東岡子。"魯祭酒鐸世家焉，有詩云："湖上東岡舊有名，結廬高處作書生。北瞻京國寸心遠，下瞰郊原四面平。風景間時皆好况，雲霄何日是前程。梧桐生在朝陽裏，聽取丹山彩鳳鳴。"

鵬雲按：此詩本集無。

---

①《東野集》，唐人孟郊詩文集。孟郊（751—814），字東野。馬端臨《文獻通考·經籍考》載："《孟東野集》十卷，唐溧陽尉武康孟郊東野撰。集惟末卷有書二篇，贊一篇，餘皆詩也。"

祥異志

成化二十年，倪俊池産瑞蓮。次年，魯鐸舉鄉試[①]。弘治十四年，倪俊池復産瑞蓮。次年，魯鐸舉會元。又正德三年冬十月，邑犬生角，衆恠之，問魯鐸，鐸曰："犬生角，兵象也。"盜賊果嘯起，詳童《内方》紀。

古迹志

夢野臺在天門縣治東南，城隍廟側，高而平，登望可盡雲夢之野，故名。宋景祐中，復州刺史王琪[②]建亭其上，晏殊、宋祁、張耒、吴育、蘇紳、石延年皆有詩[③]。明童太史承叙，亦有《夜飲夢野亭》[④]詩。祭酒魯鐸建書院於此，茶陵李文正公題曰："夢野臺書院。"

---

① 考諸明代鄉試時間，成化二十一年（1485）實無鄉試，魯鐸中鄉試，應在成化二十二年（1486），因此"次年"之説實誤。

② 王琪，字君玉，北宋華陽（今四川成都）人，進士，歷任館閣校勘、集賢校理、舒州通判、復州知州、兩浙轉運使等職，以禮部侍郎致仕，《宋史》卷 312 有傳。

③ 晏殊（991—1055），字同叔，北宋撫州臨川（今江西進賢）人，官至同中書門下平章事，卒謚元獻，《宋史》卷 311 有傳。宋祁（998—1061），字子京，北宋安州安陸（今湖北安陸）人，宋仁宗天聖二年（1024）進士，官至工部尚書，卒謚景文，《宋史》卷 284 有傳。文中所指宋祁詩爲《夢野亭在景陵集仙王君爲郡日所創》："州堞巑岏迴勢回，一鞏斜翥四軒開。晴光獵草雄風度，曉氣浮江赤日來。望極長天閑倚杵，醉殘嚴角暝休梅。須知故楚多餘感，剩費登高作賦才。"張耒（1054—1114），字文潛，號柯山，北宋楚州淮陰（今江蘇淮陰）人，宋神宗熙寧六年（1073）進士，官至太常少卿，《宋史》卷 444 有傳。文中所指張耒詩有二。一爲《竟陵夢野亭在子城西南角，一目而盡，雲夢之野最爲郡中之勝》："高甍巨桷壓城闉，平視如將七澤吞。幾度春光招宋玉，碧闌干外獨消魂。"二爲《登夢野亭懷舊・夢野城中佳處到此方一登》："曾上高臺望翠微，重尋當嘆客難期。章華莽蒼無尋處，雲夢逶迤寒更遲。墨客多情曾痛飲，玉簫何處弄妍詞。請君點撿當時事，只應朱顔非舊時。"吴育（1004—1058），字春卿，北宋建州浦城（今福建浦城縣）人，宋仁宗天聖五年（1027）進士。官至參知政事，卒謚正肅，《宋史》卷 291 有傳。蘇紳（999—1046），字儀甫，北宋泉州晋江（今福建晋江）人，宋真宗天禧三年（1019）進士，官至禮部郎中。石延年（994—1041），字曼卿，一字安仁，北宋南京應天府（今河南睢陽）人，官至太子中允，《宋史》卷 442 有傳。

④ 查童承叙《内方集》，無題爲《夜飲夢野亭》之詩。但有兩首於夢野臺相關，録於此處備考。一爲《竟陵雜詩十首（之一）》："聞有曠世士，高居夢野臺。草堂環緑竹，蘿徑綉青苔。忽抱澧蘭思，坐乘秋水來。伊人在何處，斜日楚雲開。"二爲《送張君賢典計壽邸三首（之一）》："夢野臺前慶歲華，平生詩禮是傳家。衣冠喜駐郎山節，鄉土欣連滏水涯。"

學校考

夢野臺書院在東門内，明祭酒魯鐸讀書處，茶陵李文正公東陽爲題額，今廢。

古迹志

己有園，在夢野臺旁，魯鐸别業也。其中有磬池、凫洲、草堂、芳秀亭、紅雪磯、大椿洞諸勝。詳鐸自記，今廢。

又東莊，在東湖之東，亦魯鐸别業也。世人稱爲“蓮北莊”。鐸有詩。

冢墓志

魯祭酒鐸墓在縣東，沿湖口有地曰“蠟林”，鐸卜得之易名“止林”，諭賜祭葬。

建置考

司成坊，在縣南門内正街，爲魯鐸立。

紀昀《四庫書目提要》一則

《魯文恪存集》十卷，明魯鐸撰。

鐸，字振之，號蓮北，景陵人，宏治壬戌進士，官至南京國子監祭酒，卒贈禮部侍郎，謚文恪。事迹具《明史》本傳。是編爲其子彭嘉所編，前四卷皆詩，第五卷爲《使交稿》。鐸官編修時，嘗奉使安南，故也。第六卷以下爲雜文。

史稱鐸爲司業日，與祭酒趙永皆李東陽門生也。東陽生日，相約以二帕爲壽。索笥無有，有乾魚食過半矣，乃携其半饋東陽，云云。案司業秩六品，何至貧不能具二帕？無帕可徒往，何必以食殘之物爲敬，皆於事理爲不近。此殆世人欲著其清介，故甚其詞，史因而録之。然亦足見其素行孤高，故致影造是語，不能不謂之賢者也①。

① 據《四庫全書總目》，後有“至於詩文，則皆不甚擅長，蓋其平生志趣不在於斯耳”。

魯之裕《下荆南道志》一則

《耆舊傳》。京山王大本，弘治壬子舉人。除潁上令，有賢聲，爲諸生，才名籍甚。典學，薛公嘗曰："景陵魯生、京山王生，并湖湘奇士也。"魯即文恪公鐸。

鵬雲按：《魯志》亦有鐸傳，文與《明史》略同，不具録。

魯文恪公集跋

《魯文恪公集》十卷，《四庫》附《存目》，然流傳絶少，求之三十年不可得。己未、庚申間，予與盧慎之評事，張潛勿總長謀刻鄉先生遺書，四方徵求無應者。最後晤公裔孫藩，云族間有舊刻一帙，殊矜貴，不輕示人。予徐語之曰："爲子孫者，不欲表章先德耶？"藩大感動，遂取以來，則明隆慶丁卯弋陽方梁塹本也。首尾完具，編次釐然，與《四庫存目》本合，微惜校勘未精，不無亥豕烏焉之訛耳。

周泊園先生既序其端，余乃假數月之力，詳加校讎，而付之剞氏。并采輯群書涉及公者，爲《附録》二卷。於乎！公集湮晦將近三百年，而竟復出，豈歐公所謂"斯文，金玉也。雖埋没糞壤，不能銷蝕者"耶①？抑文之顯晦，固自有時耶？

雖然，古今著述散亡者何限，公集特幸而存耳。其幸而存也，則賴賢子孫兢兢保守，而不私諸篋衍也。非然，其不隨飄風、冷烟以俱盡者，幾希矣。以吾潛論，如二歐、二劉、何、莫、向、朱諸氏莫不各有著述，而今無一存，何也？蓋由後人能守之而不能傳之，遲之又久，或不幸攘奪於洪流、劫火，而遂以亡。故予刻公遺文，蓋深爲公幸，又不禁爲吾邑先正悁悁而悲也。

壬戌年歲秋八月潛江後學甘鵬雲謹跋。

---

①"斯文"句，語出歐陽修《蘇氏文集序》。